U0574709

让我们 一起追寻

MILITARY CULTURE IN IMPERIAL CHINA
Edited by Nicola Di Cosmo

Published by arrangement with Harvard University Press
through Bardon-Chinese Media Agency

Edited by Nicola Di Cosmo

古代中国的军事文化

MILITARY CULTURE IN IMPERIAL CHINA

〔美〕狄宇宙 主编
袁剑 译

SSAP 社会科学文献出版社
SOCIAL SCIENCES ACADEMIC PRESS (CHINA)

谨以此书纪念

戴德（Edward L. Dreyer）

目录

致　谢

如果没有新西兰皇家学会马斯登基金（Marsden Fund of the ix
Royal Society of New Zealand）的慷慨资助，这本书（英文版）是不可能出版的。得益于该基金，我可以于 2001 年在坎特伯雷大学（克莱斯特彻奇）召集一场关于中国历史上的军事文化的会议。坎特伯雷大学历史系的整体支持，特别是迈尔斯·菲尔本（Miles Fairburn）和彼得·赫本斯托尔（Peter Hempenstall）二位在会议和文集筹备过程中作为系主任所提供的帮助，保证了我即使在从坎特伯雷大学离职后，依然能得到资助。他们在我申请资金的过程中一直指导我克服行政和财政方面的繁文缛节，我对此深表谢意。我要感谢坎特伯雷大学的同事奈伊迈·塔里布（Naimah Talib）和朱迪·罗伯特森（Judy Robertson）在会议组织以及本书成形初始阶段所提供的帮助。

所有参会者都对会议的成功做出了值得称颂的贡献，虽然其中少数几位的文章没有被收入这一文集，但也值得感谢。我尤其想要提及几位与谈人：在近现代中国史方面具有研究专长的戴安娜（Diana Lary）和方德万（Hans van de Ven），以及西方军事史学家约翰·林恩（John Lynn）。他们的深刻洞见，为这次会议带来了充满价值的比较维度，并促成了一些章节中关于问题与方法的讨论。

感谢哈佛大学出版社的编辑团队，尤其是凯瑟琳·麦克德 x
莫特（Kathleen McDermott）和凯瑟琳·德鲁迈（Kathleen

Drummy）。他们事无巨细、一丝不苟，在本书的准备工作因意想不到的原因而推延时依然充满耐心，并给予诸多建议。我从未见到过如此得力且知情达理的编辑。

除此之外，我还要感谢那些抽出时间和精力审阅这些文章的匿名评审人。他们的建设性批评和建议一针见血，一些文章也依此进行了必要的修订。

最后，我非常悲痛地回忆起戴德（Edward L. Dreyer），他于2007年6月29日的突然辞世，对我们而言是一个巨大的损失。他在病倒的前几天，刚刚完成他负责的这部分章节内容。本书一些章节的作者将他视作挚友、师长，或者两者兼而有之。我们将本书献给他，以此缅怀这位研究中国的杰出学者以及中国军事史领域的真正先驱。

导　论

狄宇宙（Nicola Di Cosmo）

西方的军事史学家对于中国军事史专业研究的匮乏长期以 1
来让人颇为感慨。一部近期出版的关于中国战争的作品的评论
者将这一领域视为“远未开发”的，并热切地欢迎“实证研
究”的出现，以平衡《孙子兵法》和中国军事经典得到的近
乎全然的关注。[1]在过去的几年时间里，由于诸多作品的问世，
尤其是在整体研究分类方面一些作品的出现，这一领域的研究
得到了深化。[2]两本论文集已经广泛收录了过去半个世纪中国军
事史领域的一些最佳作品。[3]但平心而论，那些声称将军事史作
为其主要专业领域的研究中国历史的学者数量的增长，是一个
最近才出现的现象，因为之前的几代汉学家并没有将军事史作
为一个专门的研究领域。

假如军事史学家一段时间以来认为，在军事史领域中国史
无法与欧美历史相比较的话，那么，这在很大程度上源于一种
有影响力的看法，即中国文化的某些方面天生对战斗和战争不
感兴趣，所以很少或者根本不在意军事议题。[4]在雷海宗 1939
年出版的那部影响深远的著作中，这种观念被解释为帝制晚期
和 20 世纪的产物，并与“去军事化”（amilitary）甚或“非军
事化”（demilitarized）的文化观念（无兵文化）相关联。[5]雷海 2
宗的观点是，几个世纪以来的儒家文化削弱了中国的战斗力，

中国已经衰弱，对此观点已有相关分析，所以就没有必要再重申它在多大程度上代表了帝制晚期与民国时期中国知识分子思想中根深蒂固的信念。[6]在避免“无兵文化”这一术语引起歧义的前提下，[7]我们仍然可以说，对这一术语的一般性理解，以及对其信仰的生成，在于中国的士大夫系统性地贬低了社会和历史中军事的地位，以致军事虽然身处政治关注的中心，但在文化领域被边缘化了。近代史学家可能会认为“反军事转向”（antimilitarist turn）的开始，导致了军民分离以及对唐朝（618~907年）中期至宋朝（960~1279年）初年甚至更早时期的中国社会中军事职业的系统性低估。在未来的研究着眼于整个社会对军事的态度而非一小部分知识分子对军事的态度之前，这种对军事在中国社会中所处地位的阶段性研究都是不完整的。另一个类似的观点是，中国的文化成就观念——其中最占优势的可能是孔孟哲学传统——对于毛笔的重视远胜于刀剑。在对外政策中，原则同样是和平优于战争、说服优于强迫，而武器和暴力是最后的解决办法。军事史学家正确地指出，在中国的军事思想和战略文化中，至今仍然存在一种根深蒂固的观念，即中国对待战争的态度，自古以来就以“和平主义”和防御原则为主导。[8]

自然，从这些假设中我们不能得出这样的结论，即一种将使用武器的职业降级到人类活动外部边缘的文化，可能会使战争和士兵从历史的现实中完全消失。只要粗略地看一下中国历史，就很容易消除任何“非军事化”历史的概念，因为各种战争无处不在，从开疆拓土和对外征战，到内战、“统一”战争和防御战争。在宏观层面上，从历史的开端，就存在一个军事精英集团，虽然它已经有所变化，随着时代的变迁而有所不

同（就像贵族、世袭阶级或专业集团），但它在镇压叛乱和建
立王朝、保卫国家免受入侵，或者从事对外征战的事业中，继 3
续发挥着核心作用。军事服务，不管是征兵、世袭还是义从，在任何既定的时间里都会囊括很大一部分人口。大众文学歌颂游侠、剑客、武术家和著名将领的尚武精神。遥远战争、森森白骨和血流成河的景象让人难以忘怀。文职官员经常讨论军事问题，涉及费用、战略、政策和武器。直到现代，人们还在继续阅读和评论古代的七大兵书。遗憾的是，许多军事著作已经散佚了，但军事著作仍然是一个专门领域，有时，例如在明代，依然有大量兵书著述。总而言之，中国历史当中各种军事事件、辩论和著述相当之多。然而，同样不可否认的是，如果说中国文化作为一个集合性的主体产生了一种自我认知的话，那么，在根本上，这种认知与我们所认为的与民间或文学价值相对而言的“军事价值”（military values）并不一致，这影响了那些记录过去的人对军事事件的理解、记录、传播甚至是合理化的方式。

从这一角度出发，我们可以合理假设的是，中国历史上“战争”与“社会”之间的关系与战争的文化建设、军事活动，以及军人的角色、他们在社会和政治阶梯中的位置有莫大的关联。基于这一普遍的前提，为了集中讨论前现代时期军事事务对中国文化与社会的渗透程度，本书旨在通过关注军事文化（military culture）而不是试图探究中国军事史或战争史，来对中国军事历史研究做出贡献。什么是“军事文化”？这是一个需要加以定义的短语，而且不可避免的是，就像在欧洲或美国的历史语境中一样，这个短语存在多种用法和解释。一般来说，我们可以在不要求详尽的前提下，挑选出四个独立且截

然不同的含义。

第一，军事文化是指一种离散的、有界限的行为和行为体系，由成文和不成文的规则、惯例以及独特的信仰和符号组成，军队成员应该遵守这一体系。[9]第二，军事文化可以是一种
4 战略文化，其中包括决策过程，它超越了军人的具体行为，包括那些在战略选择中所进行的知识积累与传播，并在民事和军事层面，基于这些论述验证其所处的位置，检查其既有的状况。[10]第三，军事文化可以被理解为一套价值观，它决定了一个社会对战争和军事组织的态度。在这个意义上，例如，斯巴达可能被视为拥有比雅典更发达的军事文化。一些社会发展出一种对于军事（通常是进攻性的行为）的特殊偏好和意愿，这种偏好和意愿植根于许多民间机构，从教育到财政管理，不一而足。某些准军事组织（如童子军）和一些团体（在这里，我们可能会联想到护士或乘务员的培训和科层组织）的军事化社会生活也可以归因于灌输给整个社会的军事文化。[11]第四，军事文化指的是一种美学和文学传统，这种传统重视军事事件，并将那些完成军事壮举之人的地位提升到史诗和诗歌、绘画、公共庆典以及国家仪式中的英雄和半神的水平。

在中国历史中，研究军事文化意味着最重要的是努力在超越经验层级的基础上，去理解战争、社会与思想之间的关系，并认识士大夫、平民和文学发展参与形塑军事机构的性质、军事理论以及战争文化的方式。从中国历史上最早的文献记载中，我们可以发现“武”（军制、军事）的原则与“文”（文化、民事）的原则是对立的；虽然两者的意义还不完全清楚，但人们普遍认为它们是相互关联的，作为两种对立但互补的人类行为方式，一种基于文化手段，另一种则基于武力。[12]此外，

“武”经常与“蛮夷”和域外民族联系在一起，这就使得在典
型的相关思想中，以“文”“武”两种民族的二元循环关系来
解释这些民族在面对外来军事力量时具有的暂时优势变得可
能。这种相互交替的早期观念（预示着后来北方游牧民族统
治中原的时期），在司马迁对其所撰《史记·匈奴列传》的评
注中被确证，其基本原理是用以下的句子来解释的：“自三代 5
以来，匈奴常为中国患害；欲知强弱之时，设备征讨，作
《匈奴列传》第五十。”[13]军事上的担忧是最重要的，因为匈奴
着实令人畏惧。

反过来，我们可以看到，正如卫周安（Joanna Waley-Cohen）在第十二章中所指出的，清朝统治者利用他们的“武力”来强化其作为统治者和统治族群地位的合法性。同样，在与北方袭掠的关系方面，“文”和“武”被用来描述有文化的、“非军事”的南方和陷于混战的北方。多元二分法揭示了“武”的原则在多元层面上对中国文化的定义和演进所产生的影响。

尤其是在西方，对于前现代中国军事及其多方面的社会和文化影响相对较低的学术兴趣，给人这么一种印象，即中国军事史领域的理论化程度较低，以及中国军事史学家为了专业的标准化，可能被迫与西方玩追赶游戏。这在很大程度上是个假命题。任何成熟理论的进步，只能通过对中国文化与战争实践的特殊演进过程加以更大关注而获得，故不能寻求纯粹运用西方化的衍生理论，因为它们所基于的社会研究与中国的截然不同。与此同时，在西方和欧洲语境下成熟的理论，可以而且应该提供可对比的材料和一些理论模型，以供批判性评价。例如，纵观中国的社会历史，认识到武器在其中所起的作用是有

必要的，而在理论层面上，这不仅没有得到充分考虑，而且被有意识地边缘化了。历史学家很难找到一种与帝制中国社会历史相关的理论，来揭示军事方面所发挥的重要作用。[14]即使是对朝代兴衰的陈腐解释，也通常更多地关注民间事件，而不是军事原因。“唐宋转型”这一具有影响力的理论，仍然是一种对于中国历史中出现的“现代性”加以阐释的主要范式，它对军事结局几乎没有分析，尽管安史之乱（755~763年）作为一个高潮性事件，在中国和欧亚历史中都产生了深远和持久的影响。[15]与此同时，一旦我们将军事图景纳入考虑范围，那
6 么，同样的唐宋转型论就较少被视为重大历史的分水岭，因为中国军事组织的变化，在整个“转型”过程中既不是革命性的，也不是前所未有的，而是一些压倒断裂性的连续性要素。[16]

西方则恰恰相反，从罗马帝国的军事化和战略文化，到中世纪的骑士社会，再到近代早期欧洲的军事革命，军事史对社会变革理论做出了重要贡献。在近代早期欧洲受教育的圈子中，贵族阶级定义了某种类型的男性模式和状态，而作为优秀之人的最终追求，罗马理想中的勇气和知识相融合所引发的力量有时会被那些对武术教育的优势加以肯定的人质疑，例如蒙田（Montaigne），他对帖木儿和其他蛮族的评价很高，因为他们具有优良的战斗技能。[17]如果贵族被认为只把文字看作武器的次等附属品的话，那么，对统治者来说，更是如此，正如马基雅维利（Machiavelli）非常清楚地指出的那样：“一个君主除了战争、军事制度和训练之外，不应该有其他的目标或思想，也不应该把其他事情作为自己的事业。”[18]当然，有些人对此表示反对，并拥护这样一种观点，即没有学习和教育的蛮力最终与野蛮无

异，但很少有人会认为军事活动本身是失礼的，或者不适合有自尊的绅士。就中国的情况而言，一些深入的研究试图对军人在中国社会的地位与自我形象加以界定，但结果喜忧参半，并受中国历史编纂学对个人“褒贬”评判特质的影响。[19]

这种对欧洲和中国之差异的简要描述，表明了机械性的比较方法的局限性。在讨论亚洲和西方的军事历史时，杰弗里·帕克（Geoffrey Parker）等权威人士发现，“西方的战争方式”以四个独特要素为基础：先进的技术、优良的纪律、军事传统的延续以及挑战与回应的循环。[20]虽然“中国的战争方式”也可能包括传统的延续，例如，内嵌于军事经典之传播和讨论的传统，但我们很难就中国能与西方共享的其他特征达成共识。 7
当然，这并不意味着不存在鲜明的中国特色，但我们很难罗列出一个像帕克所给出的那样被西方历史学家广泛接受的清单。相反，中国军事史的具体特征是难以识别的，因为它们还没有通过军事历史和文化的系统研究而被呈现。在中国和西方，军事历史上的“变迁”概念不能被认为是相同的，也不能被明确地识别出来。例如，直到 19 世纪为止，西方语境中对于技术的强调，在中国语境下似乎是错误的，当西式武器开始进行工业化生产时，中国军事现代化这一更广的议题变成了某种变革的关键。[21]军事变革肯定会在中国的历史中发生，在战争时期，它可能与军事机构和组织形成了更密切的联系。[22]的确，从本书的若干章节中可以得出的一个普遍看法是，军事领域的连续性特征似乎不同于民事领域的连续性特征。军事习俗、仪式、世袭军事精英的形成、军事法规、组织原则和文化习俗的传播，可能遵循各自的发展轨迹，可能彼此相关，但又依赖社会和知识层面的变迁。这些见解，如果得到证实的话，必然会影响我们对中国历史上人们看待变化的方式的理解，不管人们选择什么样的标准。

对中国军事具有明确影响的一个因素是，从中国历史记载的源头开始，亚洲腹地与中原之间跨越文化边界的互动一直都被视作尚武族群的摇篮。统治中原或者与中原关系密切的王朝（如北魏），无疑对军队的组织结构及军队作为战斗和社会力量的功能的改变产生了深刻的影响。蒙古人建立军户世袭制的做法，在明朝社会中仍然是一股重要的潜流，尽管此时文官势力重新确立了对军队的主导地位。然而，在明代政治家和决策者的辩论中，军事行动、著作和制度仍然占据很高的地位。正如石康（Kenneth Swope）的研究所表明的
8 那样，明朝并不代表中国军事传统的最低点；它是由军队建立和维护的，在王朝接近灭亡时，军队依然继续发挥着相当大的作用。[23]

只有通过对比亚洲和西方的军事史，而不是寻求相似之处，比较方法和共同情感才能最有成效地发展；但在建立比较基础之前，仍有必要在广阔的中国历史范围内，确定研究中国文化之军事方面的具体路径。本书各章所提出的一种共识是，军事文化是中国文化的一个组成部分，而不是一种从西方传统借用，以获得广泛兼容的模板。

中国军事史特殊和鲜明的特点，始于对军事事件之历史叙述的特质，书中的许多章节都对此有所强调。一般的庆典或讨伐、巨大的胜利或惨败、关于既定的战争及其准备的政治讨论，以及战争的结果——结束敌对状态，通过协议或重组边地防御，或者攻占土地并降服敌人——在各个层面都要高于对军事行动的任何实际描述。借用约翰·基根（John Keegan）那

句有用的话来说，“战争的面貌”（face of battle）被小心翼翼地隐藏在中国的历史叙述当中。在某些情况下，各朝的历史都允许对战争进行全面的重塑，但中国军事史学家可以使用的史料来源与西方传统的资料来源完全不同。中国庞大宏富的文学和历史作品，以及悠久的军事写作传统，可能会合理地造成这样一种印象：关于军事的信息一定很丰富。当然，到目前为止，我们还没有对资料来源进行充分的挖掘或探究，以获得完整的答案，但想当然地认为中国的历史学家和受过教育的一般人必然会像我们在西方看到的那样，对军事知识进行细致的注解、描述、分析和传播，这是不正确的。历史经典著作是不同的，这已是老生常谈了，但考虑到这些差异，指望中国的军事史沿着完全基于西方经验的军事史发展路径前行，则是不合逻辑的。

最后应该提到的一点是各章节的时间范围，也就是说，特
别关注古代中国时期，为此，我们将其定义为大约从公元前 300 9
年至公元 1800 年。叶山（Robin D. S. Yates）和苏炀悟（Ralph D. Sawyer）的两章（分别为第一章和第二章）都跨越了前帝制时期和帝制时期的传统界限，即公元前 221 年秦朝的建立。在另一端，本书实际上结束于乾隆统治时期（1736～1795 年）。应该补充指出的是，由于直到最近，中国军事研究的两大趋势，一方面与军事经典有关，另一方面则与“西方的影响”有关，所以前帝制时期（前 1500～前 300 年）和帝制晚期及现代时期（尤其是 1800～2000 年）比帝制时期受到了更多的关注。因此，对帝制时期加以特别关注，有助于在历史研究领域扩大军事史的影响，虽然最近取得了一些进展，比如葛德威（David Graff）的《中国中古时期的战争（300～900 年）》（*Medieval*

Chinese Warfare: 300–900)，但这些领域的研究依然落后。

本书所包含的章节不拘一格，但集中于一个共同的目标，或者更确切地说，集中于一个共同的问题，这个问题是通过作者的专业化和知识取向来加以呈现的。他们共同呈现的复杂多样的军事文化阐释模式，显示了军事视角与中国历史的关联性，并探索了融入社会、政治、文学和艺术的军事文化元素。

通过观察军事在社会中的地位，一些作者分析了民间和军事领域在历史上的联系。例如，在第一章中，叶山阐述了军事法和民法之间深刻而动态的联系。在第十三章中，戴英聪探讨了清军的财政状况及其与清朝财政管理的关系。第二个相关的主题是知识趋向和宗教信仰对军队的影响，这在苏炀悟和 S. R. 吉尔伯特（S. R. Gilbert）的章节（分别是第二章和第十章）中可被明显看出，而在韦栋（Don J. Wyatt）的研究（第八章）中也有所共鸣，他从个人和传记的角度探究了对军事的价值观、职业、知识和经验的认知。关于第三个主题，鲁惟一（Michael Loewe）（第三章）、张磊夫（Rafe de Crespigny）（第四章）和戴德（Edward L. Dreyer）（第五章）对帝制早期军队的组织和作战以及对关于某一军事行动的辩论、批准、计划和实施等进行了论述；而在戴德所撰写的章节中，政治和军事行动的结合
10 经由一项细致的历史重构工作得以呈现。第四个主题，涉及军事事件和军事“价值观”在非军人生活中的地位问题，如第九章赖恺玲（Kathleen Ryor）对于明代刀剑收藏的研究，以及第十一章方秀洁（Grace S. Fong）对明清鼎革间关于战争和暴力之文学的贡献。第五个主题是关于我们研究军事史的历史敏感性和具体资料有效性的问题，其中包括对文献资料中军事事件的建构；在戴德所撰写的第五章以及葛德威的第六章中，我

们找到了传统文献如何呈现军事事件的例子。最后，有几章讨论了政府与对外关系领域的军事文化；斯加夫（Jonathan Karam Skaff）（第七章）、卫周安（第十二章）以及濮德培（Peter C. Perdue）（第十四章）描述了“军事文化”在政策制定、边疆管理和政治精英的自我表现方面的显著特征。

在第一章中，叶山通过对前帝制时期和帝制早期军事法的历时性研究，有力地论证了军事法对中国早期刑法典的影响，揭示了军事文化如何渗透到民间领域，并影响了帝制早期军事制度的形成。在战国时期（约前 475～前 221 年），军事法的原则在法家的思想中被作为模式加以运用，并被应用于平民，如连坐和通过奖惩来规范行为的一般观念等。此外，在很大程度上以军事法为基础的刑法，最终被文官用来管理社会的军事方面。军事法的许多方面，特别是关于军事编队、仪式和内部纪律的规定，深受当时的文化信条——如宇宙观、传统道德、占卜术以及相关思想——的影响。对这些资料来源的仔细分析表明，帝制早期的军事文化与早期更广阔的文化视野密切相关。

苏炀悟在第二章中阐述了从战国时期到东汉的军事预言， 11
也就是从哲学思考和思想体系演变的角度来解释或预测各种与军事相关情况的方法。通过对军事经典和其他历史文献的挖掘，苏炀悟展现了丰富多样的“超自然”现象，这些现象在作者的思维中形成了一种特殊的习语，通过对它的解读，行家们可以做出预测。预言中最引人注目的一个方面，是关于“气”的问题。“气”是一种难以捉摸的品质，它对军事的成功至关重要。正确地预测自己和敌人的“气”，是衡量军队相对实力的核心。观察“气”——在物理上可以表现为识别蒸气和云的形式——并了解其运动的方式，启发人采取正确的行动：进攻或撤退、谨慎或激进。这些预言方法是在战国晚期和汉代的相关思想框架下发展出来的，类似于阴阳五行体系的物理变化理论。军事事件与某种世界观并不相关，这种世界观相信形而上学原则以及物理现象的内在统一和相互依存。苏炀悟认为，这些体系可能会减轻战争和破坏带来的焦虑，从而提供一种对自己军事命运的掌控方式。这或许可以解释这些观点的生命力，尽管人们怀疑它们是否在实际的战争行为中发挥过作用。然而，这些预言所适用的范畴和支撑这些预言的哲学原则，向我们揭示了古代中国军人的心理世界，他们可能不相信或不会实践这些预言，但也不可能完全忽略这些预言。因此，它们为古代中国的军事文化增添了重要的元素，体现出对哲学思辨思想的渗透。

如果说西汉的军事史比其他朝代的更广为人知的话，这在很大程度上要归功于鲁惟一在这一领域的基础性贡献。[24]在本书的第三章，鲁惟一对汉朝军队的情况进行了概述，强调其战略和战术方面的表现。鲁惟一指出，战斗的细节描述、士兵人数、实地军队的调动、地形、部队的士气、经验和军备、他们所面对的敌人以及所有其他要素，往往难以获知，因此无法对
12 军事事件进行全面的分析。然而，帝国军事结构的实质及其演变，可以通过朝廷的政策来加以描述。从对行政事务的描述中，我们也可以发现从战国到汉朝，军事思想对边防，特别是将帅所产生的影响。针对汉朝军事文化的问题，鲁惟一提出了一个根本性的问题，即汉朝军队能否被定义为“专业”军队。这一问题为我们论述中国军队的理论框架，提供了深刻的启示，尤其是因为它需要与西方历史学家关于军事组织的争论进

行比较。例如，当杰里米·布莱克（Jeremy Black）等著名军事史学家谈到“远在这一千年（也就是第二个千年）中叶之前的中国和古罗马，就存在由国家控制的专业军队”时，这一定义当然也包括汉朝军队。[25]但是，东汉时期普遍兵役的废除，意味着专业素质的重大转变，不管是从训练到等级制度，还是从纪律到招募，都是如此。[26]

在第四章中，张磊夫更恰当地从“战略文化”的角度提出了东汉军事文化的问题，这些战略文化涉及北部边防，特别是对匈奴和羌人的战争。这章在开头概述了东汉时期的军事建设，接着阐述了从1世纪中期到2世纪末关于东汉边疆战争的争论和政策。

军事行动建立在对局势加以评估和制定一系列相关政策的讨论基础之上，这些政策可能涉及军事、对外交往或政治行动。从张磊夫对东汉北方战役的描述中我们可以推断，在涉及北部边疆的问题上，政治家的特定目标和可用信息的质量，与嵌入古典传统的既定原则和标准观念相比，发挥了更大的作用。廷臣和军事指挥官所采取的“试错”性质的务实立场表明，在军事文化中，灵活性和现实政治与更意识形态化的立场发生了冲突，在这种立场下，朝廷会诉诸相对“蛮夷”而言具有优越性的旧观念。中国使用军事力量的能力，通常取决于对自己和敌人的力量以及各自希望达到的目标所做的评估。然 13
而，对东汉与匈奴战争的分析表明，“鹰派”和“鸽派”在争论自己的观点时，必须考虑各种因素，从对不可靠盟友的承诺到财政压力，不一而足，但正如张磊夫指出的那样，朝廷的政治影响力是其军事文化的一个重要组成部分，尤其是在涉及对非汉群体使用武力时。汉朝战略家对匈奴的所作所为，指向一种战略文化，它遵循一种基本的实用主义路线（这种态度接近濮德培在第十四章中提到的“实践逻辑”），但也被一种超越了直接关注和特别分析的逻辑所引导，有时会转向一种更加意识形态化的路线（濮德培称之为“理论逻辑”）。无论我们把这种辩证对立称为“实用主义 VS 意识形态”，还是“实践逻辑 VS 理论逻辑”，在制定战略决策时，这两种原则，一种更具动态性和适应性，另一种更具静态性和刚性，似乎很明显是相互对立的；但最终真正削弱东汉军事力量的，是经济资源的分散和朝廷军事权威的逐渐瓦解。[27]

我们怀着巨大的悲痛出版了第五章，也就是戴德所写的那一章，作为他身后的贡献。他的突然早逝，是中国史研究领域的巨大损失，特别是在军事史领域，他是真正的先驱之一。与此同时，让我们深表感激的是，他的学术遗产将包括收录在本书的这篇文章，它是一个结构紧密的章节，分析了西晋的“八王之乱”。这场混乱发生在 4 世纪初中国历史的一个特别关键的转折点上，见证了统一帝国的加速瓦解，随之而来的是近三个世纪的分裂和动荡时期。正如第三章和第六章所指出的那样，第五章对事件的处理几乎完全集中在战略讨论上，特别强调各方采取的战略和明智决策。通过对这一重要军事事件细致而下苦功的重构，戴德对王朝贵族的内部运作、统治精英的军事化、政治和军事领域的渗透性，以及军事优先进入政治话
14 语和修辞的方式等问题有了更多的了解。第五章还以一种令人钦佩的清晰方式，举例并罗列出我们可以拼合起来理解军队数量、行动以及军队结构的信息类型。关于战争的叙述也检验了官方史学惯有的局限性：在这里，除了最基本的信息之外，对战争和战役的完整描述完全超脱于传统的历史写作。

在第六章中，葛德威直面了军事事件在正史中表现形式方面呈现的潜在问题。葛德威指出，正史记载常常包含在其他地方找不到的军事信息，因此他考察了这些记载的主要来源。许多此类文献的文学性质，类似于圣徒传记和选集，并不适用于传递事实；相反，这些文献是为了颂扬一位将军的美德，宣扬一项军事功业的价值或唤起军队的士气。其他的文献，如“行纪”、诔碑文和赏赐法令，同样没有包括具体战争的相关信息。通过分析这些材料，并将其与正史的叙述进行对比，葛德威认为，唐代和之后的文学世界，从根本上远离了战场。胜利是通过写作来庆祝的，但写作本身是一种非常文人化的文学传统。关于这一点，我们可以回忆一下，宣战文书与军令（“檄移”）收录于刘勰（522 年卒[1]）所著的 6 世纪著名文学批评作品《文心雕龙》。在“檄移”一篇（第二十篇）中，刘勰大量引用了《司马法》《国语》《左传》《史记》《尚书》等经典著作，描述了这些著作的文学性质，同时规定了宣战文书和军令既要为文学（文），也要为军事（武）服务。许多文化都用华丽的修辞来歌颂士兵和将帅。例如，希腊的赞美诗是为庆祝胜利而创作的，但与战场经验或战斗几乎没有关系。中国的文学作品似乎被文学范式所主导。用葛德威的话说，在正史中经常发现的细节，暴露了儒家对军人的蔑视。他们强调所要求的技能中最为哲学的部分，如运用巧妙的计谋和制订出色作战计划的能力，而对实际实力、武器、经验和战斗技能的讨 15
论则停留在一种道德的半模糊状态中，这并不一定会引起历史学家的注意。这种文学上的偏见，似乎在中国文学中比在西方

① 刘勰的去世时间有争议。——译者注

传统中更为根深蒂固。然而，从战场上脱离出来，并没有消除一切军事力量，而是出现了一种表现模式，与文化阶层的文化原则相一致。葛德威关于战争的现实与其表现之间关系本质的基本论点，可以被用来发展更复杂的理论模型，这也许是一种民族志类型，可能会使进一步探究在官方叙述的汇编中起作用的文化过滤机制成为可能。

在第七章中，斯加夫谈到了中国军事文化的一个经常有所体现，却很少得到应有重视的方面，那就是中原王朝从域外文化，特别是从亚洲腹地文化借鉴的内容。与战争和军事远征有关的域外族群在最早的文字，即商代的甲骨文中就有记载。春秋战国时期的文献记载最常提到的一些“蛮夷”，因其好战而著称。“戎”这个术语在古代经典中指的是域外族群，已经被理解为“武力”和“军事”的同义词。《史记》中对匈奴的描述是“以战攻为事”，事实上，北方游牧民族作为“军事族群”的说法贯穿了整个中国传统史学。斯加夫认为，唐朝的军事文化直接受到了亚洲腹地传统的影响。由于边疆防御对于王朝统治和领土完整的维护是如此重要，所以，考虑到中原王朝和草原汗国之间的密切联系，吸收与融合亚洲腹地军事文化这一渗透性的过程也就不足为奇了。这种争论可以很容易地延伸到中国历史上的几个时期，因为每一个主要的中原王朝（汉、唐、宋、明），都不得不面对一个或多个草原势力。因此，斯加夫论点的含义超出了唐朝，他同时指出，存在不是一个而是两个整体性的军事文化，它们在中国历史中不断发展并
16 相互影响。游牧民族在 17 世纪和 18 世纪之前一直是中原地区民众面临的最大军事威胁，他们制定了特殊战略，而这些特殊战略促进了中原军队战术和行动的发展，特别是在 7 世纪，

北方的军事传统长期以来一直是政治统治的基础。斯加夫以他对唐朝军事史的既有研究为基础，从唐朝边疆军队的组织和作战方面入手，转而研究唐朝早期军队的文化特征，认为它将中原和突厥的元素结合在一起，形成了一种高效的共生关系。[28]

在第八章中，“文”与“武”之间的紧张关系在韦栋对宋代三位军事人物之传记的评述中引起强烈的共鸣，这三人分别是柳开、范仲淹和童贯。他们的生平，以及我们所知道的事实和事迹，推翻了当时流行的观念，即在宋朝，军人和文人官僚之间存在严格的区隔。以前出现过这种情况吗？活跃于宋朝早期的柳开以其学术成就而著称，曾多次被征召担任军事指挥官；最终，他被描绘成一个充满野性、看似无拘无束的人。在对柳开行为的描述中，有很多野蛮行为的暗示，这可能表明他的军旅生涯与失礼行为之间只有一纸之隔。但是，正如韦栋所指出的，这种对人物的描述可能反映了王朝初创的那个暴力时代，以及使之成为可能的那一代人的情景，那时，粗暴野蛮和学术成就（柳开是进士）并不被视为水火不容。在宋代文化中，随着字面上的记述被理想化地加以分离，文与武、文学成就和军事事迹日渐两分，范仲淹和童贯的形象也愈加深化。

范仲淹也是一位进士，应时代之变，他从文官阶层中迅速成长起来，应对各种挑战，在为对抗西夏的军队服役时，成为军事智慧的典范。在中国历史上，像范仲淹这样因长期担任军事职务而成就英名的高级政治人物的例子绝非罕见，这是文官事业和军事责任、知识和经验的共生关系的缩影，而这种共生关系，我们常常能在著名政治家和知识分子的传记中发现。

韦栋的第三个案例所关注的是，在北宋历史上最为痛苦的时刻，一位复仇心切的皇帝的突发奇想，导致了童贯的垮台。 17

童贯的职业生涯揭示了政治权力和军事领导人之间不稳定关系的另一面。军事领导人既可以被视为忠诚的典范，也可以被贴上懦弱无能的标签，我们必须假设，只有少数人的形象能在其死后得到恢复，这要感谢史书的编纂者在理论上所宣称的据事直书理念。在韦栋对这三个人的分析中，我们可以看到一个关于北宋朝廷与其军事方面关系的比喻。即使是最"文"的朝代，我们也可以清楚地看到体现在北宋杰出军事人物行为中的军事精神以及对他们同时代人的评价和历史判断，这些评价和判断反映了一套关于军队在社会中所处地位的价值观和信念，这不仅是军事文化的一部分，更是文化本身的组成部分。

与韦栋的章节相关的是，我们可以回想一下傅海波（Herbert Franke）对马扩的研究，傅海波的研究并非基于王朝历史，而是基于马扩的自传。[29]马扩是童贯的门生，是一名戍守边关的职业军人，既曾作为使节出使女真，也曾率军与女真交战。他的才能显然受到了女真人的赏识，在这里，我们再次发现了军人的局限性和文化模糊性，这使他更容易在野蛮好战的族群中而不是在他的同胞中得到赏识。他显然受过教育——写过自传，偶尔还作诗，这证实了军人形象的复杂性，或许还表明他拥有比文人更多的自我表现自由。马扩将自己的生活描述成一部军事传奇，其中充满了冒险举动，但他身上也不失忠诚和孝顺的核心品质，这些品质使他坚守自己的国家、传统和文化。这些个人的著述，与许多关于军事事件的正史叙述形成的鲜明对比，在某些情况下，让我们得以瞥见军事阶层的自我形象。

在元朝统治之下建立起来的军户世袭制，在明代保证了军户较高的社会地位。作为精英成员，他们的文化如何与文人精英的品味、社会和文学活动以及教育形成交集？在第九章中，赖恺玲阐述了“文”与“武”如何被理解为互补而非对立的原则，尽管必须保留两者之间的区别，但两者之间的对立—— 18
以及完全封闭的文化普遍性——被认为是精英文化自我表现的衰落而非繁荣的标志。当然，这并不意味着两个阶层之间没有相互怀疑甚至仇恨；更确切地说，这意味着这两个阶层的成员并不生活在封闭的文化圈当中，他们选择获得自我修养和社会声望的方式并不是互不相容的。例如，军事精英襄助艺术，而且对他们来说，拥有名画是地位的来源和文化修养的佐证。事实上，军事阶层对艺术进行资助的例子，可以在中国历史的深处找到，这可以追溯到北朝时期，那时，军事阶层就已经确立了其统治地位。[30]赖恺玲指出，在把军人描绘成粗鲁恶棍的普遍形象背后，往往会有一个对艺术和文学的乐趣并不陌生的人，比如李如松。一旦揭示了刻板印象背后的偏见，我们不仅有理由质疑文人文化在多大程度上带有军事文化的色彩，也有理由质疑军事文化在多大程度上被故意曲解为文人文化。赖恺玲还讨论了军事象征的价值，如文武精英收藏刀剑的行为。在明代，无论是讨论刀剑、制造刀剑，还是收藏刀剑，显然都是普遍存在的、为社会所接受的活动。在中华文化中，曾有一句表达军人地位低下的俗话：好男不当兵，好铁不打钉。[31]赖恺玲巧妙地揭示了这句俗话内部的不协调之处：我们知道，中国历史上有许多廷臣和将领都很注重用好钢铸造刀剑——毕竟，战争不是用钉子打的。最后，文人收藏刀剑的嗜好定义并描述了文武之间的流动关系，同时揭示了这两种建构背后的文化交织现象。

在第十章中，S. R. 吉尔伯特通过对清代武举考题的透视，探讨了军事文化之于康熙皇帝（1661~1722年在位）的意义。吉尔伯特指出，康熙皇帝将儒家经典中最不具军事色彩的《孟子》和《论语》纳入了针对胸怀大志的军事统帅的课程。通过对这些文献与军事教育关系的专业分析，吉尔伯特质疑康熙皇帝因对《孟子》的偏爱而牺牲了那些被奉为中国军事经
19 典的书，如《孙子兵法》和《司马法》。在这一点上，我们可以看到康熙皇帝从幽古恢复原始的军事和哲学知识统一性的尝试，基于自身广泛的第一手经验，他认为这对指挥而言非常有效。另外，康熙皇帝依然认为《孙子兵法》和其他军事文献中的知识是完全不切实际的、无用的、具有误导性的。在乾隆时期，作为武举考试的一部分，儒家经典被废除，取而代之的则是对恢复文武分离的回应，即便两者相近，也依然有所区别。这个有趣的论点指出了康熙皇帝对军事教育的理解与他的孙子——乾隆皇帝的观点之间存在的巨大鸿沟。如果我们将吉尔伯特的见解与卫周安关于文化"军事化"的论述（第十二章）放在一起来看的话，就会发现，乾隆皇帝是"文"与"武"知识正式分离而非融合的坚定支持者。卫周安将这种划分归因为对"武"与清朝的北方和非汉渊源的联系，这在理论上被认为是为了加强满人作为统治者的文化独立性，而吉尔伯特将其解读为乾隆皇帝对中国长期以来"五经"和"七书"分离传统的认同。这两种观点汇合在一起，勾勒出清朝军事文化的发展轨迹，从而为有关清朝帝制文化、满族文化和民族认同的专门议题增加了一个重要维度。

战争、盗匪、社会动荡和压服，迫使受害者面对破坏他们物质世界的创伤性事件，这些事件往往会经由心理、道德和知识资源而深深影响他们的命运。明朝的崩溃和清朝的统一战争

所带来的暴力冲击了原本安全的世界，无处不在的军事活动严重摧残了手无寸铁的居民。司徒琳（Lynn Struve）呈现了在明清鼎革时期出现的关于个人和社会创伤的个人化描述。[32]在第十一章中，方秀洁以类似的方式，但更多地从文学方面，探讨了人们如何使用各种各样的写作形式来为自己创造一个避难所，以应对这些灾难性的事件，并为自己的道德选择进行辩护。这些资料来源就其文学和社会内容而言很重要，但它们也 20
提供了关于士兵行为和平民状况的信息。方秀洁专注于两种体裁——日记和诗歌。她发现，男性更喜欢日记，而女性更喜欢诗歌。武德被推崇，而且选择抗击侵扰者和强盗，支持弱者和流民的人被描绘为英雄。这种“游侠”（也可以是女性，就像方秀洁所说的那样）的主题，在中国传说中有悠久的传统，在《史记》中留下了不朽的古代典范，作为大众对武术和剑术痴迷的例子，也作为一种道德准则的象征，虽然没有受到经由文学修养获得的智慧和知识的启发，但得到了真正美德的启发，因此值得赞颂。如果文官和文人认为毛笔比刀剑优越的话，那么，在危机和战争时期，刀剑就会比毛笔更有用。方秀洁指出，文学是暴力的避难所，是情感的宝库，这种情感经历了从恐惧到绝望，从自怜到认命的过程。

在第十二章中，卫周安扩展了她之前写过的一个主题，论述了清朝鼎盛时期几位皇帝特别是乾隆皇帝统治下文化的军事化。[33]军事化在这里意味着向清朝的政治和公共文化注入一股强大的军事方面的内容。将亚洲腹地传统（用柯娇燕的话来说）[34]表现为“武”，将中原传统表现为“文”，这是完全说得通的，因为这两种原则的和谐平衡被认为比一种不完美的平衡更可取，这种不完美的平衡会让一方永远占据统治地位。满人的天赋，与其说是为了实现他们自己的目的而贯彻中华文化中长期确立的一种观念，即北方民族被赋予了优越的军事才能，从而体现出一种对抗性的“武”式原则；不如说是扭转了试图把满人描绘成野蛮人和文明之敌的局面，对“武”的占有使他们获得了平等的地位，补充了文明而不是对抗文明，从而没有放弃文化的多样性。卫周安指出，公共文化和宫廷文化的军事化助力了清朝，并推动了清朝上半叶的积极进取。清朝在19世纪失去了内部权力和威望，与此同时，其军事力量也在对抗西方和日本的过程中日渐衰弱。

21 军事文化中更为传统的一面，可以用一句古语来概括：“兵马未动，粮草先行。”如何在和平时期和战争时期维持军队的给养，这是与西方军队进行比较可能产生有趣结果的领域之一，但中国方面相关知识的匮乏，严重限制了这种比较的应用。[35]在第十三章中，我们要感谢戴英聪，她让我们了解了清朝鼎盛时期军事财政的结构，特别是军事人员的收入和后勤保障的成本。文官机构的一些部门和普通民众中的一些人参与了复杂网络的建设，这些网络本应为士兵提供所需的资金。戴英聪考察了清代军事财政制度的成就与不足，为理解清代军事危局与晚清国家危机之间的关系提供了重要依据。从方法论的角度来看，戴英聪对军事管理的规则和法规与档案报告中所载的事实之间的不一致之处所做的探索，尤为深刻。这是对混淆官方法规与实际情况的任何诱惑的必要纠正。戴英聪还指出，军事史，特别是帝制晚期的军事史，必须尽可能依靠档案和非官方的报告，因为在编纂官方历史时，会存在特有的政治偏见和文学惯例。最后，戴英聪还强调了明、清军事文化之间的深刻差异。尽管在历朝历代，中国的官僚行政传统在地方和中央机构中都有实质上的连续性，但类似程度的连续性的假设，不应该扩展到军事领域。如果说明代的军户世袭制度，与蒙古人在中原建立的制度具有连续性的话，那么，从明到清的军事文化的大部分领域，如边疆防务、军事动员和戴英聪章节中所关注的财政管理和后勤保障，都存在明显的差异。

濮德培认为，明朝的战略文化与清朝的大为不同。[36]在第十四章中，他列举了两个平行的矩阵，用来定义帝制晚期中国的“军事文化”和“商业文化”，并以此呈现为三种逐渐拓展的意义。他对边疆战略和管理做了论述，并进一步对比了西 22
北和东南两处边疆，在这两处边疆地区，商业与军事的关系颠倒了过来：第一种情况是军事和商业相辅相成；在第二种情况中，它们相互对立。对由此产生的各种矛盾状况的对比分析，揭示了与军事文化（在濮德培的第三种意义上，指的是“整个社会对于胁迫的态度”）相关的无形联系，而这种军事文化与军事之外的需求和逻辑紧密关联。“战争与贸易”之间的关系曾被学者们探讨过，他们认为这是中原王朝与北方游牧民族关系的一个关键方面，表现为资源冲突与由贸易和贡品优待所保证的和平之间的摇摆式交替。[37]濮德培也展示了军事和商业逻辑的连续性和交叉点，同时描绘了一幅从多层面阐述的引人入胜的理论图景，并以全面和比较的角度分析边疆关系。濮德培对军事和商业的并行分析表明，我们不应孤立地看待北方和南方边疆，而应认识到军事干预和金钱的双轨行动所揭示的两者之间的联系。

注　释

1. Bernstein, 2001. 除了一些关于孙子和军事经典的作品之外，这本仍在被讨论的书（van de Ven, 2000）在 Kierman and Fairbank, 1974 一书出版之前，对中国军事史研究的贡献最大。

2. 涉及 19 世纪之前的相关出版物有 Graff and Higham, 2002; Graff, 2002a; Lorge, 2005a; Perdue, 2005a; Waley-Cohen, 2006。除此之外，我们还应该增加几篇 *War and Society*（2000）特刊所收录的文章，以及 *Modern Asian Studies* 题为“War in Modern China”（1996）的专辑，其中包括几篇关于中国历史上战争与文化关系的文章。

3. Lorge, 2005b; Swope, 2005. 与前现代时期更相关的是前者，其中包括发表于 1939~2003 年的 25 篇论文。

4. van de Ven, 2000, p. 6.

5. *Zhong guo wen hua*, 1968.

6. Kuhn, 1970, pp. 10-13; Swope, 2005, p. xi.

7. “兵”（士兵、武器、战争，如“兵法”一般翻译为“战争的艺术”）肯定不是“武”（武装、军事价值）的同义词，“无兵”翻译为“非军事化”或“去军事化”，也不能说明问题。

8. Scobell, 2002, pp. 3-10.

9. 在 Johnston, 1995, pp. 22-27 中，江忆恩（Alastair Iain Johnston）对中国关于“军事文化”及其与“战略文化”关系的观点进行了精彩的总结。另可参见本书第十四章。

10. 参见 Mott and Kim, 2006; Johnston, 1995。

11. Wilson, 1980.

12. Falkenhausen, 1996, pp. 5, 8.

13. 《史记》卷一三〇，第 3317 页。

14. 对于前帝制时期，马克·刘易斯（Mark Lewis）在他的 *Sanctioned Violence*（1990）中认为，战争和暴力组织是前帝制时期政治和社会变革的重要组成部分。关于战国时期大规模步兵之形成的研究可参见 Kolb, 1991。然而，关于帝制时期的情况，类似程度的理论阐述尚未出现。

15. 值得注意的是，在分析唐朝对外关系和内部发展的过程中，军事事务是一个重要的例外，参见 Twitchett, 2000。这篇精彩的文章表明，对广泛的历史解读而言，认真对待军事问题是会有所助益的。

16. Graff, 2002a, pp. 246–247.

17. Supple, 1984, p. 71.

18. Connell, 2005, p. 84.

19. 关于“军事地位的文化证据”，请参阅一篇早期的充满见地的文章：Fried, 1952, pp. 352–354。另可参见 Lo, 1997 这篇优秀文章，以及 Creel, 1935 这一旧文。

20. Parker, 1993, p. 107.

21. 技术很可能扮演了一个目前无法被衡量的角色。在中国工业的几个发展节点上曾大规模生产武器以及对技术的引进（如明末），可能都在中国历史上引发了重大的变革，但目前尚不足以评估其历史意义。火器的使用，特别是以西方模型为基础的加农炮，在晚明时期已经成为诸多研究的对象。作为一般参考书目，可参见 Di Cosmo, 2005。

22. 作为中国军事史的基本年表，它暗示了在帝制时期发生的一些最重要的变化，参见 Dreyer, 2002。

23. 15 世纪的明朝有许多军事上的败局，比如在土木堡大败于蒙古军队。然而，在 16 世纪和整个万历皇帝统治时期，明朝的军队很少遭遇惨败，尽管我们必须再次注意努尔哈赤于 1619 年在萨尔浒击败了明朝的一支强大军队。关于对晚明军事的重新评价，参见 Swope, 2004。

24. 在一系列研究文章中，最有影响力之一的仍然是 Loewe, 1974a, pp. 67–118。

25. Black, 1998, p. 872.

26. 关于这一议题，参见 Mark Lewis 的杰出文章（Lewis, 2000）。另可参见 Yates, 1988。

27. 值得注意的是，这种区别也让人回想起孔孟学说与 Johnston 的作品 *Cultural Realism*（1995）中战争（parabellum）范式的对比。

28. 参见 Skaff, 2000。

29. Franke, 2003, pp. 19–121.

30. 游牧族群的军事精英对艺术赞助也并不陌生，参见 Wong，2003。

31. Tong，1997，p. 122.

32. Struve，1993.

33. 参见 Struve，1996；以及 Struve，2003。

34. Crossley，1992，p. 1472.

35. 戴英聪写过一篇关于清军经济方面的作品，参见 Dai，2001。濮德培对 17 世纪晚期和 18 世纪清朝鼎盛时期的后勤状况进行了有益而精确的描述，清军在这方面的表现应该会给西方历史学家留下深刻印象，参见 Perdue，1996。

36. 参见 Perdue，2000。

37. 例如，可参见 Jagchid and Symons，1989。

第一章 中国早期的法律与军事

叶山（Robin D. S. Yates）

与其他文化领域一样，中国的军事法也受到社会、政治和 23
经济条件变化的影响。因此，几个世纪以来，我们会发现不同形式、类型和内容的军事法。在西方，军事法的变革往往是在国内或国际性的重大冲突之前、期间或作为冲突结果而开始的，它们与国家间的国际法的发展密切相关，特别是从16世纪起。[1]我还不能确定的是，在中国，特定的战争与参战诸方之间达成和平以及军事法的发展之间存在什么类似的联系，这或许是因为中国人对世界秩序持有截然不同的看法。[2]然而，在中国，从事战斗的军事力量与军事法的发展似乎有密切的联系。

青铜时代的战争是贵族精英在精心设计的战车上攻战征伐。[3]后来，到了战国时期，农民被征募组成军队投入战场。这种先秦时期的募军一直持续到前汉（或称西汉），到1世纪方才被一支专业军队所取代。[4]本章的主题是探究法律在管理这些不同类型军队中所起作用的演变情况。军事法在中国社会的形成
和发展中起着至关重要的作用，它所确立的一些实践和原则深 24
刻影响了广大民众的生活。因此可以说，这些实践和原则对中国社会和文化的进程以及帝制时代的中国法律都产生了深远的根本性影响。[5]

最后，我认为，本章分析了狄宇宙在本书导论中讨论的

“军事文化”的首个方面：“一种离散的、有界限的行为和行为体系，由成文和不成文的规则、惯例以及独特的信仰和符号组成，军队成员应该遵守这一体系。”虽然在军事训练过程中军事纪律和军事行为被灌输给军官和士兵，但这一问题在相关的学术研究中很少受到重视，[6]中国军队主要通过应用成文的军事法来灌输战争行为模式。不过，毋庸赘言的是，上级权威发布的法律并不一定契合战场上的军队状况，面对特殊的战术问题，毫无疑问，有各种不成文的仪式规范以及各种礼制，这些在很大程度上会被历史所遗忘。[7]但是，为了了解成文军事法传统的发展，首先有必要对早期中国所持的关于战争性质的相关论断进行简要的回顾。

早期中国对战争本质的看法

班固（32～92 年）所著的《汉书》卷二三《刑法志》可追溯到 1 世纪，它是第一篇关于中原王朝法律制度的专论。在文中，班固对《左传》进行了释义，认为“圣人既躬明哲之性，必通天地之心，制礼作教，立法设刑，动缘民情，而则天象地”，[8]同时兼顾了民众的感受。人类的惩罚是上天的雷电交加所造成破坏的世俗对应物，正如圣人们对臣民的仁慈、善行、温柔与和谐，都源于上天的养育一样。这种宇宙论思
25 维，深藏在军事理论、军事实践和军事法律的背后，在古代中国绵延数百年。但在这里，我将集中讨论法律在中国军事发展中的作用，而不是宇宙论在后来中国军事理论和实践中的作用。

在早期中国，据说有“五礼”和“五刑”。在目前的情况下，我们感兴趣的是后者，因为除了最为轻微的之外，所有惩

罚都通过使用军事武器和工具来实施。在《刑法志》的其余部分，班固将军事事务、军事训练和军事纪律作为刑罚史的一个组成部分加以论述。总之，在汉代知识分子看来，刑起于兵，军法是军事训练的重要组成部分。实际上，战争和刑罚（兵与刑）没有区别。在整个帝制后期，战争被认为是对那些拒绝承认皇权合法性的人专门施加的合理惩罚和暴力。正如宋朝官员留正所说的，“兵刑一道也”。[9]因此，刑法对民众的适用，被认为是对军事力量的运用。军队在内部经常被用作警察部队，在边疆地区则通常被置于军事法管辖之下，由军事长官加以管理。[10]

因此，要理解法律在前现代中国的文化意义，就必须探讨其与军事关系的变化情况。而要了解中国军事的历史，也必须考察军事法的变化范围和性质。从严格意义上讲，军事法规定了有关军事纪律和训练的规则，以及交战规则，并规定了战场上的赏格。它规范了3000年来为国家提供持续安全保障的机构的管理和/或治理。而尽管中国丰富的法律遗产越来越受到关注，[11]但令人惊讶的是，研究中国法律史的学者很少关注法律中军事方面的内容，研究宋朝的专家马伯良（Brian E. McKnight）是一个罕见的例外：他用了整整一章的篇幅来论述“军队在执法中的作用”。[12]虽然有一些关于中国战争史和军事理论的书籍和系列文章，但只有季德源的研究专门关注军事法的历史，尽 26
管有一些是于当代中国实施的军事法，以及19世纪末和20世纪传入中国的西方军事法，[13]还有一些是关于秦汉时期军事法的研究。[14]让我们接着来思考中国早期军事法的发展问题。

中国早期的军事法

在青铜时代，中国的军事和战争是祭祀过程的一部分，这是中国早期文化和宗教实践的一个核心特征。在季德源看来，在夏、商、西周时期，大约从公元前 2000 年到前 771 年，军事法有五种主要形式：誓言（誓）、宣言（诰）、命令（命）、仪式（礼）和酷刑（刑）。[15]誓言可能是五种形式当中最早的一种，在战役开始的前一天晚上，由将领对他的部队口头宣布。儒家经典之一《尚书》的传文中，有誓书五篇，但它们是否真正反映了历史上的实情，或许还有待商榷。其中的“甘誓”，是夏朝统治者启在对有扈氏进行征伐时所发表的誓言。“汤誓”是商代统治者汤的誓言，当时他打算消灭夏朝最后一位残暴统治者——桀。“泰誓”由周武王在著名的牧野之战前夕所宣，随后，他横渡黄河孟津，讨灭了商朝最后一位统治者——纣王。另外，“费誓”则是鲁公伯禽在攻打淮夷、徐戎等“夷狄”之际所说的话。誓言是在仪式上被清楚地表达出来的；誓言陈述了讨伐对象的过错和罪行，进而说明采取行动的原因，并声称这是合理的；它制定了官兵作战的规则，并威胁若有违抗者，一律处死。这也是提高军队士气的一种手段，并以一种契约的形式约束全体官兵。如果不遵守契约的条款，他们将沦为人牲献祭于国家祭坛（社）上。

27 因此，这种由最高统帅发出并期望完全服从的誓言，与罗马军队士兵自己宣誓的誓言大不相同，后者是“对指挥官的个人效忠”，是代表士兵忠诚的神圣约束，对它的亵渎会受到人和神灵的惩罚。[16]誓言也不同于“盟”，“盟”据信始自东周，是在上天面前由平等或接近平等的人宣誓，用牺牲者的血加以封印，对违反约定的人施加超自然的惩罚，并有一份埋在地下的书面记录。[17]

由于认识到三代（夏、商、周）历史先例的重要性，这种誓言在战国和帝制时代的战役前被继续加以宣示。《武经七书》中的《司马法》就建议："位，下左右，下甲坐，誓徐行之。"[18]

唐代 8 世纪中叶由李筌所编纂的一部军事百科全书——《神机制敌太白阴经》，[19]以及曾公亮及其同僚在北宋 11 世纪中叶所编的官方军事百科全书《武经总要》，[20]都记载了他们各自所处时代的誓言。两者都提供了最高统帅对其麾下部队所宣誓言的样本或形式。值得注意的是，这些誓言都表明将军声称有权执行天罚，因为他从皇帝那里得到了斧钺，象征着剥夺生命的权力。在宋朝，皇帝向将军颁发一柄礼剑，象征他有权对敌人和麾下违反军事法成文规定的士兵处以极刑，而不用将罪犯移交中央司法机关。[21]

季德源认为的第二种早期军事法，即"诰"，是一种由上级（通常是统治者）发布的法律指令，它也赋予下级权力以实施惩罚。《尚书》记载了许多例子，但没有一个特别涉及战争或军事事务，因此，季德源认为"诰"作为军事法一种形 28
式的说法可能不足为信。

西周时期的许多青铜铭文都提到了"命"，语境是周朝统治者赋予下属指挥周军或接管其祖先行政职权的权力。这种权力的授予或权威的确认，通常出现在仪式上，该仪式往往在周天子的祖庙里举行，并辅以礼节性的贵重物品。仪式由接受荣誉、职责和礼物的个人通过铸造一件或多件青铜器来加以正式记录。这些铭文是献给特定祖先的，并准备在以后的祭祖仪式中进行复述。信息本身通过放置在容器中的熟食和饮品媒介传递给祖先。[22]然而，命或令并不仅限于军事活动，它们也是青铜时代精英内部商品流通和个人威望的一部分。这种流通发生在仪式盛宴上，柯鹤立（Constance Cook）

指出，在西周晚期（前 9~前 8 世纪），军事装备成为一种更为重要的传播工具，取代了早期常见的珠玉串。[23]正如我在其他文章中写的："战争和军事装备（无论是弓箭、旗帜、行仪、护甲、盾牌，还是战车装备）的流通、转让以及传播，都是西周社会、政治和经济制度的核心，与商代早期的文化制度相比，这是一个重大的变化。"[24]

最后，对于季德源所认定的早期军事法的最后两种形式——仪式（礼）和酷刑（刑），正如一些学者所证明的那样，在春秋时期（前 8 世纪中期~前 5 世纪），礼支配了战争的行为规范。[25]但是，礼与法的关系是中国法制史和军事史上一个异常复杂的问题，受篇幅所限，本章不再讨论这个问题。[26]至于酷刑，考古发掘和碑铭材料都清楚地证明了它们确实发生过，但这些酷刑是否在一种特定的军事背景下实施，并与军队参与的献祭活动分开，则是一个悬而未决的问题。季德源用中国传统文献证明中国存在早期军事法，但他的结论可能会再次受到质疑。[27]尽管如此，郭锦（Laura Skosey）
29 已经证明某些类型的军事行为，特别是被称为"征"的惩罚性行动，其目的是惩罚那些被认为忤逆天意的不法之徒，并将战争与新兴的法律体系紧密联系在一起。[28]然而，军事法确实在随后的战国时期开始逐步扩展，时限大约是公元前 5~前 3 世纪。

战国时期的军事法

据铭文记载，西周时期开始形成法律程序，[29]公元前 7~前 6 世纪，各封国开始出现第一部成文法典。[30]然而，战国时期的情况与早期大不相同，也正是从这一时期开始，军事法才真正得以发展。

战国时期，中国在政治、社会、经济、哲学等方面出现了根本性变革，这是许多学者从不同角度进行广泛研究的课题。在军队的发展方面，有几个重大的变化。首先，军队规模扩大，步兵成为军队的核心，最终取代战车成为主要的进攻力量。到公元前 4 世纪中叶，各诸侯国从北方草原民族那里接受了骑术和骑兵，在后来的几个世纪里，骑兵变得越来越重要。[31]当然，很明显，步兵在早期的战争中至关重要，但我们掌握的信息来源强调了青铜时代贵族驾驶战车在早期冲突中所扮演的角色。相比之下，在战国时期，所有健全的男性对国家而言都负有服劳役和兵役的义务（妇女只服劳役，除非在围城战中，稍后会论及），所有诸侯国都发展出户籍登记制度，使政府当局能够征取税收、招募劳役以及增调军事资源。因此，在这一时期，军队的主体由下层精英，即士所指挥的应征者组成，正是士引起了孔子的兴趣，这些人后来转变为文人（士大夫），并通过他们在帝制时代对官僚制度的掌握主导政治权力。

我们对这一时期的军事理论和军事实践的了解比以前的要 30
多得多，因为参战国家的实质存续，取决于其拥有的强大而有效的军事力量。在这一时期，首次有理论专家专门撰写军事方面的著作，最著名的当然要数孙武（或称孙子）和他的《孙子兵法》。除此之外，几乎每一位哲学家和政治家都必须关注军务，并对如何参与军事冲突提出自己的见解。儒家哲人荀子就是一个很好的例子，其作品集第十五篇就专门论述了他不认同与孙武所提理论路线相关的思想和实践。[32]这些军事家游历诸国，试图说服统治者采纳他们的军事战略和战术，在某些情况下，他们似乎是成功的。然而，与当时哲学家的著作一样，关于军事的大量著作很少能从这一时期留存下来。其中，最引人注目的是北宋时期（960~1127 年）由七部兵书汇编而成的《武经七书》，它被列为后世武举考试的核心文本。许多战国时期的军事法都可以从这些文献中找到。

至少到春秋晚期和战国初期，专门的军事管理著作才出现，《左传》引用了公元前 638 年（鲁僖公二十二年）和公元前 597 年（鲁宣公十二年）的《军志》，而《孙子兵法》则引用了《军政》。《军政》曰："言不相闻，故为之金鼓；视不相见，故为之旌旗。"[33]战国晚期的兵书《尉缭子》提到了两条军事法，即"离地遁逃之法"和"战诛之法"。[34]我们在这些文献中所看到的是军事法的发展，旨在加强战国时期日益庞大的军队的纪律，并协助训练来自自耕农的义务兵。如果不采取有效的军事法，就不可能调动如此大规模的兵力（一次可能多达 10 万人）。[35]

31 最重要的是，传统上与所谓法家思想联系在一起的法家政治家，似乎采纳了军事组织或法律的某些基本原则，并将其应用于全体平民。这对中国的社会形态和之后整个帝制时期的法律都产生了极为深远的影响。具体而言，公元前 4 世纪中叶，秦国的商君卫鞅成功说服秦孝公对秦国的军事法进行了改革，这一改革为秦国在下个世纪最终击败所有对手，并在公元前 221 年由秦始皇建立统一帝制奠定了基础。在这里，后一个故事可以说众所周知，而对商鞅的改革，则有必要加以简要概述。

第一，他对秦国管辖的所有人口进行划分，五家为伍，十家为什，然后再扩大到更大的单位，并采取连坐制，各层组织之人对其成员的行为承担法律责任。[36]在秦军中，五人一伍，十人一什，都是从这些家庭单位中抽调出来的，这样一来，来自五家一伍的人就在军队的五人小组中服役。这就保证了在军中服役的人彼此之间非常了解，他们也很可能通过血缘关系和/或婚姻关系联系在一起，因此，他们愿意为救本组其他成员之命而战斗到底。作为一个整体，平民的等级制度反映了军队的等级制度。在这两个机制的每一级中，国家赋予军官或官员管理其单位的权力，并对其下属的表现承担法律责任。因此，通过这一秩序的建立，国家能够管控社会的所有成员，渗透到家庭的核心，打破了家庭内部的团结。每个社会成员的忠诚和团结都转到了秦国。

第二，在连坐制下的民事活动中，由伍长领导的五家成员对彼此的行为负责，并有义务检举其他成员的罪行；否则，他们将承担同等的罪责。在军队里，各伍成员对彼此的安全负责。如果一个人被杀，所有其他成员都将被指挥官处死，除非他们设法杀死一个敌人，并用其首级来补偿他们自己的损失。在民事和军事领域，连坐制的名称表明，那些位于左、右、前 32
和后的人对个人的行为负有责任。这种空间识别显然比在平民领域更容易想象，因为地理和地形的性质，在平民领域，家庭之间理想的空间关系很难描绘。这就是我认为连坐制是从军事领域引入并适用于平民领域的原因之一。这种连坐制在帝制时代就已经实行了。汉代以后，它在北宋政治家王安石（1021~1086 年）所谓的家庭责任和相互保护的保甲制度中复兴，到了明代，德川幕府在 17 世纪将这一制度借用到日本。[37]显然，在当代中国依然有它的对应物。

这就引出了商鞅制度的第三个部分。商鞅的改革是建立在奖惩的正向和反向刺激基础上的，这可能是因为他认为人性本来就是邪恶的，只能对外界的影响做出反应。惩罚多而严厉，奖励则少而慷慨。事实上，商鞅对整个社会制度进行了重组，因此，只有（或至少主要是）战斗中的军事胜利（军功），才是衡量社会和法律地位、威望以及经济实力的唯一标准。他建立了十七等军功爵制，其中前八个等级对一般农民和平民开放。获取一个敌方首级可获得一级爵，获取两个敌方首级则被授予二级爵。军官们也会根据其下属获取首级的数量，获得类似的爵级晋升奖励。他们不被允许（违则受到惩罚）亲自砍下敌人的头。因此，秦军的职能就有了严格的规定。秦国的这种理想，实际上反映在发现于秦始皇陵东面的陶俑身上。在那里，普通士兵俑都有武器，但军官俑没有。军官们负责用《孙子兵法》中提到的旌、旗、锣、鼓，指挥前进后退、左右运动。等级制度在接下来整个汉代的四五
33 百年间一直延续。砍下敌人的首级作为决定在战场上功勋的方法，至少持续到1500年后的宋朝，而奖惩制度仍然是后世军事制度的核心组成部分。

同样，这些军功等级授予受赠者法律和社会地位。它们可以被用来修改对持有者的惩罚；或者说，持有者自己也可以用它们来抵消惩罚或通过交还等级来提升罪犯或奴隶的低下地位。[38]在公元前3世纪20年代末的统一战争前线，两个年轻的秦人在木牍上写了一封信（1975年发现于湖北省云梦睡虎地墓葬），从中我们可以发现军事法对这一奖赏体制的复杂操作。在这封信里，年轻人询问他们通过斩首获得的军功等级在他们的家乡是否有效。这些等级可以提高他们自己和父母的社会声望和法律地位，并减轻后者违法时地方官员可能施加的惩罚。[39]

在1975年发掘的同一组墓葬中，公元前217年一位地方官员随葬的一批竹简里还出现了两份法律案件的记录；两个案件的记录都记载了公元前266年邢丘之战中两名男子争夺一名被杀者首级之事。在第二起案件中，总部的军事长官质疑被杀者的身份，并怀疑这两个人可能谋杀了自己的一个秦国士兵。由于被杀者头上是独具特色的秦国发型，所以长官下令："有失伍及（迟）不来者，遣来识戏次。"[40]在这里，我们看到了秦制对秦国臣民的好处。尽管会受到刑法的严厉制裁，这些士兵却可以利用刑法来谋取自己和家人的利益。因此，商鞅变法之后的140多年时间里，秦国一直保有民众对它的忠诚，也就不足为奇了。

在我们转向因睡虎地秦简的发现而为人所知的秦国军事法的其他方面和例子之前，值得一提的是战国时期另外两个对军事法产生深远影响的进展。随后，我将简要回顾一下战国末期 34
被围城市的军事法。

这些进展中的第一个是在《司马法》中被提到的。大致是说，军队中的行为和平民生活中的行为有了明显的区别。在这两个领域里，个人如何展现自己，如何走路、说话和穿衣，都是不同的。"故礼与法，表里也，文与武，左右也。"[41]儒家学者特别关注仪式行为和修身养性，因此他们有意识地将自己与军事形式区分开来。从文化上讲，儒家礼仪是一种个人修行的形式，它的意义只有与军中实践相区别或对立才能得以呈现，在军队中，则个人的个性必须被消除，必须实行统一的集体行为。这种区别的一个主要影响是，一旦将军收到了象征他有权处决罪犯和那些违反军事法之人的斧钺，那么，任何人，甚至连统治者或后来的皇帝，都无权违抗或反对他的命令，直到他放弃他的权威为止。因此，军事法表明，由于皇帝是超自然的天子和超人类领域的调解人，所以皇帝既是法律的源头，又凌驾于法律之上。[42]

第二个进展则是镂刻的青铜或木质的符的出现，它赋予军官权力，使其能够调动自己手下的军队。符被剖成两半，一半放在中央政府衙署，另一半给了军官。只有当中央的一位高级官员发出另一半符，而这名军官又将其与自己的一半相匹配时，他才能召集士兵进行作战。这一制度，再加上为出使者颁发“节”，为官员甚至皇帝及其母亲等关系密切的人员颁发印章，使中央政府能够控制未经授权的武力使用和未经许可的通过关隘和站点的货物流通和人员流动。伪造或滥用这样的符、节或印章被视为严重犯罪，并会受到严厉惩罚。这些符在后来
35 的帝制时代继续被使用，关于其使用的法律已经在汉代遗址中发现，[43]并在唐律中保存下来。[44]这种符信制度已经深深地植根于中国的日常实践和意识中，从汉代开始，特别是在道教中，正如石秀娜（Anna Seidel）所展示的那样，符被用作控制和转移鬼魂邪恶力量的有效手段。[45]它们赋予持符者巨大的精神力量。中国人在建筑物的门柱上贴象征吉祥的、避邪用的文字，这种做法一直持续到今天，最初也源于早期军事上对符的使用。

现在谈谈在一个被围困的城市实施的军事法。这些规定保存在哲学著作《墨子》的最后两篇中。[46]在山东省银雀山的一座公元前 130 年的汉墓中，考古人员也发现了一些相同或相似的段落，标题是“守法”和“守令”。很明显，当一个城市受到敌人日渐逼近的威胁时，它被称作“守”或“令”的指挥官掌管，指挥官会宣布城市所有居民应遵守的法律。

这些法律范围广泛且数量很多，它们都被写在榜上，张贴在居民可以阅读的所有地方，如十字路口、通往墙头的楼梯等。假装不了解法律内容而违反法律的行为是不能被容忍的，所以，这就假定有足够数量的识字居民能够阅读告示，并将其内容告知他们的亲友邻里。

其中许多法律的形式是“在所有情况下，每个人都必须这样做”，或者“会因为这样那样的罪行而受到惩罚或处决”。这表明，允许什么样的过错和对某一罪行加以惩罚等许多法律观念在战国晚期发展起来，这些观念在睡虎地的秦律中都可以找到，如“意”“欲”“谋”等，而这在军事法中被有意识地不予采纳或接受。

在墨家法律中，很明显，违反特殊法的罪犯的意图或心理倾向是什么并不重要：事实上，所有人都受到守城者的严厉惩
罚。实际上这也是后来军事法的一个特点。斩首处决是军事罪 36
犯通常受到的惩罚，但在叛国和通敌的情况下，也会处决叛徒的亲属，根据连坐法，还会处决叛徒周围的人。只有意外对一座建筑物纵火，才会被处以砍断四肢、削去耳鼻的惩罚，妇女似乎没有受到过这种惩罚。而故意纵火的话，罪犯会受到车裂的严峻惩罚。在公元前 338 年，商鞅的保护者秦孝公去世后，商鞅背叛了之前曾冒犯过的新君主，他也受到了同样的惩罚。偷窃和强奸会被判处死刑，这些规定在后来的军事法中都存在。卖淫的娼妓，以及那些在军中唱歌或哭泣的人，都会被割耳朵，而那些隐藏像“棋”这样可以用来模拟战术活动的游戏的人，或者那些允许马或牛在军中四处奔跑并引起混乱的人，也都一样。[47]割耳被认为是一种严厉的惩罚，因为人们之后不能再戴耳环，而耳环是用来显示个人财富和社会地位的；

被割耳的人还会被认为身体是残缺的，所以这些人不能祭祀他们的祖先。墨家也很细致地制定了用药物疗治士兵、捐赠肉类、妥善埋葬在战斗中牺牲的士兵的规则。官员们在冲突结束后举行妥当的葬礼，并亲自参加悼念死者的活动。后来，唐宋时期也颁布了类似的法律。在唐朝，医者和勤务人员在军队前进时，如果为了避免被敌人俘虏或折磨而遗弃病人或活埋病人，都会被处以死刑。宋朝制定了将遗体送还家属的详细规定，国家会根据军官的军衔和死去士兵所属的军种，捐赠棺材和坟墓。

另一条墨家法律也具有文化意义。萨满（巫）、祈祷者（祝）和占星家（筮）奉命向民众告知好兆头，但要向统治者报告实情。如果“望气者”说了些使人吃惊或害怕的不祥之
37 辞，他们将被处死。占卜是三千年来军事传统的一个组成部分，很少有将军完全不考虑占卜，因为他知道自己麾下的士兵和军官完全相信占卜与决定成败和生死的关系。[48]在唐宋时期，《武经总要》规定：“讹言诳惑、妄说阴阳、卜筮、道释、鬼神、灾祥，以动众心者，斩。”[49]将道教和佛教纳入军事法，显然反映了后来宗教信仰和实践的变化。然而，与前帝制时代一样，战后的军队并没有忽视宗教仪式和习俗。相反，它们是由指挥官精心控制、操纵和实践的，以确保军队的凝聚力、安全性和最终的胜利。历代兵书中有许多关于各类神灵的祈祷，这些祈祷是将军和官员在战役开始时或进行过程中所做的，例如对马神、佛教北方天王毗沙门天（佛教四大护法之一）等。[50]这些可以被认为是狄宇宙在本书导言中所讨论的军事文化的第四种含义的要素。

至于成功防御的奖赏，墨家给予所有参加防御的男性两级

军衔，并给予特别负责的军官更高的军衔。参加防卫的妇女，因为她们本身没有资格获得军衔，[51]所以每人获得 5000 钱；而没有参加防卫的男女，无论年轻还是年老，每人获得 1000 钱，他们还将被免税三年。文献记载道："男子有守者爵，人二级；女子赐钱五千，男女老小先分守者，人赐钱千，复之三岁，无有所与，不租税。此所以劝吏民坚守胜围也。"[52]

事实上，战国时期文献中的许多军事法，从不服从指挥官的命令和不在指定的时间到达集合点，到分配口粮和管理旌、旗、鼓、锣的规则，都与后来帝制时期的军事法大体一致。因此，从前帝制时期到帝制时期，军事实践有很强的延续性，但每个时期都各有特色。至于谁在战国时期负责管理军事法，这 38
一点似乎也与后来的时代保持了连续性。在军事法规定的被围城的情况下，上面我们看到的守或县令，是县级的最高级别官员。在征战的军队中，则是督军（监军）和执法官（军正）这两个出现在帝制时代的官员主要负责军队的法律管理。这两种军官最早源于春秋末期的齐国，记录在《司马穰苴列传》中，[53]穰苴依靠从军时学到的军事法知识，处决了监军庄贾，因为庄贾在会合时迟到了；然后又处死了齐景公所派使节的仆从以及牵引马车的左马，因为它超速闯入了军营。[54]这些战国时期的军事法是由一个在公元前 221 年战胜所有对手并建立秦朝的国家制定的，我们现在将转向中国军事法史的下一个阶段。

秦朝的军事法

湖北睡虎地秦简出土于公元前 217 年一位秦朝地方官员的墓葬，里面保存着大量的秦律及相关法律文书，其中相当一部分直接或间接保留了当时一套涵盖各类军务的军事法。它们被归集在不同的标题下，如《军爵律》，其中有两条保留下来。[55]秦朝将军事法纳入各种律的做法一直持续到明朝，在法典组织化的过程中，所有军事法的标题都是“兵律”，清朝律例延续了明朝的做法。

除了关于军事行动等级的条款外，我在这里只评述这些军事法的部分内容，其中一条涉及在受赠人死亡的情况下授予其
39 继承人军衔；另一条则涉及交回军衔来为家庭成员减免罪责。虽然秦朝保存下来的与战场上军事行为直接相关的军事法并不多见，但我们可以看到，到了秦朝，军事法已经发展成为一套复杂的规则，几乎可以控制和管理军事的方方面面。秦律所代表的刑罚形式基本上有两种，即因违反刑法所受的酷刑及所服的劳役和行政违法带来的罚款。这些罚款是根据盾牌和盔甲的数量来计算的。虽然罚款可能以金钱支付，但值得注意的是，这些罚款最初基本上很可能是为了增加国家的军事资源。所以，虽然秦朝确实区分了军事法和民法，但它们之间肯定存在重叠之处。例如，有自己章程（徭律）的徭役（corvée labor）也被认为是对国家的一项军役，这种劳役很容易被分配到其他形式的军事活动中。

此外，关于武器制造、质量保证的某些重要规定，以及关于在武器上刻上识别标志和储存的规则也被包括在律中，如关于“工匠”的《工律》[56]或者检查条例中，就包括与军事或者军队使用的物品没有直接或间接关系的民事事项。从银雀山简牍来看，很可能有专门规定如何管理战车、武器和盔甲的“军械条例”（库律），以及关于它们的支用和接收的规定。毋庸赘言，这种过多的成文法使朝廷能够以一种比没有书面规定

更为有序和合理的方式来规划一场战役的后勤工作。

《除吏律》中，几项与军官任命有关的条例表明，存在一套任命军官和检查其履职成效及其训练下属能力的既定程序。[57]其他法律摘要载有一些不同的法规，其中涉及军官在战斗中的行为，将应征入伍的士兵重新分配给自己使用，以及拿走发给军队的口粮，其中可能还有给军队的奖励。[58]维持对军队人员的集中控制，对朝廷来说至关重要。在汉末、三国初期 40
和六朝时期，当这种控制失败时，门阀士族能够聚拢大量只忠于自己的军队。另一项规定涉及分配给军队的马匹的表现、质量和管理，[59]在之后的朝代，当骑兵成为军队的基本组成部分时，尤其是在面对北方游牧民族的攻击时，这一问题变得更加重要。另一个问题似乎涉及非法出售军事装备。还有一条涉及向军队发放口粮、在受援者无权领取口粮时发放口粮、向普通民众出售口粮以及发放维修不善的军事装备，[60]而另外两条则来自《戍律》。[61]

《中劳律》中有一条为："敢深益其劳岁数者，赀一甲，弃劳。""劳"（劳绩），即军中服役天数等绩效，服役越久、越艰苦，"劳"就授予越多。汉代延续了这一制度，但究竟是什么构成了"劳"，它又是如何计算的，还有待于更充分的解释。[62]

摘自《屯表律》的内容揭示了文书在秦军中的重要地位，这也是后来中国军队的一大特色。在这方面，特别具有针对性的证据是，自20世纪初以来，从西域的烽燧中找到的那些可以追溯至汉代的大量写在木简、木牍和丝绸上的军事文件。几个世纪以来，中国军队创造了浩瀚的"文书"，而已经找到的那几十万片简牍，只是最初数量的一小部分。可能法律要求保存有关军事生活和军事行动所有方面的文件，这是几个世纪以来文职官员控制武装部队的主要方式之一。要求普通士兵保存对日常活动的记录，也迫使士兵能够拥有最低程度的识字水平。也许正是通过军队，受教育精英的文化信仰和实践渗透到
41 了广大民众当中。这是一个值得今后研究的问题，因为中国的专家学者近年来一直致力于揭示中国流行文化中军事价值观的重要性。

另一条未具名的法令，可能摘自《屯表律》，其中写道："徒卒[63]不上宿，署君子、敦（屯）长、仆射不告，赀各一盾。宿者已上守除，擅下，人赀二甲。"[64]《屯表律》的另外两段文字则是：[65]

> 冗募归，辞曰日已备，致未来，不如辞，赀日四月居边。
>
> 军新论攻城，城陷，尚有栖未到战所，告曰战围以折亡，段（假）者，耐；敦（屯）长，什伍[66]智（知）弗告，赀一甲；伍二甲。[67]

在战争中如何对待士兵，也是保存在秦简中的军事规章制度所涉及的问题。条文一方面详细说明了一个人在战争中牺牲了，但后来发现，实际上他并没有死，在这种情况下，如何处理授予其继承人的奖赏；另一方面，条文表明，投降的敌军士兵被当作奴隶——换句话说，被当作罪犯对待："战死事不出，论其后。有（又）后察不死，夺后爵，除伍人；[68]不死者归，以为隶臣。"[69]

42 最后，有两条被击败的魏国的法令藏在一堆法律文件中，一条是关于家庭的，另一条是关于应急部队的，表明这两条法律也许

被秦国接受，继续具有法律效力。根据何四维（A. F. P. Hulsewé）的解释，《魏奔命律》内容如下（稍有修订）：[70]

> 廿五年闰再十二月丙午朔辛亥，[71]告将军：假门逆旅，赘婿后父，或率民不作，不治室屋，寡人弗欲。且杀之，不忍其宗族昆弟。今遣从军，将军勿恤视。烹牛食士，赐之参饭而勿予殽。攻城用其不足，将军以堙壕。

这项法律在现代人听来异常严厉，在道德上令人感到厌恶，但应该记住，其中提到的这些人并不被视作真正的人，他们的社会地位远远低于普通平民，接近奴隶，所以他们的生命被认为是没有价值的。在火药时代，他们会被当作“炮灰”。至于不给他们肉吃，从秦朝的法律中我们可以清楚地看出，夫妻（以及广义上的朋友和亲戚）共享肉食，在相互责任制下建立了社会和法律上的互惠关系。因此，统治者不给这些地位低下的人吃肉，就是说将军们对他们的生命不承担任何法律或社会责任，就像墨家的卫士在士兵受伤时给他们肉食，意味着象征性地把自己与他们的福利和命运联系在一起。

结论

让我引述德国宋元史专家、宋朝军事研究权威傅海波的一段话，他分析了唐宋时期的军事法。

> 在中古中国，军队仍然被认为是一个可以由一种几乎 43
> 自动的、威慑惩罚和诱惑奖励的机制来加以管理的实体。
> 从主将到最末等的士兵，每个人都只是棋盘上的一个棋子

> [原文如此]，其行为可以说预见性地受到心理压力的自动控制。至少有人可以说，法家的遗产在战争中是最重要的，因此，在一个最终影响历史的行动领域中，法家的遗产比新儒家的哲学宣言更为重要。1044年，权御史丞直截了当地表达了这一点："赏罚者，朝廷之所以令天下也。"[72]

虽然有大量的证据可以证明傅海波的结论是正确的，但这一论述遗漏了两个重要的方面。第一，正如我们所看到的，从战国时期起，军事法就深深地植根于中国的行政法之中，对中国社会和文化的发展产生了深远的影响。尽管中国知识分子自己认为军事法与刑法没有区别，而刑法实际上起源于军事法，是军事法的一种形式，但军事法不能被看作刑法。军事法的制定是代表中国文化文脉的文官阶层在两千年的时间里控制武将强大势力的最重要途径之一。

第二，傅海波忽略了我所说的军事和法律的文化层面，因为它实际上是在前帝制和帝制时代的中国实行的。在一个以宗教和迷信文化习俗为主导的社会中，法律和军事都没有作为一种世俗的、理性的制度而由开明的官僚管理，官僚运用现代的、世俗的、理性的心理来管理和统治民众。法律和军事都是文职官员和军事将领消除恶行和维持纯粹秩序的手段，确保人类的领域与宇宙的模式和节奏相协调。中国人根据天上星星和星宿的分布来组织他们的单位、营地和队形。他们用星宿的符号、星体神灵的形象和《易经》的八卦来装饰他们的列帜和
44 矛旗。他们的将军是传统社会道德的化身，同时也是神秘图案和仪式表演的专家。他们聘请军事占卜家，以确保军事行动和仪式符合更大的宇宙模式，并通过制定一套复杂的军事法来确

保士兵遵守这些宇宙目标。

同样，参与法律程序也受制于类似的文化信仰、实践和限制。个人只选择那些被认为是最吉利的日子从事法律活动、提起诉讼和审理法律案件。地方法官在审理案件时，不能作恶，如纵欲等。他们必须像将军们应该做的那样，在执行帝国事务时力保干净和纯洁。这些从战国到帝制时期的法典、手册和案例、军事手册以及百科全书中，都有文化信仰和习俗。如果我们忽视中国人日常生活中的文化层面，就无法充分理解法律和军队在前帝制和帝制时代对中国民众的意义，以及它们如何在社会中占据一席之地。

注 释

我要感谢基拉姆基金会（Killam Foundation）、加拿大艺术委员会（Canada Council for the Arts）、加拿大社会科学和人文研究理事会（Social Sciences and Humanities Research Council of Canada），以及魁北克社会文化研究基金会（Fonds Québécois de la recherche sur la Sociétē et la culture）为本章的研究所提供的资金支持。

1. 关于西方军事法历史的文献浩如烟海，在此恕不一一引用。在准备写这一章之时，我编制了一份清单，其中至少有 180 项是军事法的出版物，或是军事法的评注和研究，这些文献来自各种法律传统（伊斯兰、犹太、普通、民事和正典），用英语、法语、德语、意大利语、俄语、拉丁语和其他语言编写而成，代表不同国家和民族的法律传统。

2. 关于中国早期战争与和平的分析，见 Yates，2007。

3. Wang，2002.

4. Lewis，2000.

5. 关于几个世纪以来中国军事组织变化的三个比较透彻的分析，见 Liu，1997；Chen，1989；Zhongguojunshi，1987。

6. 对军事训练史的唯一广泛论述参见 Jia，1997。

7.《左传》记载了青铜时代贵族精英的早期侠义行为，著名小说《三国演义》详细阐述了帝制晚期关于军事仪仗制度的流行观点。本章没有篇幅讨论这些准则。关于早期仪式实践的两个分析，见本章注释 25 和注释 26 中引用的参考文献。

8. Hulsewé, 1955, p. 321.

9. 引自 McKnight, 1992, p. 191。

10. McKnight, 1992, p. 457（参阅李焘《续资治通鉴长编》卷五三，第 9 页 a~第 10 页 b）指出，在宋朝，边地被置于军事法管辖之下，而国家根据仪式要求制定的规则，即不在春季或夏季实施惩罚，在军事法下并不适用。

11. 参见 Bourgon, 1998。

12. McKnight, 1992, pp. 191-227.

13. 参见 Zhang et al., 1988; Chen, 1995。

14. 参见 Chen Weiwu, 1993; and Li, 2002, pp. 50-96。

15. Ji, 1997, pp. 22-39.

16. Brand, 1968, p. 91.

17. Weld, 1997.

18. Sawyer, 1993, p. 138.

19. 李筌:《神机制敌太白阴经》卷二，第三十三节，第 504~505 页。

20. 曾公亮等:《武经总要·前集》卷五，第 214~215 页。

21. 曾公亮等:《武经总要·前集》卷一四，第 725 页。

22. 这类铭文的一个典型例子是《令彝》，它由 187 幅图版组成，由夏含夷（Edward Shaughnessy）翻译并释读，见 Shaughnessy, 1991, app. 2, pp. 194-199。

23. Cook, 1997.

24. Yates, 1999.

25. Kierman, 1974.

26. 中国的军事仪式史可参考 Yates, 2000。

27. Ji, 1997, p. 25.

28. Skosey, 1996, pp. 217-248.

29. Lau, 1999; Skosey, 1996.

30. MacCormack, 1990, p. 5.

31. 见 Yates, 2003; Di Cosmo, 2002; Yuan, 1993。

32. Knoblock, 1990, pp. 211-234.

33. Ames, 1993, pp. 130-131.

34. 刘寅:《武经七书直解》, 第 327~328 页; Sawyer, 1993, p. 265。

35. 中国史学家司马迁在公元前 2 世纪与前 1 世纪之交写道, 汉朝军队多达 45 万人, 这可能有些夸张。

36. Yates, 1987.

37. Befu, 1968, p. 304.

38. Yates, 2002.

39. Yates, 1999, p. 27.

40. Hulsewé, 1985, pp. 191-92, E 13 and E 14; McLeod and Yates, 1981, pp. 145-146.

41. Sawyer, 1993, pp. 131-132.

42. 关于帝制早期皇权与主权的讨论, 见 Loewe, 1994a。

43. 例如, Hu and Zhang, 2001, pp. 4-5 中的第 4 项内容。

44. Rotours, 1952.

45. Seidel, 1982.

46. Yates, 1980. 也可参考 Yates, 1979。

47. 宋朝时, 在军中驾战车疾驰和骑马飞奔都是要被处罚的, 参见曾公亮等《武经总要·前集》卷一四, 第 746 页。

48. Yates, 2005, pp. 15-43.

49. 曾公亮等:《武经总要·前集》卷一四, 第 746 页; Franke, 1969, Villa Serbelloni, Lago di Como, art. 54, pp. 34-35。关于唐代的情况, 参见李靖《卫公兵法辑本》, 第二册, 卷上, 第 333 页。

50. 例如, 可参见许洞《虎钤经》, 第 417~431 页。

51. 根据在张家山发现的秦末汉初法规 (前 186 年前后), 妇女被认为与丈夫的地位相当。参见 Zhangjiashan, 2006, p. 59, slip 372。

52. Yates, 1980, fragment 86, pp. 454-457.

53. 司马迁:《史记》卷六四《司马穰苴列传》, 第 7 册, 第 2157~2158 页; Nienhauser, 1994, vol. 7, pp. 33-34。在司马迁看来, 穰苴关于战争的观点是受齐威王 (前 378~前 343 年在位) 之命添加到《司马兵法》中的, 继而形成了《司马穰苴兵法》, 它散佚后留存下来的内容被称为《司马法》。

54. 穰苴还毁坏了马车左侧的一部分。使节是统治者的代表，这就是穰苴不能直接惩罚他的原因。

55. Hulsewé, 1985, A 90, A 91, pp. 82-83; Shuihudi, 1978, pp. 92-94. 我认为，他误译了第一条的内容。

56. Hulsewé, 1985, A 56, p. 59.

57. Hulsewé, 1985, p. 103.

58. Hulsewé, 1985, pp. 105-106; Shuihudi, 1978, pp. 131-132.

59. Hulsewé, 1985, p. 107; Shuihudi, 1978, pp. 132-133.

60. Hulsewé, 1985, pp. 108-109; Shuihudi, 1978, 133-135.

61. Hulsewé, 1985, pp. 118-119; Shuihudi, 1978, pp. 147-148.

62. 相关研究参见 Li, 2003, pp. 143-145。

63. 《睡虎地秦墓竹简》的编者提到了《商君书·境内》，其中写道："公爵，自二级已上至不更，命曰卒。"所以这里的"徒卒"指的是士兵和有军衔的人。《睡虎地秦墓竹简》的编者也提到了《唐律疏议》卷七中的"宿卫人应上番而不到"。参见 Johnson, 1997, pp. 37-38。

64. Hulsewé, 1985, p. 116; Shuihudi, 1978, pp. 144-145.

65. 何四维并没有理解标题的含义，而且也没有将其翻译出来。

66. 何四维将"什伍"翻译为"班"，将"伍"翻译为"五人一组"。

67. Shuihudi, 1978, pp. 145-146; Hulsewé, 1985, pp. 116-117.

68. Hulsewé, 1985, p. 117, note 5 解释了为什么他将"除"解释为"惩罚"。《睡虎地秦墓竹简》第 146 页将"除"解释为"惩办"，参照的是郑玄对《周礼·考工记》中一段话的评论。何四维认为，将"除"解释为"惩办"是没有任何证据的。在《尉缭子·束伍令第十六》，第 327 页中，"除"也出现在类似的语境中。Sawyer , 1993, p. 265 翻译为："然而，如果他们重新加入战斗，并斩首了一个班长，那么他们的惩罚就会被解除。"考虑到秦朝的连坐制，似乎不太可能像何四维所说的那样，立即免除所有惩罚。也许"除"在这里的意思是"被开除"。

69. Shuihudi, 1978, p. 146; Hulsewé, 1985, p. 117.

70. Hulsewé, 1985, pp. 209-210; Shuihudi, 1978, p. 294.

71. 这可能对应于公元前 252 年，据 Hulsewé, 1985, p. 208, note 2。

72. Franke, 1969, p. 19.

第二章　军事预言

苏炀悟（Ralph D. Sawyer）

正如成千上万的甲骨所揭示的那样，占卜和商朝有着紧密 45
的联系，各种各样的事项都要寻求肯定或祝福，尤其是战争。[1]周朝继续用占卜来确定军事行动的吉凶，春秋时期，人们越来越多地依赖蓍草，这种占卜方式最终被编入《易经》。[2]此后，对梦、预兆和异象的解释越来越多地补充了这些庄重的、高度仪式化的做法，在地位较低的人中间，尤其如此。

战国时期阴阳五行及吉凶的原始解释体系开始发展起来，[3]在远征或进攻之前，人们仍然认为应该进行占卜以确定成功的可能性。[4]因此，战国中期的《六韬》规定，指挥机构应包括"天文三人，主司星历，候风气，推时日，考符验，校灾异，知人心去就之机"。[5]

此外，人类的恐惧加上权威操纵和宗派宣传，助长了人们 46
对预兆和迹象的广泛信仰。墨子利用它们来进行论证，包括夏朝在内的三个传奇王朝的先祖在驱逐他们邪恶的前任之前，已经有天象预示："昔者三苗大乱，天命殛之。日妖宵出，雨血三朝，龙生于庙，犬哭乎市，夏冰，地坼及泉，五谷变化，民乃大振。"[6]冲突开始时，出现了一个人面鸟身的神灵，夏朝开国君主禹才轻而易举地占了上风。

尽管汉武帝统治时期儒学在名义上占据了统治地位，且对占卜的质疑也时常可见，但汉代可以被视为占卜的鼎盛时期。特别是董仲舒在《春秋繁露》中的共鸣与回应，以及刘向在《说苑》中的表述，为越来越多的征兆信仰、四季和谐、占卜活动、新发展起来的《易经》与《易林》的使用方法提供了概念和理论基础。在种种方法中，官方强调五行、气、天体、历法体系，采用具有预测用途的体系来规范行政、仪式和农业活动，准确预测日食，从而化解其潜在的邪恶意义。

虽然怀疑的声音持续高涨，韩非子在《饰邪》中甚至用军事的例子来否认占卜的功效，但《史记》中关于占卜的内容引用了被普遍接受的历史先例，并重申了它的重要性："自古圣王将建国受命，兴动事业，何尝不宝卜筮以助善！……王者决定诸疑，参以卜筮，断以蓍龟，不易之道也。"

在汉代以后动荡的几个世纪中，部分由于玄学的推动和道
47 教及佛教的最终兴起，无数占卜方法以及需要晦涩技巧、复杂观察和广泛知识的系统化预言信仰发展起来，包括扬雄神秘的《太玄经》、各种寺庙体系、高度复杂的历书和《灵棋经》。[7]与日益增加的天文知识和详细记录相一致，以星相学为基础的预测系统对不稳定的行为、不寻常的结合和逆行运动日加强调，尽管有些仍然是纯理论的，甚至是虚构的。要闻和异象不仅被记录下来，而且被收到王朝的文献记载中，尤其是那些与五行有关的著述。然而，汉代以后，这些记载变得更为潦草，甚至在闻名遐迩的传记中相关事件也很少被提及。此外，从唐代开始，云与气的预言基本上局限于军事著作。

在军事领域，许多个体信仰被组织成一个独立的系统，专注于一个或另一个现象的表现。战国晚期《尉缭子·武议》中的一段训诫语显示了其多重性："今世将考孤虚，占咸池，

合龟兆，视吉凶，观星辰风云之变，欲以成胜立功……”

在庞大的中国军事文献——一个军事理论、战略和方法的知识库中，同样有大量关于宗教信仰管理、经济学和工艺史的材料，主要内容是各种占卜和预言体系。《太白阴经》是战国后第一部涵盖这些不同材料的文本，全书十卷中它们占了四卷篇幅；在宋代《虎钤经》长达 430 页的现代版本中，它们约占 45%的篇幅；11 世纪中叶由皇室主持编纂的军事知识百科全书《武经总要》总计 2340 页，它们在其中约占 15%的篇幅；而在明朝末年完成的《武备志》十卷中，它们同样占四卷的篇幅。

最重要的系统是以星相学为基础的，尽管历法计算起着至
关重要的作用。尤其在汉代已经出现的一些观点——在 60 年 48
周期内的某些日期具有不利于人类的意义，或强调月亮盈亏及其与阴的活动的相关性——在几个世纪中迅速增加并占据了主导地位。类似的，五行作用的方式和复杂的《易经》衍生物也出现了，那些引人注目且容易看到的现象，如彩虹、风、彗星、流星、日食、雨和干旱都引起了人们的注意。然而，最便利的可使用的做法是观察到被称为“气”的虚无物质，无论是其微妙的表现形式，还是其更显而易见的不断发展的形式如雾、汽、云、烟，都指示着当前和未来的事件。

气的观念和实践

气的性质和观念仍然是难以捉摸的，尽管汉代在阴阳五行的范畴内对它进行了广泛的讨论。它被简单地理解为生命的“呼吸”或生命的本质，同时又有许多内涵，在不同的语境中发挥着不同的功能，包括作为普遍的形而上学的组成部分。民间传说“气”最初描绘的是从蒸饭中短暂升起的一缕水蒸气，

它早期成了军队“精神”或活力的代名词。在《孙子兵法》的最初表述之后，气的运用迅速成为军事心理的焦点，致力于使自己的军队获得最大的成就，同时削弱敌人，使其容易受到巧妙运用战略力量带来的伤害。[8]

《左传》中虽有一段描写春秋时期的将领操纵敌人的气的文字，但战国中期的《六韬》最早提出了气的分类，这一部分的具体内容常被收录在后来的《武经七书》中：

> 凡攻城围邑：城之气色如死灰，城可屠；城之气出而北，城可克；城之气出而西，城必降；城之气出而南，城不可拔；城之气出而东，城不可攻；城之气出而复入，城主逃北；
>
> 49 城之气出而覆我军之上，军必病；城之气出高而无所止，用兵长久。凡攻城围邑，过旬不雷不雨，必亟去之，城必有大辅。此所以知可攻而攻，不可攻而止。

根据汉代的信仰，朝廷只有在初春阳气初起时才对来年进行占卜：“岁始或冬至日，产气始萌。腊明日，人众卒岁，一会饮食，发阳气，故曰初岁。”[9]那天早晨的风向会提供一系列的预兆，其中之一预示着军队的调动。

《史记·律书》部分详细描述了一个基于六阳律的预言系统，它与季节性的气的最初变化相呼应。[10]甚至连武王都认为他的行动与季节性的气相协调：“武王伐纣，吹律听声，推孟春以至于季冬，杀气相并，而音尚宫。”

更重要的是，《史记·天官书》中的一段简短文字构成了云气预言的第一处文献记载。除了一些与周边民族有关的现象

外，其影响主要是军事方面的，而且段落的大部分后来被纳入军事概略当中：[11]

> 凡望云气，仰而望之，三四百里；平望，在桑榆上，千余二千里；登高而望之，下属地者三千里。
>
> 云气有兽居上者，胜。
>
> 自华以南，气下黑上赤。嵩高、三河之郊，气正赤。
> 恒山之北，气下黑下青。勃、碣、海、岱之间，气皆黑。 50
> 江、淮之间，气皆白。
>
> 徒气白。土功气黄。车气乍高乍下，往往而聚。骑气卑而布。卒气抟。前卑而后高者，疾；前方而后高者，兑；后兑而卑者，却。其气平者其行徐。前高而后卑者，不止而反。[12]
>
> 气相遇者，卑胜高，兑胜方。
>
> 气来卑而循车通者，不过三四日，去之五六里见。气来高七八尺者，不过五六日，去之十余里见。气来高丈余二丈者，不过三四十日，去之五六十里见。
>
> 稍云精白者，其将悍，其士怯。其大根而前绝远者，当战。青白，其前低者，战胜；其前赤而仰者，战不胜。
>
> 阵云如立垣。杼云类杼。轴云抟两端兑。杓云如绳者，居前亘天，其半半天。其蛪者类阙旗故。钩云句曲。诸此云见，以五色合占。而泽抟密，其见动人，乃有占；兵必起，合斗其直。

这一小节继续描述与各种“蛮夷”和地区相关联的气， 51
其原则是“云气各象其山川人民所聚积”。最后，它还告诫人们要观察任何进入城邑的“气息”，这是一种将气的观察与对城邑“精神”或活力的潜意识感知相结合的方法。

汉代竹简和《史记》《汉书》《后汉书》中的习俗记载，包括本纪、志、方士传记等都保存了大量复杂且惊人的占卜实例，包括气的表现。[13]最著名的可能出现在东汉复兴的初期，据载，王莽派遣的两支共 42 万人的军队在昆阳包围了一支规模很小的汉军。自信不疑的将领们不时发起攻击，甚至拒绝对手投降：[14]

> 昼有云气如坏山，堕军上，军人皆厌，所谓营头之星也。占曰：“营头之所堕，其下覆军，流血三千里。”是时光武将兵数千人赴救昆阳，奔击二公兵，并力猋发，号呼声动天地，虎豹惊怖败振。会天大风，飞屋瓦，雨如注水。二公兵乱败，自相贼，就死者数万人。竞赴滍水，死者委积，滍水为之不流。……营头之变，覆军流血之应也。

随后，太白星进入太微，这是一个天文事件，准确地预示
52 了继位者的军队进入王莽的宫殿，以及王莽随后被杀。令人惊讶的是，也许是为了强调云气的预测价值，《天文志》从未提及前一天晚上有颗流星落进了辽阔的官军营地，戏剧性地预示着他们的失败。

军事著作中气的预测

军事著作中关于气的预测内容或从普遍的断论开始，或以应验情况作为结束。《太白阴经》引经据典以作为“占云气”

的开篇："天地相感，阴阳相薄，谓之气。久积而成云，皆物形于下而气应于上。是以，荆轲入秦，白虹贯日；高祖在沛，彤云上覆。积蜃之气而成宫阙，精之积必形于云之气，故曰：占气而知其事，望云而知其人也。"

宋初《虎钤经》同样断言："臣闻百人已上，胜败之气必具焉。是以顺之者昌，逆之者亡。天地无言，吉凶以象占；云气有异，必契灾变。"[15]此外，一旦预言被确定，例如在处理棘手的围城问题时，就应该采取适当的行动："凡城上胜败之气如是者，胜在敌，不可攻之；败在敌，可攻之。胜在我，则利出兵进击；败在我，则坚壁清野，严以守之。云气所见，天地心也，可不慎哉！"[16]

类似的论断在明末的所有军事纲领中都出现过，在杜佑成
书于 9 世纪初的《通典》中也是如此，因为杜佑认为军事是
帝国抵御国内外敌人的必要条件，《通典》中有 15 卷的军事
部分，是他设想的管理国家计划的一部分。他把预言看作战役 53
和策略的一个有用附属品，在"风云气候杂占"条中，他引
用了孙子以及太公不为人知的话语："孙子曰：'天者，阴阳，
寒暑，时制也。'[17]太公曰：'凡兴师动众陈兵，天必见其云气，
示之以安危，故胜败可逆知也。'"

杜佑接着强调对人才以及为生存而采取适当策略的需求："其军中有知晓时气者，厚宠之，常令清朝若日午，察彼军及我军上气色，皆须记之。若军上气不盛，加警备守，辄勿轻战，战则不足，守则有余。[18]察气者，军之大要。"

杜佑生活在唐朝，当时虽然官方记录天象，文人和庙宇占卜制度也在民间盛行，但同时也是一个怀疑论已盛行千年的时代，李靖等战略家在《尉缭子》之后，强烈谴责这类信仰，

但并非完全抛弃。[19]这也许反映了这些矛盾的倾向，杜佑勉为其难地在军事篇章的末尾附加了预言材料，并指出（在通常的告诫之后，依靠美德和有价值的东西就足够了）：“天时不如地利，地利不如人和……然而临机制用，亦有此为助焉。”

就连《虎钤经》也强调，尽管占卜材料的数量增加、范围扩大，但无论预言如何，始终都要郑重其事：[20]

> 夫兴师动众，天以胜败之气告人者有以也。当胜气者
> 54 不可恃之，当修军政、精智虑、严号令、正赏罚，此可以答天地之贶也。苟或恃胜气而军政不修，荒怠败度，此可以反胜为败也。
>
> 遇败气者讵能必败也？当以严教令、谨智虑，责躬罪己、恭答天谴，此可变败为胜也。大将得不以胜败之象，立修德之方乎！

事实上，与更大范围内的，甚至孙子早期关于利用时机的格言相一致，在军事著作中存在一种明显的观念，即忽视吉时将导致可怕的后果。

《太白阴经》《虎钤经》《武经总要》《武备志》等举足轻重的军事著作，都保存了数百种涉及战术、评估、形势和前景等问题的分类宽泛的气。尽管其中包含了不断演变的细节，但传统基本上是累积的，大多数后续篇章是从以前的作品中简单地复制或由稍做修改的段落组成。此外，即使从来没有逐字照搬早期的文本，也没有任何东西——无论多么古老——丢失过，不管它最初是不是在军事背景下制定的。因此，《易经》《春秋繁露》《吕氏春秋》《淮南子》《说苑》《六韬》《史记》

《汉书》《后汉书》中所嵌入的以气为中心的文献，不仅是文物，而且还是一种复兴的构想，一个充满活力的信仰体系的要素。

尽管存在这种折中，但个人预测通常基于共同的主题和一套连贯的原则；而且，必须满足某些最低条件才能进行有效预测，包括现象表现中的足够的密度："凡气欲似甑出炊气，勃勃而上升，外积结成形，而后可占。气不结积，散漫不定，不能为灾祥，亦必和杂，杀气森森然，乃可论也。"[21]令人惊讶的 55
是，降雨和其他恶劣天气无疑会产生壮观的云层景象，却否定了有害事件发生的可能性。

按照《孙子兵法》的说法，测验一个人的气是"知己知彼"所需的，方式是"去军十里，登高望之"。奇怪的是，这个步骤的有效期仅限于60天周期内的几个特定日子，其余时间则不行。[22]对于观察敌人，《太白阴经》也提出了简单化的时间限制，尽管战场上的紧急情况无疑阻碍了他们加以遵循："凡候敌上气，敌在东，日出候之；敌在西，日入候之；敌在南，日中候之；敌在北，夜半候之。"[23]

一些来自《太白阴经》的基本假设和评价原则贯穿于所有军事著作当中：

> 凡军城上气安，则人安；气不安，则人不安。气盛，则兵盛；气衰，则中衰；气散，则众散。
>
> 军上气，高胜下，厚胜薄，实胜虚，长胜短，泽胜枯。
>
> 凡军行，先观其气。兵，有胜负气、有盛衰气。锐兵强气，伏兵弱气，兵行气行，兵止气止，兵急气急，兵散

气没，故曰：气是兵主，风是兵苗。为将者，不可不知也。

凡赤气上与天连，军中有名将。[24]

56 色青白及苍黑者，皆反戾之兆也。

或云气苍黑者，败兆也。①

四望无云，独见赤气如狗，入营，其下有流血。②

更重要的是，在敌军之上没有气或云气通常被解释为其显示出根本的弱点、颓废，甚至是分歧，因此这是一支注定要灭亡的军队，这与之前提到的认为气等同于军队命运的观点相一致。[25]相反，如果任何一个将领突然发现自己的军队缺乏或完全没有气的迹象，就必须紧急培育高尚的道德，培养正确的动力，热情地激励自己的部队。然而，“天乙绝气日，不可出军攻战”。[26]

代表性表现

以下从四大军事著作和《通典》中摘录的分类编排的选文，简要介绍了这些现象的表现形式及其解释。[27]在全部文献中，只有一小部分是因它们具有代表性、独特性或在详细预言观念变迁过程中的重要性而被选中。正如文献所说明的那样，可观察到的气的表现，包含了无数可能性，从简单的云或颜色显示，到具有复杂解释的极富想象力的场景。此外，尽管预测具有高度的特定性，但并不是唯一确定的，其他意义也可能存

① 《虎钤经》“败兵云气”条。——译者注

② 《武经总要·后集》“云气占”条。——译者注

在，就像甲骨裂纹一样。有些令人吃惊的预测会立刻引发恶毒的含义，但更为无形的显然受到多重的、不那么具有敌意的解释。很明显，询问者的取向极大地限制了决定因素和潜在意义。

城市防御工事

尽管孙子谴责攻城是最低级的战略，但战国时期不断变化
的经济和军事环境使城市成为重要目标。[28]围城和攻城技术得 57
到发展，城市根据其明显的弱点被分类并被加以评估，以确定它们是否应该被简单地封锁、包围或压服。在寻求确定性的过程中，以城为中心的气的预言成为后来军事著作的一个重要范畴。

> 或城上或营上有气如人十十五五，皆叉手低头者，军人愿降也。若或云气上黄下白，名曰善气，所临之军欲相和解。
>
> 或城中气如白旗者，不可拔。或黄云临城者，城中有大喜庆。或青色气如牛头触人者，城中不可屠（一作“图”）。或城中气出东方色黄者，此天钺，不可伐，伐者大祸。
>
> 或城上气如火烟分涌者，主人欲出战也。其气无极，不可击。诸色但出而无极者，不可屠。或赤色或黑气如杵形从城内向外者，内兵突出，主人大胜。
>
> 或气如死灰而覆其城寨者，吏士（一作“使”）病，城可屠。
>
> 凡攻城围邑，过旬，不雷不雨者，为城辅，勿攻。
>
> 凡攻城，有黑气，临城上者，积土固险之状黑者，水

之气，城池之象也。我据城，敌不可攻，敌据城，我不可攻。

将军

从孙子开始，敌方的指挥是否称职、有经验、有才华或缺陷，构成了关键的、可资利用的信息，长期以来一直是军
58 事作家关注的主题。[29]观察气的表现是为了寻找基本线索，因为“猛将欲行，先发此气”，“欲知敌将之贤愚，亦以云气占之”。

> 敌人营上，气黄白、润泽，将有威德，不可击也。气青白而高，将勇，大战，前白如卑，后青如高，将怯士勇，前大后尖，小将怯不明。
>
> 敌上气黑中赤，在前者，将精悍不可当。
>
> 敌上气青而疏散者，将怯然，军上气发，渐渐如云里山形，将有阴谋，不可击。若在吾军之上，速战大胜。
>
> 敌上气如蛟蛇向人，此猛将之气，不可当。若在吾军之上，速战大胜。
>
> 或军上云气昏昏暗浊者，主将不明，贤良不附也。
>
> 或军上云气如蛟龙者，主将军神魂散乱，可击之。
>
> 或军上青气渐黑者，大将军死。
>
> 或云上与天连者，将有智也。
>
> 或云气如龙虎在煞气中，或如火烟奋奋，或如火光变变，或如林木龍嵸者，或如尘埃头大而卑者，或色紫黑状
> 59 如门上楼者，或如紫粉（一作“粉素”）霏拂者，或如龙游黑雾中者，或如日月有赤气起绕者，或状如门上黑下赤者，或如皂旗者，或如弓形，或蜿蜒如蛟蛇者，此十三

者猛将之气也。

军上气黄白而转泽者，将有盛谋，不可击。

或云气青而疏散者，将怯弱也。

败兵

觉察薄弱之处至关重要，“败兵”一类包含了军事著作中最广泛的材料。[30]许多作战原则和基本观念也被复制到其他类别，并作为“胜兵”的补充部分。

军上气如死灰，或如马肝，或如偃盖，或如群羊，或如惊鹿，或如卧人无手，皆败征也。

或云如坏屋之状，兵乱将死。

或黑气如牛马从雾中渐渐入军者，名曰天狗下食血，必营于远处避之。

或云气盖道蒙蔽而昼冥者，立败之征也，爨不暇熟，急避之。

若云气或青或碎如瓦砾，所临之军即败也。若云气或赤或白，如人无头，如人卧匐地低头，所临之军败也，当流血百余里。

或云气黑色而黄色在上者，士卒怯懦，内亦有反乱之
计也。或黑云如幡幢在气中者，或赤气如血，飞鸟在黑气 60
中者，皆败兆也。

或赤如火之猛焰烛天而起者，大败流血。

或云气如焚生草烟，所临之军大败也。或夜半云气浓黑者，多阴谋。色青白及苍黑者，皆反戾之兆也。

或赤云气而漫漫如垂盖者，军当自乱。或赤云两向状如八字，各有首尾，锐而复大者，大战血流，先动者败。

或两军相当，望彼军上有火照人者，此失将士之心，攻之可败也。

或云气如群鸟乱飞者，败兆也。或云气毵毵如虎尾垂于军上者，军欲降。不然，将有奸人为敌应。

或淡黑云中有深黑云，黯黯而如星者，谓之败军之气，兵大灾。

胜兵

处营临阵之时，紫气出于军上者，大庆之兆也，即日有喜。

或军上云气如覆堤前赤后白者，胜气，利进兵攻击，在敌则胜。

或军上气凝成云，中天而住（一作“往”）坚固不变者，名曰刚气，在敌则勿攻之。

或军上云气作盘踞之状者，此之谓天威也，宜用精兵固以渐进战。

61 或军上云气如华盖先动者，或云气上赤下黑临军者，此弱彼强，然终破强，小能击大，大战大胜，小战小胜。

或云气如黑人在赤云中，谓之捷（一作“梅”）气。或云气如十十五五童子，气中赤气在前者，强兵之气也。

或云气如山堤林木；或白气粉（一作“分”）泽如楼，绕以赤气；或云气烂如火光或涌如火烟；或云气如山盖分为（一作“高”）两穗蓬蓬然，又类草烟之状，此得天势也。

或云气凝日而成五色；或云气十十五五如赤鸟蹲黑气中；或气如黑烟；或云气如马头高尾低；或云气如人持斧向敌；或云气如二匹练：此十者，劲兵之气也，在敌则宜避之，在我则所向皆克矣。[31]

伏兵

侦察兵的积极侦察、从高处观察、囚犯审讯和细作报告是确定敌人位置和活动的基础。然而，在狭窄的地形上，突袭和伏击的危险始终存在。虽然大多应该很容易被发现，但军队也会根据气的指示采取措施：

> 赤气在其中者，或如赤杵在黑云中者，其下有伏兵。……或两军相当，赤气在阵前后者，亦有伏兵随气所在之方。
>
> 或云绞绞绵绵者，此以车骑为伏也。或云气耸然类山 62
> 丘形者，此皆精猛之伏兵也。或云气成布席状者，此以步卒为伏也，所见之地急防之。①

暴兵

“暴兵”类别包括叛军、土匪团伙、各种起事者、草原突袭者和部分大军，所有这些人都可能突然而且令人意外地出现。[32]

> 黑气从彼来我军者，欲袭我也。急宜备，不宜战，敌还，从而击之，必得小胜。
>
> 有云如番人列阵，或白气广五六丈，东西竟天，有云如豹五六枚相聚，或如狗四五枚相聚，四方清明，独有赤云赫然者，所见之地，兵起。

---

① 《虎钤经》“伏兵云气”条。——译者注

赤气如人持节，云如方虹式如赤虹，其下暴兵至。

或赤云如火，或云如匹布著天，经丑未者，天下多兵。

伏兵气，如人持刀盾，或有云如坐人，赤色，所临城邑，有猝兵至。

或云气无故如虎行云中者，当暴兵至也。

或云气如鸡雉及走兔者，贼当来攻城，急备之。[33]

或赤云如人三三两两或行或坐者，暴兵将至也。[34]

部署

63 在部署这一重点类别中，大部分材料基本上是预测注定要失败的将军和军队所共有的弱点。[35]

气如人无头、如死人、如丹蛇，赤气随之，必有大战，杀将。

四望无云，独有赤云如狗，入营，其下必有流血，或独见赤云如立蛇，或赤云如覆舟，其下大战。

赤气漫漫如血色，有大战流血。

日月有赤云，截之如大杵，军在外，万人战死；两军相当，不利先举。

密谋，破坏性行动

有限数量的气对揭穿敌人的欺骗和防止内部破坏的重要任务具有预测价值。《太白阴经》中的这一小段文字在所有兵书中被几乎原封不动地复制，甚至成为《通典》第一个关注的话题。[36]

气白而群行徘徊，结阵而来者，他国人来相图谋也。

不可忽，应视其所往，随而伐之，得利。

黑气如幢，出于营中，上黑下黄，敌欲来求战，而无诚实，言信相反，七日内必觉，备之，吉。

黑气临我军上，如车轮行，敌人谋乱，国有小臣勾 64
引，宜察之。

黑气如引，牵来如阵前锐者，有阴谋。

天沉阴不雨，昼不见日，夜不见星、月，三日以上者，阴谋也。将军宜慎防左右。

或夜半云气浓黑者，多阴谋。[37]

或黑云如车轮转而入军者，小人谋逆，急察备之。[38]

或云气如浮尘散漫者，士卒谋反逆。[39]

结论

尽管战国时期的军事著作哀叹预兆的破坏性作用，以及这些广泛预言系统的复杂性，这表明它们更多的是一种知识的建构而不是具体的实践，但在战斗之前，很少有人能够避免焦虑地思考不久的将来。人们极力通过占卜和预言来寻求答案，并通过预言解释自然发生的现象，特别是那些无情冲击意识的现象。人们很难注意到流星以外的天体活动和类似生动的天体现象，这可能导致了人们强调局部的、容易辨别的和即便是短暂的现象，如尘埃、气、云及其颜色。个人的反应可能是从信仰引起的恐惧一直到彻底的拒绝，但这些素材持续了几个世纪，甚至被纳入了明末的非军事插图百科全书《三才图会》，这本书是在《武备志》之前的二十年编纂的。由于《三才图会》显然借鉴了共同的资料，这些做法必定具有显著的持久性和可信性，即便只是推测也有可取之处。[40]

注　释

1. 关于商朝军事方面的重点讨论，请参阅参考文献中列出的王宇信、范毓周、林小安、陈梦家、吉德炜（David Keightley）和夏含夷的文章和著作。

2. 甲骨文的发现将周朝的蓍草和卦术上溯至周初（见 Cao，2003）。《左传》和《国语》中都有用龟壳和蓍草占卜的例子（相关概述请参见"Divination by Shells, Bones and Stalks"，收录于 Loewe, 1994b）。

3. 正如李约瑟（Needham）在 1962 年所讨论的"中国科学的基本概念"和"伪科学和怀疑论传统"，以及大量竹简历法和历书所证明的，近几十年对这些历法和历书的复原在《考古》和《文物》等刊物上得到了广泛的报道。董仲舒的《春秋繁露》提供了最完整的系统化概念，而《淮南子》和《吕氏春秋》也包含了广泛的材料，贯穿其中的是阴阳五行思想。

4. 《吴子·图国》。关于《吴子》的翻译及其历史背景，请参见 Sawyer, 1993。

5. 《六韬·王翼》。英文译文请参见 *The Six Secret Teachings*，收录于 Sawyer, 1993。

6. 《墨子·非攻》。

7. 《太玄经》已由戴梅可（Michael Nylan）翻译成英文，《灵棋经》由苏炀悟夫妇翻译成英文。《古今图书集成》《道藏》《术数类古籍大全》中保存着大量的传统资料。

8. 例如 Sawyer, 1995 一书中就有一个重点章节，标题是"Expanding Qi"。

9. 《史记·天官书》。这种信仰一直延续到明朝，甚至在《武备志》中也有发现。

10. 《汉书》中也有"律历志"。目前还没有人讨论它与二十四节气间隔的关系。

11. Hulsewé, 1979b 也讨论了这一段。

12. 在这样的段落中，"气"几乎是尘埃的同义词，紧密地呼应了

《孙子兵法》中尘埃图案和敌人活动在“操纵军队”中的相互关系。

13. 例如，参见“方士传记”，收录于 DeWoskin，1983。

14. 《后汉书·天文上》。

15. 参见《虎钤经》“云气统论”条和“城上云气”条。

16. 《虎钤经》“城上云气”条。

17. “Initial Estimations,” Sawyer, 1994.

18. “Military Disposition,” Sawyer, 1994.

19. 《尉缭子》在其最初一篇“天官”中极力否认占卜术有任何功效。唐朝将领李靖随后重申了这一观点，声称太公在周朝推翻商朝的关键时刻，拒绝了进行占卜的可能性。因此，胜利被归结于卓越的计划、有效的指挥和控制以及精明的战场实践。关于进一步的讨论，见“Historical Practices and Their Rejection”，收录于 Sawyer，1998。

20. 《虎钤经》“败兵云气”条。

21. 《太白阴经》“远近气”条。《通典》补充说，气首先凝聚成雾，然后变成阴，最后成为可感知的气。

22. “远近气”条。该步骤的有效期仅限于三个具体日期加上以未、亥两个“地支”字结尾的日期。

23. 同上，类似内容也可以在《通典》中找到。

24. 《武经总要》“云气占”条。然而，《虎钤经》“军败气象”条矛盾地断言“或两军相当，敌上云气极天如阵者，此之谓横海气，力攻之可破也”。

25. 《虎钤经》“城上云气”条和“败兵云气”条，《武经总要》“城吉气象”条和“攻城气象”条。

26. 《虎钤经》“出军日”条。

27. 相关章节的标题在每一类别的开头用脚注表示。然而，分类的标准是不固定的，气的预言也穿插在其他章节中。

28. 《太白阴经》“城垒气”条，《虎钤经》“城上云气”条，《武经总要》“城之气象”条和“攻城气象”条，《武备志》“气之攻守”条。

29. 《太白阴经》“猛将气”条，《虎钤经》“将军云气”条，《武经总要》“将军气象”条，《武备志》“气之猛将”条。

30. 《太白阴经》“败军气”条，《虎钤经》“败兵云气”条，《武经总要》“军败气象”条，《武备志》“气之军败”条。

31. 《太白阴经》“胜军气”条，《虎钤经》“胜兵云气”条，《武经总要》“军胜气象”条，《武备志》“气之军胜”条。

32. 《太白阴经》“暴兵气”条，《武经总要》“暴兵气象”条，《武备志》“气之暴兵”条。

33. 《虎钤经》“城上云气”条。

34. 《虎钤经》“暴兵云气”条。

35. 《太白阴经》“战阵气”条，《武经总要》“战阵气象”条，《武备志》“气之战阵”条。

36. 《太白阴经》“阴谋气”条，《虎钤经》“奸贼云气”条，《武经总要》“阴谋气象”条，《武备志》“气之阴谋”条。

37. 《虎钤经》“败兵云气”条。

38. 同上。

39. 同上。

40. 《三才图会》包含了119幅相当原始的云图，并附有预示性的解释，几乎所有的云都带有军事含义，这表明这些云图是从军事著作中衍生出来的，尽管以前的军事纲要中都没有气的图解，只有少数出现在《武备志》关于风雨的章节中。在《关于云和风的预言》（*The Oracles of the Clouds and the Winds*）（Loewe，1994b）一书中，鲁惟一指出了其与西汉丝绸图的相似之处。

第三章　西汉军队：组织、领导和运作

鲁惟一（Michael Loewe）

虽然没有“职业军队”的普遍概念可以适用于过去和现 65
在广泛不同的情况下武装部队的组建和控制，但仍有可能确定一些基本特征，这些特征在成功的战争行动中肯定存在，无论是在欧洲还是亚洲，无论是用弓箭还是枪炮，都是如此。他们的组织应该对经过深思熟虑的战略和可以预见的战术问题做出反应。一支真正的军队，需要一个经过验证的结构和部队、军官的层次体系，从统帅到较低级别的军官，既要有主动性，也要有责任心。部队单位应当长期维系，严格控制被征召从事服务工作，并在需要时有加强部队的手段。军官和士兵必须接受训练，以保持必要的纪律标准。受命作战的军官必须能够自由谋划和指挥他们的战役，而不受政治限制。部队必须被提供生活必需品和执行任务所需的装备。成功很可能取决于对现有部队经济而有效的运用、可靠通信的维护、日常任务的维系、情报利用能力以及为守住静态防线所做的准备。

本章拟考察这些条件在西汉时期在多大程度上得到了满
足。这种调查所涉及的资料来源并不完整，也无法证实。当 66
然，《史记》和《汉书》的编撰者并没有详细描述军事活动，也没有迹象表明他们认为成功的将军是可以效仿的英雄，就像其他历史学家在书写马其顿或温泉关（Thermopylae）时的立场或对恺撒胜利的赞扬一样。毫无疑问，成功领导军队抗敌会赢得赞扬和公正的回报。但是，训练和指挥应征士兵、维持固定防线的日常任务几乎不值一提，这种工作也许与提高税收和维持治安一样，被看作官员的日常职责。在中国西北地区发现的公元前 100 年前后的档案残片，证明了驻扎在那里的军队的运作方式。我们所掌握的关于战斗的罕见描述，[1]并不一定来自目击者对参与者的描述。关于被征召、参与战斗或因伤亡而被消灭的部队人数，尤其令人怀疑。（本章末尾列出了经筛选的公元前 221 年至公元 25 年的大事年表。）

历史背景

在秦朝建立（前 221 年）到王莽称帝（9 年）的两个半世纪里，战争的概念及其目的与需求发生了巨大变化。此前，战国诸侯为增强国力，以牺牲邻国为代价开疆拓土。为了达到这一目的，他们不择手段，依靠说服、诡计、欺诈或使用武力。[2]他们的目的相对有限；他们的战术可能受到仪式考量的限制，就像服从战礼一样。王国的防卫可能会推进有限规模的城墙防御建设。[3]

公元前 4 世纪，当诸侯中的一个开始攻伐邻国，并将其吞并后，更大的目标被提上议程。从一些当时所记录的报告中，我们或许可以明显看出战略思维的迹象。尽管这些报告的真实
67 性不一定被认可，但它们可能揭示了政治和军事概念更为广泛的方面，这些概念设想的是长期目标，而不是眼前的利益。幕僚们可以建议君主着眼长远，谋划击败近在咫尺的敌人，或者选择攻击一个遥远的王国，而这个王国的沦陷能让那些位置更

近的轻易投降。他们可能会制订战役计划，以在对敌人发动进攻之前获取经济资源或阻止敌人获得这些资源。这类蓄意的企图也许可以从一系列行动中看出，例如，秦国在消灭南方的楚国之前，首先试图控制巴蜀与西方的资源和交通线。[4]

秦朝内部的起义伴随着漫长而混乱的战争，秦朝之前各国统治阶级的冒充者纷纷涌现，技艺娴熟的军队领袖日益崛起，刘邦和项羽的较量如火如荼。战争的进程和进行取决于领袖及其追随者的成败或忠诚的转移，而不是通过压倒一切的计划来打败对手并重建一个帝国。同样，在公元前 202 年之后，新皇帝不得不发起的军事行动有时是针对昔日支持者的，从本质上讲，这些战役是零星的，都是由可能或至少被认为会挑战刘邦权威的局部行动引起的；真正的危险在于其他族群，如匈奴可能会被引诱加入对新帝国的进攻。这种类型的战争，例如针对韩王信、韩信、卢绾、臧荼、陈豨的战争，可能是刘邦在紧急情况下为防止进一步的威胁而故意挑起的。他的计划建立在对新帝国所处局势的成熟考虑和战略评估基础之上。

高祖建立的帝国在两个方面受到威胁，每一个都可能需要用武力来解决。一方面，中原的大片地区都被皇帝的近亲所控制，他们掌握着大量的资源，并可能会对皇帝的权威提出异议。这种情况并不少见；在极端情况下，他们甚至会要求继承皇位。另一方面，无法保证与居住在北方土地上的非 68
汉群体保持和平关系；居住在北方王国和领地之外的骑兵或士兵很可能会闯入中原地域，对那里的民众、土地和财产造成伤害。

对抗诸侯王潜在不同政见的问题始终悬而未决，直到公元前 141 年武帝登基后，皇帝才动手最终解决这一问题。诸侯们的王国被分割成更小的王国，分别归属他们的儿子；或者，他们的部分领地被接管，作为直接隶属中央政府的郡。就这样，公元前 143 年，一条由中央控制的走廊或领地通道在东方诸国之间被开辟出来，从而削弱了他们的集体行动能力，使之完全暴露在长安朝廷官员的势力之下。

然而有一次，为了维持帝国的完整，大规模的军事干预变得十分必要，因为七位诸侯王联合发动反对景帝中央政府的叛乱，史称“七国之乱”（前 154 年）。周亚夫（前 143 年卒）率领汉朝军队平叛，他的反击表明他是一个战术高手。为了避免与敌人正面交锋，他选择切断主要诸侯国吴国和楚国之间的补给线。他不顾皇帝的压力，拒绝派兵去帮助一直忠心耿耿的梁王，而选择了保留战斗力，来对付他的主要对手。景帝把护驾之功归于周亚夫。到公元前 108 年，诸侯国的问题已经不复存在。

对汉帝国安全的另一个威胁来自北方。这个问题确实引起了特别的反应，即秦朝通过持续驻军，构筑整体统一的防线。在汉代早期，朝廷希望建立覆盖北方和东部诸郡的弧形区，作为缓冲，保护内地，免受对财产、定居点和农田的袭击，并防止这些袭击渗透到汉朝的中心地带。这种希望或意图带有其自身的危险，正如高祖在臧荼（前 202 年的燕王）和卢绾（继
69 臧荼之后的燕王）转投匈奴时所看到的那样。在汉军参与对抗这些敌人时，他们的行动和计划是为了应对紧急情况，比如匈奴接近长安城时（前 166 年）的情形。到目前为止，还没有证据表明汉朝朝廷能够以一种基于对问题和形势需要之评估的前瞻性政策，来应对这些危险。

所幸的是，公元前 135 年的一次观念交锋流传了下来。根

据一些人的结论，多年来，匈奴的敌对活动有所缓和，汉朝和匈奴似乎都渴望保持友好关系。[5]我们可以看到，朝廷里的一些人不接受中原没有受到掠夺的说法。

公元前 135 年，窦太后去世，她可能对公共决策产生了相当大的影响。她倾向于自由放任政策，而不是积极进取政策，很可能她的死引发了一种反应。记录在案的观念交锋，是在匈奴要求缔结条约（和亲）之后进行的；[6]众所周知，这样的条约附带着汉朝政府必须满足的一些条件和支应的开销。[7]

王恢[8]是燕国（今河北北部）人，公元前 136 年，他被任命为出使的负责人（大行令），他当时反对接受这一命令，因为他相信匈奴肯定会很快破坏协议；他建议派遣一支部队进攻他们。韩安国[9]在中央政府任职，他在公元前 135 年做到了御史大夫的高位。他建议王恢接受朝廷的命令，因为军事手段不太可能取得任何有价值的成果。

次年，没有官职的聂壹提出了伏击匈奴的建议。皇帝似乎被这个想法吸引住了。王恢支持这一建议，他认为，与以前相比，如今汉朝可以支配更强大的力量发动进攻，以震慑匈奴并阻止他们进一步的敌对活动。韩安国回应说，高祖曾在平城被匈奴军队包围（前 200 年），之后辗转逃归，他不但没有耽于
愤怒，反而把帝国利益放在第一位，采取了绥靖政策；同样， 70
文帝也签订了友好条约。

对于这些说法，王恢回复说，高祖的先例并不一定适用于此时已变化的情况。与以前不同的是，汉人现在在边疆地区伤亡巨大，采取进攻是正确的。韩安国对此不以为然。他强调，朝廷不应轻率采取这种行动。在遥远的过去，人们认为不值得牺牲民众的利益来占领如此遥远的土地或俘虏远方的民众。匈

奴是一个勇敢的族群，能够以极快的速度前进。作为牧民或猎人，他们没有永久的居住地，而且很难被管理。如果边疆农业发展中断，而非汉民族的生活方式不受阻碍，那将是一个奇怪且不平衡的结果。

王恢接着列举了过去秦国抓住机会扩大疆域的例子。匈奴可以被武力压服，但不能以道德理想为基础来培养；可以用汉朝所能调动的一小部分兵力来击败他们。韩安国对在离本土这么远的地方发动战争能够取得成功，表示严重怀疑。

然而，王恢的话最终被采纳，他认为韩安国的观点无关紧要。他反驳说，自己并不是主张远征深入匈奴的居住地，而是建议把他们引诱到汉朝所挑选的有部队驻扎的地方，俘虏他们的首领。王恢的建议占了上风，他随后试图在马邑诱捕单于，但这次军事行动最终失败了。

可是，到了公元前 120 年，新的情况出现了。汉朝政府正以新的力量和决心治理帝国，一方面是因为消除了对于皇帝的内部威胁，另一方面是因为朝廷正试图协调经济实践。[10]汉朝从秦朝继承下来的长城防御工事，得到了在公元前 127 年形成的朔方和五原两个郡周围建立的新防线的加强。有了新获得的
71 力量，汉朝就有可能发动大规模的进攻，并深入中原以外的地域，这可以从卫青和霍去病所领导的坚决抵抗进犯者的行动（前 124～前 119 年）中看出来。大约从公元前 110 年起，郡的建立成为向遥远西部延伸的基础，其中就包括敦煌。[11]

战略问题

从那些年武帝的官员和将领们所进行的军事行动中，或许可以看出其战略意义。绵延至敦煌的一长串城墙、瞭望塔和岗

哨，不仅是为了向匈奴展示力量。这些工事阻止了匈奴与在其南部活动的羌人合作并采取一致的行动；它们还构成了一条受保护的通道，军队可以沿着它前进，并为每年从长安出发前往中亚地区的商队提供指引和保护。

此外，大规模的规划或许能从朝廷处事的时间和关注程度上体现出来。推迟在西南部、南部和东北部的开拓，直到北方被认为没有危险，并与西北部建立起常规的交往，似乎是一个深思熟虑的决定。由于南部的部众或首领远没有那么难以驾驭，所以只需要较少的军事努力来加以推进。经过短暂的战役，汉朝于公元前 111 年在南海郡（今广东省部分地区）、于公元前 108 年在玄菟郡（今朝鲜半岛北部）和于公元前 106 年在益州（今四川、云南等地）建立了大量的行政机构。对西南地区的关注，可能是因为希望从这些地区获取来源各异的名贵物品。[12]

我们将在稍后看到基于长远考虑的计划，其中体现了对西部地区的重视。在武帝统治的最后几年（约前 90 年），桑弘羊等人提出扩大轮台屯田的建议，这是保持汉朝在这些边远地区存在的最有效方法，而这些计划在昭帝统治后不久就得到实施。[13]大约二十五年后，赵充国[14]证明自己是一位战略规划大
师，这是基于他对不同部落之间关系的了解。他明白阻止反汉 72
朝同盟发展的必要性，并看到了在经济上使用军事力量的重要性。和桑弘羊一样，他意识到屯田的实际好处。公元前 60 年，西域都护的设立同样显示出协调政策方向的价值，政策中包括在遥远的车师建立定居点的计划。[15]

稍早一些，公孙弘提出的建议就体现了明显的战略意识。维系巴蜀（今四川）与西南夷地区（今云南）之间交通的价

值问题浮现。为维系交通，要付出巨大的代价和人员伤亡，部分原因是当地气候恶劣和部落的反抗。公孙弘被派去视察有关土地，他报告了此事所面临的困难。他在公元前 126 年受任御史大夫，当时北方的朔方郡正在修建防御工事，试图消除匈奴的威胁，他强烈建议暂停在西南部的行动，将帝国的力量集中在北方。[16]事实上，只有在卫青和霍去病于公元前 119 年取得胜利后，汉朝政府才能把注意力从北方转移开来，并采取坚定的进取措施来扩大汉朝的影响，在南越国、西南地区（前 106 年的益州）以及朝鲜半岛（前 108 年）和遥远的中亚西域地区（约前 100 年）建立要塞或定居点。[17]

战术问题

公元前 119 年，卫青和霍去病分别率军攻打匈奴，其战术上的谋划得到很好的证实。[18]一些将领没能到达指定地点，这使他们失去了自己声称的成功。另外，在公元前 112 年和公元前 109 年分别对南越国和朝鲜的战役中，我们可以看到战略或战术上的成功规划。每次都有两支独立的军队，一支从陆地开
73 进，另一支从水上出发。第一次是两位统帅（路博德和杨仆）的有效合作，[19]第二次则被他们（杨仆和荀彘）的敌人所破坏。[20]

有两个例子表明中央政府未能达到实现其目标所需的兵力规模，如果我们相信史书所提供的数字的话。李广利在公元前 104 年率领 6000 名骑兵和数万名“郡国恶少年”首次与大宛作战，但铩羽而归；他在第二次尝试（前 102 年）中则率领了 6 万名敦煌士兵和 18 万名戍卒。[21]公元前 42 年，为了镇压羌人的叛乱，冯奉世建议派遣 4 万人的部队。被拒后，他带着

1.2万名骑兵出发，但一开始未能完成任务，最终才以6万人的兵力取得胜利。[22]从中原地区敌对军队之间的战斗中，人们认识到在荥阳附近的敖仓形成了一个中心，能够控制这一中心将是重大收获。[23]汉朝政府曾经准备割让土地给匈奴，这体现了对战术优势的重视；这片土地形成了一个突出部，暴露在匈奴活动地域之中，很难防御。[24]

从历史上可以看到，一些人的建议往往是基于对战略或战术考虑的权衡。陈平在为刘邦与对手的斗争谋划时，主张尽可能不使用武力而达到目的，坚持只在必要时使用武力。在文帝统治时期，贾谊（前200~前168年）提出以物质享受来引诱匈奴，削弱他们的势力和战斗精神。[25]晁错（前154年被处决）指出，需要采取有效措施来削弱诸侯王的权力，[26]而他在这一过程中所扮演的角色，据说让他付出了生命的代价。也许他比同时代的人更懂得如何正确使用不同类型的兵力，无论是步兵、骑兵，还是弓箭手；他也看到了招募非汉民众加入边防部队的好处。[27]

前面提到了周亚夫采取的策略。在同一时期（前154
年），桓将军在反叛的吴国担任将军。据悉他也意识到了骑兵
和步兵各自的价值和用途，用以建立和巩固力量，而不仅仅是 74
对抗冲突。[28]

赵充国在西北地区做过相当多的事情。公元前61年，他强烈呼吁裁减汉朝骑兵，建计屯田，以此作为对抗羌人敌对活动的最佳途径。他列举了十二个理由来支撑他的建议，概括言之，其优点是：同时维持防御和生产粮食，减少军费开支，挑拨羌人内部关系，由定居人口维持农业工作，在金城伐木修缮官邸，避免暴露在冬天的寒冷中从而免于生病。[29]

赵充国可以根据自己的直接经验，罗列出维持一支军队所需的消耗品的数字。在我们不清楚兵力规模的情况下，他估算了199630斛的粮食、1693斛的盐和250286石的饲料。在第二个例子中，军队共有10281人（被赦免的罪犯、义从、步兵和私人佣兵），他估算了27363斛的粮食和308斛的盐。[30]最后一组数字相当于每月2.6斛的粮食和0.03斛的盐。这可以与居延汉简中的数据相比较，该数据表明粮食的定量为3.2斛，盐为0.03斛。这些数字对应如下（一斛为19.968升）：[31]

2.6斛——51.9升

3.2斛——63.9升

0.03斛——0.6升

王莽登基（9年）后不久一位官员提交的报告表明，朝廷对行动存在的问题和危险采取了非常务实的做法。[32]匈奴一直在对中原地区发动一系列联合突袭，其中一些行动的兵力可能多达1万人。他们处死了雁门郡、朔方郡的将领，对平民财产和牲畜造成了广泛的破坏。王莽考虑筹建一支由30万人组成的精锐部队，这支部队将从内地各郡军队中抽调，各郡还将持续提供300天的给养。王莽计划远征军分10条路线同时出发，
75 将匈奴驱逐到丁令之地；他们的土地将被分割，呼韩邪[33]的15个儿子将被任命为首领。

这些计划引起了王莽属下将军庄（严）尤的反对。他回忆说，周、秦、汉的统治者在他们对匈奴发动的任何一次战役中，都没有制订周密的计划。周朝做得还算不错，汉朝则做得不好，而秦朝几乎没有计划。秦始皇不顾人民所要付出的代

价，建造了万里长城。对外的边界虽然坚固，但在内部，秦朝已经筋疲力尽，并失去了一部分国土。汉武帝挑选将领，训练军队；虽然缺乏补给，但他们已经深入遥远的地方。诚然，他们取得了一些胜利，但胡人迅速做出了反应；中原在 30 年的战争中早已疲惫不堪，对他们而言，匈奴才被震慑住。这些结果据说是“军事”上的，但它们所依据的计划则是低标准的。

庄尤遇上了西北边疆地区遭受一系列自然灾害和粮食反复短缺最为严重的时期。一支 30 万人的部队需要 300 天的补给，只有从东部和南部调拨资源。由于距离太远，一年之内不可能集结起这样规模的部队；那些先到达的部队伤亡率太高，以致毫无用处。粮食供应需要从内地运送，但无法确定它们是否会到达需要的地方。在 300 天的战役中，每个人需要 18 斛生的谷物；[34]而谷物的运输依赖牛，这将额外需要 20 斛——这已经相当沉重了。

庄尤又向我们表明，迄今为止，战争是不可能长期持续的，而且，与新朝军队相比，兵力稍弱的敌人更有优势。他认为，动用强大的军队未必能保证成功。他毛遂自荐去领导已经在那里的部队，以进行闪电袭击，而王莽没有理会。

前面的例子可以与下面的例子相对应，后者出现在稍晚的时期，涉及南方事务。[35]

自 84 年以来，除了 100 年和 116 年发生的事件外，汉朝 76
与最南端地区民众的关系基本上是和平的。但在 137 年，来自日南郡（如今的越南）以外的部落闯入并纵火焚烧汉人的定居点，还杀害了一些官员。据说，一支拥有 1 万人的庞大部队从交趾和九真抽调出来，朝廷准备派这支军队去救援，但阵中出现叛变，军队拒绝执行任务。恢复中原王朝军队纪律和镇压叛乱的努力都没有取得成功。

面对这种情况，138 年，高级官员建议派遣一位高级将领率领 4 万人的军队，兵员来自荆州（今湖北、湖南）、扬州（今福建、江西、浙江及江苏、安徽等地的部分地区）、兖州和豫州（今山东、河南及安徽、江苏的部分地区）。李固[36]反驳了这一建议，理由是，这些部队的撤离将使他们的家乡陷入动乱；仅为这些人每天供应 5 升［谷物］，总数就高达 60 万斛；[37]而且，这样的部队不可能在到达目的地时还能采取有效行动。相反，他建议两名有当地经验的官员从南方的一个据点采取行动，并让当地一些部落拿起武器互相对抗，甚至将有异心的首领交给汉人。这样的措施，使南方免于进一步的麻烦，直到 144 年。

其他考虑

战略或战术计划可能会受到另外两个因素的影响，即对占卜和预兆的关注，以及文献中可能出现的建议。一份被称为《天文气象杂占》的手稿或许可以追溯到战国时期，它说明了彗星等奇怪的现象是如何被解释为向从事战争的人传达建议的，这一点可以从附图的说明中看出。[38]这种考虑对一支军队的将领来说到底有多重要，我们不得而知。至少有一个例子表明《周易》是如何被采信的，并被用来指明匈奴必将失败。[39]

刘向等人在西汉末年为宫廷图书馆收藏的著作，包括四大类军事著作。这些摹本在多大程度上流传或供查阅，还不得而
77 知。两部文献的手稿摹本在一座墓穴中被发现。四个类别如下。

1. 兵权谋，十三家，共 259 篇；[40]有些卷附有插图。

2. 兵形势，十一家，共 92 篇，图 18 卷。[41]

3. 兵阴阳，十六家，共 249 篇，图 10 卷。[42]

4. 兵技巧，十三家，共 199 篇。[43]

虽然无法确定这些文本的主题或内容，但其中一些内容很可能涉及军队的合理使用以及战斗和使用武器的技能，其中有些提到了在军事问题上有经验的神灵或其助手。

领导力

从战国时期甚至更早的时候起，我们就听说有一批拥有武装卫兵的领导者，他们被称为或自称为“将”或“将军”。这些人在公元前 207 年秦朝灭亡后的战斗中扮演了重要角色。他们在行动上相对独立，今天是同僚，明天就是对手。人们很可能会问，他们凭什么声称自己有军事专长？[44]

在汉代，将军这个词是在朝廷的支持和任命下正式保留下来的。出于各种目的，这个头衔被屡加修改。它可以表示一个特定的目标或任务，如贰师将军、度辽将军或楼船将军，即分别为被指派去对付贰师（可能是梵语 Sutrishna 的转译）、指挥横跨辽河的战役，以及领导水军。在其他情况下，头衔可以更具普遍性，例如车骑将军或卫将军。大概是从公元前 87 年起，永久设立将军的原则似乎才被接受，将领被任命为左将军、右将军、上将军和下将军，但这些职位绝不是连续递补的。[45]这些军官的级别比九卿的级别高；晋升渠道是从右将军、下将军晋升到左将军和上将军。目前没有史料能够表明一个官员是如 78
何被训练去领导军队从而适合被任命为将军的。在某些情况下，头衔可能会被授予那些在战场上获得了一些经验的人，也许是初级职位。汉代的一些将领拥有针对他们作战地区的专门知识，他们是北方或西北的本地人，可能是汉人和非汉人的混血儿。[46]皇帝妃子的亲属可以被任命为将军，明显的例子是卫青和霍去病，而刘家的成员则不能。

不难看出为什么汉朝不愿把所有军队的最高指挥权交给一个高官。在早期，太尉的职位与丞相和御史大夫并列，高于九卿。虽然太尉承担全部军事责任，但他使用这些职权的权力被他两位同僚的权力所抵消。太尉这个职位并不是永久性的，它在公元前 139 年被废除。[47]

有时候，一个高官对作为下属的其他将军行使权力，命令他们把部队交给他使用。周亚夫和武帝卫后的兄弟卫青都是以这种方式担任统帅的，后者在公元前 124 年和公元前 119 年对匈奴的战役中担任指挥。卫青的职位被冠以“大将军”之名，但后来也有官员被这样称呼，这表明“大将军”并不一定意味着在战场上指挥军队。到西汉末年，尤其是在东汉，大将军的头衔实际上与摄政王的地位相对应。[48]

由于朝廷没有对统帅任命做出惯常的规定，所以仍然存在一个问题，即军队的调遣、指挥和部署的权力是如何下放的。也许，在一些高官的头衔中加上“将军”二字，比如执金吾，他控制着长安的一支小队以及那里的军库，可能就是为了达到这个目的。[49]某种程度上，符制系统传递了必要的权威；中央政府把“虎符”的一半发给一个王国的大臣或一个将领，他
79 只要能拿到另一半并与他自己的相匹配，就可以召集必要的军队来执行他收到的命令。[50]

下级官衔有校尉、司马和候。西北防线上一小部分人的领

导权被下放给了较低级别的军官。有些校尉负责指定的任务，如城门校尉或戊己校尉。[51]与将军一样，在西汉末期，校尉不一定涉及军事行动。[52]

征兵

年龄在 23 岁到 56 岁、需要承担法定义务的健全男性，是军人主要和常规的来源。除了那些拥有最高荣誉（爵）特权的人之外，这些人必须经历两年的军事服役期，一年接受训练，一年在京城或其他地方或者西北驻军中当守卫。没有任何细节说明他们接受了什么样的训练，以及纪律、武器使用的方法或其他方面的军事技艺是如何传授的。在西北地区服役士兵的名单证实，来自帝国遥远地区的应征者在那里维持着防线。[53]在某些情况下，一支中原军队包括一批或多批刑徒，他们的服役条件已经被放宽，以便能够在更有利的条件下完成刑期。[54]对于一名故乡远在南方的中原将军来说，招募那些熟悉地形和可能有骑马经验的北方诸郡的人有相当大的价值；非汉人骑兵拥有不为汉人征兵者所知的技能，这可以很好地证明他们的价值。[55]公元前 12 年颁布的一项法令可能有些特殊，它要求北方 22 个郡各推荐一人，此人要骁勇善战、熟悉兵法。[56]

军人管理

除了从公元前 110 年起极力扩展的西北防线之外，长安城
设有两支部队，称为北军和南军。南军是由服役不超过一年的 80
应征兵组成的。相比之下，北军则毫无疑问是专业的士兵；在武帝统治期间，北军由五个特别命名的校尉指挥。[57]

西汉初期，帝国统辖不超过 15 个郡，这些郡位于长安城

的南边、北边和西南方向，并稍向山东半岛东北部延伸。帝国其余区域也许是更大的一部分，以 10 个诸侯国的形式，托付给皇帝的近亲管理。随着各方面的探索性进展和某种程度的重组，到 1~2 世纪，共有 83 个郡或类似的单位，其中 20 个小王国作为飞地而存在。

郡的控制权掌握在两位高级官员手中，即守或公元前 148 年起的太守，以及都尉，[58]他们的职位被列为级别很高的秩二千石。[59]太守的一名下属官员负责武器和马匹，但是，都尉被特别任命为太守的助理，负责军事任务和管理武装的应征入伍者。总的来说，他负责维护安全；在西北部，则包括部署防御工事。

西北防线是由战国时期的局部防御工事发展而来的，在秦始皇时期形成了统一的防御体系。在武帝统治时期（前 141~前 87 年），防御体系得到了很大的扩展和加强，起初是在朔方郡和五原郡（前 127 年）建立了防御工事，后来又扩展到敦煌。[60]很明显，从大致公元前 100 年到公元 100 年，这些防线是以高度系统化的方式被控制或整合的。在武威、张掖、酒泉和敦煌四个郡中，校尉控制着大约三个被称为“候官”的单位或连队，每一个单位都有一个名称，如“殄北”、“居延”或“广地”。[61]在候官的指挥下，一个连队大约有 4~6 个部，其中可能有 10 个燧；在他们（燧长）的领导下有 2~4 个燧
81 卒。[62]据初步估计，总共需要 3250 名勤务兵来守卫帝国西北边陲从敦煌到朔方长达 1000 公里的防线。[63]除了以这种方式戍守的人外，还有总部的参谋和骑兵。目前还没有办法估计从防线上如居延等地区被派去从事农业工作（田卒）的义务兵人数；他们的职责是为朝廷在水资源充足的地方建立的农业定居点工

作；这些定居点大概会为驻军提供粮食。

防线由一系列的指挥所和瞭望塔组成，呈方形，并用堤道相连接。指挥所会提供维持传信系统（利用旗帜、烟筒或燃烧的火炬）所需的仓库并对设备进行安置和存储。这些建筑用晒干的砖块和稻草捆交错搭建；墙壁上可旋转的小木孔可以让射手在得到最大程度的保护下瞄准，以达到精确瞄准的目的。他们所装备的弩有各种不同的强度，根据装载所需的压力来确定。在扳机上标记的精确刻度使弩手能将箭发射到估计的距离。指挥所的外围被埋入了向上的尖刺，以防止敌人或野兽突然靠近。再往外一点，一片平滑的沙丘会让掠夺者或其他人在夜间从附近经过的举动暴露无遗。堤道将站点连接起来，形成了一条受保护的通道，能够保证部队和其他旅客的安全。

在甘肃发现的文献残片[64]揭示了驻军执行任务的方式。仅能判断出来的是：他们达到了非常高的标准，可以说具有专业水平，而且充分注意营房和瞭望塔的维修和保养；观察和报告敌人的动向；定期编写收发信号和通信的日志；遵守时间表；控制进入线路；检查设备和武器；维护常规信号；精确计算。 82
他们的特殊技能之一是通过传“檄”来安排急件速递；这是一种特殊形状的长木条，刨得很平整，可以用来书写信息，上面还有一个凹槽，可以绑在骑马信使的马背上。[65]

从西北防线发出的例行报告残片表明了军队的管理和控制方式。[66]并非所有这些报告都能测定年代，有些能追溯到公元前 97 年，有些则可能追溯到公元 104 年。它们涉及通信、军人的活动、军需问题、军人的警觉状态以及他们的设备状况，其中还有一部分历法和法令。

这些防线的成功维系有赖于纪律，发动进攻也是如此，但我们没有关于将领如何保持部下服从、如何防止兵员因叛逃而减少以及如何使他们保持战斗力的常规信息。不同的问题将影响到将领的这些职责，对于在周边防线的高级军官、从一个地区或营地到另一个地区的军队的军官以及那些积极参加战役的军官来说尤为如此。这里有一些提示。当周亚夫指挥抵御匈奴的战役时（前 158 年），他的军官们已经准备好去要求坚持某些预防性规则和程序，甚至要求皇帝本人（文帝）遵守这些规则。其他的将领就没有这么严格。[67]武帝统治初期的两名军官形成了鲜明的对比。从公元前 134 年起，长乐卫尉、车骑将军程不识严格遵守军事规则和军事程序，剥夺了士兵们的闲暇时间；他同时代的未央卫尉、骁骑将军——李广，则以一种轻松的态度，不坚持这样的事情，这使他赢得了部下的喜爱。[68]据闻，大约在公元前 166 年，西汉大臣冯唐向文帝提出了一项申诉，大意是文官在某些细节上过于严格，例如，在上报战争中取得的胜利时，拒绝给予人们应有的奖赏。[69]

后勤

83 几名军官提到了发起和维持一场战役所需物资的估数，以及如上文所述的找到充足给养的难度。当晁错主张通过授予爵位以利粮食生产并供给地方时，西北的防线还没有建立起来；但是，他的提议可能确立了一个原则，借此，在武帝统治时期及之后，防线得到了一些补给。[70]基本上没有什么其他办法可以解释为解决这些问题采取了哪些积极措施，可能有人认为，在居延修建南北向的瞭望塔防线，并指派役者以“田卒”的身份在那里屯田，也许就是因为认识到了这种需要。这条防线形成了一个突出部，延伸到未知区域，它没有任何目的明确的防御作用，并可能会使汉军面临危险。使用天然水道并选择其中一条水道的名称（“甲渠”）可能会促使这一建议更加有力。[71]

无论提供这些物资的手段是什么，记录都证明了驻扎在居延的人和他们的家人得到了口粮和盐的配给，以及记录中有他们从官方商铺购买衣物的详细清单。检查报告显示，瞭望塔和堡垒配备了武器、建筑工具以及很可能是从其他地方运来的制成品，[72]但如何定期补充此类材料还不得而知。或许可以推测存在于 1~2 世纪的 48 个铁坊生产消耗品，如箭头；但向西北部运输的方式不详。

执金吾负责长安的武库。[73]武库是由著名官员萧何于公元前 200 年建造的。在向西北拓展的时候（约前 110 年），武库被要求供应那里短缺的军事装备。[74]在与江充于长安的殊死较量（前 91 年）中，太子刘据能够用从武库获得的武器武装他的追随者。[75]公元前 3 年，哀帝命令使用这些装备为董贤提供 84
保护，这引起了毋将隆的抗议，理由是将其用于此目的是不恰当的。[76]

在七国之乱中，桓将军建议吴王占领洛阳的武库，而周亚夫也被劝说这么做。[77]在尹湾发现的简牍中有一片两面均有字的，题为“武库永始四年［前 13 年］兵车器集簿”的木牍。[78]这份清单分为两部分，内容令人印象深刻。第一部分有 58 种物品，共 114693 件，其中弩 11181 件，箭 34265 支；第二部分有 182 种物品，共 23153794 件。一个条目中有 564 辆车；另有两个条目记载了箭头的数量，分别为 11424159 个和 1198805 个。[79]

在东海郡属的东安侯国功曹师饶墓中发现的这份文件，被一些人认为是存放在靠近中国东部海岸一个偏远地方的存货清单。在我看来，这更可能是指长安的武库，而另一些人认为，这是指由长安官员控制的当地建立的武库。无论如何，它出现在一位低级别但非常重要的官员的坟墓里，其原因尚待解释。[80]它很可能只是被错误地夹在京城送来的其他文件里，意外地被送到师饶手中。

也许可以说，师饶是一个高度负责的人。我们是否可以推测，在知道他的文件中有重要的军事情报后，他下令在他死后将其埋入坟墓以销毁这些情报？他是否意识到，泄露库存之类的机密信息可能招致严厉的惩罚，也许是对其亲属的严厉惩罚？[81]无论如何，这份文件所记录的各种物品和大量库存物品，只能反映出为武装部队维持有效的武器和装备供应所做的持续努力。

长安武库遗址的鉴定和一些组成部分的挖掘工作始于
85 1962 年，下文的总结源自 1978 年的初步报告。[82]这座大型建筑群由七座独立的建筑组成，分为两组，1~4 号建筑位于东面，5~7 号建筑位于西面。其中最大的（4 号）建筑为 205 米×25 米；最小的（2 号）为 82 米×30 米。1 号（197 米×24 米）和 7 号（190 米×45 米）已经过详细检查。1 号被分成两格，里面有武器和盔甲的零件，其中有五铢钱（前 119 年首次出现）和王莽时代的钱币。7 号则分为四格，在王莽统治期间被大火烧毁，其内容与 1 号很相似。在一些地方，武器很可能是存放在木架或搁板上的，有迹象表明不同类型的武器或设备是分开存放的。[83]铁制武器显然比铜制武器更重要，而且在这些遗迹中发现的所有类型的装备中，铁箭头的数量最多。

忠诚

忠诚在训练有素的军队和指挥官的行为中占有重要地位。然而，不同的叙述和事件排除了在这种概念背后制定一般原则的可能性。在汉帝国初期，刘邦的几个最强大的支持者被指控口是心非，他们或者对刘邦发动反叛，或者向他的敌人投降。[84]李陵在英勇地为汉而战后，最终因寡不敌众，向匈奴投降（前 99 年）。在长安城，人们知道他向汉的敌人传授军事知识后，作为惩罚，他的家人被处决。[85]李陵试图说服苏武归顺匈奴，但没有成功，后者坚决忠于汉室。李广利是武帝宠妃李夫人的哥哥，他受命率领一支军队远征大宛，并取得了不同程度的成功。他对一些参与皇位继承权之争（前 91 年）的人的命运感到震惊，在得知自己的家人被捕后，他叛逃到了匈奴。[86]但是，准备改变立场或暴露叛国嫌疑可能会付出沉重的代价，因为被前统治者抓获可能会面临可耻而痛苦的死亡。[87]

从战国时期开始，通常会以授予贵族等级（爵）作为英 86
勇作战的嘉奖。出于这个原因而获得荣誉的程度与在战斗中取得成功的程度相一致，例如，根据被杀敌人的人数；荣誉带有社会地位的标志和某些法律特权。这种制度延续至秦汉时期。在汉代，最高等级的贵族（彻侯、列侯、通侯）被授封时，意义重大，因为这是世袭的，并包含对某些土地的权利以作为主要特权。相比之下，在战场上失败或玩忽职守可能会受到剥夺这种荣誉的惩罚；一位战败的将领可能会选择自杀。

结论

前面的内容试图展示早期帝国面临发动战争时的手段。这这些措施没有解决在多大程度上反映了“军事文化”之存在的问题。

我们可以从埋于秦始皇陵墓周围的兵马俑壮观方阵解读出几个方面的信息，比如它们是被用来向地下世界的居民展示他的武装力量，或是作为保护力量来抵御他的敌人。没有皇帝在战场上扮演过什么角色的记载。公元前 51 年，匈奴单于呼韩邪到访长安，签订友好条约，宣帝派了大批骑兵护送他，其他军队列于道路两旁，另外还有士兵护送他返回草原。[88]与此同时，来访者被盛宴款待，各种奇观尽收眼底，[89]但没有记载表明军队是为了彰显汉朝的力量，或为了显示汉朝皇帝对军队的自豪感。

也许，与军事文化概念最接近的说法可以在罕见的“武德”一词中找到。[90]秦始皇所立之碑的碑文中有一句引以为傲的话：
87 “皇帝哀众，遂发讨师，奋扬武德。”[91]讲述帝国胜利创建的文献中不包括这句话。他们可能以真实的方式记录对敌人的胜利，但他们并不颂扬军队的英勇壮举。“军事美德”不在刘邦建立汉朝的记述中，关于领导者品质的评价中也没有。[92]“武”这个字确实出现在刘彻的谥号中，这个谥号有时也被理解为“尚武的皇帝”。公元前 110 年，刘彻巡察北方防线；他没有参与任何战斗。[93]

无论以何种方式构想或定义军事文化，似乎都需要一种在战场上取得胜利的共同自豪感，国家最高阶层的参与，那些拥有足够声望来吸引服务的机构，采取积极措施、激发参与的意愿，以及愿意为某个事业做出牺牲的准备。秦、西汉和东汉的皇帝都依赖有效的军事行动，以巩固王朝的根基，并保护它免受生存威胁。然而，几乎没有证据表明，帝国的声明或官员的建议公开表达过这种依赖性，或试图激发参战的热情。此外，无论秦汉的一些将领和他们的军队有多么熟练甚至专业，这种优势都没有像在其他文化中所看到的那样，通过建立一个专业组织来实现。

一旦王朝建立起来，皇帝很少会积极参加其决定发动的战役。杰出的将领不会被奖励去担任政府要职，有远见的政治家没有一开始就鼓励人们投身于军务，熟练使用武器并不会引来行政部门的招募。没有一个有组织的机构为军官提供职业机会，就像没有为法律事务专家或医者提供职业机会的机构一样。

这是我们的文献资料提供的信息，也是从官方著作中获得的印象；当然，必须适当考虑到它们的作者很可能带有的偏见，因为这些人都是以官方身份来写作的，他们的事业主要取决于民政管理艺术的进步。他们对维持帝国的这一方面置之不
理，而他们不愿讨论这个问题也许是可以理解的。但我们从其 88
他来源寻求帮助是徒劳的。诗人的非官方写作没有反映军事文化元素的重要性；没有像希腊文化中那样的史诗，也没有像在斯堪的纳维亚那样的传奇来颂扬秦汉英雄的荣耀；没有证据表明骑士有像中世纪欧洲骑士或日本武士那样的传统的自豪感和荣誉。我们所面临的是这样一个悖论：即使秦朝和汉朝不停地参与战争，官员们依然不愿承认战争在公共生活中的地位或倡导确保汉军成功的措施。

年表

公元前

221 年　　秦朝建立

　　　　　秦国战胜楚、燕、齐后统一中国

210 年　秦始皇驾崩

　　秦、楚、汉之争，以及汉帝国建立前刘邦与项羽的战争

206 年　刘邦称汉王

202 年　高祖称帝

196 年　在汉朝与异见者作战后，非刘姓王被取代

195 年　惠帝登基

188 年　吕后执政

183 年　长沙遭南越王攻击

180 年　文帝登基

166 年　匈奴逼近长安

157 年　景帝登基

154 年　中央政府镇压七国之乱

141 年　武帝登基

129~124 年　卫青北伐（前 127 年）；巩固北方防线

121 年　霍去病进军西域

119 年　卫青与匈奴作战

112 年　南越之战

89 109 年　征讨云南（滇国）、卫氏朝鲜

104 年　李广利出征大宛

约 100 年　长城烽燧延伸至敦煌

99 年　李陵向匈奴投降；李广利反击匈奴的行动

91 年　巫蛊之祸

87 年　昭帝登基

　　匈奴入侵，上官桀反攻

84、82 年　镇压益州叛乱

74 年	宣帝登基
72 年	助乌孙抗击匈奴
61 年	赵充国镇压羌人起事
51 年	与匈奴呼韩邪单于和平相处
48 年	元帝登基
42 年	冯奉世镇压羌人起事
36 年	诛匈奴郅支单于
33 年	成帝登基
7 年	哀帝登基
1 年	平帝登基
公元	
9 年	王莽称帝
18 年	赤眉起义；23 年，王莽死后不久，内战结束
25 年	东汉第一位皇帝光武帝登基

注 释

1. 参考《史记》卷一一一，第 2935 页；《汉书》卷五五，第 2484 页；《汉书补注》卷五五，第 12 页 a——关于公元前 119 年卫青和匈奴军队的战斗。参见 Loewe，2000，p. 574；《汉书》卷五四，第 2452 页；《汉书补注》卷五四，第 11 页 a——关于李陵公元前 99 年的最后一次战斗（参见 Loewe，1974a）。参见《汉书》卷七〇，第 3011 页；《汉书补注》卷七〇，第 8 页 a——关于公元前 36 年甘延寿和陈汤大败郅支单于。这种说法是基于一幅画，参见 Duyvendak，1938。

2. 参见《战国策》中关于谈判、劝说和战斗的一些逸闻；也可参见 Lewis, 1999, p. 620。

3. 参见 *CHOAC*, p. 594, map 9. 1, and p. 629。

4. 这些行动发生在公元前 316 ~ 前 312 年；参见 Sage, 1992, pp. 112-117。

5. 参见《史记》卷一一〇，第 2904 页；《汉书》卷九四上，第 3764~3765 页；《汉书补注》卷九四上，第 15 页 b。

6. 《汉书》卷五二，第 2398~2403 页；《汉书补注》卷五二，第 16 页 a~第 19 页 b。

7. 参见 Yü, 1967, pp. 36-43。

8. Loewe, 2000, p. 526.

9. Loewe, 2000, p. 142.

10. 关于经济实践，参见 Loewe, 1985。

11. 酒泉、张掖、武威、敦煌四地始建的时间不详。关于“酒泉和武威建立于公元前 121 年，但酒泉和张掖始建于公元前 104 年，敦煌稍晚，武威始建于公元前 81 年至公元前 67 年”这一初步结论，请参见 Loewe, 1967, vol. 1, pp. 59-60。

12. 参见张骞的报告，《史记》卷一二三，第 3166 页；《汉书》卷六一，第 2689 页；《汉书补注》卷六一，第 2 页 b；Hulsewé, 1979a, p. 211。汉朝先后成立了南海、苍梧、合浦、珠崖、儋耳、日南、九真、交趾、郁林、牂牁（前 111 年），玄菟、乐浪、临屯、真番（前 108 年）和益州（前 106 年）等行政机构。

13. 《汉书》卷九六下，第 3912 页；《汉书补注》卷九二下，第 15 页 b。

14. Loewe, 2000, p. 701.

15. 第一任西域都护是郑吉，参见《汉书》卷七〇，第 3006 页；《汉书补注》卷七〇，第 4 页 a。郑吉建立军府，见《汉书》卷九六下，第 3923 页；《汉书补注》卷九六下，第 31 页 a；Hulsewé, 1979a, p. 187。

16. 《汉书》卷九五，第 3840 页；《汉书补注》卷九五，第 3 页 b。

17. 早在公元前 128 年，汉朝对朝鲜的进攻尝试以失败告终；霍去病在公元前 121 年向遥远的西域挺进，但之后并没有试图在其地永久定居。

18. 《史记》卷一一一，第 2934 页；《汉书》卷五五，第 2484 页；《汉书补注》卷五五，第 13 页 a。

19.《史记》卷一一三，第 2975 页；《汉书》卷九五，第 3857 页；《汉书补注》卷九五，第 14 页 a。

20.《史记》卷一一五，第 2987 页；《汉书》卷九五，第 3865 页；《汉书补注》卷九五，第 19 页 a。

21.《汉书》卷六一，第 2699~2700 页；《汉书补注》卷六一，第 9 页 b~第 10 页 b。

22.《汉书》卷七九，第 3296~3298 页；《汉书补注》卷七九，第 3 页 a~第 4 页 b。

23. 敖仓位于今郑州西北 40 公里处。它出现在下面两个事件中：公元前 204 年刘邦项羽之争（《史记》卷九七，第 2693~2694 页；《汉书》卷四三，第 2107~2108 页；《汉书补注》卷四三，第 2 页 a~b）和公元前 154 年的七国之乱（《史记》卷一〇六，第 2832 页；《汉书》卷三五，第 1914 页；《汉书补注》卷三五，第 11 页 b）。公元前 189 年，朝廷下令对其维修（《汉书》卷二，第 91 页；《汉书补注》卷二，第 6 页 a）；22 年，王莽派他的一个将军守卫粮仓（《汉书》卷九九下，第 4178 页；《汉书补注》卷九九下，第 19 页 a）。

24. 这是在公元前 127 年从上谷郡最北端的造阳地区撤军。《史记》卷一一〇，第 2906 页；《汉书》卷九四上，第 3766 页；《汉书补注》卷九四上，第 17 页 a；《盐铁论·地广》，第 208 页。

25. 即所谓的"五饵之策"，《新书》卷四，第 2 页 b~第 4 页 b；关于这篇文章的真实性，参见 Nylan，1993，pp. 166-168。也可参见 Yü，1967，pp. 36-37。

26.《史记》卷一〇一，第 2747 页；《汉书》卷四九，第 2300 页；《汉书补注》卷四九，第 22 页 b。贾谊也表达了这些观点；《史记》卷八四，第 2503 页；《汉书》卷二七下，第 1457 页，卷四八，第 2260~2262 页；《汉书补注》卷二七下，第 10 页 b，卷四八，第 32 页 a~第 35 页 a；《新书》"益壤"条，第 14 页 b~第 16 页 a。

27.《汉书》卷四九，第 2279 页；《汉书补注》卷四九，第 9 页 b。

28.《史记》卷一〇六，第 2832 页；《汉书》卷三五，第 1914 页；《汉书补注》卷三五，第 11 页 b。

29.《汉书》卷六九，第 2986~2988 页；《汉书补注》卷六九，第 11 页 a~第 12 页 a。

30.《汉书》卷六九，第 2985~2986 页；"斛"（也称为"石"，一种容量的计量单位）对应 19.968 升；“石”作为重量的计量单位，对应的重量是 29.3 公斤。不过，也有可能用的是另一种计量系统；参见 Loewe，1961，pp. 78–85。

31. Loewe，1967，vol. 1，p. 161，vol. 2，p. 64.

32. 《汉书》卷九四下，第 3824 页；《汉书补注》卷九四下，第 18 页 b；*CHOAC*，pp. 390–391。

33. 呼韩邪单于自公元前 58 年至公元前 31 年在位。

34. 这一估计为每日定量 6 升，这可以与其他估数进行比较。

35. 《后汉书》卷八六，第 2837 页；《后汉书集解》卷八六，第 7 页 a。

36. 关于李固，参见《后汉书》卷六三，第 2073 页；《后汉书集解》卷六三，第 1 页 a；*CHOAC*，pp. 307–311。永和年间（136~141 年）任荆州刺史，后任大司农；144 年，被任命为太尉，146 年被免职。

37. 这些计算是准确的。4 万人的部队，每人每日 5 升口粮，每天共计 20 万升口粮（2000 斛）；300 天乘以 2000 斛，相当于 60 万斛。（此处与正文所述 1 斛 = 19.968 升不合。——译者注）

38. WW，1978.2，pp. 1–4 and 5–9，and plates 2，3；Loewe，1994b，pp. 67，77.

39. 《汉书》卷九六下，第 3913 页；《汉书补注》卷九六下，第 18 页 b；Hulsewé，1979a，p. 170。这段文字也提到了蓍草和龟甲被用来进行占卜的情况。

40. 《汉书》卷三〇，第 1756~1757 页；《汉书补注》卷三〇，第 59 页 a~第 60 页 a。数字是所有篇目的总和，它们并不总是与给定的数目的总和相对应。

41. 《汉书》卷三〇，第 1758~1759 页；《汉书补注》卷三〇，第 60 页 b~第 61 页 b。

42. 《汉书》卷三〇，第 1759~1760 页；《汉书补注》卷三〇，第 61 页 b~第 62 页 b。关于标题中“兵”字的复原，请参见《汉书补注》卷三〇，第 62 页 b 注释。

43. 《汉书》卷三〇，第 1760~1762 页；《汉书补注》卷三〇，第 63 页 a~第 64 页 a。这些书目中有一部实际上是 5 卷。

44. 对于军事领袖和军官的出现、招募和职业生涯，参见 Loewe，2004，pp. 176–207。

45. 参见《汉书》卷一九下，第 791 页开头；《汉书补注》卷一九下，第 26 页 b。

46. 例如公孙浑邪、公孙贺、赵充国。

47. 以下时间设置过太尉一职：公元前 205~公元前 202 年，公元前 196~公元前 195 年，公元前 189~前 179 年，公元前 154~前 150 年，公元前 140 年。

48. 参见 Bielenstein，1980，p. 124。

49. 例如任千秋，韩勋，辛庆忌，甄邯。关于执金吾（原为中尉），参见《汉书》卷一九上，第 732 页；《汉书补注》卷一九上，第 17 页 a。

50. 铜虎符制度建立于公元前 178 年；《史记》卷一〇，第 424 页；《汉书》卷四，第 118 页；《汉书补注》卷四，第 10 页 b~第 11 页 a。

51. 关于校尉，参见《汉书》卷一九上，第 737~738 页；《汉书补注》卷一九上，第 22 页 b~第 23 页 b；Bielenstein，1980，pp. 114-118。关于戊己校尉，参见 Hulsewé，1979a，p. 79，note 63。

52. 例如，两位著名的文学家，刘向（Loewe，2000，p. 372）和刘歆（Loewe，2000，p. 383），都有"中垒校尉"的头衔。

53. 参见 Loewe，1967，vol. 2，pp. 261-273，《通典》卷三（前 97~前 74 年），可能是对从淮阳郡或昌邑国来的兵员发放衣物的记载。

54. 对于这类人，他们被施以复作或笞刑，参见 Hulsewé，1955，vol. 1，pp. 240-244。前 68 年，这样的一群人被派到渠犁（位于塔里木盆地，在罗布淖尔以西）屯田。《汉书》卷九六下，第 3922 页；《汉书补注》卷九六下，第 30 页 b；Hulsewé，1979a，p. 164，note 515。

55. 参见《汉书》卷六九，第 2977 页；《汉书补注》卷六九，第 5 页 b——关于在公元前 61 年的一次大规模西北远征中使用武力。这次远征中有包括来自郡县的囚犯和轻刑犯，河南、河内、河东、颍川、沛郡、淮扬、汝南的七郡步兵，金城、陇西、天水、安定、北地、上郡等地的骑兵，以及羌人骑兵。

56. 《汉书》卷一〇，第 326 页；《汉书补注》卷一〇，第 14 页 a。

57. Bielenstein，1980，p. 114.

58. 始设于公元前 148 年，秦时称为郡尉。

59. 《汉书》卷一九上，第 74 页；《汉书补注》卷一九上，第 28 页 a~b。关于官员俸禄的层级，见 Bielensetein，1980，p. 4。关于太守和都尉及其下属单位之间的关系，见 Loewe，1967，vol. 1，pp. 58-61。

60. 关于这些鄣塞建立的时间，见本章注释 11。

61. 详见 Loewe, 1967, vol. 2, p. 385。

62. Loewe, 1967, vol. 1, p. 76.

63. Loewe, 1967, vol. 1, p. 90.

64. 关于 1967 年以前敦煌和居延的考古发现，见 Loewe, 1967, vol. 1, pp. 1-15。关于后来相当多的新发现，比如从居延新发现的 1.9 万枚简牍，见 WW, 1978.1, pp. 1-11; Juyan xin jian, 1994; Wei, 2005; Loewe, 1977; Loewe, 1986。

65. Loewe, 1964.

66. 关于将这些残片拼凑在一起的尝试，请参见 Loewe, 1967, vol. 1, pp. 19-23, Loewe 对可能被识别的报告做了总结。关于 1967 年以来在居延遗址发现的文件，见 Juyan Xin jian, 1994。

67.《史记》卷五七，第 2074 页；《汉书》卷四〇，第 2057~2058 页；《汉书补注》卷四〇，第 25 页 b。

68.《史记》卷一〇九，第 2869 页；《汉书》卷五四，第 2441 页；《汉书补注》卷五四，第 2 页 b~第 3 页 a。

69.《史记》卷一〇二，第 2758 页；《汉书》卷五〇，第 2314 页；《汉书补注》卷五〇，第 6 页 b; Loewe, 2000, p. 101。

70.《汉书》卷二四上，第 1133 页；《汉书补注》卷二四上，第 14 页 a。

71. 关于在居延的农业定居点，见 Loewe, 1967, vol. 1, p. 56。

72. 例如，一些较重的弩、铁制武器、用来发信号的旗帜。有些装备，比如在墙上装的床弩，是木制的，完全可以现场制造。关于堡垒的装备，参见 Loewe, 1967, vol. 2, pp. 151-168, document MD 19。

73.《汉书》卷一九上，第 732 页；《汉书补注》卷一九上，第 17 页 b。根据 KG, 1978.4, 261, 吕后为之改名灵金藏。关于武库的位置，见《汉书补注》卷四三，第 17 页 a~b。

74.《汉书》卷二四下，第 1173 页；《汉书补注》卷二四下，第 18 页 a。

75.《汉书》卷六三，第 2743 页；《汉书补注》卷六三，第 3 页 a。

76.《汉书》卷七七，第 3264 页；《汉书补注》卷七七，第 14 页 a。

77.《史记》卷一〇六，第 2832 页；《汉书》卷三五，第 1914 页，卷四〇，第 2059 页；《汉书补注》卷三五，第 11 页 b，卷四〇，第 26 页 b。

78. Yinwan，1997；见照片，pp. 17–18，抄本 p. 103。尹湾位于今江苏连云港。

79. Yinwan，1997，抄本 pp. 106–107。

80. 有关此文件的各种见解，参见 Loewe，2004，p. 77。

81. 此类泄露的案例包括王迁（前 68 年）、赵昂（约前 60 年）、陈咸（Loewe，2000，p. 41）（约前 40 年）、宋登（前 25 年）和师丹（哀帝统治时期）。

82. KG，1978. 4，pp. 261–269.

83. 关于存储方式的考虑，参见 Yang Hong in WW，1982. 2，pp. 78–81，43。

84. 例如，反叛的臧荼、陈豨；归顺匈奴的韩王信、卢绾。

85. 《汉书》卷五四，第 2455 页；《汉书补注》卷五四，第 13 页 b。

86. 《史记》卷一一〇，第 2918 页；《汉书》卷九四上，第 3779~3780 页；《汉书补注》卷九四上，第 25 页 b~第 26 页 a。

87. 例如韩信。

88. 《汉书》卷九六下，第 3798 页。

89. 《汉书》卷九六下，第 3798 页；Hulsewé，1979a，p. 201。

90. “武德”见于《国语》卷一五《晋语九》，第 491 页（上海：上海古籍出版社，1978 年），其中，“武德”被与其他类型的德（如孝）放在一起。这个词更多地被视为祭奠高祖和光武帝的宗庙祭礼舞蹈的名称（《史记》卷一〇，第 436 页；《汉书》卷五，第 137 页，卷二二，第 1044 页；《后汉书》卷三，第 131 页）。它还被用作唐高祖（618~626 年在位）的年号。

91. 《史记》卷六，第 249 页；Chavannes，1969b，vol. 2，p. 158；Nienhauser，1994，vol. 1，p. 143。

92. 见《史记》卷六，第 235 页，卷八，第 379 页；《汉书》卷一下，第 52、56 页。

93. 《汉书》卷六，第 189 页。

第四章　东汉的军事文化

张磊夫（Rafe de Crespigny）

皇帝的军事力量

90 王莽（前45~23年）的新朝倒台后，光武帝刘秀（前5~57年）建立了东汉（光武帝的在位时间为25~57年），并于36年建都洛阳，重新统一了天下。

可能是由于刘氏宗族势力的软弱，王莽在宫廷中通过密谋夺取了皇位，但他的新政权并没有被完全接受。对汉朝的记忆仍存，就连赤眉军也觉得立一个傀儡是必要的，而刘盆子（7~？年）就出身于皇家血脉的一支。刘秀虽然因身为刘氏宗族成员而获得了一定地位，但他只是几个皇位争夺者之一，他的获胜来自他的军事能力和属下将领及其军队的能力。

东汉权威的真正来源是军队：光武帝上台是因为他赢得了内战，他的后代能够继位的原因是国家最强大的军队继续服从他们的指挥。[1]士人和学者试图掩盖这一点，东汉同时也建立了以有序和文明的方式执行君主意志的官僚系统，但朝廷的大部分架构致力于保护皇帝和维护国家的军事力量。

91 就连文职官员的头衔也反映了这一背景。官僚体系中职位最高的是太尉，是三公之首，而在摄政太后之下掌握大权的外戚首领，在西汉被称为大司马，在东汉被称为大将军。他们大多是文官，但其头衔表明了政治权力的性质。

诸侯之下的九卿中有两位称“尉”，[2]还有三位大臣全面或部分负责军事事务：北军中候监督朝廷的侍从和宫内的五支宿卫军；光禄勋负责招募三千兵士在两座宫殿的大门和宫墙边巡逻；太仆除了负责皇家马厩的工作外，还负责管理西北部的马场，为骑兵提供马匹。九卿之下，执金吾指挥洛阳的士兵，而城门校尉则负责都城十二门。这种职责的分离制度使得任何一个官员，无论他的官职有多高，都无法实际掌控皇帝的人身安全。

就在洛阳城外，北军五营是帝国的精锐专业部队。每营八百人，由一名校尉指挥，他们保护着帝国的京师，但也可以用来对付重大叛乱或边地的麻烦。在更远的边疆，朝廷募集了边防民兵，而长城的防御由正规军负责，正规军则以位于今黄河北曲包头附近的度辽将军在五原的六十五支部队作为补充力量（见图 4.1）。[3]

东汉非常幸运，曾与西汉敌对或建立不稳定联盟的北方大草原上的匈奴基本上被控制住了。单于舆（18～46 年在位）突袭了刚重建的帝国，汉军对这些敌人几乎无能为力，但在他死后，他的儿子蒲奴和他的表兄比之间发生了一场继承权之争。在汉朝的鼓励下，比把他的追随者带到黄河以南，并于
50 年被汉朝封为南单于。南匈奴成为有益的辅助军，北匈奴 93
则由于草原上干旱和饥荒的影响而被迫退却。

然而，光武帝已经改变了他新政权的军事构成。在西汉时期，所有成年男性都可以应征入伍，但在公元 30 年内战的最后一场战役前，东汉朝廷颁布了一项法令，停止了除边疆以外所有的征兵计划。内地的一些人可以充当民兵对付土匪，也可

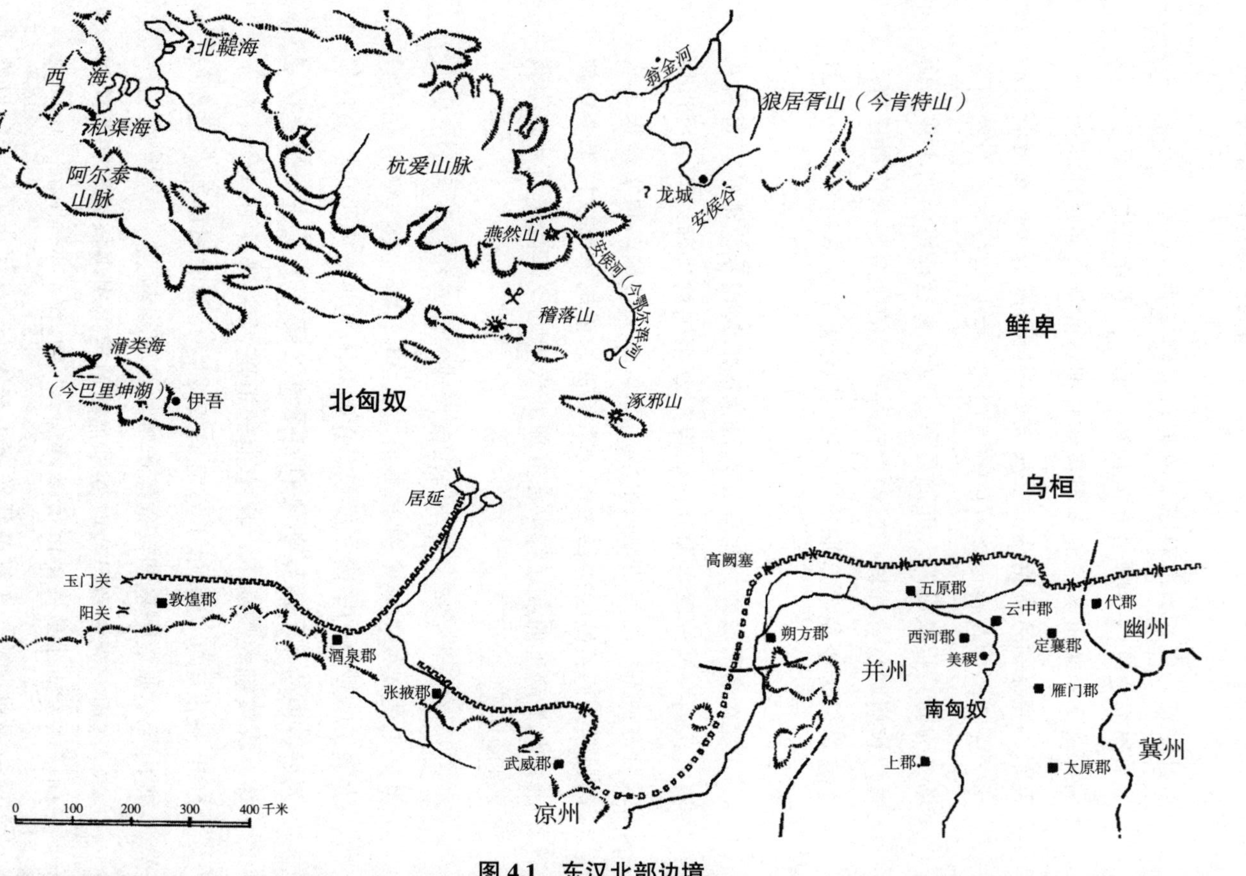
?北鞮海
西海
?私渠海
阿尔泰山脉
杭爱山脉
翁金河
狼居胥山（今肯特山）
?龙城
安侯谷
燕然山
安侯河（今鄂尔浑河）
稽落山
鲜卑
蒲类海
（今巴里坤湖）
伊吾
北匈奴
涿邪山
乌桓
居延
高阙塞
玉门关
敦煌郡
阳关
酒泉郡
张掖郡
武威郡
凉州
五原郡
朔方郡
云中郡
西河郡
美稷
代郡
定襄郡
幽州
并州
南匈奴
雁门郡
上郡
太原郡
冀州
0
100
200
300
400千米

图 4.1　东汉北部边境

以被征召执行紧急任务，但他们没有受过正规训练。新政策减少了叛乱的危险，但在中原集结的军队在重大战役中的价值微乎其微。因此，帝国的防御主要依靠更赋，以及来自南匈奴、乌桓和羌人军队的帮助。[4]

因此，中国的军事力量结构与地中海世界的大不相同，在地中海世界，军役和公民身份之间的联系一直很密切。[5]与东汉同时代的罗马早期皇帝控制着二十五个正规军团，每个军团有五千人，并由大量的辅助部队支持。与此形成对比的是，北军在洛阳大约有四千人，少于罗马军团中的禁卫军，而驻守西北长城的军队可能只有五千人，度辽将军可能已经没有了。尽管如此，在专业人士的帮助下通过召集民兵、临时减刑的罪犯（驰刑）和辅助的盟军，汉朝可以做到为一场特定的战役投入数万人。

关于正规军如何训练，目前还没有什么资料。东汉初建立的黎阳大营，由皇帝的谒者监军，成为征兵和训练的基地，特别是为度辽将军营提供兵力。长安附近的另外两处兵营——虎牙营和雍营，可能是为了训练和保卫故都而设的，[6]一些在洛阳当卫兵的年轻人在任务结束后会转为正规军。[7]

我们对于军官培训的情况也知之甚少。利用在遥远的西北部发现的竹简，鲁惟一证明了该地区高标准的驻军有明确的指 94
挥系统，后勤文书，行动、资格和权限相关的文件，并定期检查装备。[8]历史文献中当然也提到了军官，而且他们的射箭等技能也受到了测试，但在简牍和历史文献中都没有关于他们如何获得职位的信息：他们是从普通士兵中提拔上来的吗？他们受过特殊训练吗？还是像文职官员那样有固定的委任途径呢？[9]

有些军官肯定是从普通士兵中提拔上来的，但在帝都的两支卫队可能会为军事部门提供候选人。一千五百人的虎贲军是世袭的，而羽林军的一千七百人则从阵亡将士的儿孙以及凉州的良家中招募而来。[10]有些人可能是军队的军官候补者，虽然这样的人很少有记录，但西汉的赵充国将军曾在羽林军服役，显然那时候他还是普通士兵；东汉的篡权者董卓也曾是羽林军的一员，后来才受到了提拔。[11]然而在古罗马、中世纪或近代早期的欧洲，我们可以假设，优秀的年轻人可以在没有受过正规训练的情况下，由经验丰富的军士和下级军官指导后接受军衔，而重要的职位往往由与王室关系密切的大家族成员担任。[12]

许多高级官员最初都是在所谓的文职职位上崭露头角的。各州、郡、县的长官负责其域内的秩序，率领军队打击当地的土匪、反叛分子，并在边疆应对其他部族的袭击。西汉时，指挥官配有副手，但东汉取消了这一职务，除了边防将领和那些有特殊情况的人以外，大多数指挥官都必须自己作战。他们无疑得益于更专业的下属建议，但也有相当一部分人在战斗中丧生。其他由临时差遣转变为正式官职的职位包括西域都护、护
95 羌校尉、护乌桓校尉，张奂（104～181 年）和段颎（179 年卒）等几位著名将军都是以这样的方式崭露头角的。[13]

边地人口的减少使东汉处于弱势。东汉末年，尽管与南匈奴达成了协议，但边疆仍然爆发了战争，并且这一过程持续了一个世纪甚至更长的时间。北方边地的民众需要服兵役，而内地民众则不需要，这一事实加剧了压力，促使大批北方人流亡南方，而朝廷禁止这种移民的尝试收效甚微。[14]西汉末年的公元 2 年和东汉公元 140 年前后的人口普查表明，汉朝的北方居民从三百万人减少到五十万人，有些地区的人口下降甚至更严

重。[15]人口的减少意味着需要军事力量或者使用武力来维持帝国地位，而通过交往手段管理非汉人集团是非常重要的。

但总的来说，光武帝的军事部署是有效且牢固的。强大的军队驻扎在边地，且帝国有能力集结大量军队来捍卫自己的利益，所以整个国家得以安享和平。光武帝的后继者会如何对待这一遗产，有待我们继续考察。

朝廷和军队

下面的小节将讨论东汉统治者与军队的关系，尤其是辩论的过程和所采取的政策。

光武帝和匈奴，50~51年

刘秀虽然没有受过军事训练，但从起兵讨伐王莽开始，他就带兵作战，甚至在获得皇位后的内战初期，也曾多次在战场上指挥军队。[16]此后，他密切关注将领们的活动，充分了解他们的行动，并就每一次战役向他们发出详细的指示。他本身就是一个很有能力的战略家和战术家，也是东汉唯一一个有直接作战经验的皇帝。[17]

1世纪40年代末匈奴分裂，南单于比在匈奴中郎将的监 96
护下于鄂尔多斯建立庭帐，严重削弱了北匈奴势力，北匈奴同时还遭到了在中原财力支持下的匈奴其他部落联盟和长期敌对的乌桓和鲜卑部落的攻击。在这样的压力下，51年，北匈奴单于蒲奴遣使求和。东汉在48年召开了一次廷议来决定是否接收单于比及其属民之后，另外又召开了一次廷议来考虑蒲奴的提议。

南单于的归附给汉朝提供了进攻北匈奴并与乌桓、鲜卑结成联盟的好机会。将军臧宫（58年卒）和马武（61年卒）认为一次出战就可以摧毁蒲奴，并让单于比成为一个感恩戴德的臣子。

然而，即使这样的攻势取得了成功，比的感恩之情是否能持续下去也值得怀疑。公元前1世纪末，西汉对呼韩邪单于的支持，并没有阻止他的后继者在一代人之内转而反对汉朝，如果单于比要在大草原上建国，他需要表现出一定的独立性来维持其追随者的忠诚。那么，汉朝可能需要另一场战役以重新夺回权力。

还有需要保持谨慎的其他理由。汉朝刚刚才结束内战，在1世纪40年代初，保卫北方的困难表明军事力量已经枯竭：王朝需要一个和平时期才能从几十年的动荡中恢复过来。一场大规模的战役可能会胜利，但守住阵地可能会给域内的新政权带来巨大压力。[18]

激进派显然得到了发表意见的机会，但决定性意见来自光武帝的继承人、未来的明帝刘庄（28~75年，57~75年在位），他反对激进的政策，但也说："今未能出兵，而反交通北虏，臣恐南单于将有二心。"换言之，汉朝与南单于的和亲是必然的，为了保持与南单于的关系，他们不得不拒绝来自北方的提议。刘庄大概是在表达他父亲的观点，光武帝当然十分同意：52年，当新的使者从北方到来的时候，他们被告知可以内附，但不能和亲。[19]55年，另一次提议同样没有产生什么成果，交流也停止了。

97 南匈奴附汉后，汉人在边地的地位迅速恢复，几个月内，朝廷下令重新安置北方。不过其代价是巨大的：前八年里给南单于的礼物相当于西汉五十年里给整个匈奴联盟的礼物，到1世纪90年代初时，每年的补助金甚至超过1亿钱。另有800

万钱被支付给西域各地，还有从东部州郡征收的 2.7 亿钱被支付给鲜卑。这种情况持续了 100 年，不考虑维持西北羌人和东北乌桓稳定所需的金额，仅对盟友和附属政权的支出就接近帝国财政收入的 7%。[20]

维持和平的花费比战争时期的费用要便宜得多。在 107~118 年的羌人起事期间，每年的直接运作成本为 20 亿钱，除此之外还要加上对边疆地区民众生命财产造成的间接损失和国家财政收入的损失。[21]这种负担很重，但朝廷尚可负担得起。作为交换，汉朝获得了一个缓冲地带以分割其敌人的力量，那里的南匈奴由帝国官员管理。

至于当时被否决的摧毁北匈奴的建议，东汉在四十年后又进行了尝试，其结果如下所述。[22]

汉明帝和汉章帝，北方草原和西域，73~95 年

在北方沉寂了一段时间之后，局势开始变得不那么稳定，62 年，北匈奴发动了一次大规模的袭击，[23]但被当地军队和南匈奴的援军击退了，之后北匈奴单于再次示好，但随着朝廷派出 65 名使节，南匈奴开始怀疑，并试图与北匈奴单独谈判。对此，朝廷把军队安置在五原，以防南北匈奴勾结。

新军营的兵士是在华中地区培养并在黎阳接受训练的，所以边防较少依靠地方民兵，且这支度辽将军所率部队是该地区唯一一支重要的帝国军队。虽然沿河西走廊和居延绵延的长城仍存，但鄂尔多斯地区的长城已经没有人驻守了。再往东，长 98
城在今天北京以北的地区充当了壁垒：护乌桓校尉监管着市场，但和平依靠补贴维持。总的来说，由于没有足够的人手进行全线防御，朝廷能依靠的只有这些非汉民族之人的相互敌对和五原军队的枕戈待旦。

然而，在匈奴分裂后一代人的时间里，北方政权重新强大起来，威胁着西域附属于中原的绿洲城市，并向河西走廊和黄河对岸发动突袭。随着袭扰的加剧，汉朝更加确定了当前的形势，汉明帝召开了一次廷前会议。耿秉（91 年卒）和窦固（88 年卒）提出了讨伐的建议：两人都出身于边疆将领世家，通过联姻与皇室产生联系，并且都有军事实践和谋划的经验。[24]皇帝暗自支持他们，并做出了决定。

73 年，四支军队出击北匈奴。这些军队包括度辽将军营和边防民兵，以及来自乌桓、鲜卑、羌和南匈奴的援军。军队主力未能与敌人交锋，北匈奴还在继续突袭，但窦固在西部击败了盘踞在准噶尔地区的匈奴呼衍王。继这一成功之后的第二年，汉朝又从敦煌派遣了一支远征军，再次打败了匈奴，而位于吐鲁番以东山脉南部和北部的车师在这时也归顺了汉朝。这是东汉第一次进入西域，重振了西汉雄风。一名护军和两千名士兵被派到焉耆建立军府，而副将则控制着位于前后车师以东的军事基地。在伊吾还有另一个军事基地，且在敦煌有一个后备阵地。

这是一项巨大的投入，事实证明它耗时耗力。75 年，北匈奴转而围攻车师的军事基地；由于护军孤立无援，当地民众杀死了他和他的手下。

就在这时，汉明帝去世了，新继位的汉章帝（75～88 年在位）的臣下就如何应对危机展开了辩论。朝中弥漫着恐慌，有人提议放弃经略西域的计划，但大臣们最终达成了一致认
99 识：营救被围困的驻军有助于提升士气。因此，76 年，一支部队在罗布泊附近的鄯善援军的帮助下，被派去救援那些被围困的驻军。他们在车师附近找到了生还者，在权衡之后，汉朝

又派了两千人到车师以西的地方，耿恭将军在那里进行了英勇的一战。

这些援军不得不冒着大雪与大量匈奴军队作战，耿恭和他原来五百人部队中的十二人返回敦煌。耿恭广受赞誉，诗人兼史学家班固为他写了一篇赞赋。[25]但整个车师地区最终还是被放弃了。

在西域的南道，班固的弟弟班超率领的一个小分队取得了更大的成功。[26]班超曾任兰台令史，在 73 年也就是他四十岁的时候脱颖而出，成为窦固手下一支队伍的队长。随后他被派往鄯善，在那里杀死了大量匈奴使节，这使鄯善统治者心生敬畏，从而效忠于汉朝。由于受到奖励和提拔，他被委派以更高级的任务，他的军衔是军司马，虽然随从只有三十余人，但他通过交往和暴力手段将汉朝的影响力扩大到了今天的喀什。

76 年，由于汉章帝决定撤军，班超也被命令返回；但当地人恳求他留下来保护他们，于是班超违抗了圣命。他的军队规模不大，手下的汉人军队甚至不足千人；然而通过联盟，他能够在战场上部署数万兵力对抗敌人，并在 95 年确保了东汉在西域的主导地位。班超虽然被任命为西域都护并封侯，却没有得到多少官方的支持，他在西域的权威也只维持了一段时间。主要的战事是在北方草原展开的。

窦太后与北匈奴的覆灭，88~92 年

73 年，北匈奴曾抵抗过汉朝的进攻，但后来遭受了严重的蝗灾和旱灾，汉朝虽然没有再发动大规模的进攻，但继续资助乌桓和鲜卑以对抗匈奴。[27]在这样的压力下，许多部落成员
投降于汉朝，使节们要求与汉朝进行贸易。汉章帝批准了，在 100

一段时间里，牛羊市场交易稳定，商人居有住所，归降的人还有奖励。

出于对这种和解的担忧，南单于派军突袭商队，抢夺货物，劫持民众。85 年，武威太守建议朝廷介入，以使俘虏重回故土；经过激烈的辩论，大臣们一致同意，中原将赎回俘虏并将他们送回北方，且对被杀死的人支付一定的费用。[28]在这一决定中，人们可能更多地看到了主和派的主张，但南单于现在有了一个破坏与北方联系的经济诱因：与 1 世纪 50 年代早期一样，名义上的附庸限制着其宗主的政策。南匈奴继续他们的突袭，真正和平的希望湮灭了。

87 年，鲜卑袭击并杀死了北单于，剥了他的皮，带着战利品离开了。北单于的继任者撤到了北方，但一些有异见的贵族推选了一个敌视他的王子来反对他，匈奴从此陷入了内战。接下来的一场蝗灾摧毁了他们的牧场，更多的难民前来寻求保护。88 年，南单于屯屠何提议，汉朝军队应与他联合进攻，消灭其实力已被削弱的对手。[29]

汉章帝刚刚驾崩，其幼子汉和帝（88～106 年在位）继位，窦太后（97 年卒）代为摄政。太后的祖先窦融（前 16～62 年）曾是光武帝的重要盟友，窦氏家族也曾与皇室联姻，但他们遭到了汉明帝的羞辱。窦太后凭借自己的年轻貌美进入汉章帝的后宫，然后强行收养了未来的皇帝，并杀死了他的生母和家人。她二十几岁就掌握了至高无上的权力。

太后和耿秉商量了单于的请求，果然，耿秉很热心：他建议在 73 年发动进攻，而且认为这一次的时机会更加有利。窦太后从这个建议中看到了更多的好处，比如：她的哥哥窦宪（92 年卒）已经三十岁了，是家族中较年长的男性，[30]他依靠其皇室关系杀死了一个敌对的官员和一个敌对的侯爵；他的罪行成了一桩大丑闻，于是他很快就被软禁起来；窦太后想让他指挥军队，这样他就可以用一件军事荣耀的外衣来掩饰自己的政治和个人错误。所以，太后批准了这个计划。 101

然而此时，袁安、任隗对此提出强烈抗议，并得到了朝中文武百官的支持。他们抱怨说，朝廷没有召开会议审议这一重要问题，并进一步争辩说，北匈奴是在寻求和平，而不是在进攻边疆，为了短期的胜利而付出这样的代价并面对危险是没有道理的，而且此举利于南匈奴，使其可以很好地利用鲜卑，这对汉朝毫无益处。[31]

然而，太后愤然坚持她的决定，她的大多数反对者都没有再发声。袁安、任隗仍然坚持，但被无情打压，88 年冬，窦宪被任命为征讨北匈奴的“车骑将军”，耿秉成为他的副将。

对主和派来说这是一次失败，但主张和平与主张进攻的平衡是非常重要的。窦宪、耿秉是“贵族”，与皇室有联系且都效力于中央政权，而这次战事的主要反对者，尤其是汝南的袁安和南阳的任隗，出身于士绅家庭，拥有地产和官职，而没有在北方任职。有充分的证据表明，奢靡的皇亲国戚与保守的、崇尚道德的外朝官员之间一直存在敌意；朝廷雄心勃勃的计划通常遭到各州郡民众的反对，因为他们要为这些计划纳税。[32]

89 年夏，四万人马在蒙古草原的战略要地涿邪山会合，这支军队由北军和度辽将军的部队组成，辅以南匈奴和羌人的军队。北单于被驱赶到西北部，而窦宪则前进至今乌兰巴托的中心地带并在燕然山勒铭记功，随后凯旋（见图 4.2）。

上谷郡
涿郡
中山国
滹沱河
冀州
黄河
巨鹿郡
魏郡
赵国
常山郡
代郡
桑干河
雁门郡
太原郡
汾水
上党郡
河内郡
洛阳
定襄郡
云中郡
大黑河（荒干水）
西河郡
河东郡
五原郡
鄂尔多斯沙漠
并州
无定河
上郡
洛水
左冯翊
泾水
京兆尹
渭水
右扶风
汉中郡
朔方郡
北地郡
黄河
腾格里沙漠
安定郡
凉州
汉阳郡
武都郡
武威
洮水
陇西
金城郡
西宁河

然而，朝廷对于接下来的事情没有任何规划。由于北单于已不复存在，窦宪提议在其地建立一个附属国，以便和南匈奴一道控制两者之间的草原。袁安和任隗表示反对，认为汉朝是南单于的合法统治者，建立两个附属国将会付出巨大的代价，并将不利于朝廷管理鲜卑人。这件事是在92年夏决 103
定的，当时年轻的皇帝对窦家发动了一场政变：窦宪和他的兄弟们被迫自杀，许多追随者与他们的命运相同，[33]窦太后也失去了权力。

朝廷的这些变化立即对边地产生了影响。新的北单于被消灭了，其政权的残余势力在准噶尔地区幸存下来，影响着塔里木盆地的小国家，[34]而匈奴在今蒙古国境内被消灭了。南匈奴虽然正式接管了匈奴全境，但事实证明，它没有能力公正地对待新属民，短短几年之内，南方的胜利者与愤恨的北方人之间的争吵就摧毁了单于的权威。许多匈奴人试图越境逃跑，而留在草原上的匈奴人则融入了鲜卑。

窦宪的远征，在没有经过正式的朝中讨论，也没有适当计划的情况下，就得到了太后的批准。战役最终取得了胜利，但代价是耗尽了帝国的资源，一个衰弱的、几乎是顺从的单于，被无序但攻击性很强的鲜卑部落取代，匈奴则在大草原上向西迁徙。

羌人事务，107~169年

东汉初，西北边疆的非汉群体——羌人曾制造过很多麻烦，但他们基本上都是由名将马援来平定的，他曾带着几个部落在东汉境内定居。[35]其后整个1世纪，边地战争断断续续，但一些羌人也充当了对抗匈奴的援军。107年班超致仕后，西域爆发了大规模的反叛，朝廷决定放弃西域，羌人在这时就被征召来协助撤军。怨气四起且受到汉朝软弱迹象的鼓舞，大量的反叛爆发，凉州被战争蹂躏了十多年。

帝国的反击最终取得了成功，尽管遇到了许多挫折：邓太后（81~121年）曾于汉安帝（106~125年在位）时期摄政，她首先让她的弟弟邓骘（121年卒）指挥一支从内地征募的军队，但未经训练的军队能力是不够的，于是邓骘被召回以避免
104 陷入尴尬境地。一个明显的忘恩负义的表现是，任尚将军（118年卒）从一开始就参与作战，并在117年取得了决定性的胜利，他受到了封赏，但后来被指控贪墨并被公开处决。无论他是否有罪，这都非常令人震惊，而其他曾有过杰出贡献的人，如梁慬（110年卒）和后来的耿夔，也受到了朝廷的严厉处罚。[36]

反叛时期，朝廷中有人讨论是否应该放弃整个西域。来自华北平原的朝臣虞诩强烈反对这一观点，他提出汉朝人有维持上一代人疆域以及保护古都长安的神圣职责。他的提议遭到反对，西域许多地区的汉人被命令离开，那些不愿意离开的人则被士兵驱赶。

东羌起事平定于118年，但边地时断时续的战乱仍在继续，几乎没有重整边疆的迹象。到了129年，时任中郎将的虞诩，以《尚书·禹贡》为契子，提出“《禹贡》雍州之域，厥田惟上。且沃野千里，谷稼殷积，又有龟兹盐池，以民为利。水草丰美，土宜产牧，牛马衔尾，群羊塞道”；他还劝说汉顺帝考虑全面整治。[37]虞诩曾与羌人作战，后来当上了太守，他一定知道现在的情况不同以往，因为与非汉族群的紧张关系会使这个地区对任何外来人员都不友好。实际上，很少有本地人愿意返回，尽管有些人被迫回到这里，但还是会

有人离开。

此外，140 年，又发生了第二次起事。尽管它在两年后被平定，但帝国的地位还是被动摇了。在第一次反叛时，几个指挥部撤出但后来又恢复了；它们现在又被撤回，只是名义上仍然存在。权力是通过军事手段而不是和平协议来维持的。皇甫规（104～174 年）、张奂、段颎三位大将以交往和战争相结合的方式控制局面，其中段颎是最善战的。

167 年，段颎败西羌，汉桓帝（146～168 年在位）就一项
法令征求了他关于在凉州袭击东羌的意见。段颎很热心，他在 105
皇帝面前批评其同僚张奂太过宽宏，而他则获准大开杀戒。他从 168 年开始全面追击，并在安定杀死了 8000 名羌人。

同年，汉桓帝去世，窦太后亲立汉灵帝（168～189 年在位）即位并摄政。张奂呼吁新政权停止杀戮，但当段颎知道汉桓帝过世时，他愤慨地回应说，这次行动正按原计划进行，而且无论是资金还是伤亡都在预期之内。同年夏天，他在汉阳杀了 1.9 万名逃亡羌人。其时凉州的大部分地区是一片荒地，既没有汉人也没有少数族群居住。

朝中将领和派系，167～172 年

到目前为止，我们考虑到了中央政府的决定会牵涉到军队，但在 2 世纪 60 年代，军队的作用反而决定了朝中事务。[38]

2 世纪 40 年代和 50 年代，梁氏家族扩充太学，为学生提供宴席和进入官僚系统的途径。在如此激励下，据说学生人数增加到了 3 万人，但学生太多了以致他们无法接受教育也无法获得朝廷委任。[39]人们很少关注他们的学习状况，而是从激进的、改良的儒家观点敦促他们从事大众政治。起初，学生们抗议梁氏家族的主导权，但 159 年，汉桓帝在宦官的支持下发动

政变夺权，学生们转而支持梁氏家族。

起初，抗议活动比较平缓，有两种比较受欢迎的方式，一种是吟诵歌颂宦官反对者的韵文，另一种是编撰“豪杰”名录，这些“豪杰”包括一些官员和学生领袖。保存下来的名单（可能是168年保存下来的）中有35个名字，其中包括保守的政府成员、反对宦官的地方官员，以及一些隐退的值得尊敬的学者。其中一些有名的人曾在边疆服役，但这些曾为汉朝守住北境的将军——皇甫规、张奂、段颎都没有得到承认。

106 到了2世纪60年代末，政治斗争变得激烈和暴力。汉桓帝的一些宦官被侮辱和杀害，而他们的同僚则以指责敌人作为回应。在166年的第一次党锢事件中，几名主要官员被捕，虽然在第二年被释放了，但他们还是被禁止担任公职。时任度辽将军的皇甫规表示支持党人并想与他们共进退，但双方都没有理会他。

168年是一个关键时刻，宦官们袭击了改革派阵营的首脑——窦太后的父亲窦武和大儒陈蕃。窦武召集了北军，军中的将军都是他的人，只有张奂反对他。张奂的声望如此之高，以至于窦武的部下都抛弃了他，窦武的计划失败了。张奂支持改革派，但在关键时刻被宦官误导了，于是他的余生都沉浸在对自己所做之事的后悔之中。然而，改革派中也没有人与他联系或寻求他的支持。[40]

另一边，作为羌人的死敌，段颎则没有这样的疑虑：他在172年自愿清洗了异见者的学堂，后来成为以宦官为主导的朝廷的太尉。[41]

而张奂，一个为北军子弟所称道的学者，却没有受到京城反宦官派的重视，这一点耐人寻味。但这符合我们总结出的模式：高呼口号、制作“豪杰”名录的学生关心的是内政，他们对边疆事务不感兴趣。这是一个严重的认知差距，这些人为他们的盲目付出了沉重代价。

177 年的战败

1 世纪 90 年代初北匈奴被消灭后，鲜卑部落向西扩展到北方草原。[42]他们的突袭行动组织严密，相互独立，起初不过是一些小规模的偷袭，但在 2 世纪 20 年代和 30 年代，其至鞬发动过一些规模较大的袭击。二十年后，鲜卑首领檀石槐沿着东汉边地建立了一个松散的联盟。在 2 世纪 50 年代后期，小规模的突袭愈演愈烈，直到 166 年，数万骑兵联合作战。乌桓 107
和匈奴也加入了他们的行列，“本纪”几乎每年都会记录下类似的袭击事件。

尽管檀石槐控制了所有匈奴故地并深入北方草原，但他的活动中心还是离中原地区很近，他的权威主要源自作为一个掠夺邻邦的战争领袖的能力。他的政权以劫掠维系，其组织结构不如匈奴，却对东汉造成了相当大的伤害，而问题是应该如何对付他。

2 世纪 70 年代中期，有人提议进行一次大规模的远征去主动进攻鲜卑。这个计划最早是由夏育提出的，他曾是段颎平羌战役的副将之一。作为北地郡守，他成功地制服了鲜卑的突袭者，后被任命为护乌桓校尉，他提议组建一支由非汉民族组成的郡军来进攻鲜卑。他得到了同僚田晏的支持，此人也是段颎的前副将之一。段颎曾为护羌校尉，但由于一些过错被免职，后远离官场。

其时段颎是颍川郡守，这个计划显然没有征求他的意见。他对这一计划的批准深感怀疑，因为当时的情况与他攻打羌人时的情况大不相同：现在敌人更强大，人数更多，但具体数目不确定，且对他们的地形也没有摸清。然而，继续进行的决定很大程度上受宦官王甫的影响，他自汉桓帝时期起就在宫廷中具有一定的影响力。田晏求助于王甫，急于恢复自己的地位和声誉，王甫支持这一提议，并说服了汉灵帝。

学者蔡邕在对这一决定进行辩论的会议上指出，冒如此大的风险去对抗如此强大的敌人可能会失败，而且也可能会削弱帝国的内部控制力。[43]然而，皇帝早已下定决心，派出了三支军队，每支军队有一万名骑兵，前往大草原。这也许只是一次不切实际的远征，也有可能是夏育和田晏过于深入了，鲜卑截住了他们。将领们带着一小部分护卫逃出，军队四分之三的人都不知所踪。

这是继窦宪九十年前大胜后第一次在大草原上进行的重大
108 战斗，这场战争对汉朝造成了重创。北方的防御系统不断衰弱，鲜卑的突袭也越来越多，但从更大意义上来说，这是自西汉以来中原军队的第一次战败，[44]鲜卑控制北方的后果是惨重的。乌桓、南匈奴、羌人都开始变本加厉。尽管檀石槐在 180 年去世了，他的后继者也没有继承他的勇武，但汉朝日益衰落，其地位也难以恢复。几年之内，非汉部族纷纷自立，尽管曹操在 207 年打败了东北的乌桓，后来又收复了凉州失地，但这些都不是汉朝的成就。[45]

战略辩论与权力的事实

我们已经讨论过主要战略问题是如何被考虑的。光武帝和他的儿子明帝在廷议上进行了严肃的辩论，而章帝在很大程度上效仿了他们。然而，代汉和帝摄政的年轻的窦太后出于家族的政治利益，决定发动摧毁北单于的战役，并在强烈反对声中一意孤行。由于没有进行有效的协商，即使 89～92 年的战役取得了成功，却在大草原上留下了权力真空，为鲜卑创造了有利条件。

这是一个重大错误。边疆的理想状态是：一个非汉人统治者在自己的势力范围内掌权，他的命令在自己的疆域内得到服从，但他也能和中原王朝保持友好关系，或者容易屈服于中原的权威，使他不得不制止自己的臣民制造麻烦或扰乱边疆。通过消灭北单于，汉朝除掉了一个潜在的威胁，但发现又要面临鲜卑的不断壮大，而南匈奴则被新的事务压垮。总之，汉朝消灭了一个弱小的、几乎是卑躬屈膝的敌人，让一个不能充分利用其胜利的小盟友得益，最终让一个更危险的敌人获取了最大的利益。[46]

当然，人们觉得当时的信息易于获取：汉人的定居问题是众所周知的，且汉朝使者和其他人可以帮助判断南匈奴的能力，尽管距离遥远，但肯定有关于草原局势和鲜卑的情报。考 109
虑到窦宪和窦太后的机会主义，了解边疆事务的人也需要谨慎行事。然而，恰恰相反，一些经验丰富的军官也有这种好斗情绪。尽管一些大臣认为保守派的观点很好，但他们的动机主要与朝中的道德和权力理论有关。正如张奂和一些改革派成员一样，他们对前线事务的兴趣是有限的。

在这里和其他场合，那些本该知道结果的人做出了错误的预估，造成 177 年的错误出征，再加上朝廷的政治压力（如外戚利益或宦官的影响）变得愈加严重，洛阳朝廷的边疆观往往与实地情况没有多大关系，最明显的是虞诩所指出的：他曾在西北地区服役，主张根据西汉的情况制定政策，而更引人注目的是，他还参照了《禹贡》的观念。他个人的理想主义无关紧要，但这种理想化的想法居然得到了受众们的欢迎，而且他的提议并没有受到更专业之人的反驳。

尽管朝臣一直讨论道德和公众利益问题，但几乎没有人理解或同情民众的未来。在这场军事角逐中，民众被迫留在边地或被逐出家园，然后又再次被迫返回。即使汉朝军队最终获得了成功，他们也没有过多关注他们应该保卫的民众。

朝廷对非汉族群的态度同样轻率，有时甚至是残酷的。无论作为敌人还是盟友，他们永远不是谈判的真正对象，而且很容易上当受骗或被背叛。[47]我们也听说有官员真诚地对待非汉族群，并赢得了他们的信任，但这类人是例外，且段颎在 2 世纪 60 年代末进行的两次行动规模巨大，影响深远。然而，这一切都是毫无意义的：几年后的 184 年，非汉族群和叛军的大规模崛起使凉州脱离了汉朝的控制。

从长远来看，无论成功与否，这场大战役都重创了东汉财政。进攻北匈奴的花销虽然没有被具体量化，但很明显，代价
110 是巨大的；整个 2 世纪，朝廷都处于财政困境中。[48]后人面临的许多困难都可以通过预先准备而加以避免。

内战将至

问题不在于整个国家的贫穷，而在于朝廷无法从国民经济中获得适当比例的财富。光武帝下令对垄断进行分权，减少盐铁收入，越来越多的小农通过为地主工作以免被征人头税。因此，中央政府的行动受到限制，不再在灾难或有需要时提供援助，而地方士绅也趁机扩大了他们的权力和影响力。

很多文献和考古材料中都有这种变化的证据，比如地方

史、家族史、碑文和2世纪精美私人祠堂的日益普及都表明了这一点。此外，这些强大的家族会为捍卫自己的地位而战：最具体的是在当时的墓葬中发现的坞堡模型和崔寔所著的《四民月令》中提到的武器维护和据季节而定的训练。[49]历史上有许多关于宗族争斗和仇杀的野史，[50]而宦官的影响力于汉桓帝在位时期不断上升，他们试图获得更大的影响力，但遭到了很多家族的强烈反对。[51]在皇权的幌子背后，当地的豪强与其部曲之间经常发生冲突，因此土匪横行，中原各郡都存在很高的违法率。

当184年民兵被组织起来对付“黄巾起义”和几年后“义军”集结讨伐借灵帝驾崩而专权乱政的董卓时，暴力的可能性达到了顶点。[52]这些由军官指挥的军队规模比以往任何时候都要大得多，但随着破坏蔓延到整个帝国，民众被赶出自己的土地后流离失所，于是开始寻求加入战争。由他们组成的军 111
队，往往只受个人忠诚度的约束，很容易陷入恐慌和崩溃，他们的指挥官需要特殊技能来管理勇敢但往往残暴和反复无常的士兵。

袁绍（202年卒）、刘表（208年卒）和刘璋（220年前后卒）等几个大家族的人，曾一度在治所维持统治，但他们最终无法建立与三国的军阀相匹敌的军队：例如东南吴地的孙氏家族[53]和占领了今四川的刘备（161~223年）[54]；曹操有宦官家族关系，魏国的建立证明了他是当时最伟大的将领。[55]然而，这些人不得不重建他们的新国家，因为内战已经摧毁了原本的社会和政府的结构。这当然是一种军事文化，但已经不属于汉朝了。

注 释

1. 从这个角度来看，虽然中国的“皇帝”称号有神圣的含义，但罗马帝国把“皇帝”的君主头衔传给一位将军时，并不会显得不合适。

2. 廷尉（掌刑狱）和卫尉（掌军器、仪仗）。同样的，监督京师的监察官被称为司隶校尉。

3. De Crespigny，1984，pp. 51-52，pp. 254-256，pp. 383-385. 辽河流经东北地区，其名源自西汉一个将军的名字，但东汉的时候，其事务与东北无关。

4. Bielenstein，1980，pp. 114 and 191，note2 声称军事计划只是暂时中止。De Crespigny，1984，pp. 48-50 提出了不同的观点，特别是引用了 2 世纪的观察家应劭的说法，载于《后汉书》卷一一八，第 3622 页注。Lewis，2000 一书进一步做了补充。正如应劭所说的那样，把不经训练的人送上战场就相当于抛弃了他们。

5. 正如罗伯特 · L. 奥康奈尔（Robert L. O'Connell）在 O'Connel，1990 一书第 51 页中所说：“这是重用步兵武装的真正意义。拥有它是完全参与政治的首要条件。”例如，Bielenstein，1994，p. 60：“在十六岁到四十六岁生日之间，罗马公民欠国家十六年的现役服务……他可能在军队服役六年或七年，然后回归平民生活。由于那时他是一名经验丰富的士兵，国家会很快召回他参加现役。”相比之下，大多数中国兵士是业余的，而毕汉思（Bielenstein）在第 67 页引用了 Brunt，1971，p. 84 的话，他估计在公元前 225 年，大约有 30 万名罗马人和 64 万名盟友可供服役。

6. 正如毕汉思（1980，p. 118）所述，这些兵营还为京师、东北部的黎阳和长安西部的地区提供了远程保护。

7. 卫兵会在宫里服役一年，且每年冬天朝廷都会为他们举行告别宴会，《后汉书》卷九五，第 3130 页；《后汉书》卷一〇上，第 399~400 页；Bodde，1975，p. 75。

8. Loewe，1967，vol. 1，pp. 117，126.

9. 关于任命文职官员事宜，见 De Crespigny，2007，pp. 1230-1233。还有三支名义上的侍卫武装，由被提名为孝廉的人或其他类别的人组成，他们尚在受委任公职的考察期内。另见本章注释 11 关于曹全的内容。

10. Bielenstein，1980，pp. 27-29. 一个体面的家庭（良家，无可指摘的家庭）被定义为其成员从未被定罪，也没有参与过医、巫、商贾或百工的活动的家庭：《汉书》卷二八下，第 1644 页注引用了 3 世纪如淳的评论。

11. 《汉书》卷六九，第 2971 页；《后汉书》卷七二，第 2319 页；《三国志》卷六，第 171 页。赵充国来自凉州陇西，董卓来自凉州安定。在 185 年为纪念敦煌曹全而立的碑上，我们得知他被举为孝廉，在候补期间成为一名“郎中”，后来被任命为西域的一名要员；他的候补期可能是在羽林军而不是在平民部队服役，Ebrey，1980，p. 341。同时，我们可以注意到，在 75~76 年，耿恭在西域英勇防御匈奴大军。当时的守军终于松了一口气，他们的功绩也广受赞誉，但耿恭的主要支持者之一石修只被任命为洛阳市场的协理官：《后汉书》卷一九，第 723 页。对一位和平英雄的奖励是这样一个低级别的文官职位，这与其威望间似乎存在巨大的差距。

12. 例如窦宪、耿秉和邓骘，见下文。然而，我们应该注意到，窦氏家族和耿氏家族有丰富的军事传统，而邓氏家族则没有；梁氏家族也来自北方，与皇室有姻亲关系，家族中没有边疆将领。

13. 著名学者张奂以及段颎，他们受过良好教育，但喜欢军事事务。他们都是初级文职人员，之后被调任为州郡长官。例如，见 De Crespigny，2007。

14. 张奂将军获得特别许可，得以将他的住所从敦煌迁至内郡（弘农）。当他的竞争对手段颎后来提出撤军时，张奂写了一封道歉信，段颎让步了：《后汉书》卷六五《张奂传》，第 2140、2142 页。

15. De Crespigny，1984，pp. 242-246 有详细的讨论和分析。

16. Bielenstein，1967，pp. 117 - 130；De Crespigny，1984，pp. 229 - 251 对本节中的事件进行了描述和讨论。

17. 例如，见 Bielenstein，1959，pp. 212-214。

18. 在第三章中，鲁惟一提到了王莽计划征兵 30 万以应对匈奴突袭时，庄尤将军给出的战略建议。庄尤反对这个计划的论据很清晰，但王莽置之不理。结果，一支庞大且花费巨大的军队在边地驻扎了好几年，帝国内部的反叛和劫掠活动却不断增加，最终摧毁了国家。见本书第三章和 De Crespigny，1984，pp. 205-216。事实上，这种群众动员是在两个时段进行的：一是从 10 年庄尤提出反对意见，到 15 年；二是从 19 年开始。

19. 《后汉书》卷八九，第 2946 ~ 2948 页；Bielenstein，1967，pp. 124-128。班彪记叙了光武帝对北方示好表现出的傲慢。

20. De Crespigny，1984，pp. 240-242. 对南匈奴和西域的补贴可参见《后汉书》卷四五，第 1521 页；《后汉书》卷九〇记载了对鲜卑的补贴。

21. 平羌之战的费用载于《后汉书》卷六五，第 2148 页。

22. Bielenstein，1967，pp. 126-128 不赞成光武帝的政策。我的解释不同：De Crespigny，1984，pp. 247-251。

23. De Crespigny，1984，pp. 257 - 259 和 De Crespigny，2006 对本节中的事件进行了描述和讨论。

24. 耿秉及其家庭成员的传记见《后汉书》卷一九；窦固及其亲属的情况见《后汉书》卷二三。

25. 《耿公守疏勒城赋》；这篇作品的一个片段，被 3 世纪潘岳《关中记》的注释所引用，保存在《文选》中，同时被引用于《全后汉文》卷二四。

26. 《班超传》载于《后汉书》卷四七，沙畹（Chavannes）译，1907 年，“中国将军”，第 216 ~ 245 页。更详细的讨论见 De Crespigny，2006，pp. 1-15。

27. De Crespigny，1984，pp. 262-275 描述和讨论了本节中的事件。

28. 《后汉书》卷四五《袁安传》，第 1518 ~ 1519 页；De Crespigny，1984，pp. 262-263。

29. 《后汉书》卷八九，第 2952 ~ 2953 页。

30. 窦太后的传记见《后汉书》卷一〇上，第 415 ~ 417 页。关于她的家庭，见 Bielenstein，1986，pp. 280 - 282。窦氏家族传见《后汉书》卷二三；窦宪的传记见第 813 ~ 820 页。

31. 争论的总结出现在宋意的传记中，宋意被“征为尚书”，他似乎煽动了抗议活动，见《后汉书》卷四一，第 1415 ~ 1416 页和《后汉书》卷四五《袁安传》，第 1519 页。

32. 在鲁惟一定义的术语中，“现代主义”团体寻求一个强大的国家，而他们的反对者“改革派”则强调公德和道德。见 Loewe，1974，pp. 11-13。

33. 班氏家族与窦家有着悠久的渊源，史学家班固为窦宪的凯旋题词。窦宪在准备进攻的时候，用了班固所著《汉书》中的“外戚传”来指导他的计划：《后汉书》卷五五，第 1800~1801 页。班固由于亲近窦氏家族而死于狱中，这可能被视为历史研究相关性的一个惊人但不幸的例子。

34. 北匈奴的失败和分裂对班超的事业是有利的，他最终在 91 年获得成功。然而，在整个 2 世纪，匈奴一直是西域大患。

35. De Crespigny，1984，pp. 90-142.

36. 见 De Crespigny，1984，p. 1；De Crespigny，2007。

37. 《后汉书》卷八七，第 2893 页；De Crespigny，1984，pp. 115-116。许多将军被指控犯有贪污罪，还有几个被定罪。2 世纪 60 年代早期，当冯绲（167 年卒）受命在南方指挥军队时，他要求一个宫廷宦官来负责他的补给，这样就不存在财政问题了，但有些人指责他没有责任心。

38. 这一时期的事件在 De Crespigny，1989，vol. 1，pp. 78-127 和 vol. 2，pp. 434-440 中有所描述。

39. 例如，见 De Crespigny，2006。每年通过太学考试进入官僚队伍的人数不超过一百人。

40. 《后汉书》卷六五，第 2140 页，卷六九，第 2244 页；De Crespigny，1989，p. 100。

41. 《后汉书》卷七八，第 2525 页；De Crespigny，1989，p. 127。

42. De Crespigny，1984，pp. 299-304，329-342 描述和讨论了本节中的事件。

43. 《后汉书》卷九〇，第 20090~20094 页；De Crespigny，1989，pp. 140-142；De Crespigny，1984，pp. 337-342。

44. 2 世纪 30~40 年代，虽然匈奴深入中原北方地区，但在南单于比附汉之前，汉朝并没有派遣大部队来对付匈奴。De Crespigny，1984，pp. 222-227.

45. De Crespigny，1984，pp. 407-413，162-166.

46. 在对汉代对外关系的讨论中，余英时（1986，pp. 404-405）提到窦宪的战役几乎是一路顺风的。我发现他的解释是错误的（De

Crespigny，1984，pp. 419~422），反映了 Luttwak，1976 提出的“劝说”概念。

47. 在与中国相关的讨论中，余英时（1967，p. 103）指出：“东汉政府更多地承认北匈奴是一种经济和军事力量，而不是法律上的政治实体。”

48. De Crespigny，2007，pp. xxi-xxii，126-127. 甚至在羌人起事摧毁凉州并将在库财货劫掠一空之前，邓太后就在宫中进行经济活动，并试图降低军费：《后汉书》卷一〇上，第 422 页。

49. 例如，见 Hsü，1980，pp. 215-228。

50. 苏不韦就是这样一位英雄，尽管他杀死了一名无辜的妇女和一个婴儿，但仍然受到广泛的赞赏：《后汉书》卷三一，第 1107~1109 页；De Crespigny，2007，pp. 757-758。

51. 例如参见 De Crespigny，1989，pp. 70-71 所引《后汉书》卷六七，第 2212 页。

52. De Crespigny，1996，vol. 1，pp. 18-36.

53. De Crespigny，1990.

54. 刘备，原籍涿郡涿县（今河北省涿州市），是一个居处不定的军人，尽管屡战屡败，屡次背信弃义，但仍以荣誉和英勇著称。他是浪漫主义小说中的英雄人物，而他的副将关羽（220 年卒）则因其超凡的能力而备受赞誉，被誉为战神。诸葛亮（181~234 年）是刘备的宰相和刘备去世后的辅政者，说书人也会时常赞誉他。作为一个战略家，他在赤壁之战的决定性胜利中被认为是主导者（尽管事实上成功是由于东吴），而他的战役在西方被描述得更加精彩。然而，他的主要成就是为刘备整治国家，否则，刘备的国家很快就会崩溃。

55. 见 De Crespigny，1996。

第五章　八王之乱

戴德（Edward L. Dreyer）

“西晋是典型的独裁王朝。290 年晋武帝死后不久，西晋 112
在一场被称为八王之乱的内战中分崩离析。”这两句话出自西方史学界一本被广泛使用的课本，[1]也许是通史学者关于西晋与八王之乱所了解知识的全部。从 220 年汉朝终结到 589 年隋朝统一，这一漫长时期的主要叙事主题为：中原王朝分崩离析，导致北方陷入夷狄统治，分裂局面直至彻底汉化的北方政权统一南方时才结束。西晋的存在则被这一主题所掩盖。

然而，晋朝又并非独裁王朝，西晋自我毁灭之后，北方随即陷入十六国的混乱时代。由于八王之乱，西晋的权威和制度受到动摇，激发了后来的“蛮夷”反叛，反叛导致中国进入长达三个世纪的分裂期。对于军事史学家来说，这场战争也是一个值得研究的案例，即使它的长期影响不那么显著，但也应该在中国军事史上占有一席之地。

本章有两个目标。第一个是从史料中提取出 301～307 年王朝内战的清晰叙述。司马光的《资治通鉴》正是这一努力
的起点；书中第 84～86 卷涵盖了 301～308 年的历史。这部分 113
内容主要以编纂于唐太宗在位期间（626～649 年）、成书于 648 年之前的《晋书》为基础。若要保持这种集中叙述的风

格，就意味着要忽视许多地方性反叛（正如西晋诸王所做的那样），而这些反叛最终演变为“蛮夷”对北方地区的统治。

第二个目标是从战争的角度分析内战。为此，关于军队规模、部署、武器及个别战斗的任何记载都会被我加以引述，即使这些记载（尤其是数字）存疑。中国的历史是通过不断删减原始资料来编撰的，军队的数量和类型、武器装备的细节以及军队内部组织的信息通常是最先被删减的条目，因为它们不符合传统史家教诲后人的目的。尽管如此，我们还是从一些零散的参考资料中，得知将士们对这些信息熟稔于心。因此，在中国，很少有像希罗多德（Herodotus）、修昔底德（Thucydides）或波利比乌斯（Polybius）这样的古代史家对战争进行详细记述。一方面，中国的传统史家通常会用非常实用的术语来描述战争，比如“X 在 Z 遇到 Y，并且被打败了”，如果想更多地进行描述，就会采用色彩化的短语（如“箭镞遮天蔽日”），但这些短语通常不会提供更多信息。另一方面，重要的将领及其随从军队的活动都会被详细记述并标注日期，因此后人可以准确勾勒出那些战役与战事。史料中的一大主题是诸王、将军以及他们的谋士之间的关系，这些智囊或是提出制敌奇策，或是能提供原则性很强且可以避免失败的建议。与具体作战细节相比，中国的传统史家通常记录的是军事行动关键时刻的演说与纪念仪式，并加以评述，当然这些史家出身于同一受教育的阶层。

司马家族与公元 300 年前的西晋王朝

249 年，曾在曹操（155~220 年）麾下效力的将军司马懿（179~251 年，晋宣帝）夺取了曹魏的控制权。他的两个儿子，司马师（208~255 年，晋景帝）和司马昭（211~265 年，晋文帝），相继成为魏国的实际统治者（见图 5.1）。263 年，114
魏灭蜀汉，两年后司马昭去世，他的儿子司马炎（236~290 年，晋武帝）废魏元帝曹奂，自立为帝，改国号为晋。晋军于 280 年扫灭三国中最后一个政权，即定都“建康”的东吴。晋朝试图将原吴国的精英融入新帝国的治理体系，在后来的内战中，有几位吴国遗民产生了重要影响。[2]

统一吴国成为统计全国户口的契机，结果显示西晋共有 2459840 户，16163863 人。[3]这可能不是一次真正意义上的人口普查，[4]而中国历史学家认为，晋朝人口要远远少于汉朝人口。虽然有时低人口数字表明行政权的失控，但在这一时期也有传闻表明，人口的确在减少，与此同时，饥荒（引发人相食现象）与流离失所也在不断折磨幸存者。从东汉开始，宗族、庄园经济和强制化的私人军队（部曲）成为中国社会的重要组成部分。司马炎统治时期，朝廷颁布了法令限制官僚贵族可以拥有的土地规模和奴隶数量。这些法令表明，新生的西晋王朝承担了国家作为社会监管者的传统角色。八王之乱的发生，不是因为西晋的虚弱，而是由于它的强大。

司马炎死前不久（290 年 5 月 16 日），[5]他将自己的三个小儿子任命为重要州郡的军事指挥官。新皇帝司马衷（259~306 年，晋惠帝）生性愚钝，但作为司马炎在世的长子，他的继位无法被奉行儒家价值观的政权阻止。272 年，晋惠帝娶贾南风（257~300 年）为正妻，并被贾后玩弄于股掌之中。贾后可谓妖后，她于 291 年 4 月 23 日至 24 日策划了一场反对杨太后及其父摄政王杨骏的政变。后来，贾后将司马懿之子——汝南王司马亮（生于 232 年后，291 年卒）从许昌的府邸召入宫

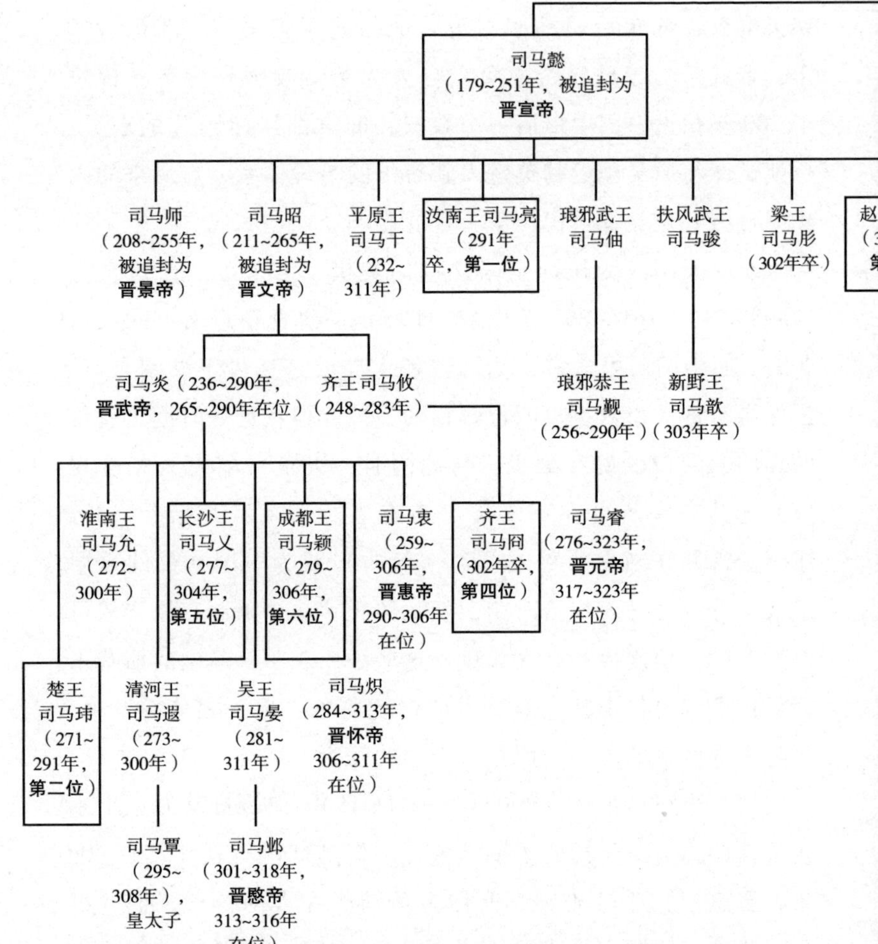

图 5.1　西晋帝王及诸王谱系（“八王”已编号）

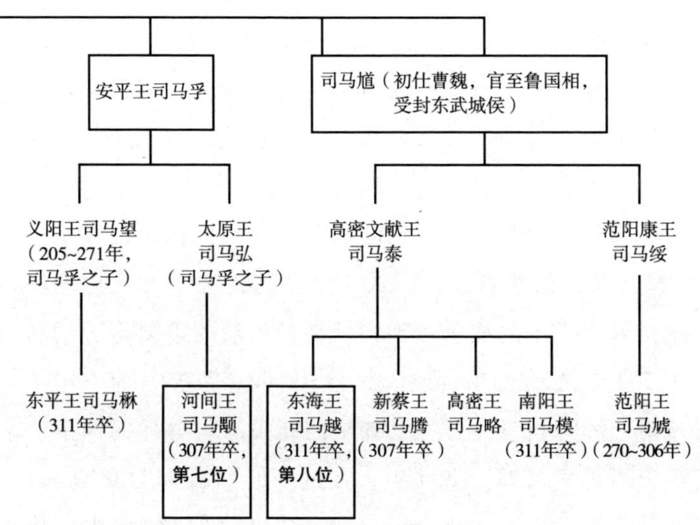

安平王司马孚
司马馗（初仕曹魏，官至鲁国相，受封东武城侯）
义阳王司马望（205~271年，司马孚之子）
太原王司马弘（司马孚之子）
高密文献王司马泰
范阳康王司马绥
东平王司马楙（311年卒）
河间王司马颙（307年卒，第七位）
东海王司马越（311年卒，第八位）
新蔡王司马腾（307年卒）
高密王司马略
南阳王司马模（311年卒）
范阳王司马虓（270~306年）

中出任太宰。司马衷的弟弟、楚王司马玮（271～291年），自289年起都督荆州（大致范围为今湖南和湖北）诸军事，也曾到洛阳指挥京畿部队。几周后，司马玮接到密诏，又发动政变，司马亮由此被杀。当时有人声称司马玮伪造诏书，于是他的军队背叛了他。自司马玮被处死（291年5月27日）至300年，贾后一直以夫君晋惠帝之名作威作福。

司马亮和司马玮是八王中的前两位，他们的传记被收录于
116 《晋书》卷五九；在他们之后，八王之乱的说法才被提出——或被误提，因为真正的战争直到司马亮最年幼的弟弟赵王司马伦（生于251年之前，301年卒）于300年杀贾后、301年夺位时才开始，那时司马亮、司马玮早已死去。司马玮的两个弟弟，长沙王司马乂（277～304年，在这一时期被称为常山王）和成都王司马颖（279～306年）——在291年的政变中，他们都曾率军支援司马玮——之后与他们的堂兄、齐王司马冏（302年卒）联手推翻了司马伦。随后他们之间又发生了内战。河间王司马颙（307年卒）和东海王司马越（311年卒）分别是司马懿三弟和四弟之孙。八王是被单拎出来的，是大约五十个司马家族成员中的少数，这几十个皇室成员大多有王侯爵位，在八王之乱里，他们以指挥军队之名被载入史册，而那时候，他们还很年轻。

299年，司马颖与皇后的侄子贾谧结怨，因贾谧冒犯了皇太子。皇后遂将司马颖放逐到曹操时期的都城邺城任平北将军。司马颖听从了朝廷的命令，之后的皇帝则将这个职位授给血缘关系较近的皇子。贾皇后专权愈演愈烈，在300年初，她假借皇权，谋杀了太子及其生母。众卿对她的行为感到愤怒，[6]她也知道这一点，因为她经常派穿着平民衣服的宫女

去集市上打听消息。皇后做得太过分了，她以前的支持者开始担心自己的安危。

曾经的支持者当中，为首者是赵王司马伦，他作为右军将军指挥都城的一些军队。他被形容为贪得无厌、虚伪[7]愚蠢，[8]并且对无良军师孙秀言听计从。他曾是贾后的党羽，因此也是太子的敌人，他一直等到太子死后，才对贾后采取行动。300
年 5 月 7 日，在兄长司马颙和侄子、翊军校尉齐王司马冏的支 117
持下，司马伦出兵攻入皇宫，控制皇后（之后喝金屑酒自杀），并杀死了贾皇后的大部分家人和其他党羽。

司马伦又赏赐孙秀和诸多其他追随者封地和官职，并擅自称帝。虽然确实需要有人称帝统治，但司马伦难以服众，许多高官也不愿意听令于他。有人认为，淮南王司马允（272~300年）应该被立为新储君，但后来储君之位还是被授予了先帝两个幸存幼孙中的较长者。皇帝娶了一位新的羊皇后（司马炎大将羊祜同族）。司马允则被任命为中央禁卫军的首领（中护军），中央禁卫军是都城中最重要的军队。大家认为，司马允“性沉毅”，会使国家免受司马伦“异志”之影响。[9]但很快，司马允就晋升为太尉，“外示优崇，实夺其兵权”。司马允遂率七百名亲兵攻打司马伦，其中部分士兵来自自己的封地。司马伦的一个部将假装求见司马允，然后刺杀了他，司马允的叛乱随之瓦解。

后来，齐王司马冏被提拔为游击将军，“意不满，有恨色”，[10]后被派往许昌，接手司马亮早年担任过的相同职务。凭借这个职位，他得以在第二年增兵对付司马伦。自 290 年先帝驾崩后，朝臣的举止表明，他们对各地的叛乱并不恐惧。各州郡的将军可以被派往都城以外的任何地方。与此同时，洛阳内部的阴谋或政变对整个帝国的影响不大，尽管这些事件被那些心系帝国安危的人密切关注着。而这一切都在次年发生了变化。

司马冏掌权时期，301~303 年

118 300 年年末，益州（今四川）刺史（赵廞）“以晋室衰乱”，像三国之初的刘备一样“阴有据蜀之志”；[11]早在 301 年，张轨选择了凉州（治今武威，范围大致涵盖甘肃）刺史的职位，因为他“阴有保据河西之志”。[12]301 年 2 月 3 日，司马伦篡位，将皇帝囚禁在洛阳西北角金墉城，并滥授军衔，甚至授给一些奴隶兵（奴卒）。这些行为很快导致了反对司马伦政权的地方性反叛，而上面提到的“阴志”导致的结果便是：十六国中的两个政权于西晋的废墟上崛起。

愚钝的惠帝需要有人辅佐，但司马伦个人没有威信，也不在继承大统的那支世系里。因此，惠帝的兄弟们享有更优先的继承权。司马伦的首席谋士孙秀认为，新秩序面临的主要威胁是齐王司马冏（位于洛阳东南的许昌）、成都王司马颖（位于邺，洛阳东北、黄河对岸）和河间王司马颙（在长安控制关中）的军队。以上诸王都得到了晋升，朝廷还派了官员协助他们，当然，协助他们的同时也是为了监视他们。司马冏利用其中一名派来的官员镇压了当地的一起反叛，随后将其处决，并起兵反叛，同时传檄诸王。[13]

司马颖“貌美而神昏，不知书”，[14]尽管如此，他还是听从了邺县令卢志的建议响应起兵，卢志后来成了他的首要谋士。黄河以北的州县长官和另外一些名士也追随司马颖，“二十余万”的军队聚集在临近邺县的朝歌，其中包括从封地带兵前

来的他的哥哥常山王司马乂。

起先，司马颙从长安派遣张方带领军队支援司马伦，又在听说司马冏和司马颖在战场上取得成功（如下所述）后临阵倒戈。荆州（辖境大致为今湖北）刺史新野郡王（后封名）司马歆，在一番犹豫之后加入了司马冏的阵营，与此同时，在扬州（辖境包含长江下游），一位非皇族刺史①在檄文到达六 119
天之后被他的幕僚杀死；该州随后也参与到反叛当中。

自 280 年统一天下以来，晋朝还未面临过一场真正意义上的战争。其军事制度也是东汉到三国曹魏演变的结果。军户有继续为军队服役的义务。同样的进程导致了普通民众内部的奴隶化，产生了不自由的军人团体（部曲）和实际的奴隶士兵（奴卒）。在 301 年之前，朝廷为遏制这些现象所做的努力也阻碍了军队的招募。诸州军权掌握在各州刺史的手中，他们统领军队（领兵者），通常会被加上“都督诸军事”以及“持节”或“使持节”的头衔，这些头衔赋予他们随意处决各类罪犯的权力。而这些人往往是皇室成员。此外，每一位皇子都能掌握实权，享有实封，并在自己的封地内统领一支、两支或三支“军”（军队），共有 2000 名、3000 名或 5000 名士兵。[15] 司马乂封地的军队在其战争生涯中占有重要地位，一般来说，封地的军队都与各自的领主关联密切。

四个主要的州级指挥中心是曹操的故都邺城、洛阳东南的许昌、荆州汉江边上的襄阳以及长安。长安在此列是理所当然的，因为它主导着具有重要战略价值的关中地区。另外三个地区则对应着西晋统治的历史渊源及其近期对三国的征伐。邺城

① 刺史为郗隆。——译者注

在洛阳至华北的途中，许昌在通往以南京为中心的长江下游地区的途中，襄阳与洛阳的距离也远比距现在的长江中游重镇武汉要近得多。参加八王之乱的六位皇子大多来自京城、邺城、许昌或长安。这些军事中枢促成了以洛阳为中心的晋朝军事系统对王朝的统治，它们距洛阳较近，一旦发生内战就足以威胁都城。

各州郡军队人数远远超过了京畿军队人数，后者通常具有
120 守卫皇帝、宫殿和城市的一般功能（功能的迥异使得大多数朝代有着复杂的指挥结构），并在国家发动对外战争时充当远征军的主力。文献中留下了关于禁军的组织和领导权变革的各类描述（而且不一致）。司马炎的忠实支持者羊祜（221～278年）[16]以中军将军之名统领着宿卫七军，主要包括左右卫及前、后、左、右、骁骑七军营兵。这些军队与司马炎建立的游击军和翊军，[17]仍然是禁军中最重要、最常被提及的军队。

司马伦和孙秀派了三支军队去封锁司马冏从许昌进发后可能经过的关口。孙辅率七千人到延寿关，张泓率九千人南下𫶸阪关，另有八千人北上至黄河附近的成皋关。三万名宿卫兵则作为主力部队，在孙秀之子孙会（军职不详）指挥下被派去对抗司马颖。东平王司马楙则被提拔为卫将军，并被任命为司马伦军队的最高统帅（都督诸军）。这一任命无疑只是名义上的，其后司马楙加入胜军并侥幸存活，最终于311年的大屠杀中被杀。还有两位皇子受命从自己的封地挑选出八千人以支援孙会的军队。

张泓率军出𫶸阪关，进据阳翟。他多次击败司马冏，后者只能撤军，并在阳翟和许昌之间的颍阴扎营。与此同时，孙辅及其在嵩山的部队慌忙逃回洛阳，到处散布张泓战败的谣言。

因此，司马伦下令一部分主力返回防守洛阳。而张泓胜利的消息到达洛阳后，这批部队又不得不北上渡过黄河。然而这些战报都过早地下了定论。司马冏打败了张泓，并将其逼回京城，孙秀却谎称司马冏已兵败被俘，甚至还奖励了牵涉于其中的军官。

同时，孙会率领的主力军和他的副手士猗、许超在朝歌以 121
西的黄桥遭遇并击败了司马颖的军队。此役虽然没有被详细记述，但“杀伤万余人”，且士气产生动摇。司马颖想退至朝歌，他的军师卢志却硬着头皮说：“战何能无胜负！不若更选精兵，星行倍道，出敌不意，此用兵之奇也。”[18]司马伦提拔孙会、士猗、许超为持节，其后他们之间互不听令，“军政不一”。他们低估了司马颖的实力，司马颖则在黄河以北的湨水附近发起反击，并击溃了他们的军队。这一次战斗还是没有留下详细的记录，但战败的军队逃回了洛阳，而司马颖率领他的军队越过横跨黄河的浮桥，继续南下追击。

“辛酉，左卫将军王舆与尚书广陵公漼帅营兵七百余人自南掖门入宫”，而三部司马（实际负责在宫内执勤）[19]则从宫内应和。孙秀、士猗、许超被杀，孙会此时也不见踪影。司马伦被捕，并在被处决的前几天里认罪。真正的皇帝司马衷则在“甲士数千”的护送下回到皇宫，并连续五天饮酒狂欢。司马颖和司马颙的军队分别于6月1日和6月7日到达都城。司马颖同时向司马冏派遣增援部队，使他得以消灭张泓在阳翟的势力。301年7月23日，“齐王冏帅众入洛阳，顿军通章署，甲士数十万，威震京都”。

8月11日，诸王论功行赏。司马冏得以掌权。他像司马家族的前四代领袖一样“备物典策，如宣、景、文、武辅魏

故事”。常山王司马乂曾带领军队支持他的哥哥司马颖，被任命为宿卫诸军的左军将领；这一任命使他在司马冏倒台时扮演
122 了重要角色。司马颖和司马冏“加九锡”，九锡向来是专权的象征。司马颙获得了一些相对较低但仍然尊贵的头衔，在公认艰险的从长安到洛阳的路上，他曾以相当缓慢的速度行军。有人无意中听到司马乂对司马颖说，帝国曾属于他们的父亲，暗示他们的堂兄司马冏篡夺了太多的权力。“闻其言者莫不忧惧。”[20]卢志劝司马颖保持克制，司马颖便很快回到邺城，照顾生病的母亲，并得到了广泛的赞誉。

从对司马伦开战一直到6月7日的“六十余日”里，有“近十万人”阵亡。[21]司马冏的军队“众号百万”，[22]但没能迅速击败张泓。回到邺城的司马颖公开谢绝了九锡，并安排从黄河以北的府邸将十五万斗[23]粮食运到饥荒严重的阳翟地区，那里正是司马颖曾与张泓对战的地方。他为自己在黄桥战役中阵亡的士兵打造了“八千余枚”棺材，并举行了隆重的葬礼，同时下令安葬“万四千余”在溴水战役中阵亡的司马伦的士兵。[24]当然，这些都是卢志的主意。当司马冏命令司马颖返回京城领受九锡时，司马颖再次拒绝了。

晋武帝最后一个幸存的孙子死于302年，司马冏于是指定清河王司马覃（295~308年）为太子。他是司马衷异母兄弟司马遐（273~300年）的儿子。通过这则材料[25]可以断言，司马颖（279~306年）因为自身在皇弟中的出生顺序而有着更强烈的继承意愿，而事实上司马乂（277~304年）在同辈中最为年长，但问题是，他们都不是嫡子。同时，东海王司马越作为八王中的最后一位，被任命为司空和中书监，这使他在民政部门中占有关键席位。

晋朝在十六国成汉李氏家族领导的反叛中，失去了对四川
的控制，司马冏应验了中国史学家提出的统治者注定要灭亡的
螺旋式下降法则。据说他沉迷于酒池肉林，建造奢华的宫殿， 123
还不听劝言。一位大臣曾劝谏他把重要的事情交给长沙王（司马乂的新爵位）和成都王（司马颖）处理。文官王豹对302年的军事形势进行了中肯描述，“今河间树根于关右，成都盘桓于旧魏，新野大封于江、汉，三王方以方刚强盛之年，并典戎马，处要害之地”，而司马冏“独据京都”。[26]我们不知道前一年威震京师的“数十万”甲兵去了哪里。新野王司马歆参与了反抗司马伦统治的战争，并得到晋升，被任为都督荆州（位于长江中游地区）诸军事。王豹还要求把所有的“王侯”都送回他们的封地（“之国”）。这一建议是针对司马乂的，因为司马乂对京畿军队有一定的影响。司马乂坚持要处死王豹，理由是他总在诸王之间挑拨离间。而王豹临刑前最后的要求，是把他的头颅挂在城门上，这样他就可以看到叛军进攻洛阳时的情形了。

司马冏不信任司马颙，但仍在考虑是否应该将司马颙的长史李含任命为校尉。司马冏有一个叫皇甫商的谋士，是李含的政敌，李含对此感到不安，“遂单马奔”，逃回司马颙身边，并假称受帝密诏，说服司马颙讨伐司马冏。司马颙随后声称他有十万军队，并以司马颖、司马歆、范阳王司马虓为辅，其中司马虓后任豫州（今安徽、河南等地）刺史。他们计划会集于洛阳，要求司马乂把司马冏送回他的封地，并把政权托付给司马颖。而司马颖不顾卢志的反对，迅速加入了战争。司马颙派李含、张方率军东进洛阳。

司马颙的战书于303年1月26日到达洛阳，引起轩然大 124

波。李含领导下的西路主力并没有迅速行动，他们在长安以东仅一天路程的阴盘扎营，同时，张方率领两万先遣部队攻占了距洛阳以西一天行程的新安。张方随即向司马乂传达了逮捕司马冏的命令。司马乂躲过了追捕，带领“左右百余人”进入皇宫，关上宫门，挟持天子发号施令。之后城内各阵营的军队相互攻杀。“是夕，城内大战，飞矢雨集，火光属天。”[27]皇帝和他的随从躲在上东门，但箭仍然可以射到他们，死去朝臣的尸体堆叠成山。最后，司马冏的属将背叛了他，他被司马乂俘虏后遭杀害。李含遂拔营，率主力回到长安。史料称，尚在京城的司马乂把所有的事务都交付给了身在邺城的弟弟司马颖。

司马乂之败，303~304 年

303 年初，尽管蜀地反叛的最初领导人李特去世，但势头还在持续，与此同时，荆州又爆发了新的反叛（张昌起义），不断挑战着晋朝的权威。新野王司马歆“为政严急”，在动兵出征四川叛军时“失蛮夷心”。非汉民族士兵在反抗时，使用了令汉人感到迷惑的巫术仪式，司马歆平静地报告了这一敌情：“妖贼犬羊万计，绛头毛面，挑刀走戟，其锋不可当。”[28]“朝廷”（意指现在受司马乂操纵的皇帝）命令司马颙派雍州刺史刘沈带一万州兵再加上司马颙在蓝田（长安东南）的五千驻军去支援司马歆。但当刘沈抵达蓝田，正要执行命令时，发现司马颙已经将他的军队带走了。此时，司马乂与司马颖“有隙”已是人尽皆知，司马乂希望牺牲司马歆，假装拉拢司
125 马颖。此时，在湖北襄阳汉江对岸的樊城，司马歆的军队已被非汉民族打散，司马歆本人被杀。一位非皇族的将军接替了司马歆，虽然他们取得了一些胜利，但在湖北的战争已经与巴蜀

战事一样，基本变成了内斗，中央政府和内斗不断的诸王都没有从这两个地区获得任何支持。

司马颙那个诡计多端的谋士李含，其早先从洛阳的出逃导致了司马冏的覆灭，他现在继续与皇甫商为敌，后者曾不被李含放在眼中，此时则主动投靠了司马乂。司马乂让李含出任河南尹，然后在他接受任命时逮捕并杀害了他。这件事刺激了司马颙和司马颖，他们都认为司马乂应该被送回自己的封地。于是司马乂让皇帝任命他为太尉以统领各地的军队（都督中外诸军事）。司马颙命令曾在上一次战役中展示了自己军事才能的张方指挥七万“精兵”，经新安东北的函谷关，沿直道向洛阳挺进。

司马颖在朝歌集结了据说有二十万人的军队，任命陆机为前将军，并由北中郎将王粹、冠军将军牵秀和中护军石超辅助。陆机[29]是前吴国丞相的后裔，还是著名作家（《文选》收录了他的 109 篇作品）。据说他写了司马伦的退位诏书，司马颖把他从司马冏对他的愤怒中解救出来，并安排给他平原内史的官职。但与有军事经验的同僚相比，陆机的作战能力还有待提高。他自称“彼将谓吾首鼠两端”，这些话暗示了陆机的优柔寡断，但他还是硬着头皮履职。司马颖的军队从朝歌向横跨黄河的浮桥（河桥）行进，这座桥是杜预在 274 年主持修筑的。[30]史称“鼓声闻数百里”。

303 年 9 月 21 日，司马乂（和皇帝）前往洛阳以西的十三里桥。在那里他调兵一万人给皇甫商以对抗张方，此时张方在洛阳西南方向大约一天行程的宜阳，然后司马乂（仍与皇 126
帝一起）朝东北方向行军，在浮桥（这座桥在战争中幸存了下来）附近驻兵一晚（303 年 10 月 3 日），在张方打败了皇甫商后又回到了京城。司马乂回京后，司马颖的军队得以渡过黄河，而司马乂不得不将军队再度东移。303 年 10 月 22 日，司马乂在缑氏（偃师以南、洛阳以东）击败了司马颖的先锋牵秀。这使得洛阳以西防守空虚，张方的军队乘虚而入，大肆劫掠，“死者万计”。

当石超接近缑氏时，牵秀挺进东阳门（洛阳东三门中间的门）并再次失利。司马颖显然对陆机失去了信心，于是派了一个叫马咸的“将军”来协助陆机。303 年 11 月 3 日，司马乂带着皇帝在建春门（洛阳东三门中靠北的门）外与陆机的军队交战。司马乂的将军们让“数千”名骑兵把双头戟系在马背上。此举扰乱了马咸的军队；马咸和其他十六位主要将领被俘并遭斩首，陆机的军队大败。他们向东逃到七里涧，那里尸积如山，甚至堵住了水流。这时石超也逃跑了。

司马颖最宠幸的宦官孟玖，早已对陆机和他的哥哥陆云怀恨在心了，因为他们阻止了孟玖的父亲任官。陆机“录其主者”，把孟玖的弟弟孟超从领万人的“小督”，降为自己直接指挥下“铁骑百余人”[31]的小指挥官，因为孟超曾经避战，还纵兵抢掠。① 孟玖以陆机“持两端”，向司马颖进谗言，称陆机对司马颖有“二心”，即将造反。两次败北的牵秀为了讨好孟玖，被派去逮捕陆机，陆机脱下戎服，戴上白帢，写下辞信。然后牵秀杀死了他。孟玖的势力如日中天，陆云和其他许多人也相继被处死。

---

① 《资治通鉴》记载：“玖弟超，领万人为小督，未战，纵兵大掠，陆机录其主者；超将铁骑百余人直入机麾下，夺之，顾谓机曰：‘貉奴，能作督不！’机司马吴郡孙拯劝机杀之，机不能用。”陆机并没有惩罚孟超，将他从小督降为骑将。——译者注

陆机的失败，促使司马乂再次西进以进攻张方的军队，张 127
方的军队大惊失色，一看到敌人“乘舆”就立即逃跑。张军惨败，死伤五千多人，他们撤退到洛阳以西的十三里桥，此桥后来被称为“张方桥”。[32]张方的军队想在夜间进一步撤退，但张方鼓励他们：“胜负兵家之常，善用兵者能因败为成。今我更前作垒，出其不意，此奇策也。”[33]到了晚上，他们向洛阳挺进七里，“筑垒数重”，还从外面运来了足够的军粮。这些工作可能并不只是在一个晚上完成的。司马乂自从打赢上一场仗以来，一直认为张方“不足忧”，但当他听说张方筑垒设防时，却屡次进攻未果。

司马乂接连击败陆机军和张方军，暂时解了洛阳之围，但张方的迅速恢复，又使其失去了军事主动权。当时的文官们想出了一个不切实际的办法，即让司马乂和司马颖平分天下。司马颖提出如果斩了皇甫商，他就回到邺城，但司马乂拒绝了。张方再度出击，“决千金堨”（位于洛阳以东十五里），有效地断绝了洛阳的供水。水磨失去了动力，迫使奴婢们被组织起来，用手舂米供给军粮。公私库储备的粮食均已耗尽，粮价上升到每石一万钱。[34]王公贵族的儿子被征召入伍，他们的奴仆也被充军。如今，朝廷的命令只在洛阳得到响应。据《通鉴》胡三省注，洛阳局势非常危急，即使司马乂打再多的胜仗，也很难再坚持下去了。

不过，司马乂还有底牌。在这一年的早些时候，即本次战争爆发之前，侍中刘沈假节[35]以统领晋军镇压蜀地反叛，[36]但司马颙将他作为军事顾问留了下来，他如今任雍州（范围包括
今陕西西部和甘肃东部）刺史。受司马乂之命，刘沈率一支 128
由司马乂治下七郡的“万余人”组成的军队向长安进军。这

是为了吓唬司马颙，他当时还在关中，距长安不远；听到这一消息，他就立即召回张方的军队来抵御这一新的威胁。出于同样的目的，司马乂派皇甫商“间行”，进入司马颙的关中大本营，想尽一切办法制造麻烦，他自己却被一位堂侄（司马越）抓捕之后被杀。

史料记载，截至 304 年初，司马乂已经击败了敌军，前后斩获“六七万”。由于他牢牢掌控皇帝，即使洛阳弹尽粮绝，他也从未失去军心。而此时的张方已经断绝了攻下洛阳的念想，只想回到长安。此时，八王中的最后一位东海王司马越，再次登上历史舞台。自 302 年起任司空兼中书监后，他深知自己在京城的发展趋势，并对自己的未来感到担忧。他与三军将领和左卫将军等殿中诸将合谋，于 304 年 3 月 17 日抓捕司马乂。第二天，一向和蔼的皇帝强行罢免了司马乂的所有职务，并下令将他关在金墉城。这相当于向外军投降，但当城门打开时，宫中官兵发现“外兵”（主要指张方的军队）并不多。他们后悔投降，并密谋释放司马乂，让他继续对司马颖作战。为了防患于未然，张方放火将司马乂烧死（事发于 304 年 3 月 20 日）。

司马颖之败，304~305 年

一些高官蜂拥至邺城，以讨好司马颖。尽管司马颙的将军张方已经完成了大部分战事，司马颙自己的地盘却面临攻击。司马颖仍然拥有更强大的军队，而且他还是皇帝的兄弟。他短暂地光顾洛阳，然后又像曹操一样顶着“丞相”的头衔回到
129 邺城。他任命司马越为守尚书令，负责京师的民政事务，让自己的心腹卢志接替司马越担任中书监，卢志也一直留在邺城代

理诸事。他派石超领五万大军守卫洛阳十二门。石超是西晋开国功臣石苞的孙子，[37]也曾是陆机败军中的一名属将；现任奋武将军。司马颖杀光了他在宫中的仇人，完全替换了皇帝的宿卫兵。在赢得301年的决战后，他离开了皇帝，先后与司马冏和司马乂联合；如今，司马颖在应对司马越时又犯了同样的错误。

司马颙从长安向潼关进发，行至半途，刘沈西进的军队分散了他的注意力。在刘沈歼灭了一支由属将率领的军队后，司马颙撤回长安并“急召”张方。张方在洛阳强掳了“万余”名女奴（奴婢）。在西归途中，他屠杀了这些妇女，把她们的肉和牛肉、马肉混在一起，喂饱了他麾下饥饿的士兵。与此同时，刘沈越过渭河，带着五千“精甲”部队突然袭击长安，直抵司马颙的大营。此时张方的精兵强将及时赶到，切断了这支部队的退路，连续追击，并俘虏了刘沈。

304年4月8日，司马颖废黜并囚禁了皇后，以免皇帝再有孩子，同时废黜了他的侄子、太子司马覃。304年5月1日，在司马颙的鼓动下，司马颖自立为皇太弟。截至此时，司马颖在301年的事件中赢得的威望，已经因其自身的“僭侈日甚”与“嬖幸”[38]丧失殆尽。不管怎样，司马越与朝中诸将密谋并恢复了皇后和太子的地位（事发于304年8月17~20日），主张北征以对付司马颖。他“檄召四方兵”，汇聚了一支“十余万”人的军队集结在邺城以南的安阳。

石超一嗅到危险的信号，就立即撤离了洛阳。司马颖派他
率五万人马，与在安阳集结的军队作战。304年9月9日，石 130
超在安阳以南的汤阴大胜敌军。皇帝身中三箭，下巴受伤；他被石超俘虏，并被奉上秋桃，这令后世史家感到震惊（因为

皇帝只吃夏天的桃子)。[39]

皇帝被虏使司马颖政权暂时失势。司马越逃回位于山东的封地。司马颖试图争取司马越与其他兄弟的支持，但以失败告终。即使司马颖再次掌握皇位继承权，他也无法恢复他之前的地位。从 304 年年末开始，非皇室将领和非汉民族的反叛变得更加激烈。第一个发难的是幽州（主要包括今河北）刺史王浚，他与并州（治今太原）刺史东嬴公司马腾（司马越的兄弟）以及鲜卑、乌桓结盟。此时琅邪王，即后来东晋的开创者司马睿已经逃离了邺城。

司马颙听说洛阳陷入权力真空，便派张方——右将军、冯翊太守——率两万大军到洛阳。于是，张方拘禁并再次废黜了太子司马覃和羊皇后。

这时候汉化的匈奴首领刘渊叛变了。他曾劝说司马颖率领匈奴部族对抗王浚的叛乱，但刘渊从祖右贤王刘宣①对匈奴(军力“不减二万”）说，现在晋室“骨肉相残”、互相征讨，导致“四海鼎沸”，所以此时应该“复呼韩邪之业”。刘渊的叛军兵力很快增加到了五万人。卢志劝司马颖用剩下的一万五千名甲兵护送皇上回洛阳，但在卢志他们整军准备离开邺城的当天上午，司马颖的母亲推迟了行军进程，部队因此开始逃散。司马颖和皇帝在一些残兵和一群宦官的护送下行军至黄河边，在那里张方的儿子张羆率三千名骑兵与他们会合。张方亲自率一万名骑兵，在洛阳附近的邙山迎接他们，304 年 10 月 1 日，皇帝终于回宫。

131 现在司马颖的军队已经逃散，没有了真正的主心骨。范阳

① 《晋书》载刘宣为左贤王，《通鉴》记为右贤王。——译者注

王、豫州（范围大致为今安徽、河南等地）都督司马虓和东平王司马楙，在安全距离之外敦促将张方降为原职，赦免王浚，并将政权托付给司马越和王戎（234~305 年），其中王戎是一位高级文官，还是“竹林七贤”[40]之一，善于清谈。张方的军队在过去几个月里把洛阳掠夺得所剩无几，现在却又叫嚣着要返回长安。304 年 12 月 14 日，张方率领军队进入皇宫（他们洗劫了宫殿），控制了皇帝。为了打消皇帝再回来的念头，张方本来打算把皇宫烧了，但卢志用东汉将领董卓在 190 年洗劫洛阳后惨死的案例警醒了他。随后，张方迫使皇帝和他的兄弟司马颖以及豫章王司马炽（下一任皇帝）随他西进。司马颙率领“步骑三万”在长安城东的霸上迎接他们。此时的洛阳几近荒芜。

305 年 2 月 4 日，司马颙下旨废黜司马颖皇太弟之位，重立司马炽为太子。吴孝王司马晏（282~311 年）虽是皇帝唯一幸存的兄弟，但“材质庸下”，而司马炽虽然年少，却“冲素好学”。司马越被授予太傅之位，但他拒绝了。他的兄弟高密王司马略和司马模分别被任命都督洛阳和冀州（位于今河北省中南部）军事。后来的事件表明，司马颙对他们没有实际控制权。张方“握兵，颙所亲倚”，仍然在长安掌握实权。

司马越和司马颙，305~307 年

张轨的势力在西北不断发展，削弱了司马颙的权威，而匈奴在东北边的进攻使司马腾不得不向鲜卑求援。不久前，[41]司马腾的封地发生饥荒，有人建议“执诸胡于山东，卖充军实”。307 年爆发的非汉民族反叛在当时可谓无足轻重，因为 132
晋朝内战仍然是第一要务。305 年年中，司马越宣布要组建一

支军队以将皇帝带回洛阳。除了司马腾、司马略、司马模三兄弟之外，重兵在握的东平王司马楙、范阳王司马虓、对抗过司马颖的刺史王浚也加入了他的势力。仍有很多人拥护司马颖，但大部分没有逃离洛阳的文官都投奔了同僚司马越。司马越率“甲士三万”往西进入萧县（位于今徐州西南）宿营，而仍忠于司马颙的豫州刺史刘乔占领了许昌，而且司马楙拒绝合作，阻碍了他的进军。

司马颙无疑对敌军感到恐惧，他甚至还试图收买率领这些军队的王公。305 年 9 月 27 日，司马颙释放了司马颖，并派给他一千名士兵，让他和谋士卢志去平息以他的名义兴起的反叛。司马颙还派军队去镇守洛阳。305 年 11 月 18 日至 19 日，他任命张方为“精卒十万”的统帅，并嘱咐他与其他将军在许昌会合。司马颖和他的旧将石超显然是从潼关进入河南的，他们奉命占领黄河浮桥，以抵御司马越在黄河以北的势力。刘乔被提拔为镇东将军。司马越的兄弟平昌公司马模，从邺城派了一个叫宋胄的将军带领军队紧急赶往浮桥支援。一年过后（305 年 1 月 12 日至 306 年 2 月 10 日），司马颖（控制着洛阳）和石超的控制范围已到达黄河以南。

司马虓成为司马越最主要的支持者之一。他派刘琨（271~318 年）去幽州向王浚求援，刘琨曾是贾谧圈子（包括陆机和陆云）[42]中的一员。王浚派出了五千“突骑”，后世史家胡三省称之为“天下精兵”。这些突骑（突的意思是“迎面对
133 峙”）为华北地区特有：燕地（与幽州为同一地区）的突骑曾帮助汉高祖打败了项羽，① 渔阳和上谷（燕地正北）的突骑

① 此处原文有误。打败项羽的是楼烦骑，而非燕幽之突骑。——译者注

曾帮助汉光武帝统一了华北。刘琨之后与司马虓会合，联军渡过黄河（地点在浮桥下游，司马颙仍然控制着这里）在荥阳附近斩杀石超，击败司马楙（他现在公开抵制联盟并逃回山东封地）并打散了刘乔的军队。司马越继续往西行进，在黄河以北的阳武安营扎寨，与他会合的还有王浚派来的祁弘及其统领的更多突骑以及鲜卑、乌桓的轻骑兵，为司马越的军队充当侦察兵和散兵（先驱）。

司马越在起兵后，派使者到长安催促司马颙将皇帝送回洛阳；两位皇子将“分陕为伯”。司马颙笃信西周时期那些不切实际的传统观念。张方则试图坚定司马颙的决心：“今据形胜之地，国富兵强，奉天子以号令，谁敢不从，奈何拱手受制于人！”[43]后世史家更倾向于认为：其他王公知道司马颙的事业注定失败，因为张方过于残暴，[44]但迄今为止的叙述表明，张方实际上就是司马颙充沛领导力的主要来源。刘乔战败，有人在长安诋毁张方，让司马颙认为失败是由于张方没有及时支援刘乔。于是司马颙便密谋杀死张方，为了和解，还将他的首级送给司马越，司马越则留下首级，继续作战。

宋胄突袭并控制了浮桥，在司马模的强压下，继续向洛阳挺进。司马颖在向西逃窜的路途中听闻司马颙求和的消息，随即在长安附近停止了行军。荥阳守军在看到张方头颅时也投降了。司马越派他不断壮大的军队，包括不守军规的鲜卑辅军，西向潼关进军。司马颙自欺欺人地认为“东方兵”在听闻张方的死讯后就会解散。事实上，他们争相进入潼关，并于 6 月初进驻长安，鲜卑人在长安大肆劫掠并造成两万多人死亡。司
马颙“单马”出逃，而皇帝则乘着牛车回到了洛阳（306 年 6 134
月 28 日）。司马颙试图利用牵秀的军队卷土重来，上一次提

到牵秀，还是他在303年作为司马颖不成功的部属的时候。但司马颙的一位长史谎称奉司马颙之命，让牵秀解散军队，然后杀了他。长史的动机尚不明确，但这一系列变故使司马颙只能控制长安，关中其余地区都向司马越投降了。

司马越自立为太傅，掌管朝政，任命司马虓为都督邺城诸军事，并任命其亲兄弟司马模为镇东大将军，镇许昌。王浚的突骑和鲜卑、乌桓辅军是司马越胜利的关键因素，这一点在幽州就曾得到过印证。司马越授予王浚“骠骑大将军”的殊荣，并任命他为“都督东夷、河北诸军事”，这些地区的反叛已被司马越平息。胡三省说，他的文官“采虚名而无实用”。

司马颖先是逃入长江流域，后来又逃到了老巢朝歌并在那里被抓获。邺城统帅司马虓将司马颖秘密囚禁起来，不忍心杀害。司马虓在当年冬天暴毙，他的长史刘舆（刘琨的哥哥）暂时负责一切事务。刘舆怕邺城百姓还忠于司马颖，便矫晋惠帝诏书，杀死了司马颖和他的两个儿子。司马颖的谋士卢志将司马颖埋葬，后来成为司马越的幕僚。司马越本想给刘舆一个同等的职位，但在听说“舆犹腻也，近则污人”后便推迟了这个打算。尽管如此，刘舆“密视天下兵簿及仓库、牛马、器械、水陆之形，皆默识之。时军国多事，每会议，自长史潘滔以下，莫知所对”。[45]司马越任命他为左长史，负责一切军事和政治事务，刘舆又安排他的弟弟刘琨为并州（范围为今山西）刺史，
135 而此时的并州，匈奴刘渊早已割据一方。同时，司马腾镇守邺城。刘舆的事迹表明，这一时期各方都在自行其是。

307年1月8日，晋惠帝因食用司马越提供的毒麦饼，不治身亡。几天后，新皇帝司马炽登基，实际上他也是司马越的傀儡，司马炽召司马颙（仍在长安）到洛阳任司空。也许是

因为相信新皇帝改变了朝廷的政治局势，愚蠢的司马颙接受征召，和他的儿子们出发赴任，却在新安被司马模的一个部将杀死。司马越是八王中的最后一个，八王之乱就此宣告结束。由于新皇帝能够在朝廷上有条理地讲话，一些朝臣认为武帝（司马炎）的时代又回来了。实际上，307 年 2 月 19 日永嘉之乱开始，中原文化开始经历前所未有的灾难。

尾声：307~311 年

司马越对新帝很不满，因为他亲自掌管了一切朝廷事务。307 年 5 月，司马越出镇许昌，把另外三地主要的军事指挥权交给他的兄弟们，分派司马略到襄阳，司马模到长安，司马腾到邺城。表面上，这与 301 年初的情况相似，但没有持续很长时间；不久之后，曾被司马腾卖为奴的石勒攻陷邺城并杀了司马腾。石勒出身于社会底层，对精英阶层怀恨在心；他加入了汉化贵族刘渊领导的匈奴反叛。到 308 年年底，他们已经占领了黄河以北的大部分地区。与此同时，司马越将他疲惫的军队从洛阳附近的一个城镇转移到另一个城镇，这在某种程度上让人想起了 303~304 年司马乂在洛阳的防御态势。309 年 4 月司马略去世，襄阳被交给了一个并非出身于皇室的人，那是一个没有能力但人脉很广的守臣。不久之后，司马越派“甲士三千”进宫，逮捕并杀死了皇帝的宠臣。这一行为即使加强了他对朝廷的控制，却让他“大失众望”。[46]

309 年到 310 年，反叛势头加剧，甚至威胁到了洛阳城 136
郊，310 年 12 月 22 日，司马越率“甲士四万”出城前往许昌。在“军中饥疫，死者太半”的情况下，石勒于 311 年阴历二月（3 月 6 日至 4 月 4 日）奋勇攻占了许昌。皇帝对司马越充满敌意，痛恨司马越“专权”，暗中命令司马越的副手处死他。司马越忧惧而死（311 年 4 月 23 日），他的部下决定秘不发丧。

晋军和皇室的大部分人准备护送司马越的灵柩回到他在山东的封邑。夏初，石勒率兵在宁平城追上了他们，宁平城离现在的豫皖交界处很近。他“大败晋兵，纵骑围而射之，将士十余万人相践如山，无一人得免者”。[47]石勒把被捕的皇子从宁平城墙上扔下来，活活摔死；后来，他追上司马越的儿子和其他几十个皇子，也杀了他们。当时洛阳的饥荒十分严重，当 2.7 万人的匈奴军（他们的“汉”国现在由刘渊的儿子刘聪统治）逼近时，晋军无力抵抗，以致连续 12 次战败，伤亡 3 万多人。匈奴人在张方修建的野战工事内（史书称在洛阳以西七里）扎营后，于 311 年 7 月占领洛阳，废黜了皇帝。那年秋天，一支 2 万人的匈奴骑兵军队西行，向司马越唯一幸存的兄弟南阳王司马模发起进攻，其后有两个匈奴王子率“大众”以继之。司马模的一位主将投降后，他们冲破潼关，占领了长安。那时，陕西也发生了严重的饥荒，“白骨蔽野，士民存者百无一二”。尽管新帝（司马晏的儿子司马邺）登基已有数年，但西晋政权实际上已经走到了尽头。晋朝仅剩的是东晋第一位皇帝司马睿和他在南京的谋士。南北朝时期正式拉开帷幕。

结论

137 与中国兵书和兵法所呈现的战争图景不同的是，记录八王之乱的相关历史，其主要目的是将一场重大战争的叙事作为中国实际军事实践的素材。兵书和兵法是研究中国军事史必不可少的素材，但也包含了许多脱离特定历史语境的理论和想象出来的材料。从这一章的历史叙述中，我们可以得出一些关于以下主题的结论：战争与战役的性质，参与战事的军队数量与组织，“军人”在中国社会中的地位，以及“非汉民族”在4世纪早期对中原威胁的性质。

战争与战役

中国传统史学关于这方面的惯例在大多数历史时期都一样，人们会几乎无差别地重构战役的过程，而对每一次战役的内在历史信息却提供的很少。例如，在三王对抗司马伦的最初战役（301年）中，我们清楚地看到了邺城、许昌、长安和（地位较低的）襄阳等重镇的重要性，以及这些重镇对洛阳的威胁。司马颖和司马冏进军洛阳的路线可以在现代地图上复原，而司马伦针对他们的防御部署也很明确。司马冏无法在与敌对势力的对抗中取得进展，我们只知道打了几场结果不明朗的仗。在黄河以北，司马颖最先受挫丧胆；然后，他听从了谋士卢志的话，从而取得了重大胜利。这些战斗都没有被详细描述；后来，我们从一则逸事中了解到两军伤亡的规模，记载逸事的初衷则是表明卢志建议的重要性。司马乂统治时期发生在洛阳及周边地区的后续战斗中，史料显示司马乂为了应对张方的西进大军和司马颖缓缓东来的强大军队的双重威胁而来回移动。虽然战斗过程似乎有更多的细节，但仔细观察会发现描述 138
很生动，却没有信息；“飞矢雨集，火光属天”，尸积如山，阻断河流。缺少的是关于交战双方的人数、部署和武器装备的说明以及战斗次数的记载而不是一些概括性的引用。

军队数量和构成

史料中的每一个数字都在前文的叙述中被引用。此外，每一条关于军队成分的陈述都被包括在内。所有的数字都应该被保留下来；其中有些可能几近确切，但大多数是用虚数来润饰记录。司马颖曾两次（301 年和 303 年）在朝歌（邺城附近）集结二十万人的军队，这可能反映了当时黄河以北的潜在军力。司马颖的部下石超以五万军队把守洛阳十二门（304 年），又率领同等数目的军队去对抗司马越仓促召集的十万大军。司马颙集结了十万军队；他的将军张方在 303 年领二万军队，在 304 年领七万军队。司马冏虽然受挫，但在 301 年，一支“数十万”的军队可能会让洛阳为之震颤；这可能反映了对当时通过许昌指挥的东军规模的准确理解，因为后来司马冏试图从洛阳指挥这些军队时没有成功。了解中央军规模的最好指标是司马伦在 301 年调动的六万五千人（分为五个不同的部分），这肯定比司马颖和司马冏联军的数量还多。“近十万”士卒在对抗司马伦的战争中阵亡：仅在黄河以北，卢志就为司马颖在黄桥战役中的阵亡将士定购了八千副棺材（据说双方共有一万人死亡），并埋葬了溴水战役中一万四千人的死难者。到 304 年初，司马乂已经消灭了六万到七万敌军。所有这些数字都可以与一项现代研究[48]相比较，这项研究认为，西晋军队的兵力从五十万人增加到七十万人，其中包括十万人的中央军。
139 这些数字似乎在总人口数中显得很高，也具有一致性，但它们有可能都被夸大到同样的程度。

这项现代研究先前引述的说法是，步兵是军队的主要组成部分，而骑兵是他们的主要冲击力量，军队中一定比例的战车或马车部队（车兵）是为了抵御北方的骑兵。后者可以解释，为什么要提到张方的军队看到敌人“乘舆”就逃跑，否则人们可能不会从字面上理解“乘舆”。关于骑兵最有趣的内容是战争后期在王浚的军队中出现的突骑。史籍引导我们把这些人理解为非汉民族，他们以重骑兵的身份作战。王浚的军队中也有轻骑兵“侧翼”，他们是匈奴人和鲜卑人。也有其他资料提到骑兵和军队确实都是步行，但大多数资料提到的只是将军把他们的军队从一个地方带到另一个地方，而没有说明军队是步行还是骑马。张方是一位善战并擅长运兵的将军，常被记录率领骑兵；他还主持过两项重要工程：在洛阳城西修筑屯兵营，以及从东面切断洛阳的供水。

晋朝文武的角色

陆机临终前改戎装为文人衣冠，还告诉后人他认为自己的文人身份是首要的。他的文人身份也意味着像司马颖这样有抱负的统治者会让他担任他不能胜任的军事职务。晋朝和其他朝代一样把文武区分开来，但个人可以同时参与这两个方面的活动。文武之间的界限与现代军事系统的不同，我们认为，在现代军事系统中，参谋工作主要是由有教育背景的文官承担的。最令文武官员失望的是掌兵者竟为年龄二十多岁的皇子。虽然皇帝作为合法性的来源是有价值的，但八王之乱的过程表明，即使是在对战中，各个皇子通常也会依靠其下属军官和士兵的效忠。

陆机从文人学者型官员升为主将是一个例外。更常见的是 140
司马颖的谋士卢志扮演的角色，即一个忠臣扶植一个不太明智的皇室成员，正如更著名的诸葛亮为刘备谋事以及王导（276~339 年）为司马睿建立东晋那样。在黄桥失利后卢志劝谏司马颖不要灰心，还安排了邺城的撤军。这些都是长史的职责。司马越最后的谋士刘舆对部队、马匹、家畜、武器装备、粮仓、武库以及军事地形都有着百科全书式的记忆。这种对细节的掌握使他能够主导议事。他的弟弟刘琨（271~318 年）

也利用长史[49]作为跳板，最终获得刺史的职位。司马颙的谋士李含似乎也是这样的人。

与有教育背景的官员担任诸王的谋士的重要性形成对比的是，都城文官的政治重要性。诸如王戎以及其他著名的文人，他们中的一些人后来被认为是这一时期的领军人物，他们有明确的政治倾向，即通过分封来停止内战。显然，他们对固执己见的诸王既不能越权干涉也没有什么影响力。比如司马颖不顾谋士卢志的阻止而立即加入了反对司马冏的阵营。一些奇闻逸事表明，晋朝政权是“合法”的，因为皇帝是权威源泉的信念在兵民之中广泛流传。然而在两位皇子之间的战争中，挟皇帝的一方最多只能获得一种边际优势。直到最后，每一位皇子都会有军队效忠。

在高级军阶中，[50]很多军队的指挥官被冠以将军的名号；下级军阶也有各种头衔，其中一些出自秦汉。这些将军大多是武人，因为他们身上没有受过教育的痕迹。然而，这并不意味着他们是糟糕的领导者，粗犷的张方也许就是在战争中历练出来的最好的战地指挥官。一般来说，只有高层人物的名字才会
141 被提及，虽然被提到的个人总是有确定的头衔，但根据这些信息，并不能得出关于职业模式的任何结论。这个概念可能没有意义，因为将军对军队内部事务有很大的控制权，可以轻易将军官降职或升职。在少数被提及的将军之下是数量更多且姓名未见诸史册的初级军官以及数量庞大的普通士兵。关于这些普通士兵，我们可以推断但无法解释的是，他们为什么愿意为其诸王首领持续互相争斗。有一件事可以说明这一点。303～304年，尽管司马乂的军队在很大困难下作战，但军队一直保持着高涨的士气，据说是因为司马乂控制着皇帝才会如此。司马乂

投降后，他的士兵看到敌人的军队数量其实很少，就想放了他重启战端。他们继续忠于司马乂，尽管他已经失去了对皇帝的控制而且沦为阶下囚。

西晋末期的汉人和非汉民族

299 年，与太子司马遹关系密切的官员江统（310 年卒）[51]写了一篇《徙戎论》，[52]主张驱逐关中、山西等北方地区的非汉民族。从东汉开始，这些民族就定居在随着汉人逐渐南迁而变得人口稀少的土地上。在这些地区定居的匈奴人、鲜卑人、羌人在保留骑射技能的同时，也部分地被汉化了，他们曾为东汉皇帝和曹魏统治者服务。当时关中的羌人大约有五十万之众，而山西地区的匈奴人则更多（据说 304 年匈奴的兵力“不减”两万人）。他们内心扭曲且性情贪婪残忍，每一代人口都在增加。他们只等着汉人之间出现裂痕，从而乘机反叛。这让江统不寒而栗。

江统的论述似乎预示了未来会发生的事，这篇文章之所以被收录在《资治通鉴》中，可能是因为它表达了司马家族如何失去了天命。然而，我们不仅要知道非汉民族反叛的事实， 142
更重要的是还要了解相应的时间和原因。曹操进行统治的时候，他一直将非汉民族安置在华北，把不断发展的蜀汉和孙吴描绘成汉帝国（曹操任宰相）的叛军。这些非汉民族曾为后来北方的魏晋统治者服务。在贾后的十年暴政和八王之乱的头三年里，他们即使不忠心，也至少保持了沉默。尽管江统强调了自己的观点，但在 299 年，还没有充分的理由将这些群体赶走。人们相信稳定的王朝统治会使他们像对汉魏一样忠于晋朝。正如多次引用过的刘宣的话那样，诸王之间的内战意味着西晋司马氏正在“骨肉相残”。这一时期，非汉民族统治者是否说了这种话，通常值得怀疑，但事态发展证实了他们的动机。304年，在贾后（300年卒）、司马允（300年卒）、司马伦（301年卒）、司马冏（303年卒）和司马乂（304年卒）被推翻并惨死之后，刘渊开始反叛。那时，晋朝的正规军已在内战中损耗殆尽。无论刘渊如何向他的追随者描述这一过程，他和他同时代的人都已然发现，晋朝的政治结构早已分崩离析。

注　释

1. Reischauer and Fairbank, 1958, Vol. 1, p. 131.
2. Mather, 1976, pp. xvi-xvii.
3. Yang, 1963.
4. Bielenstein, 1947.
5. 《资治通鉴》, 第2599页。
6. 《资治通鉴》, 第2638页。
7. 《资治通鉴》, 第2638页。
8. 《资治通鉴》, 第2642页。
9. 《资治通鉴》, 第2643页。
10. 《资治通鉴》, 第2645页。
11. 《资治通鉴》, 第2647页。
12. 《资治通鉴》, 第2650页。
13. 《资治通鉴》, 第2654~2655页。
14. 《资治通鉴》, 第2663页。
15. 《晋书》卷二四，第37页b所引第266条。
16. 《晋书》卷三四，第1页a~第18页a。
17. 《宋书》卷四〇，第13页b。
18. 《资治通鉴》, 第2659页。
19. 《宋书》卷四〇，第8页a~b;《晋书》卷二四，第31页b。
20. 《资治通鉴》, 第2662页。

21.《资治通鉴》，第 2660 页。

22.《资治通鉴》，第 2662 页。

23. 一斗大约是两升。

24.《资治通鉴》，第 2663 页。

25.《资治通鉴》，第 2669 页。

26.《资治通鉴》，第 2672~2673 页。

27.《资治通鉴》，第 2675 页。

28.《资治通鉴》，第 2681 页。

29.《晋书》卷五四，第 1 页 a~第 15 页 b；Mather，1976，pp. 554，556。

30. Needham，1971.

31.《资治通鉴》，第 2687 页。

32. 见 Bielenstein，1978，528 年的地图。

33.《资治通鉴》，第 2689 页。

34. 一石相当于十斗；价格和石对应的重量随时间而变化，但每石一千钱是经常被引用的正常价格。

35. 这些职务被赋予了更多的权力，但程度不及特别任务。

36.《资治通鉴》，第 2679 页。

37.《晋书》卷三三，第 20 页 a~第 25 页 b。

38. 大概是指后来被他处死的宦官孟玖。

39.《资治通鉴》，第 2696 页。

40. Mather，1976，p. 589.

41.《资治通鉴》，第 2709 页。

42. Mather，1976，p. 551.

43.《资治通鉴》，第 2717 页。

44.《资治通鉴》，第 2712 页。

45.《资治通鉴》，第 2722~2723 页。

46.《资治通鉴》，第 2755 页。

47.《资治通鉴》，第 2760~2761 页。

48. Gao et al，1991，p. 352.

49. Bielenstein，1980 将其译为 “chief clerk”。

50. 指魏晋所定九品中的第三级至第五级。

51.《晋书》卷五六；以及 Rogers，1968。

52.《资治通鉴》，第 2623~2628 页。

第六章　叙事策略：唐代历史书写中的战争表述

葛德威（David A. Graff）

143 战斗和围攻等军事事件在中古中国的历史记录中占有重要地位。这一时期的国史中提及了数百起这样的事件。然而，从现代军事史学家的角度来看，中国传统的对武装冲突的记述有许多遗漏之处，远不能满足读者的期待。一位研究古代中国战争的著名学者曾抱怨说："即使是重大军事事件，官方资料中也大多只是寥寥数语。'X 军在 Y 附近被击败'，'Z 城被攻占（或成功保卫）'，诸如此类。"[1]

然而，这样的评价太苛刻了。历史使我们能够重新勾勒出许多战斗和战役的轮廓，甚至相对简短的战争记述偶尔也会提供关于武器、战术、首选战略和作战计划、作战心理，以及领导性质的宝贵信息片段。中古历史中的战斗和战役叙事不仅从战争实用主义转向文化领域，也让我们了解了政界精英和文人对军事行动和军人所持的态度。因此，本章论述了军事文化作为美学或文学传统的第四个定义，主要考察了《旧唐书》中表述战争的方式。这部作品中的战争叙述是如何构建的？哪些
144 要素被加以强调，哪些要素又被淡化了？这些叙述在早期以何种形式被文献资料呈现？这些文献所揭示的那些大部分匿名的学者官员的想法又是什么？

《旧唐书》是在后晋的短暂统治下于945年完成的，涵盖了618~907年的历史。这部书的署名作者刘昫（887~946年）是一位资深政治家，曾任翰林学士。除了唐朝最后几个皇帝的统治时期之外，刘昫的作品中几乎不包含唐代之后的原始文献。编修者密切关注着主要的唐朝资料，包括柳芳（活跃于约755年）的《国史》，其中包括755~763年的安史之乱，以及随后几朝的实录；他们的工作通常更多是“提炼、总结和删除多余的材料”，而不是“主动创作”。[2]

《旧唐书》编纂的基础——唐史文献本身就是政府官员的工作成果，他们大多是史馆的官员。史馆是唐朝政府的一个机构，位于长安皇宫里。史官记录了皇帝的言行以及在朝廷上被汇报的其他重大事件。这些记录和许多其他类型的官方（和非官方）文件定期存放在史馆，里面保存了编写历朝实录的资料，理想情况下，实录应该在皇帝去世后不久进行编修。这些实录反过来又为国史提供了基础，涵盖了从统治王朝建立到编纂之际的全部历史。

那些被指派编纂历史的唐朝官员都是朝廷文官中的佼佼者。他们中的大多数人通过了难度很大的进士考试，这项考试不仅测试文学创作的技巧，还考查对儒家经典的记诵。[3]就像谏官（负责指出皇帝的错误言行）和某些谋士以及书记官一样， 145
人们认为史官属于“清流”，这使他们能够快速晋升为京城的最高官位——这与大多数官员的情况形成了鲜明的对比，因为他们大多会在次要职位和偏远省份苦苦煎熬。许多官方史学家后来升任为政府高官，成为唐朝权力顶峰集团的成员。这类人很少担任军事职务、行使军事指挥权或谈论任何军事经验。[4]如我们所见，这些才华横溢的精英对战争有独特的看法。他们对军事行动的描述很少关注武器、战术和武装冲突，对英雄事迹的处理则是前后矛盾的，更多强调了奇谋的成功和复杂战略的有效性。

王朝史中的战争

《旧唐书》中有两种截然不同的战争叙事类型，反映了正史中本纪与列传的基本区别。唐朝皇帝本纪（《旧唐书》的前二十卷）中的战争记录大多是短篇。《肃宗本纪》中对香积寺战役的描述尤为典型，这场 757 年的战役使长安从叛军那里光复："壬寅，与贼将安守忠、李归仁等战于香积寺西北，贼军大败，斩首六万级，贼帅张通儒弃京城东走。"[5]

更实质性的战争叙事出现在《旧唐书》的列传中。如果列传主人公在所讨论的战斗中担任重要的领导职务，那么篇幅可能相当长，比如说《李嗣业传》（李嗣业卒于 759 年）中关于香积寺之战的记述和《马燧传》（马燧，726～795 年）对洹水之战的记述。这两卷的内容都比《旧唐书》本纪部分对同一事件的记载要丰富而详细。[6]其他许多列传都只有很短的篇幅，不能完整地描述一次交战，而只是简单地讲述战斗过程中
146 发生的一件事。例如，《丘行恭传》（丘行恭，586～665 年）讲述了 621 年春天，他在洛阳城外的一场战斗中从敌后救出了未来皇帝李世民（599～649 年）的事情。[7]在其他情况下呈现的大多是对持续数周或数月之战役的粗略概述，而对于决定性的战役只是寥寥数笔或根本没有提及。635 年发生了一场史诗般的征讨青海地区游牧民族吐谷浑人的战役［收录在唐代一位铁勒将军契苾何力（677 年卒）的传记中］，关于这场战役的记载的结尾处这样写道："乃自选骁兵千余骑，直入突沦川，袭破吐谷

浑牙帐，斩首数千级，获驼马牛羊二十余万头。”[8]

数字是所有战争叙述的共同特征。有时会给出一两支军队的人数，而且常常会标注败军伤亡的程度、死亡人数，还有被俘人数以及（如上所述）从敌人手中夺走牲畜的数字。除极少数例外，这些数字都是大而整的，充满不确定性，如“上万”、“数千”、“五万”或“数万”。较大的数字往往用来描述叛军或“蛮夷”军队（尤其是吐蕃人），官军的数字则较为合理。官军遭受的损失很少被提及。[9]

战争叙事偶尔会提到武器和战术，但绝不是常规和惯例。最常提到的武器是长矛（枪或槊）、弩、长刀或陌刀。[10]这些武器并非当时最常见的武器，通常掌握在规模相对较小的精锐手中。[11]战斗队形和战术很少被提及——当被提及时，似乎是因为它们有一些不同寻常的地方吸引了史官的注意。一个很好的例子是在641年对草原民族薛延陀的一场战斗中，唐军和敌军都选择步战。[12]这种战斗形式对草原战争来说并不常见。

《旧唐书》更多关注将帅的作战计划、战略和策略，对战 147
术的记载则没有条理且不均衡。战斗的结果很少被归因于机会不当或不可控的环境因素；相反，会归因于胜者的高瞻远瞩或败者的愚蠢。最合适的例子可能是料事如神、算无遗策的李愬（773~821年），他于817年平定了淮西反叛。令他循规蹈矩的副官感到惊愕的是，李愬在暴风雪的掩护下深入敌后，突袭了淮西治所蔡州。[13]

另一个极端是那些失败的将军，因为他们制订了愚蠢的计划而拒绝了好的建议。例如，621年春，河北军阀窦建德（573~621年）在力图打破唐军对洛阳的围攻时，忽视了一个部下的建议，即在通往被围困城市的主要路线上可以绕过唐军强大的防御阵地。窦建德被引诱到虎牢关直面唐军，结果惨遭失败并在战场上被俘虏。[14]更多的例子告诉我们，聪明的将军之所以失败，是因为政治压力迫使他们采取更糟糕的计划，而违背了自己更好的判断。将军本人可能是无可指摘的，但上述基本模式仍然成立，愚人要为失败负责。[15]

在一次又一次的战斗中，上级指挥官决定用战略制胜，而敌军几乎总是上钩受挫。到目前为止最常见的计谋是假装败退，即通过引诱敌人进入埋伏或发起绝地反击来达到预期的效果，这一计谋很少失败。为了取得良好的效果，将领们还采用了更为周密的方案。以下是唐朝初年的例子：

> 吐谷浑与党项俱来寇边，命绍讨之。虏据高临下，射绍军中，矢下如雨。绍乃遣人弹胡琵琶，二女子对舞，虏
> 148 异之，驻弓矢而相与聚观。绍见虏阵不整，密使精骑自后
> 击之，虏大溃，斩首五百余级。[16]

《旧唐书》记载了618年秋王世充（621年卒）在邙山击败李密（582~619年）的一次战役，这场战役涉及好几种计谋。战前，王世充用一个好兆头来鼓舞他的军队。然后，他将士兵部署在背后有一条河的不利位置上以激励他们拼命战斗，在战斗最激烈的时候，他还派了两百名骑兵在李密的阵地后面突袭，最后又发动了一次突然袭击。[17]

当然，这类计谋并不是唐朝时期发展出来的。早在春秋时期（前770~前476年）就有很多这样的例子；3世纪的三国时期，许多类似的计谋都是蜀汉的伟大战略家诸葛亮（181~234年）提出的。计谋在中国战争叙事中持续的突出地位，

表明人们对渗透于其中的心理因素有更广泛的关注。人们将更多的心思花在如何振奋自己军队的士气或破坏敌人的士气上，而将帅采取行动的主要考虑因素就是士气。[18]一支军队的士气一次又一次受挫的结果就是死亡、逃散或其将军被俘。正如卜弼德（Peter Boodberg）在 1930 年所指出的，中国传统战争叙事的关键在于心理：战争胜利或失败的原因是发生了一些事情，造成一方或另一方的人失去勇气，从而逃离战场。[19]

在这些战争叙事中，与士兵的群体行为相对的是关于个别战士英雄事迹的描述。被仔细描绘的这些人有些是将军，更多的是下级首领或下级军官。他们或是参与了一对一的作战，或是杀死和俘虏了敌人，或是身先士卒并遭受了可怕的创伤。据说，一位经历过隋朝内乱的年轻战士曾经冲向敌人的防线，杀了几个人，砍掉其中一个人的头并将它抛向空中后又用长矛刺 149
中。[20]在 757 年的香积寺战役中，李嗣业挥舞着一把长刀，像是一人牵制了整支叛军。[21]往往也会有一位身陷险境的战友提供机会来证明战士的英勇。

这样的英雄事迹在《旧唐书》中屡见不鲜，但分布不均。在隋朝灭亡至高宗在位初年活跃的唐朝开国军事领袖人物的传记中，至少记录了十八个英勇作战的事例（不包括《太宗本纪》记载的李世民的许多壮举）。[22]所有这些事件都发生在 613 年到 645 年的大约三十年间。英勇且血腥的行为在 7 世纪后半叶变得相当罕见。[23]直到天宝时期（742～756 年），这样的行为才再次出现。从 742 年到 820 年的三代人之中，至少还有十二个例子，其中五个集中在安史之乱时期（755～763 年）。[24]这些后来的暴力战斗描述没有像早期唐朝叙述所表现的那样过分夸大；例如，反隋领袖[①]无人匹敌，他在头部中箭的情况下跳入敌阵。[25]《旧唐书》记载的英雄行为在9世纪初迅速减少，820年宪宗的统治结束后，列传中就再也没有类似的例子了。[26]

由于《旧唐书》中不同时期的记录分布不均，所以任何想要根据书上的记录对一段时期内的趋势或模式进行分析推论的尝试，都是冒险。考虑到这一点，人们对唐朝开国后英雄行为减少的印象似乎进一步加深了，因为《旧唐书》对从756年到847年这一时期的书写比对高祖和太宗时期（618～649年）的更详细——体现在对历年史事记载的篇幅上。[27]

《旧唐书》不能作为研究唐朝战争的主要资料。然而，零散的唐代文献仍然存在于类书和文集中，在许多情况下，它们
150 被保存下来是由于其文学价值，而不是历史价值。其中一些文献是关于军事行动的报告，本应是历史撰写者应该参考的资料。这些材料是如何表现战争的？它们又在多大程度上影响了历史记载中对战争的表述？

露布中对战争的表述

《全唐文》于1814年编纂完成，收录了十篇唐朝“捷报”（露布）。十篇露布的时间上达672年，下至883年。[28]此外，晚唐军事百科全书《太白阴经》中的一卷为有抱负的军事将领提供各种文件的样卷，其中包括一份空白的露布。[29]在这些样卷的基础上，我们可以有把握地对露布如何表现战争做一个概括性的描述，并与《旧唐书》中的内容相比较。（见本章末

① 此人是杜伏威。——译者注

尾的附录 A～C。）

露布的字面意思是“公开声明”，这个词至少从汉代（前 202 年～220 年）开始就被用来指没有密封的信件，这样的信件可以随时接受检查。直到北魏（386～534 年），才有了更狭义的报道军事胜利的官方文牒。[30]他们将胜利的宣言写在一块丝绸上，然后挂在杆顶，让所有人都能看到。[31]正如一位北魏皇子所说，露布的本意是“布于四海，露之耳目”。[32]隋朝于 589 年在宫廷举行了宣读露布的仪式。朝臣和外邦使节都穿着朝服聚集在广阳门外，按照官级顺序排列。内史令“宣讫，拜，蹈舞者三，又拜”。[33]

在唐代，打了一场胜仗之后，战地将军会向朝廷递交露布。7 世纪时，呈交露布的首领是远征军的行军总管；从 8 世纪初开始都是节度使呈交。[34]虽然露布是以将军的名义递交的， 151
但起草文件的工作通常由秘书完成。之后，胜利的消息由一个或多个信使送到京师兵部，这些信使通常是胜利军队中的高级军官。[35]兵部侍郎以文书的形式将其转给内史令。[36]内史令随后向皇帝宣报露布。内史令接到皇帝的诏书后，会按照隋朝的基本惯例安排一场宫廷仪式：内史令向与会官员和外邦使节宣读露布，他们会跳舞而后下跪。仪式结束时，兵部尚书会上前从内史令手中接过文件。[37]当时，兵部负责记录露布，并将其转交给史馆。[38]战地将军们都很清楚他们的报告可能会被史官用作参考文献；《太白阴经》露布范本的结尾写道，希望它可以“用光史册”。[39]

从现存的十篇露布来看，唐朝的露布是一种冗长而精细的文献。它通常从叙述唐朝朝廷与其当时对手之间关系的历史开始，并常常辅以华丽的辞藻。例如，骆宾王（684 年卒）在 7

世纪 70 年代早期所写的露布中，有一篇评论皇帝“阐文教以清中夏，崇武功以制九夷”。至于唐朝这次远征西南的对手——蛮人，“而豺狼有性，枭獍难驯，遂敢乱我天常，率九种而背诞”。[40]露布随后提到派遣远征军是为了回应最近的侮辱、暴行或挑衅。露布中也有关于军队在赴战道路上所经过地形的描述，但露布的语言仍是充满诗意、令人印象深刻的（“拔崇岩以隐天，阳乌无回翼之地”）；文本没有提供实用的，可以让读者在地图上复现当时活动的地理信息。[41]

152 随着军队不断与敌人接触，露布的措辞变得不那么模糊。露布通常会提到军队被分成了几支队伍，不同行进路线的队伍在作战中扮演不同的角色。最重要的是，露布提到了姓名，可能包含几支队伍的将军和副将的职位和头衔（最极端的例子是提供了不少于 79 名军官的名字）。[42]在此，可能在主帅的军幕中，会有各位参军事对不同的选择进行辩论。[43]然后，随着唐军的计策生效，决定性的战役打响，文学的大幕笼罩了整个战场。在骆宾王的两篇露布中，他写道：

> 贼首领杨虔柳、诺没弄、诺览斯等，振螳螂之力，拒辙当轮，肆蚊蚋之群，弥山满谷。刘会基、高奴弗、孙仁感等，并忠勤克著，智略远闻，识明君之重恩，轻生有地，提太阿之雄剑，视死无时。弯弧而凶党土崩，举刃而妖徒瓦解。[44]

所有露布中对战争的描写用的都是最华丽、最精妙的词语，如“兵交刃接，鸟散鱼惊”。[45]大多数的露布没有说明战场上可能发生了什么，也没有说明为什么两军中有一支最终失败了。[46]

当文学的烟火落下帷幕时，敌人便全部逃散了，而唐军对
其紧追不舍。露布随后列举了战利品，一般会列一份清单，其
中可能包括被杀或被俘敌军将领的姓名、被杀敌军的人数、被
捕获牲畜的数量，甚至包括对武器、盔甲以及从战场上收集的
其他装备的总数估计。例如，一份露布记录了杀死吐蕃人三千 153
名，俘获一千人，并获得了八万头牛、马、羊和骆驼。[47]但这
只是初步的核算。十份露布最后都会写到，一份独立、完整的
登记册将很快被送往长安，而《太白阴经》则为我们提供了
空白的文件模板。[48]与对敌人所受损失的详细记载不同，实际
上露布（和补充的登记册）对唐军自己的受损情况毫无兴趣。
十篇露布中，只有一篇提到了唐军伤亡情况，且给出的数字
极小。[49]

除了以上的数字之外，唐朝的露布还提供了其他几类精确的信息，通常包括战斗发生的日期（包括月份而不包括年份）以及持续时间。[50]在露布最后，几乎总是有一个数字来说明战役过程中发生的交战总数（阵——“编队”或战斗队形的部署）。在一次战役中，可能有三十个或更多的阵。[51]露布通常被用来描述胜利的军事行动而不是单场战斗，一些较长和较复杂的例子包括对两场而不是一场战斗的华丽叙述。在这方面，特别值得一提的是，在关于8世纪40年代征讨吐蕃人的露布中，唐军先取得了初步的胜利，然后命运改变，进行战略性撤军，最终大获全胜。[52]

强调作战准备而非战斗本身，这是露布和《旧唐书》中战争叙事的一大相似之处。在对数字的态度上，露布与国史也很相似。书写官军的内容比书写敌人的要冷静可靠，如果官军

胜利了——露布都是胜利的报告——胜者的损失很少被提及。第三个相似之处是，露布不怎么提及武器和战术。只有某种武器足够特殊时才会被提及，于是它会看上去比据实描述的更为华丽。[53]

154 《旧唐书》与露布之间的差异要多得多。最明显的一点是，《旧唐书》的文字不那么华丽，而且非常缺乏对某场战役历史背景和正当性的详细阐述。在军队各支队伍和分队划分以及将军的命名方面，《旧唐书》的重视程度低于露布。《旧唐书》可能会给出几个名字，但绝不会有几十个（像在露布中那样）。与史书记载形成鲜明对比的是，露布中很少提及作战心理。[54]正如前面提到的，露布通常也不会对战争的结果做出合理的解释，而官方史家反之。在露布提到战略的少数几个例子中，战略并不比假装撤退更复杂。露布没有提及《旧唐书》里许多战争叙事中很复杂（而且常常令人难以置信）的计策。

在极少数情况下才能对露布与《旧唐书》就同一场交战的描述加以比较，前者提供的实质性信息要少得多，从而使我们难以重构战场上的事件。李晟（727~793 年）关于 784 年从叛军手中夺回长安的报告表明，官军从北方向长安城进军，但报告中既没有提到攻打叛军的防御工事，也没有提到叛军威胁唐军后方的活动，《旧唐书·李晟传》却提到了这两件事。[55]

关于英勇行为，露布与史书的论述也有很大不同。虽然在《旧唐书》中可能有关于单打独斗、个人武迹和可怕伤势的零散记载，但在现存的所有唐朝露布样本中，这些都是很少见的。骆宾王在露布中提到刘会基和他的两个朋友在 7 世纪 70 年代初与蛮人作战的时候，是用模糊、抽象的语言表现的；历史上没有任何迹象表明人们会用生动具体的词语描述暴力和英雄主义行为。然而，这与露布中描绘个人英雄行为的手法十分类似。

唐代学者与战争表述

唐朝的露布除了简单地报告军事事件之外，还有多种用 155
途。露布的开头会使用大量的冗词强化皇帝及其朝廷的官方形象——其至高无上的德行以及敌人的不可救药，从而通过强调皇帝未能通过道德影响来改造顽固分子，确证可能会对君主的德行产生负面影响的军事行动。露布中只有两点是清楚具体的，一是列出了唐朝军官的名字，二是详细写明了战利品和给敌人造成的损失。第二点说明了胜利的规模、唐军兵力及其将领的功绩；第一点则赞扬了为胜利而付出的人，他们的名字会在朝会上被宣读，他们还能获得奖励和晋升。因此，可以理解露布对这些要素的强调。

用华丽辞藻来表述战斗并不容易，事实上这些语言几乎不能真正揭示战场上发生的事情。露布没有谈到基本战术的原因，可能是这些战术比较普通，而且与通常是由下级军官而非高级将领负责战术有关。露布甚至可以对历史做出贡献，其目的是向统治者和政治家阐明过去的教训，说明朝廷的道德原则和问题，并提供道德行为的模式；当然不是为了初级军官的技术培训。

另一个值得考虑的因素是撰写露布之人的背景。十份露布中有七份是由秘书而不是将军自己起草的。从这七份露布的五位作者（其中有两位作者各写了两篇）的职业生涯来看，他们似乎都是文人墨客，受过文学训练但从未在战场上带过兵。[56]这些人在面对混乱的战斗时选择采用陈词滥调，也许并

156 不奇怪。一份露布讲到了“万弩俱发”，这借用了《史记·孙膑列传》（《史记》，撰写于公元前1世纪初；孙膑，公元前4世纪的战略家）中的一句话；在《太白阴经》的露布中，有“流血漂杵”——这一表述在牧野之战（约前1045年）中出现过，并且在6世纪已经被认为是陈词滥调。[57]正如现代军事史学家约翰·基根所说，先例顽固地控制着战争叙事：作者们常常求助于早期文学来理解他们未知的事件。[58]

然而，露布没有阐明它们所描述的战争，反而使战争更加模糊了。也许，由于接近所描述的交战，露布的撰写者——或者至少是那些最先在这些文件中建立了表述战争的惯例的人——对战斗的混乱和绝望已经足够了解，所以无法提供一个清晰、合理、准确的数字来描述战场上发生的事情，以及解释为什么一方赢了而另一方输了。

那么，英雄行为和狡猾计谋是如何被描述的呢？由于这些因素在《旧唐书》的列传中得到了强调，所以这些传记的来源是明确的。行状对一个刚刚去世的高级官员来说，是“一份宽泛的简历”，他的亲属或以前的下属必须在他死后一年内将行状提交给政绩考核部门（隶属吏部）。[59]其中所载的信息被核实后，行状会被转交给史馆，在那里，它通常会为传记提供依据，该传记将被载入官员去世时段统治者的实录中。而实录则直接或通过柳芳760年前后编撰的《国史》，成为《旧唐书》传记的撰写基础。

然而，当我们研究这些传记性文献时，会发现很少有具体的、逸事性的材料可以与特定的军事事件（而不是一直存在的陈词滥调）联系起来。唐朝将领马燧的行状简要地提到他在782年的洹水之战中，为了挫败敌人纵火击败他的企图，割

去了自己军队阵地周围的草。然而，《旧唐书·马燧传》对这 157
场战争进行了更为详尽的记录，并详细描述了行状未提及的几种策略。在这种情况下，行状显然不是史书中战争叙事的主要来源。[60]颜真卿（708~784年）的行状提到他在河北组织过对安史之乱的抵抗活动，较多涉及战略处置，但对具体战斗情况鲜有提及。[61]一些描述军人生前生活的祭文，包括碑文和墓志，都能让人从对行为的描述中了解他。在十二篇这类祭文中，有几篇提到了作战计划、处置和部署，但从来没有详细说明过。其中也很少会提到谋略，而只是用模糊的措辞，如乘其不备，攻敌防备"空虚处"，等等。[62]十二篇祭文中只有一篇包含了一个具体的英雄行为：安史之乱期间的一位年轻的唐朝军官浑瑊（799年卒）射中了一个叛军指挥官的左肩。[63]

有关军人成就的其他具体信息的来源则是皇帝颁布的封赏诏书，这些诏书通常会提到值得获得特定奖励的行为或成就，尤其是被赐以封地，应该向史馆报告。[64]北宋《唐大诏令集》的两卷中，就有十七个这样的诏书实例。[65]然而，这些例子并没有像《旧唐书》列传那样提供关于谋略和英雄行为的具体信息。8世纪末颁给李晟将军的一则诏书提到他亲自披盔戴甲，在前线带队；而嘉奖817年李晟之子李愬攻占蔡州的诏书，则提到他利用下雪的天气出奇制胜。[66]不过，这是我们获得的仅有的信息。

虽然唐朝的诏书似乎没有为现代的军事史学家提供什么信
息，但在《隋书》（一部关于581~618年隋朝历史的正史，于 158
636年完成）中有一些证据表明，诏书为列传中的战争记述提供了一些信息。最引人关注的是达奚长儒（生卒年不详）的传记，此人曾在582年率领隋军与突厥人作战。传文记述了达奚寡不敌众时英勇地且战且退，还指出他曾受了五次伤，接着引用了皇帝的赏赐诏书——有这样一种可能性，即关于这位将军功绩的早期更具体的信息，至少有些可能是从同一诏书中未被引用的部分借用的。[67]

除了露布——甚至可能是除了少数幸存下来的露布——以外的官方报告也许包含了一些在《旧唐书》中较长的战争记录里发现的逸事材料。露布只是用于报告军事事件的形式之一。[68]它似乎是最精巧的一种体裁，主要是为了在向朝廷官员和外邦政要大声朗读时，使人耳目一新。这种文学质感想必是露布得以保存下来（尤其是其中最精巧的一种）的原因之一，而其他较为平淡无奇的军事报告则会失传。据我所知，两篇由独孤及（725~777 年）于 8 世纪 60 年代初起草的《捷书表》提供了有趣的比较。《捷书表》的文字相当短，措辞不那么夸张，且提供了大量的实质性信息。独孤及所叙述的打败浙江土匪的故事内容十分翔实，详细描述了土匪想要诱捕伏击的诡计，甚至提到了官军各分队携带的武器。[69]

此外，几乎可以肯定的是，在“临时性”的记述中，个人英雄事迹得到了详细的叙述，这些记述与露布不同的是，可以由将军代表那些通过抓捕敌人首领或夺取他们的旗帜等行动获得非凡功绩的下属提交。[70]目前，有邻馆（京都）收藏的丝绸之路文献中，有几份似乎是北庭都护府的功绩报告。[71]

159 不管是单独地还是综合地，这几种类型的资料都可能为官方史家提供撰写实录传记所需的原始史料，使他们能够写出比露布更完整、更连贯、更令人满意的战争故事。露布中关于战场的记录通常是相当模糊的，几乎没有关于作战的结果、增加的战略和作战计划的说明，而战场上的其他事件使官方史家

（他们在时间和空间上远离战场，因此可能不那么感到敬畏）以某种方式将因果联系在一起，让战争变成了故事而不是场景。

唐朝的史官将被推往这个方向，不仅是因为叙事连贯性的需要，而且是因为存在撰写历史的模板。《左传》、司马迁的《史记》、班固的《汉书》等古代著作，在唐代精英阶层中广为流传。那些被派去编撰历史的唐朝官员代表着文官阶层中最有文化的精英，他们对古代的那些伟大著作非常熟悉。这些先例对唐朝史学家产生影响的突出例子是《隋书·王世充传》和《隋书·裴仁基传》（裴仁基卒于 619 年）对邙山之战（618 年）的处理，这两卷传记的风格与司马迁《史记》中所记载的井陉之战（前 205 年）极为相似。[72]王世充在邙山的作战计划与韩信（前 196 年卒）在井陉之战中的作战计划基本相同；他的主力军背对着一条河，他还派遣一支规模较小的军队越过山丘，从后方进攻敌军营地。王世充的对手李密和他的将领们在作战会议上讨论的战略与韩信在井陉战役前夕所讨论的战略没有什么不同，甚至用了同样的话语。[73]

唐朝官方史家在记录战争时，不仅受到早期历史形式的影响，而且在更深层次上，他们的重点也与先秦时期，即公元前
221 年秦朝统一之前的战斗思想一致。《左传》和《史记》等 160
文献也记录了许多由计谋决胜的例子，如公元前 341 年孙膑用不断减少本军营灶数量的方法诱敌并使其在马陵全军覆没。[74]唐朝的战争叙事把胜利的将军描绘成完全的战场主宰，这一趋势与古典军事著作相呼应，用陆威仪（Mark Edward Lewis）的话说，这些著作揭示了将军们“圣人般的计算能力和评估能力，使他能够在变化中发现有意义的模式或秩序，然后在适当的时机，通过巧妙的策略和果断的行动，将这种模式应用于自

己的行动目的”。[75]此外，唐史中对士气和心理的关注，也与古代兵法研究的重要方面产生了共鸣。[76]

这些涉及运用智慧来获得军事上成功的因素，似乎贯穿了整个唐朝的战争叙事。与此相反，我们已经看到，在同一文本中，对英雄行为的表述是非常不均匀的，较多集中在 650 年以前的时期。这强烈地表明，唐朝官方史家并不会一直关注个别战士的残酷行为。对英雄行为关注度下降的一个可能的原因是，唐朝上层人物的性格正在发生变化。在唐朝前两任皇帝统治期间，很多高官——包括皇帝在内——都是由双手沾满鲜血的将士担任的，他们通过战斗获取权力。这些人（以及他们的亲属和以前的战友）坚持把他们在战场上的成就载入史册。唐太宗（李世民，唐朝第二位皇帝）在 649 年去世后，随着在宫廷长大的皇帝登基，曾经那些将士的没落以及科举制度在选拔官员方面发挥越来越重要的作用，以前的模式迅速消解。这一解释被唐朝末年英雄行为的再现所佐证，《旧五代史》（完成于 974 年）中对这种现象的描述要比《旧唐书》里的更
161 多。[77]这是一个军人再次控制政治中心的时期，尤其是在河东（今山西省部分地区）沙陀领袖李克用（856~908 年）建立的政权中，战士精神尤为突出。

唐朝历史书写中，对个别战士暴力行为关注程度的参差不齐与对其他方面战斗的表述是一致的。再加上有关实战的段落相对简短以及对武器和战术的普遍忽视，表明了对下级指挥阶层的战术方面确实缺乏兴趣。相比之下，历史学家更会关注战争的抽象、智力和非技术的方面。战争会议和基本战略选择（如是否作战）往往比战斗本身得到更多描述，一旦行动开始，重点就被放在卓越的智慧上，且成为决定因素。除了最粗

略的唐史战争记述之外，所有这些战争记述的一个基本特点是战争结果的原因是容易理解的。原因几乎总是那些反映一两个将军超凡智慧的作战计划，且这种计划往往是建立在对敌军、其指挥官甚至自己手下士兵的思想和情绪的理解、操纵的基础上的。就算英雄出现在战场上，其英雄行为也很少能决定作战结果。如果说大多数唐朝战争叙事所传达的信息只有一个，那就是战争是靠智慧而不是靠力量取胜的。于此，我们可以看出儒家学者对军事人才的特殊技能和训练的不屑一顾，并暗示学者的才能实际上可能更有助于成功地行使军事指挥权。

附录一：唐露布一览

1. 《兵部奏姚州破逆贼诺没弄、杨虔柳露布》，骆宾王作（《旧唐书》卷一九〇上，第5006页；《新唐书》卷二〇一，第5742页）；由远征军姚州道大总管李义呈交，可能在672年（虽然可能迟至673年或674年）。文本：《文苑英华》卷六四七，第1页a~第4页a；《全唐文》卷一九九，第2页a~第6页a。战役见《资治通鉴》卷二〇二，第6368页；《旧唐书》卷五，第96页；《新唐书》卷三，第70页，卷二二二中，第6324页。

2. 《兵部奏姚州破贼设蒙俭等露布》，骆宾王作，李义呈交。文 162
本：《文苑英华》卷六四七，第4页a~第6页b；《全唐文》卷一九九，第6页a~第10页a。

3. 《为河内郡王武懿宗平冀州贼契丹等露布》，张说作（《旧唐书》卷九七，第3049页；《新唐书》卷一二五，第4404页）；697年由神兵军大总管武懿宗呈交（《旧唐书》卷一八三，第4737页；《新唐书》卷二〇六，第5842页）。文本：《文苑英华》卷六四七，第6页b~第11页a；《全唐文》卷二二五，第1页a~第6页b。战役见《资治通鉴》卷二〇六，第6517页，第6520~6521页。

4.《为幽州长史薛楚玉破契丹露布》，樊衡作；733 年由幽州长史薛楚玉呈交（《旧唐书》卷九三，第 2985 页）。文本：《文苑英华》卷六四七，第 11 页 a~第 14 页 b；《全唐文》卷三五二，第 10 页 b~第 16 页 a。战役见《资治通鉴》卷二一三，第 6800~6802 页；《旧唐书》卷一九九下，第 5353 页。

5.《河西破蕃贼露布》，樊衡作，大致于 746 年由河西节度使王忠嗣呈交（《旧唐书》卷一〇三，第 3199 页；《新唐书》卷一三三，第 4551 页）。文本：《文苑英华》卷六四八，第 1 页 a~第 5 页 a；《全唐文》卷三五二，第 16 页 a~第 20 页 b。战役见《资治通鉴》卷二一五，第 6871 页。

6.《兵部奏剑南节度破西山贼露布》，杨谭作（《新唐书》卷七一下，第 2356 页）。可能于 8 世纪 50 年代呈交。文本：《文苑英华》卷六四八，第 5 页 a~第 7 页 a；《全唐文》卷三七七，第 16 页 b~第 18 页 b。

7.《兵部奏桂州破西原贼露布》，桂州刺史杨谭撰文并呈交（见郁贤皓《唐刺史考全编》第 5 卷，2000 年，第 3244 页）。大致在 759 年呈交。文本：《文苑英华》卷六四八，第 7 页 a~第 9 页 b；《全唐文》卷三七七，第 19 页 a~第 22 页 a。战役见《新唐书》卷二二〇，第 6329 页。

8.《西平王李晟收西京露布》，于公异作（《旧唐书》卷一三七，第 3767 页；《新唐书》卷二〇三，第 5784 页）；784 年由右神策军都将李晟呈交（《旧唐书》卷一三三，第 4668~4669 页；《新唐书》卷一五四，第 4863 页）。文本：《文苑英华》卷六四八，第 9 页 b~第 14 页 a；《全唐文》卷五一三，第 16 页 a~第 20 页 b。战役见《资治通鉴》卷二三一，第 7434~7435 页；《旧唐书》卷一二，第 342 页。

9.《破吐蕃露布》，由剑南西川节度使韦皋于 801 年撰写并呈交（《旧唐书》卷一四〇，第 3822~3826 页；《新唐书》卷一五八，第 4933 页）。文本：《全唐文》卷四五三，第 4 页 b~第 6 页 a。战役见

《资治通鉴》卷二三六，第 7597～7598 页；《旧唐书》卷一三，第 395 页。

10.《收复京城奏捷露布》，在 883 年由宦官杨复光撰写并呈交（《旧唐书》卷一八四，第 4772～4773 页；《新唐书》卷二〇七，第 5875～5877 页）。文本：《全唐文》卷九九八，第 16 页 a～第 17 页 b。战役见《资治通鉴》卷二五五，第 8293～8295 页。

附录二：《太白阴经》中的露布

中书门下尚书兵部，某道节度使某官臣某言，臣闻：

黄帝兴涿鹿之师，尧舜有阪泉之役，虽道高于千古，犹不免于四 163
征。我国家德过唐虞，功格区夏；蠢兹狂狄，昏迷不恭，犬羊成群，犯我亭障。臣今令都知兵马使某官某都，统马步若干人为前锋；左右再任虞候某官某领弩若干人为奇兵，于某处设伏。虞候总管某领陌刀若干人为后劲。节度副使某官某领蕃汉子弟若干人为中军游骑，以某月日时于某山川，与贼大军相遇，尘埃涨空，旌旗蔽野。臣令都知兵马使某官某大将军当其冲，左右虞候张两翼，势欲酣战，伏兵窃发，贼众惊骇，虞候某强弩、陌刀相继而至，锋刃所加，流血漂杵；弩矢所及，辙乱旗靡。贼人弃甲曳兵而走，我军逐北者，五十里。自寅至酉，经若干阵，所有杀获，具件如前，人功何能！天功是赖！臣谨差先锋将某官某奉露布以闻，特望宣布中外，用光史册。臣某顿首谨言。某年某月某日，掌书记某官臣某上。

资料来源：李筌，《神机制敌太白阴经》卷七，第 611～612 页。

附录三：《太白阴经》露布篇

判官某官某行军司马，某使某官，某道节度使奏破某贼露布事，
拔贼某城若干，所生擒首领某人若干，斩大将若干级，斩首若干级， 164
获贼马若干匹，甲若干领，旗若干面，弓弩若干张，箭若干只，枪牌

若干面，衣装若干。事件应得者，具言之。

资料来源：李筌，《神机制敌太白阴经》卷七，第610~611页。

注 释

1. Franke, 1989, p. 806.

2. Twitchett, 1992, pp. 198, 187, 195.

3. Chang, 1984, pp. 176-178.

4. Chang, 1984, pp. 145-147, 149, 158-159.

5. 《旧唐书》卷一〇，第247页；其他例子见卷三，第53、57~58页；卷九，第208、231页。关于李世民在626年即位前作战的情况，可以在《太宗本纪》中找到一些较长的描述；例如，参见《旧唐书》卷二《太宗本纪上》，第25页。

6. 关于香积寺之战，请对比阅读《旧唐书》卷一〇九，第3299页与卷一〇，第247页。关于洹水之战，请对比阅读《旧唐书》卷一三四，第3693~3694页与卷一二，第331页。

7. 《旧唐书》卷五九，第2327页。

8. 《旧唐书》卷一〇九，第3291页。

9. 官军伤亡只在惨败的情况下被提及，显然是对那些对打败仗的将军的批评。例如，见《旧唐书》卷一九七，第5281页；和卷二〇〇上，第5369页。

10. 例如，见《旧唐书》卷一〇四，第3212页；卷一〇九，第3299页；卷一八七上，第4867页。

11. Graff, 1995a, pp. 148~149, 158.

12. 《旧唐书》卷一九九下，第5345页。

13. 《旧唐书》卷一三三，第3680页。其他事例见《旧唐书》卷二，第25页；和卷一三四，第3693~3694页。

14. 《旧唐书》卷五四，第2241~2242页。

15. 例如，见《旧唐书》卷一〇四，第3214~3215页。

16. 《旧唐书》卷五八，第2314页。这一幕发生在623年；见《资治通鉴》卷一九〇，第5969页。

17.《旧唐书》卷五四，第2230页。关于这次战役，司马光在《资治通鉴》中另外描述了一个计谋：王世充找到了一个和李密相似的人，把他捆起来，之后在战斗白热化的时候将他带出来，声称自己已经抓到了李密。见《资治通鉴》卷一八六，第5811页。

18. 例如《旧唐书》卷一二〇，第3459~3460页；卷一三四，第3694~3695页。

19. Boodberg, 1930, pp. xix-xx.

20.《旧唐书》卷一八七上，第4867页。

21.《旧唐书》卷一〇九，第3299页。

22.《旧唐书》卷五三，第2224页；卷五六，第2267、2270~2271页；卷五八，第2309页；卷五九，第2326页；卷六〇，第2353页；卷六八，第2496~2497、2501~2502、2503~2505页；卷六九，第2518页；卷七七，第2676页；卷八三，第2777、2780页；卷一〇九，第3288、3289、3291页；卷一八七上，第4867页。关于李世民的壮举，见《旧唐书》卷二，第26页。

23. 我只找到两个案例。其中一位是百济人黑齿常之将军，尽管没有具体提及暴力行为（《旧唐书》卷一〇九，第3294~3295页）。更好的例子是王方翼，他在手臂被箭射中后，不慌不忙地用军刀砍断了箭身（《旧唐书》卷一八五上，第4803页）。

24. 安史之乱中的五个案例分别见《旧唐书》卷一〇九，第3299、3301页；卷一三四，第3703页；卷一五二，第4065、4067页。其他案例见《旧唐书》卷一〇三，第3198页；卷一〇四，第3212页；卷一三三，第3661页；卷一五二，第4077、4079页；卷一六一，第4218~4219页、4233~4234页。

25.《旧唐书》卷五六，第2267页。

26. 然而，在《旧五代史》（修纂于973~974年）中可以找到许多例子。这部史书主要涵盖了907~960年以及部分唐朝末年的历史。

27. Twitchett, 1992, pp. 202-205.

28. 十篇露布中，有八篇见于北宋文学类书《文苑英华》。在可能的情况下，我引用了早期的《文苑英华》，而不是《全唐文》：见《文苑英华》卷六四七、卷六四八。关于未见于《文苑英华》的两篇露布，请参见《全唐文》卷四五三，第4页b~第6页a；卷九九八，第16页a~

第 17 页 b。有关《文苑英华》中露布的备选文本，请参见《全唐文》卷一九九、卷二二五、卷三五二、卷三七七、卷五一三。

29. 李筌：《神机制敌太白阴经》卷七，第七十九节，第 610 ~ 612 页。

30. Morohashi, 1960, Vol. 12, p. 77; Zhongwen, 1990, Vol. 9, p. 1531; Liang et al., 1992, p. 146.

31. 《隋书》卷八，第 170 页。

32. 《魏书》卷二一下，第 573 页。

33. 《隋书》卷八，第 170 页。

34. 节度使由行军总管的职务演变而来，并取而代之。

35. 例如，梁积寿在打败了蛮人首领设蒙俭（672 年或之后不久）后上呈的露布，被行军司马兼随州都督府长史梁待壁带到了长安。见《文苑英华》卷六四七，第 6 页 b。

36. 《新唐书》卷一六，第 385 页。

37. 《新唐书》卷一六，第 386 页。

38. 王溥：《唐会要》卷六三，第 1089 页。

39. 李筌：《神机制敌太白阴经》卷七，第 612 页。

40. 《文苑英华》卷六四七，第 1 页 b；其他例子见《文苑英华》卷六四七，第 6 页 b ~ 第 8 页 a、第 11 页 b ~ 第 12 页 a；另见卷六四八，第 1 页 a ~ 第 2 页 a、第 5 页 a ~ b、第 7 页 a ~ 第 8 页 a、第 10 页 a ~ b。“蛮”是唐朝对云南藏缅语族民众的通称。

41. 《文苑英华》卷六四七，第 1 页 b ~ 第 2 页 a、第 5 页 a。

42. 《文苑英华》卷六四七，第 9 页 a ~ 第 10 页 a。有关军队划分和作战行动的示例，参见《文苑英华》卷六四七，第 2 页 a ~ b、第 5 页 b、第 8 页 b ~ 第 10 页 a、第 12 页 b ~ 第 13 页 b；以及卷六四八，第 2 页 a ~ 第 3 页 a。

43. 有两个例子，见《文苑英华》卷六四七，第 12 页 b；和卷六四八，第 3 页 b。

44. 《文苑英华》卷六四七，第 2 页 b。

45. 《文苑英华》卷六四七，第 3 页 a。其他例子见《文苑英华》卷六四七，第 5 页 b ~ 第 6 页 a、第 10 页 b、第 13 页 b；卷六四八，第 3 页 b ~ 第 4 页 a、第 6 页 b。

46. 有三个例外情况，提到了假装溃败、突然袭击，等等；参见

《文苑英华》卷六四八，第 3 页 a、第 4 页 b；《文苑英华》卷六四八，第 6 页 b；《全唐文》卷九九八，第 17 页 a。

47.《文苑英华》卷六四八，第 3 页 b。

48. 关于空白的文件模板，见李筌：《神机制敌太白阴经》卷七，第 610~611 页。

49.《文苑英华》卷六四七，第 14 页 b。

50.《文苑英华》卷六四八，第 12 页 b。

51.《文苑英华》卷六四七，第 14 页 a；另见卷六四八，第 6 页 b、第 9 页 a。

52.《文苑英华》卷六四八，第 1 页 a~第 5 页 a。

53. 例如，唐朝军队在受到吐蕃军队的威胁后，把弓弩和"长戟"朝外放置，同时把辎重和囚犯放在中心位置（《文苑英华》卷六四八，第 3 页 b）。戟在战国时期和汉代很常见，但到了唐朝，它已不再是一种重要的战场武器。

54. 唯一的例外是樊衡 733 年关于战胜契丹的露布；《文苑英华》卷六四七，第 12 页 b、第 13 页 b。

55. 请对比阅读《文苑英华》卷六四八，第 11 页 b~第 13 页 a 与《旧唐书》卷一三三，第 4668~4669 页。

56. 见《旧唐书》卷一九〇上，第 5006 页；卷九七，第 3049 页；《新唐书》卷七一上，第 2356 页；《旧唐书》卷一三七，第 3767 页。

57. 关于万弩，见《文苑英华》卷六四七，第 11 页 b；和《史记》卷六五，第 2164 页。关于杵，见李筌《神机制敌太白阴经》卷七，第 612 页；以及 Liu，1959，p. 199。

58. Keegan，1986，p. 62.

59. Twitchett，1992，pp. 66-67.

60. 马燧的行状载于《文苑英华》卷九七四，第 1 页 a~第 9 页 a。请特别对比其中的第 5 页 a 与《旧唐书》卷一三四，第 3693~3694 页。

61.《全唐文》卷五一四，第 9 页 a~第 26 页 a；关于作战处置的例子见第 16 页 a。

62. 关于谋略，最好的例子见李靖碑文，《全唐文》卷一五二，第 14 页 b。关于作战计划、处置和部署，参见《全唐文》卷四九六，第 10 页 a（张孝忠）；卷五〇五，第 15 页 b（张茂昭）。《全唐文》中所考证的其他祭文涉及李治（《全唐文》卷一五，第 22 页 b~第 27 页 a）、契苾明（《全唐文》卷一五七，第 4 页 b~第 10 页 b）、浑瑊（《全唐文》卷四九八，第 13 页 a~第 17 页 a）、刘昌（《全唐文》卷四九九，第 11 页 b~第 14 页 a）、刘济（《全唐文》卷五〇五，第 9 页 b~第 13 页 a）、李光进（《全唐文》卷五四三，第 9 页 a~第 13 页 a）和尉迟敬德（《全唐文》卷一五二，第 17 页 a~第 24 页 b）。尉迟的碑文缺乏《旧唐书》（卷六八，第 2495~2500 页）中丰富多彩的军事逸事。最后两篇文献见陆心源《唐文拾遗》卷六二，第 18 页 b~第 23 页 a（樊兴）；卷一四，第 1 页 a~第 5 页 b（李神符）。

63. 《全唐文》卷四九八，第 15 页 a~b。

64. 王溥:《唐会要》卷六三，第 1089 页。

65. 宋敏求:《唐大诏令集》卷六〇，第 323~327 页；卷六二，第 337~338 页。

66. 宋敏求:《唐大诏令集》卷六〇，第 324、326 页。

67. 《隋书》卷五三，第 1350 页。

68. 将领也可以提交状、奏和捷书或捷书表，而另一种形式——牒也可以被用来向上级报告或在政府部门间传达信息。

69. 《全唐文》卷三八五，第 5 页 a~第 6 页 b；独孤及的另一份捷书也在同一卷中，第 4 页 a~b。

70. 李林甫等:《唐六典》卷五，第 161 页。

71. Kikuchi, 1979, pp. 409-410.

72. 《王世充传》（《隋书》卷八五，第 1897 页）和《裴仁基传》（《隋书》卷七〇，第 1633~1634 页）。请对比阅读《史记》卷九二，第 2615~2617 页，译自 DeFrancis, 1947, pp. 189-194。

73. 例如，李密说“前不得据关，退无所守”（《隋书》卷七〇，第 1634 页），这与李左车在《史记》卷九二，第 2615 页中的话语非常相近。

74. 《史记》卷六五，第 2164 页。

75. Lewis, 1990, p. 121.

76. 例如，参见 Wu Jiulong, 1990, pp. 123, 212; Sawyer, 1994, pp. 198, 224。

77. 薛居正等：《旧五代史》卷一六，第 217、223、225~226 页；卷一九，第 261 页；卷二〇，第 282~283 页；卷二二，第 303 页；卷三五，第 483~484、486 页。

第七章　唐代的军事文化与亚洲腹地的影响

斯加夫（Jonathan Karam Skaff）

唐朝（618~907 年）是公认的中国历史上最为辉煌的朝 165
代之一，其部分声誉来自军事实力。唐朝向亚洲腹地的拓展甚于汉朝，这对现代中国自我认同的塑造起到了特殊的作用。战争的胜利是民族自信心之源泉，相比于近代中国被外敌欺辱的历史，唐朝则证明中国曾经比外国更为强大。唐朝在军事层面上的发展也为后来中国的西北边疆管理提供了历史依据。但是，当我们从比普遍观点更加深入的视角去探究过去的胜利时，就会发现，唐朝在塑造民族意识和疆域合法化方面扮演的角色是具有讽刺意味的，因为唐朝的军事成功并不完全是中原内部发展的结果。虽然唐朝的统治者们可能已经向域内民众宣称自己是华夏礼仪之邦的守护者，是他们抵御了进犯的蛮夷；但他们的胜利在一定程度上可以归因于他们有意无意地鼓励与北方边疆游牧民族的互动，这使他们适应了亚洲腹地的战争环境。这种借鉴而来的内容影响了唐朝的军事文化，在与游牧劲
敌的激烈战争中体现得尤为明显。另外，对城市的静态防御和 166
攻击通常依靠为应对内部战争而开发的方法。

军队是探寻亚洲腹地对中原影响的富有成果的地方，因为从公元前 202 年汉朝建立到 19 世纪早期装备着工业革命工厂

生产的强劲武器的欧洲人乘船到达中国的这段时间，游牧民族一直是中原王朝的主要军事隐患。相互征伐迫使双方彼此学习并做出调适，从而在整个历史中创造出各种互动和借鉴的模式。一个著名的例子是赵国在公元前 307 年决定采用邻近游牧民族骑兵技术的核心精髓。[1]尽管本章将着重介绍唐朝前半期游牧民族对唐朝军事的影响，但是，我们不能忽视这样的事实：同时代的借鉴也出现在其他方面并在像辽（916～1125 年）、西夏（1038～1227 年）和金（1115～1234 年）这样拥有强悍军事实力的北方非汉民族王朝中达到顶峰。

唐朝与亚洲腹地的互动已影响到狄宇宙在导论中提到的唐朝军事文化的方方面面，本章则将紧紧围绕被狄宇宙定义为社会现象的实战行为、战略文化以及战争的价值取向这三部分展开。[2]接下来将考察的案例，来自朝廷对外交往政策的辩论以及对抗西突厥的边疆战争。本章表明，唐朝的军事文化不是一元的。如果我们能从唐朝是个有着多元地域文化和多民族的庞大帝国这个角度去考虑的话，上述观点就不解自明了。成长于唐朝北部边疆或亚洲腹地并对其了解很深的将士和政治家，在进攻和守卫边疆的观念、战略思想和他们在战场上的实际行为，更可能表现出受到的亚洲腹地的影响。来自其他背景的人更倾向于不同的作战方法，但皇帝较少采用他们关于亚洲腹地边疆的建议。

这就提出了一个更广泛的理论观点，即唐朝军事文化是一个由多种因素组成的集合体。在过去的几十年里，社科学者已经开始接受这样的一种观点，即文化是一种纷繁复杂的历史条
167 件下的现象。诸如政治文化、军事文化以及战略文化，关于这种“组织文化”的研究已经断然拒绝将自身看作那种在历史

上机械地决定政策偏好的独立且不变的现象。[3]例如，大卫·艾尔金斯（David Elkins）和理查德·西蒙（Richard Simeon）把政治文化定义为包含着“在其他条件允许的情况下，个人可选其他可接受行动方案”的多样观念，而这些观念“有着宽泛的范围，不一定是相同或者相容的”。[4]此外，拉里·戴蒙德（Larry Diamond）还强调政治文化是可变的，能够被历史一次次地形塑，并且会受到外界交流的影响，“由实践经验去锤炼、由各种制度的社会化去重塑……由政治强人去改造”。[5]从这个角度去理解包括诸如政治文化和军事文化在内的组织文化时，就应该包括确认它们所有时期的构成要素和变化。

基于这些认识，本章探讨了唐朝军事文化的一种模式，这种模式对中原和亚洲腹地传统的动态具有敏感性。基于这一模式，有三个形塑其构成要素的影响因素。第一个因素，通常被认为是最重要的，就是在北方发展起来的混合社会。这是六朝时期（222~589 年）王朝征战的结果。第二个因素，这也是被广泛接受的，就是关于历史、哲学和军事科学的中国传统著作。这影响了当时的士大夫，包括传统历史著作的作者的观念。第三个因素常被忽视，但本章认为这是最具现实意义的，即北方边疆地区多民族官员、军官和士兵的作战经验。当这三个因素相互作用时，就产生了至少两种对立的唐朝军事文化要素，而它们被应用于调适与草原的关系上。一种是更为被动的，推动静态防御和交往，以实现对外交往政策的目标。另一种则提倡在北方边疆进行积极的行动，而这证明了亚洲腹地在策略和战术上的影响。

关于唐朝文化本质的极具影响力的思想发端于约七十年前，那时，陈寅恪指出，构筑了王朝根基的中原和亚洲腹地的

168 混合背景是理解这个王朝的关键。唐朝的建立者李渊（高祖，618~626 年在位）和他的家族，就像前朝隋朝（581~618 年）的建立者杨氏家族那样，都是关陇地区的贵族。而在 5~6 世纪，他们在山西、陕西和甘肃等西北省份就已经占据重要地位了。陈寅恪强调，尽管这些有影响力的家族有汉式姓氏，但他们是混血的后代。这是由 4~6 世纪，统御北方的非汉民族之间的通婚造成的。陈寅恪提到的这些深受中原和亚洲腹地文化影响的关陇贵族，几乎把控了整个 7 世纪的军事和官僚体系。他还提到了始于女皇武则天（690~705 年在位）建立的短命周朝之统治阶级的日益儒家化。武则天开始通过科举考试来选拔官员，以此削弱西北旧精英家族的权势，这对那些精通儒家经典的政治新秀有利。[6]尽管陈寅恪的理论受到诸多质疑，但这一概论仍主导着这个领域。唐代是北方王朝文化交融的过渡时期。这些北方王朝由士族精英把控，而在文化上更为纯粹的宋朝则由士大夫维系。唐朝亚洲腹地文化遗产的影响，被认为在整个唐朝中期，在精英社会、政治和军事方面都打下了深刻的烙印。[7]

尽管陈寅恪的假说对于理解唐代军事有所裨益，但本章认为，这并不能完全解释亚洲腹地对唐朝军事的持续影响。而且，从近年来对唐代统治阶级的研究来看，即使是对唐朝最初几年的解释力也不尽如人意。相比于隋朝，唐朝的关陇（西北）贵族并没有垄断朝廷和军队要职，并且随着王朝的发展，其他的精英和当地望族也参与了进来。[8]此外，尽管陈寅恪的假说所提到的地域背景应该已经对政策偏好产生了影响，但早期官员们在朝堂上的辩论并没有显示出这两个因素之间的相关
169 性。例如，在朝堂上关于如何管理 630 年战败的东突厥部众的辩论中，与会者囊括了来自西北和“山东”地区的人，但这

两个集团并没有各自提出一致性的建议。[9]因此，这证明关陇精英没有把控唐朝的政治，无论是他们的家族集团还是“山东”集团，都没有能够机械地预测政策偏好的统一政治文化。

无论如何，我们都不能忽视关陇精英文化的重要性，因为唐朝皇帝掌握着决策权。一个不受特定官员、宦官或妃嫔影响的皇帝，最终必须在相互矛盾的政策建议中做出选择，因此他或她的偏好与看法，比那些高级官员更有分量。作为西北遗产的继承者，唐朝统治者关注并倾向于诸多亚洲腹地传统。因此，尽管朝堂辩论可能包含来自多元文化帝国各地官员的大量观点，但皇帝在做出决定时的最终发言权，放大了统治者从文化角度界定政策偏好的重要性。正如我将在下面讨论的，这可能部分地塑造了唐朝边疆政策的本质。

陈寅恪的理论是特别针对唐朝的，还有一种更普遍适用于帝制中国历史的假设，那就是文献传统对中华文化的诸多方面都有重大影响，其中就包括军事。许多学者认为，中原王朝对亚洲腹地的基本战略是在汉代制定的，其内容进一步被编入历史、哲学和军事著作，并流传到后世历朝，而这些朝代又从汉代制定的战略中选取了特定的政策。[10]这暗示了中原的亚洲腹地战略是一种本土化产物，其中，游牧民族扮演了阴险敌人的角色，而这些敌人被中原官员的聪明策略所管控。江忆恩（Alastair Johnston）更直接地论证了文献传统对中原战略文化的主要影响。他认为，编纂于战国时期到唐代的《武经七书》，对明代（1368~1644 年）的对外交往政策论战产生了影响。[11]

虽然在唐朝宫廷辩论中，已有的历史文献占有重要地位，
并对一些文官的观点产生了强烈的影响，但本章认为，书面记 170
录对唐代边疆政策的实施只起到了次要作用。文字作品对边疆

军事文化的影响，并不像人们想象的那么重要。第一，在经典的军事论著中，人们缺乏对边疆战争的关注，因为这些论著是在没有特定敌人的情况下创作的。中国人不像拜占庭的民族、军队那样，有针对特定外部敌人之策略的文本。[12]第二，虽然传统中国史特别关注与非汉群体的关系，但并没有明确规定特定的对待亚洲腹地的交往或军事战略。例如，周、汉两朝历史都没有明确规定究竟是绥靖还是攻伐才是与非汉群体交往的最佳策略。[13]第三，还有一个问题，那就是唐朝军人在多大程度上从书籍中寻求指导。例如，葛德威关于初唐战争的研究发现，军事手册中的兵法与战场上的实践之间没有明显的关联，即使假定少数受过教育的军官读过军事经典，也是如此。[14]显然，这种情况比文本传统与军事文化之间的确定性关系更为复杂。

唐朝对外交往政策论战：战略文化和战争价值观

朝堂上的辩论是了解中原王朝军事文化的一个重要突破口，尤其是它的战略文化和战争价值观。不幸的是，现存有关唐朝对外交往政策讨论的记录，很少能保留辩论双方的立场，因为编写官方文献的儒家官员对军事拓展存在偏见。例如，魏侯玮（Howard Wechsler）对前两位唐朝皇帝统治时期的决策进行了细致研究，发现在大多数时候倾向于反对军事拓展的那些讲究仁义道德的儒士重臣，比那些主张现实政治政策的重臣更有可能被载入《全唐文》。尽管皇帝倾向于支持边疆战争，但史料很少提供主战官员的观点，也很少解释导致进攻性远征
171 的决策过程。[15]因此，对唐代文献资料的粗浅解读展现了一个不协调的社会形象，这个社会的价值体系似乎反对边疆略地，

但唐朝仍然在实施军事拓展战略。

所幸的是，起码还有一次朝堂辩论得以保存下来，它展现了边疆政策辩论双方的观点。随着 692 年唐军从吐蕃手里收复塔里木盆地，在武则天统治时期，人们对保留新收复的地区是否可取产生了争议。这两种对立的观点对理解唐朝战略文化和战争价值观，以及中原的文本传统和边疆实战经验如何对这场辩论产生影响，具有一定的启示意义。

反拓展阵营的观点以狄仁杰（630～700 年）于 697 年呈上的奏疏为代表。狄仁杰敦促至少撤出安西四镇的部分驻军，这些驻军保护着新疆南部塔里木盆地内的绿洲城市。他的观点深受文本传统的影响，几乎完全基于历史先例。他尤其强调汉武帝统治时期（前 141～前 87 年）的政策。与《盐铁论》中的"儒家"观点相呼应，他认为，汉武帝在其击败匈奴游牧帝国的冒险尝试中，耗尽了整个国家的财力物力。[16]此外，他强调，向干旱的亚洲腹地拓展，而那里的农业生产力不如中原，这是对国力的消耗。作为一种替代方案，他借鉴了唐太宗统治时期的历史先例，提议由一位中原任命的突厥可汗掌管塔里木。这种政策显然成本更低。在奏疏最后，他总结了自己的意见，说道："如臣所见，请捐四镇以肥中国。"[17]从狄仁杰的奏疏中我们可以看出，朝廷的一些人坚定地认为对外拓展无利可图。这也证实，至少一些精英官员对交往政策的看法，受到了贯穿中原文本传统的某种战略思想因素的深刻影响。

我们从《旧唐书》中可以看到，对于狄仁杰的提议，"识者是之"。"识者"的身份并没有被说明，但必定是那些与狄 172
仁杰志同道合的撰写正史的儒家学者，并且他们普遍反对对外开拓。狄仁杰反对边疆战争的观点，与魏侯玮所研究的初唐儒家的观点相似。[18]他们的价值体系表现出对战争的强烈反感。在战略文化方面，他们强烈倾向于以和平手段解决对外交往政策上的冲突。狄仁杰的传记可以让我们了解一些典型的儒家道德观。狄仁杰是一个来自并州（治所位于今山西太原）的官僚，在陈寅恪的分类中，他被归为“山东”集团。他追随祖父和父亲的足迹，也当了文官，并最终超越他们，成为一名在武周朝应仕的最杰出和最有影响力的大臣。武则天对他的信任可能缘于他们是同乡。在他的职业生涯中，他掌管务实性事务，如管理政府部门和参与东北地区的一次大规模军事远征等。后世儒家把他奉为忠诚的典范，他也成为神探狄仁杰的原型，高罗佩（Robert van Gulik）一系列小说中的他，引起了英语世界的注意。狄仁杰的儒学倾向可以从以下事实中看出：他由明经考试而得仕，明经考试要求考生对儒家经典极其熟悉；他在朝堂辩论中支持儒学反对佛教和道教；在南方任职期间，他竭力打压异端邪教。[19]狄仁杰的观点很可能被看作朝堂上儒家派系的代表，这个派系受到了文本传统的“道德”张力的影响。

并非所有朝堂之人都认同狄仁杰的对外交往政策观点。主战派的观点被保存在来自齐州（治所位于今山东济南）的崔融（653~706年）的奏疏中。崔融的谏言是在698年前后被提交给皇帝的，这可能是对狄仁杰的奏疏和其他反拓展主义者的回应。[20]崔融强调了历史传统中另一个不同的战略文化元素。与《盐铁论》中的现实政治观点相呼应，他最关心的是游牧民族对中原的外部威胁，认为他们是自古以来就存在的威胁。
173 这是自汉代以来历史传统中频频出现的主题。[21]与狄仁杰观点相似的是，崔融也对汉朝的对外政策进行了评估，特别强调了汉武帝的统治，但得出了截然不同的结论。崔融认为，武帝派遣军队占领西北地区是一个正确的战略决策，因为占领了这一地区，汉朝就可以“断匈奴右臂”，剥夺他们从该地区获得的财富和兵源。崔融还赞扬了武帝对发起这些战事的财政方面的关注。在崔融看来，相较加重农业人口的赋税负担，武帝利用前辈积累的财富发动了战争。当这种收入来源枯竭时，他开始设立各种非农业税和垄断来筹集资金。最终的结果是既摧毁了匈奴的威胁，又没有给作为人口主要组成部分的农民带来沉重的负担。这与狄仁杰提到的武帝统治后期农村百姓的穷苦形成了鲜明的对比。在这种情况下，崔融强调道，唐太宗最终拒绝了让一位突厥可汗掌管西北的政策，而更倾向于直接控制西北。

奏疏接下来的部分则展现了对狄仁杰观点更加彻底的摒弃，其内容脱离了历史先例，描述了同时代的战略形势。崔融对可能卷入西北地区冲突的各方进行了评估。他提到了西突厥的软弱，并担心如果让他们守卫四镇，该地区将再次落入吐蕃及其盟友东突厥的手中。他担心如果撤出驻军，唐军是否准备好召集远征军，以平息西北地区潜在的军事威胁。他还提到了战略要地，强调如果吐蕃人和东突厥人控制了塔里木盆地，河西走廊和与西北的联系将是脆弱的。此外，崔融还生动地描述了远征军试图夺回塔里木时，将面临穿越敦煌（沙州）和哈密（伊州）之间的莫贺延碛的困难。最后，他以督促军事备战作为奏疏的结尾。[22]

崔融的奏疏揭示了一种与狄仁杰不同的价值体系和战略偏
好。从价值观上讲，边疆战争既不被贬抑也不被颂扬，反而是 174
为了生存必不可少的。用崔融的话来说，“为邦之道，安不忘危。……缮甲兵，思将帅”。军事备战不是出于好战的偏好，而是因为它们甚至可以减少战争的需求。正如崔融所说，敌人不会想挑战“善战者”。崔融的战略文化表明，他倾向于直接军事干预和控制，而不是依赖对外交往。正如崔融所写，“拔旧安西之四镇，委难制之两凶，求将来之端”。

比较狄仁杰和崔融奏书中所揭示的价值和战略文化，我们可以看出唐代军事文化是由对立的儒家道德和现实政治元素构成的。这种情形在唐代并不罕见。汉代的《盐铁论》则反映了这种分歧。江忆恩认为，这两种对立的范式是从战国时期到（至少）明代的中原传统的一部分。江忆恩还根据《武经七书》和明朝政策辩论的有限证据，提出了现实政治范式在中国历史上占主导地位的假说。[23]唐朝时期是这样的吗？

我们可以通过探究这两份奏疏的最终命运，来回答这个问题。当崔融呈上自己的奏疏后，武则天就拒绝了狄仁杰提出的放弃四镇的要求。[24]从表面上看，这似乎令人惊讶，因为此时的狄仁杰是与女皇同乡的宰相，他是唯一“完全得到武则天信任”的官员。[25]崔融在文学界享有很高的声誉，但作为宫廷记事官，他的声望要低得多。因此，崔融不太可能是朝堂上唯一的谏言者。此外，据我们所知，由于崔融的职业生涯涉及民政部门，这些部门并没有把他派往边疆，所以，将西北地区的实际知识融入奏疏意味着他可能在宫廷中充当拓展派的喉舌，而这个派系包括供职于边疆地区的文武官员。崔融的文学功底本来就可以让他成为一位被铭记的杰出文人，这使他能够为军
175 人具有实战性的论据润色添彩。他所作散文的质量解释了为什么儒家学者后来选择保留这份奏疏。崔融是喉舌的假设，得到了事实的补充印证，那就是他在职业生涯早期，曾为中宗皇帝（684 年、705~710 年在位）代笔过一些文书，而当时中宗仍然明显是将继承大统的人。[26]从军事文化的角度来看，这一假

设暗示了史料对主拓展立场的影响并不强烈。因此，我们需要考虑这种可能性，即这种立场是由边疆的将领或其他高级官员的经验所塑造的，他们的价值体系承认战争的必要性。在这种情况下，崔融只是用历史的例子来证明政策建议的合理性，这是出于对历史争论的文学惯例的尊重。

另外，狄仁杰以及其他"识者"的立场似乎是一种更纯粹的意识形态，因为他的奏疏在很大程度上依赖历史先例，却没有包含当时西北战略形势的具体信息。在其他朝堂辩论中，反对拓展的人可以轻易地再次利用这份奏疏，只要稍做修改，并将其融入政策讨论即可，因为它包含的细节太少了。尽管狄仁杰的观点可能是由他的实际经历（尤其是他在东北边疆做官的经历）塑造的，但我们可以推断，社会和教育因素，再加上对经典的选择性阅读，使他和其他儒士更关心百姓的福祉，而不是战略拓展。麦大维（David McMullen）认为，尽管唐朝儒士的背景各异，但他们拥有基于一致的教育、公务、社交方式和着装的群体认同。[27]魏侯玮在谈到朝堂上的决策时补充道，儒家可能在国家仪式等问题上存在内部分歧，但倾向于团结，以对抗其他团体（尤其是军队）并维护自己的权益。[28]因此，反军事的立场是儒家道德认同的一个重要组成部分，它加强了群体团结，并有可能减少反对者在朝堂上的影响力。这就解释了为什么讲究道德主义的儒家会如此顽固地坚持他们基于文本和意识形态的战事态度。

并非所有的儒士都坚持传统的道德原则。一些奉行实用主义的儒士表达的态度与唐朝政治文化中的现实政治方面更为一致。例如，在707年的一次毁灭性突袭之后，中宗征求平定后 176
突厥汗国（682~745年）的计策。一个回应者留下了一份奏疏，此人就是卢俌，其简短的传记被列入了《新唐书》中关于儒士（《儒学》）的篇章。卢俌思想的一个显著特点是，他如何将自己与道德化的儒者（文儒）区分开来："臣少慕文儒，不习军旅，奇正之术，多愧前良，献替是司，轻陈瞽议。"卢俌倡导拓展的方针并崇尚武力，但他的奏疏和狄仁杰的一样，都是泛泛而谈且"意识形态化"的，主要借鉴历史先例，提倡与非汉民族盟友联合发动军事进攻是对付外敌的最佳方式。这篇奏疏缺乏对后突厥汗国和当时唐朝军事力量的评价，可能是它的雄辩风格而非说服力引起了官方史家的注意。就像狄仁杰的奏疏一样，卢俌的也被忽视了。[29]

崔融和狄仁杰的朝堂论战以及卢俌的奏疏强烈表明，皇帝可能更倾向于接受实践经验和历史先例相结合（而不仅仅依靠后者）的观点。这意味着文本遗产可能不是影响军事文化的主要因素。唐朝早期似乎就是这样的。魏侯玮对高宗和太宗统治时期儒家影响的研究表明，皇帝在政治事务上，包括对外交往政策方面，也不倾向于遵循儒家道德主义者的建议。[30]相反，正如潘以红所指出的，太宗在制定边疆战略时，最有可能倾向于听取边疆官吏的意见。[31]例如，太宗在 629 年秋下令进攻东突厥。这反映在一位晋北军事将领的奏疏中，他认为由于内部的政治和经济动荡，突厥人是不堪一击的。[32]太宗似乎很重视那些在边疆有亲身经验并掌握敌人最新情报的指挥官的建议。

像太宗这样精明强干的皇帝，不仅被公认在边疆关系上有
177 雄才伟略，而且也会听取拥有实际边疆经验的军官的建议。就连以优柔寡断著称的中宗，也会应边防官员的要求，在边防政策上做出了一些好的决断。[33]如之前提到的，中宗曾征求击败

后突厥汗国的计策，但忽视了卢俌那迂腐的进攻计划。相反，他听从了鄂尔多斯地区最高军事指挥（朔方军大总管）张仁愿的建议。为了理解张仁愿应对突厥威胁的建议，我们有必要了解战略地理知识。当时鄂尔多斯北部的黄河是唐朝和后突厥汗国之间的边界（见图 7.1）。当突厥人想突袭鄂尔多斯时，他们得从蒙古高原南下，穿过戈壁沙漠，越过阴山，然后止步于黄河北岸。在长途跋涉穿越大漠和山川之后，突厥人会在河流附近肥沃的平原上放养他们又累又饥的马匹。在北岸的渡口，为了保证战役的胜利，他们将在拂云祠进行军队补给和祭祀。[34]

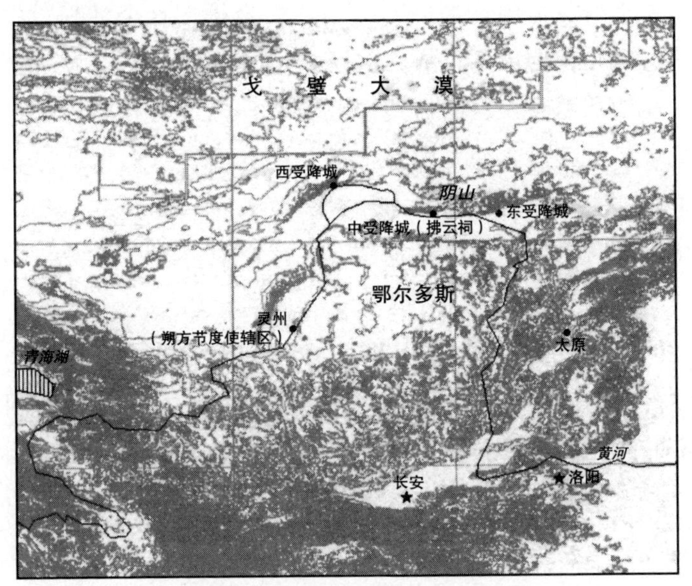

图 7.1　中原中北部以及内蒙古

一个机遇出现在 707 年，此时东部的突厥人把注意力从中原移开，着手向西去攻打那里的突厥人。此时，张仁愿加入了 178

关于处理突厥事务的辩论。虽然在这次廷议中，只有卢俌那篇具有文本启发性的奏疏保存了下来，但在文献中关于张仁愿提议的概要也得以保存。张仁愿提议在黄河北岸的主要渡口建立三个军镇，为的是不让这里成为突厥袭扰中原的集结地。如果其人马没有时间从艰难的沙漠和山路行军中恢复过来的话，突厥军队就很容易被击败。张仁愿的计划在唐朝的朝会上遭到了预料之中的反对。这种反对来自儒士唐休璟，他的观点也曾在文献中被提及。唐休璟认为，修建堡垒会给民众带来物质和经济上的负担，军镇最终会被敌人夺走。中宗对此犹豫不决，这与其性格如出一辙。直到执着的张仁愿多次向朝廷上呈奏疏以乞求执行他的计划后，中宗才决定批准这个计划。中宗采纳这一建议的决定，成为其统治时期在对外交往政策上最大的成功。尽管快速的修筑造成了短期的人员伤亡，但计划实施后，唐朝修建的工事获得了长期效益。鄂尔多斯不再遭受来自突厥的突袭，驻军人数减少数万。[35]一个边防官员关于扩展更具防御性的边界的提议，是这项对外交往政策成功的基础。

从之前对朝廷关于向塔里木盆地和黄河以北拓展的争论的分析中我们可以看出，总体上，唐代军事文化的价值观和战略取向，是由对立的现实政治和儒家道德这两个元素构成的，而现实政治元素占主导地位。这些发现与江忆恩就中国历史上军事文化的更广泛主张是一致的。然而，唐朝的证据挑战了江忆恩的假设，即文本传统是影响中国军事文化的主要因素。[36]虽然唐代朝堂辩论的观点很倚重历史先例，但皇帝更喜欢听取基于实践知识的建议。如果说边疆经验对唐朝军事文化的影响大于文本传统的影响，那么，这将证实关于战略文化的一些学术成果，表明战略文化可以“不深陷于历史之中，而更明显地是当时新的实践和经验的产物”。[37]如果从汉 179
语优先考虑历史先例的修辞惯例来看，这似乎是异端，但可以解释为什么唐朝的边疆战略和军事行动有其独特的意味，甚至不同于隋朝。

唐代边疆军事行动：作战行为

更早的关于实践知识对塑造唐朝军事文化具有重要作用的证据，源自远征，这些远征旨在拓展王朝在亚洲腹地的疆界，并让我们得以洞悉军官在战役中的作战行为。边疆经验对这方面的军事文化具有特别重要的影响，因为边疆开放政策鼓励唐朝与居住在其边地的游牧民族进行互动。互动能够使彼此相互理解并持续交往。随着边防官吏有了经验，他们就能根据自己的知识选择部队并谋划战术。因此，“能够接受的选择范围”并不局限于北朝流传下来的或包含在文本传统中的策略。

唐代边疆政策的性质是什么？太宗时期颁布的《唐律》要求在边地明确区分汉人和非汉人群体。[38]尽管如此，太宗并没有试图维持之前隋朝修建的长城工事，或建立其他任何形式的边界以将其帝国与亚洲腹地分隔开来。太宗的边防思想是实行“纵深防御”战略。驻扎在有城墙的城镇、主要路线上和战略要地的驻防部队，是可以打击进犯者的机动野战军。张仁愿在黄河以北建立的军镇成为这个网络的组成部分。虽然在整个王朝的前半期，边防部队的规模普遍增加，但战略仍然不变。这个系统的目的不是立即阻止敌人的入侵，而是摧毁其制胜的可能。唐朝的平民和军人借由城墙的掩护，使游牧民族更

180 加难以轻易地劫掠。这为军队调动兵力进行反击赢得了时间。[39]

然而，太宗和他的后继者并不仅仅依靠防御系统以消除来自亚洲腹地的潜在威胁。积极性的刚柔并济策略在唐代军事和对外交往事业中起到了重要作用。怀柔政策为游牧民族提供了许多好处，目的是规劝他们不要去偷袭边地，最好是加入唐朝的军队。部落联盟、部落和次一级部落得以获得进一步的金钱补贴、贸易特权、联姻关系，以及作为唐朝“官员”的任命。当迁就无法创造出令游牧民族或唐朝满意的和平现状时，任何一方都可以选择使用胁迫手段来获得优势。当这种情况发生时，唐朝就会断绝贸易，煽动或利用部落内部的异见力量，并与其他势力结盟共同对抗敌人；如果一切都失败了，就派军队进攻。[40]在纵深防御时，这些政策的执行则鼓励唐朝文武官员和游牧民族的交往。

作为边疆交往的结果，唐朝官吏形成了一套关于游牧民族以及如何与游牧民族打交道的知识体系。对这一知识体系做出重要贡献的人毫无疑问是在唐朝军队效力的非汉人群体。在整个王朝的前期，如下文所述，某个部落联盟的小部分人被临时雇到唐朝军队中。此外，许多非汉人群体的军人家庭、个人或部落的一部分，长期向唐朝域内迁居，好几代人都为王朝服务。例如，8 世纪中叶的将军高仙芝（756 年卒）、哥舒翰（757 年卒）和仆固怀恩（765 年卒）分别代表了第二代、第三代和第四代在唐朝应仕的非汉民族。在唐朝边防部队中效力的游牧民族和部落，必须间接地以身作则，或以直接提供建议的方式来传递信息。我们可以设想，他们影响了唐朝军事文化的性质，反过来又受到中原风俗习惯的影响。例如，能够熟读儒家经典的天才将领哥舒翰，其父亲是突厥人，母亲则是于阗人。[41]

一项关于唐朝攻打西突厥及其盟军的调查，可以为边疆经验如何影响唐朝边防官兵的作战行为提供证据。在唐朝进军西 181
域之前，西突厥是该地区的主要游牧势力。统叶护可汗（618～630 年在位）完全掌控了该地区的部落、绿洲城市和长途贸易，但西突厥在其统治下达到权力顶峰后，部落却分裂成两个相互竞争的派系，每个派系都有自己的可汗。[42] 640～648 年，西突厥的分裂为唐朝攻占吐鲁番和塔里木盆地的绿洲城市提供了机会（见图 7.2）。后来，自 630 年以后唯一能够团结所有部落的西突厥统治者阿史那贺鲁（651～657 年在位），以及匐延都督阿史那都支（679 年卒）和李遮匐（约活跃于 7 世纪 70 年代）的联合部队发起了挑战。唐朝发动了一系列针对西突厥的战争，下面将比较其中的三次。虽然有一次远征的指挥官是突厥将领阿史那社尔（655 年卒），其他的则是汉人将领，如苏定方（592～667 年）和裴行俭（619～682 年），但他们的作战行为表现出惊人的相似性。

所探究的第一次唐军远征，是 648 年攻打绿洲城邦龟兹。自 640 年唐朝攻下高昌后，龟兹一直是西突厥的附庸。龟兹国王与西突厥的密切关系，是由他与突厥王族阿史那家族一名女性成员的婚姻表现出来的。[43] 攻打龟兹存在潜在的困难，因为这涉及两个不同的战术挑战，即在战场上击败游牧骑兵部队和围困一个有围墙的城市。远征军总指挥官阿史那社尔曾是突厥王室成员，他于 635 年向唐朝投降。回想起来，他似乎是这次任务的最佳人选。他曾在这一地区待过，从 630 年到 635 年，曾作为独立的突厥统治者据有别失八里（北庭）和高昌。

182

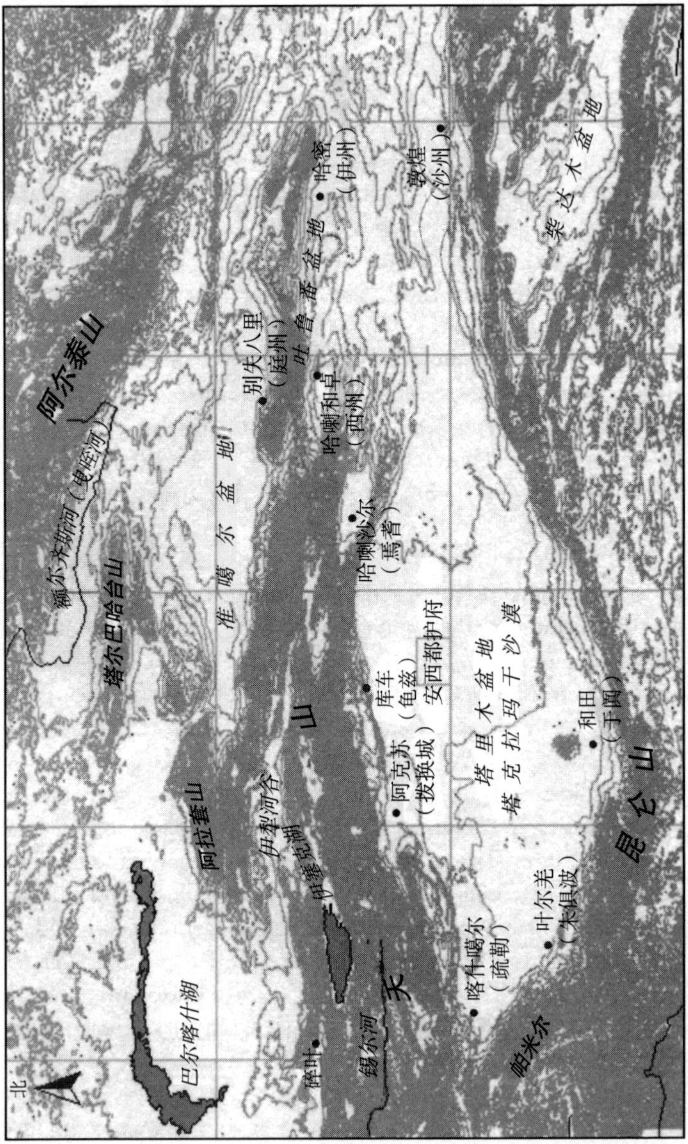

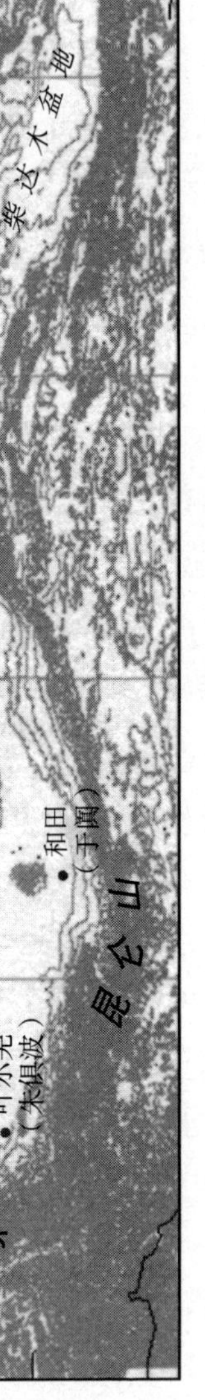

图 7.2 西域（大致今新疆地区）

后来，社尔担任唐朝将军，参加了 640 年远征高昌的行动。他有足够的资历领导由十三个铁勒游牧部落和十万名突厥骑兵组成的主要骑兵部队。[44]

在对龟兹的袭击中，社尔的战术展示出了适合亚洲腹地战争的元素。当军队向西穿越戈壁沙漠时，社尔把部队分为五
路。唐朝和龟兹军队的决战就包含草原战争的典型元素，即假 183
装逃跑。当一支由一千名骑兵组成的唐朝先头部队接近龟兹时，龟兹国王也许错误地认为这支小规模的先头部队就是全部唐朝军队，于是率领五万名士兵投入战斗。唐军先头部队撤退，与后方大军会合。一场激烈的战斗接踵而至，唐军打败了龟兹军队。在唐军主力的追击下，龟兹国王向西逃往拔换城。经过四十天的围攻，国王和他的追随者于 649 年 1 月 19 日投降，于是唐朝牢牢控制了塔里木盆地北部。为了巩固对该地区的控制，交往也是必要的。因此，社尔派了一名军官“徇诸酋长，示祸福”。[45]历史证明，这些谈判取得了巨大的成功。即使可能稍有夸张，我们也可以设想他指示其使者运用了与他职业生涯早期同样的政治辞令。在职业生涯早期，作为一位草原酋长，他用这些手段来确保人们追随于他。

657 年，苏定方率军击败西突厥阿史那贺鲁，这场战役也展示了类似的模式。这是唐朝在亚洲腹地最令人赞叹的远征，也是中国军事史上最伟大的一次远征。唐朝战役中最受关注的一场是太宗在 630 年击败东突厥颉利可汗（620～630 年在位），但这个弱小的对手被一支小规模且不必远行的部队所打败。[46]在西部战事方面，苏定方将在战术和交往上表现出对北方边疆战争的敏锐理解。苏定方是河北中南部人，自隋末内战时期就开始在军阀部队中服役。归顺唐朝后，他追求那种纯粹

的军旅生涯，其中就包括在亚洲腹地的经历。在征讨西突厥的战役之前，他最显著的战绩是在630年领导骑兵出奇制胜，击败东突厥。[47]

在657年的远征中，苏定方指挥了一支由可能来自蒙古草原的一万名回纥骑兵以及数量不详的唐朝步兵和骑兵组成的主力部队。西突厥同盟的一支独立军队，由贺鲁自己的敌人阿史
184 那弥射和阿史那步真领导，走的是“南道”，但没有参与最初的战斗。[48]苏定方军队主力从内蒙古鄂尔多斯北部出征，一路征战到蒙古草原西部阿尔泰山以北地区。关于阿尔泰山北部的记述很模糊，但可能涉及穿过沙漠和草原一千到两千公里的任何地方。随着远征如火如荼地推进，苏定方的军队从原来臣服于贺鲁的部落获得了更多的兵力。苏定方打败处木昆部后，部落首领和一万多户就投降了。唐朝文献记载苏定方招抚处木昆部，使他们同意献出一千名骑兵，整合进回纥部队。另一个部落，泥熟部，也被并入唐朝军队。泥熟部的男人们在他们的女人和孩子被放还，加上收到额外礼物后，就加入了唐朝军队。朝堂上，薛仁贵针对泥熟部提出了这一政策，因为“泥熟请随军效死”。[49]这一政策壮大了唐军实力，并让西突厥付出了巨大的代价。

决战发生在与阿尔泰山南缘平行的额尔齐斯河（曳咥河）流域。苏定方仿效阿史那社尔在648年的战术，派出了一万人的“唐-回纥”诱饵部队，攻击贺鲁的十万名骑兵。诱饵部队在撤退时，把贺鲁的部队引入陷阱，这个陷阱处于南边的装备长矛的步兵和北边的苏定方指挥的中原骑兵之间。面对贺鲁部队试图突破的三次冲锋之时，步兵们都站稳了脚跟。苏定方军队的骑兵随即攻击并击溃了贺鲁。唐朝的文献记载道，数万名

骑兵被杀或被俘。第二天，曾是贺鲁附庸的部族向苏定方投降。贺鲁带着几百名骑兵向西退至苏咄（石国，今乌兹别克斯坦塔什干市）。苏定方、阿史那弥射、阿史那步真的联合部队追及贺鲁，最终击败了他的军队，并将其抓获。[50]这场胜利巩固了唐朝对今新疆大部分地区的统治，并使唐朝能够在西域确立起暂时的权威。

最后一个案例是裴行俭于 679 年打击西突厥首领匐延都督 185
阿史那都支和李遮匐的战役，它进一步说明了游牧民族的政治和战争知识如何影响唐朝在亚洲腹地作战的军事指挥官的战术。与本章提到的其他人物相比，裴行俭达到了唐朝文武兼备的理想目标。[51]他来自晋南的一个曾仕于北周（557～581 年）和隋朝的显赫家族。他的父亲年轻时是一名骑射手，后来成为隋朝将领，参加边疆战役，但在隋唐过渡时期死于内战。[52]裴氏家族的身份使裴行俭得以进入唐朝的一所皇家书院读书。后来，他通过了明经考试，这将增加他在文官体制中晋升的机会。他在文化领域最值得注意的是书法，这是得到过高宗称赞的。在军事训练方面，裴行俭可能年轻时就学会了骑马和射箭，这本是北方精英阶层所掌握的典型技能，但偶然对他军事知识的深化起到了一定的作用。当苏定方是一名京畿将领时，裴行俭首次在当地担任左屯卫仓曹参军。据说苏定方对裴行俭很器重，并把所有的军事知识都传授给了这个年轻人。命运的再次“垂青”，增进了裴行俭对亚洲腹地的了解。657 年，由于批评武则天被高宗封为皇后，他不幸地被贬到西北边防一隅之地的高昌。665 年，他被提拔为安西都护，负责统率塔里木盆地的驻军，并负责处理与联合起来的游牧部落的关系。在边疆任职十多年后，到了约 669 年，他被召回都城，担任吏部侍郎一职。[53]

裴行俭离开西北后，祸端就开始酝酿了。到 671 年，西突厥的主要领袖是匐延都督阿史那都支和李遮匐。[54]在最初与唐朝合作之后，到了 7 世纪 70 年代末，都支和李遮匐开始拒绝承认朝廷的权威，并与吐蕃结盟，劫掠唐朝位于塔里木盆地的
186 军镇。679 年，朝廷的一些官员主张派遣大军去讨伐这些叛贼，但因为当时正值西域的军事远征以失败告终，裴行俭就提出了一个替代方案。裴行俭相信自己能够“不血刃”地擒获这两个游牧酋长，因为他能找到理由通过唐朝敌人的领地。波斯萨珊王朝的最后一位君主卑路斯，在被阿拉伯人打败后一直流亡于西突厥，最近去世了。裴行俭提议，护送卑路斯的儿子泥涅师（卒于 705~710 年）回西突厥，去夺取波斯流亡政权的王位，这可以作为俘虏敌人首领的借口。当时，泥涅师一直作为人质留在唐朝都城。高宗皇帝同意了这个计划。[55]

裴行俭到了安西都护府时，由于他以前在那里供职，所以受到了热烈的欢迎。他招募了一千多人跟随他前往西域，但对外宣称，由于夏季炎热，他们将推迟到秋季出发。事实上，这是一个误导匐延都督阿史那都支的骗局，因为据说他派了探子去监视裴行俭。都支听说裴行俭要推迟西行后，就没有立即做任何军事准备。裴行俭随后进一步施展了他的策略，邀请塔里木绿洲的上层人士加入其大规模的狩猎活动，这是欧亚大陆典型的上层消遣方式。[56]将近一万名应征者被秘密组织成一支军队，随后急行军进入西突厥地域。裴行俭的军队在接近都支的牙帐时，佯装只想拜见他。都支虽然疑神疑鬼，但还是在毫不知情且寡不敌众的情形下被俘虏了。当他带领子侄以及下属首领等五百人出去迎接裴行俭时，他们就被对方俘获了。裴行俭用都支的印信，也就是“契箭”，命令从属小部落和部落的首

领前来商议。就这样，这些首领也被一个接一个抓获了。另一位主要首领——驻扎在更偏远的西部的李遮匐——在听说部落联盟的其他成员都投降后，也只能投降了。[57]裴行俭的计谋取得了巨大成功。他没有发动战争，就擒获了西突厥的全部领导层成员。在这之后，西突厥开始衰落并且其部落溃散不堪，其领导层成员已经被大批杀害，直到二十年后突骑施联盟兴起，西突厥才恢复了元气。[58]裴行俭在这一地区有丰富的经验，他 187
显然意识到这个骗局是击败游牧民族对手相对容易的方法。

阿史那社尔、苏定方、裴行俭的远征有一些值得注意的特点，而这些特点可以增进我们对唐朝军事文化的了解，特别是对军官与游牧民族对手作战之行为的了解。有四个特点较为突出。第一个是，无关这三位将领的族属，他们对游牧民族的政治文化有共同的认识。更大的游牧民族政治团体，如贺鲁的西突厥，也总是包括其他民族血统的人，这些人团结一致，忠于酋长。游牧首领被期待能为追随者提供可掠夺的敌人、服役奖励和对家庭和牧场的保护。数十万名游牧民可以在这种政治组织中团结在一起，但是，独立的趋势一旦出现，就可能导致迅速的衰退。游牧民对他们首领的不满，往往出现在战事失败之后，他们的政治忠诚会像他们的家庭和牲畜一样流动起来。他们通常会另寻一个强大的领袖，这个人有可能成为新的效忠对象。[59]阿史那社尔和苏定方利用游牧政治中的这一趋势，在战役期间和战役结束后，招降了西突厥部落。唐朝提供了预期的保护、奖励以及可能的对部落民众进行掠夺的允许。同样，裴行俭对游牧政治的认识，比他对契箭意义的理解还要深刻。他的计谋对游牧民族特别有效，因为部落的人会效忠于个人领袖而不是拥有特定职位的人。一旦领袖离任，却又没有预定继任者时，不同的觊觎者会为了权力而互相竞争，如此一来，部落组织就会陷入混乱。[60]这就解释了西突厥部落联盟分裂的原因。

唐朝远征的成功以及对战争胜利果实的捍卫，都是由将领们对游牧民族政治的了解所促成的。阿史那社尔对草原的理解是不言而喻的，但关于苏、裴二人的认识则需要去深思一番。可能最重要的就是两人都曾在边疆服役。此外，军人之间也有非正式的信息交流，如苏定方在京畿部队任职时对裴行俭的教
188 导。汉人官员应该会与其他民族的官员有正式和非正式的接触。例如，655 年，苏定方参加了高宗为九位不同民族的将领安排的军乐表演，九位将领中就包括突厥将军阿史那忠（610~675 年），此人是阿史那社尔的堂弟。[61]这些经历和关系似乎影响了他们的作战方式。

第二个值得注意的特点是远征军的构成，尤其是苏定方和阿史那社尔的部队由大量轻骑兵分队和少量步兵组成。唐朝在这次拓展行动中使用轻骑兵，是一个重要的创新。唐朝结束了南北朝时期普遍采用铁骑的做法。取而代之的是，唐朝采用了草原上的标准配置——轻骑兵。丁爱博（Albert Dien）令人信服地提出，唐朝利用轻骑兵以应对游牧民族的速度和机动性。[62]苏定方的主要骑兵部队速度快、机动性强，平均每天能行军十一公里，这才使他的部队能够追踪贺鲁。葛德威认为，这种发展可能要归功于唐朝开国皇帝李渊，他曾在隋朝当过边疆将领，这使他和他的儿子们接触到了突厥的军事技术。[63]从那时开始，实践经验可能是理解唐代边疆军事文化的一个关键因素。通过在亚洲腹地的战争中使用轻骑兵，唐军在战术上达到了游牧军队的水平。

远征的第三个显著特点跳出了第二个特点的范畴，即阿史

那社尔和苏定方以假装逃走作为主要进攻战术。骑兵佯装撤退，然后进行侧翼攻击，这是游牧战争的一个典型元素，需要将军队分成多支部队来完成。虽然我们无从知晓为什么阿史那社尔和苏定方制定了这一战略，但对边疆战事的了解可能对他们的谋划产生了很大的影响。彼得·戈尔登（Peter Golden）指出，游牧部队偏爱利用轻骑兵速度优势的战术。他们的军队通常被分成至少两个分队，以便在进攻中提供更大的灵活性，并进行突然袭击，同时能让一些分队帮助其他陷入伏击的队伍。[64]葛德威的研究表明，尽管历史上较早时期的中原战争中 189
就出现了佯退，但可能在北方游牧民族的影响下，佯退在6世纪变得更加普遍。[65]在亚洲腹地，假装撤退是一种不可或缺的战术，在那里进攻的军队很难将敌人吸引到预定战场上。游牧民族通常对阵地战不感兴趣。他们的牲畜和帐篷等财富是可以移动的。对付强大军队的最好防御措施，是把营地和牲畜转移到远离伤害的地方。同时，假装撤退提供了吸引本来不情愿的敌人来应战的可能性。然而，我们需要思考的是，为什么它能如此频繁且成功地被用来对付游牧军队。酋长们一定警告过他们的骑兵，追击敌人时要格外小心，正如唐朝将军李靖和拜占庭皇帝莫里斯在军事令条里所做的那样。[66]然而，游牧部队特别容易受到这种策略的影响，因为他们的报偿通常就是对被击败敌人的掠夺。假装逃走利用了士兵们的这种贪婪。很容易战胜一支看似规模较小的部队的设想，可能会诱使骑兵去追逐，甚至可能违背命令去获取战利品，这就导致他们会遭受出其不意的残酷的埋伏袭击。

远征的最后一个值得注意的特点，是唐军具有克服在不宜居地区运输粮食所受后勤限制的能力，在中国历史的大部分时间里，穿过沙漠和草原的战役少于九十天。[67]值得注意的是，苏定方的远征军以主要穿过草原和沙漠为人所知，而这些地区普遍缺少绿洲。从 3 月到 11 月，他的军队在郊野里行进了三千公里，从鄂尔多斯北部经蒙古草原西部和新疆北部抵达吉尔吉斯地区。虽然我们不知道苏定方的军队是怎样获得补给的，但马匹大概是可以自由放牧的，而且也没有证据表明唐军因补给车辆而放慢速度。苏定方的游牧民族和汉人军队可能大部分时间都是如亚洲腹地的方式一般，依靠驱赶的牲畜来养活自己。从其他案例中，我们知道，唐军有时也会以这种方式进行补给。[68]当唐军能用牲畜自给时，他们就摧毁了游牧民族在草原战争中的重要战术优势。

结论

190 军事文化，就像所有的社会文化现象一样，是很难分析的，因为它是由多种处于持续互动和变迁状态的次传统组成的。当我们试图根据相对较少的现存信息来源考察它在遥远过去的性质时，这些问题就被放大了。伴随着这些限制，本章试图勾勒出唐朝前半期亚洲腹地军事活动中的军事文化。在战略文化和价值观方面——正如江忆恩对整个中国历史的认识那样——唐朝军事文化中现实政治和儒家道德这两种因素相互竞争，前者占据主导地位。然而，江忆恩和其他人认为的定义了中国传统文化的文本传统，似乎在影响唐朝军事文化方面只起了次要作用。朝堂上的一些官员，或支持或反对军事开拓，都是以儒家经典里的学说为依据的，但他们的观点不占优势。皇帝倾向于采纳有边疆实践经验的文武官员的谏言。决策中的这些偏好，不可能只有一个来源。陈寅恪的理论指出，关陇精英的成员身份是最重要的因素，但唐朝建立者李渊在隋朝时期的边防职务可能更为重要。可是，武则天的家族，既无关陇集团的关系，也无边防供职的历史，但她仍然表现出对基于军事实战经验政策的偏好。

实战经验对军事文化作战方面的影响更加明显。唐朝的边疆开放政策，为文武官员创造了许多了解游牧民族政治和军事传统的机会。他们作为同僚、下属、盟友和对手与游牧人群打交道的经历，对唐军产生了很大的影响。因此，源于和适应于亚洲腹地的军事组织和战术，成为唐朝军事实践的重要组成部分。尽管将军的族属不同，但阿史那社尔和苏定方的战役有着惊人的相似之处。此外，裴行俭出身于曾仕于北朝的一个精英家族，他可能是一位博学的学者，但他的作战策略显然受到他以前在西北边疆服役经历而不是家传的古典文献或军事技术的
影响。这些案例表明，在特定王朝统治期间，相对短期的影响 191
在界定军事文化方面可能比社会传统或经典文本中的长期影响发挥更为重要的作用。唐朝在这方面是不是一个例外，只有在进一步研究中国古代史后才能够回答。显然，在唐朝统治下，中原对来自外界的影响是持开放态度的，至少在军事文化方面，亚洲腹地有着重要的影响。

注　释

2003 年 1 月，这一章的早期版本在坎特伯雷大学（位于新西兰基督城）举行的古代中国军事文化会议上发表。我感谢召集人狄宇宙的邀请以及新西兰皇家学会的资助，这才让我能够参与其中。在会议上进行的

深入交流，使我加深了对古代中国军事历史和文化的了解。本章尤其受益于葛德威和狄宇宙的点评。我还要感谢托马斯·爱尔森提出的有益建议。

1. Di Cosmo, 2002, pp. 134-138.

2. 美学传统是狄宇宙所论述的军事文化的第四个方面，虽不在本章的范围之内，但这是一个值得未来研究的针对唐朝的课题。尤其是受到亚洲腹地影响的军乐一直是国家仪式的重要组成部分。参见《旧唐书》卷二八，第1039~1054页；Schafer, 1963, p. 52。

3. Thompson et al., 1990, p. 219; Johnston, 1995, pp. 5-15. 政治文化、军事文化和战略文化是密切相关的组织文化。战略文化可以被视为军事文化的一部分，正如狄宇宙在本书导论中所说的那样。反过来，如果我们接受卡尔·冯·克劳塞维茨（Carl von Clausewitz）的名言，即战争是“一种真正的政治工具，是政治活动以其他方式的延续”，那么军事文化就应该被视为政治文化的一个子集。Clausewitz, 1976, p. 87.

4. Elkins and Simeon, 1979, pp. 128, 131. 另可参见 Thompson et al., 1990, pp. 215-219；以及 Johnston, 1995, pp. ix, 4-22。

5. Diamond, 1994, pp. 229-238; Johnston, 1995, pp. 5-15 中有类似的论述。

6. Chen, 1997, pp. 1-48.

7. Twitchett, 1979, pp. 3-4; Chen, 1996. 崔瑞德将亚洲腹地的遗产视为理解唐朝早期军事战略的关键，参见 Twitchett, 2000, pp. 110-112, 122-124。

8. Twitchett, 1973, pp. 47-85；以及 Wechsler, 1973, pp. 87-120。

9. Wechsler, 1973, p. 92; Pan, 1997, pp. 183-187.

10. 例如，参见 Barfield, 1989, p. 131; Jagchid and Symons, 1989, p. 1; Pan, 1997, pp. 18-19。

11. Johnston, 1995.

12. Graff, 1995a, p. 528.

13. Di Cosmo, 2002, pp. 105-106.

14. Graff, 1995a, pp. 553-554.

15. Wechsler, 1980, pp. 32-40.

16. 关于《盐铁论》，参见 Huan, 1973; Loewe, 1974b, pp. 91-112。

17. 奏疏全文见于《旧唐书》卷八九，第2889~2891页；《全唐文》

卷一六九，第 760 页；《文苑英华》卷六九四，第 7 页 a~第 9 页 b。奏疏年代见于《旧唐书》。

18. Wechsler, 1980, pp. 26-29. 魏侯玮用术语"类型 1"来描述讲究仁义道德的儒家。

19. 《旧唐书》卷八九，第 2885 页；Guisso, 1978, p. 188; Guisso, 1979, pp. 307, 309 - 310, 317 - 318; McMullen, 1988, pp. 44, 418; McMullen, 1993, pp. 1-81。

20. 《新唐书》明确指出，崔融的奏疏是针对一份或多份未知的关于要求唐朝从塔里木撤军的奏疏而上呈的。《唐会要》的编纂者暗示，崔融的奏疏是专门针对狄仁杰的奏疏而上呈的，他们之所以选择将狄仁杰和崔融的奏疏并列，就是意在展现关于控制塔里木盆地的朝堂辩论中的不同观点。文献中没有给出崔融文书的年代，但王溥有力地争辩道，这是在 697 年年底或 698 年年初写的。参见 Wang, 1992, pp. 257-261。

21. Di Cosmo, 2002, pp. 297-304.

22. 奏疏全文见于《全唐文》卷二一九，第 978~979 页和《文苑英华》卷七六九，第 8 页 b~第 12 页 b。一个略为简短的版本收录于《唐会要》卷七三，第 1572~1575 页。关于奏疏的历史背景，参见《新唐书》卷二一六上，第 6078~6079 页。

23. Johnston, 1995, pp. 61-154, 248-253.

24. 《新唐书》卷二一六上，第 6079 页。

25. Guisso, 1978, p. 188.

26. 《旧唐书》卷九四，第 2996~3000 页；《新唐书》卷一一四，第 4195~4196 页。

27. McMullen, 1988, pp. 9-10.

28. Wechsler, 1980, p. 36.

29. 《新唐书》卷二〇〇，第 5705 页；《旧唐书》卷一九四上，第 5170~5172 页；《文苑英华》卷六九四，第 10 页 a~第 11 页 a；《全唐文》卷二六七，第 13 页 b~第 14 页 a。其时文儒的一个定义是"精通五经，能撰写哲学著作的"学者，见 Bol, 1992, p. 363, note 73。

30. Wechsler, 1980, pp. 36-37.

31. Pan, 1997, pp. 141-144.

32. Graff, 2002b, p. 48.

33. Guisso, 1979, pp. 321-322.

34. 《旧唐书》卷九三，第 2982 页；《新唐书》卷一一一，第 4152 页；《资治通鉴》卷二〇九，第 6620~6621 页；《唐会要》卷七三，第 1310 页；《元和郡县图志》卷四，第 116 页。关于鄂尔多斯的战略意义，见 Waldron，1990，pp. 62-64。

35. 《旧唐书》卷九三，第 2982 页；卷一九四，第 5172 页；《新唐书》卷一一一，第 4152 页；卷二一五，第 6047 页；《资治通鉴》卷二〇九，第 6620~6622 页；《唐会要》卷七三，第 1310 页；《元和郡县图志》卷四，第 116~117 页。

36. Johnston，1995.

37. Johnston，1995，p. 19.

38. 《唐律》中关于非汉人群的记载，参见 Skaff，即将出版。

39. Skaff，1998，chap. 5.

40. 关于这些策略的详细描述和分析，参见 Skaff，1998。

41. Skaff，2000，p. 27；Peterson，1970-1971.

42. Skaff，2002，pp. 364-372.

43. 《旧唐书》卷一九八，第 5303 页；《新唐书》卷二二一上，第 6230、6232 页；Chavannes，1969a，p. 118。

44. 《旧唐书》卷一〇九，第 3289 页；《新唐书》卷一一〇，第 4114 页；《资治通鉴》卷一九九，第 6261 页；Chavannes，1969a，p. 175。

45. 《旧唐书》卷一〇九，第 3289 页；《新唐书》卷一一〇，第 4114 页；《资治通鉴》卷一九九，第 6262~6265 页；Chavannes，1969a，p. 175。

46. Graff，2002b；Eisenberg，1997.

47. 《旧唐书》卷八三，第 2777 页；《新唐书》卷一一一，第 4136~4137 页；Graff，2002b。

48. 《旧唐书》卷八三，第 2778 页；《新唐书》卷一一一，第 4137 页；《资治通鉴》卷二〇〇，第 6301 页。

49. 《旧唐书》卷八三，第 2781 页；《新唐书》卷一一一，第 4140 页；《资治通鉴》卷二〇〇，第 6305~6306 页；《全唐文》卷一五九，第 9 页 a。

50. 《旧唐书》卷八三，第 2778 页；《新唐书》卷一一一，第 4137~4138 页；《资治通鉴》卷二〇〇，第 6305~6306 页。唐朝在 651~652 年派遣了八万名士兵参加战役，十万人的部队归属于贺鲁的说法可能并未过分夸大。

51. 关于“文武”的理想，参见 Graff，2000。

52. 《旧唐书》卷八四，第 2801 页；《新唐书》卷一〇八，第 4085～4086 页；《宋书》卷七〇，第 1633 页；《资治通鉴》卷一九九，第 6289 页。

53. 《旧唐书》卷八四，第 2801 页；《新唐书》卷一〇八，第 4085～4086 页；McMullen，1988，p. 224。

54. 毫无疑问，唐朝廷赐予李遮匐御姓是一种荣耀，这是唐代的一种常见做法。参见 Chen，1996，p. 382。

55. 《旧唐书》卷八四，第 2801～2802 页；《新唐书》卷一〇八，第 4086 页；《资治通鉴》卷二〇二，第 6390 页。

56. Allsen，2006.

57. 《旧唐书》卷八四，第 2802～2803 页；《新唐书》卷一〇八，第 4086～4087 页，卷二一五下，第 6064 页；《资治通鉴》卷二〇二，第 6390～6391 页；Chavannes，1969a，pp. 74－75，note 3；Beckwith，1987，pp. 45－46。关于箭在西突厥人中的象征意义，参见《资治通鉴》和 Beckwith，1987，p. 209 中的论述。

58. Skaff，即将出版。

59. Smith，1978；Lindner，1982，p. 700.

60. Fletcher，1979－1980.

61. 《旧唐书》卷二八，第 1047 页。

62. Dien，1982，pp. 36－41.

63. Graff，2002b.

64. Golden，2002，pp. 134－135.

65. Graff，2005.

66. Graff，2005；Golden，2002，p. 135.

67. Perdue，1996，p. 776.

68. 关于牲畜被用于作战军队补给的案例，参见 Skaff，1998，p. 333，note 95。

第八章　战争中的无名之士：宋朝尚武思潮的涵化典范

韦栋（Don J. Wyatt）

192 如果硬要从宋朝（960~1279年）[1]的杰出将士中选出一个典范的话，除了悲情英雄岳飞（1103~1142年）之外，熟知帝制中国历史及其军事传统的人很少会有其他选择。[2]我们必须把岳飞看作一个将所有正面因素都凝聚在一起的人物，从而去理解这种历久弥新的认可度。他幼年时父亲就去世了，抚育他成长的任务完全落在一位慈爱而有德行的母亲身上。年仅二十岁时，他就加入了家乡汤阴（位于今豫北地区）附近的地方民兵组织，并开始为保卫宋朝而同当时的敌人女真作战，抵御来自金朝（1115~1234年）的进攻。在接下来的二十年里，经过几十场战斗，岳飞奋勇杀敌，有勇冠三军之名。但是，在奸佞秦桧（1090~1155年）[3]的表面领导以及一心自保的高宗皇帝（1127~1162年在位）[4]的实际政令指导下，宋廷选择不惜一切代价奉行和平政策，勇敢无畏但政治上不受支持的岳飞在如此坚定地捍卫宋朝之时，却被看作可以用来休战的牺牲品。[5]这种本不应有的牺牲，可能是我们理解为什么岳飞的名气超过了以往任何传统时期武人的关键所在，就如他那令人尊敬却超凡脱俗且看似无敌的模范诸葛亮（181~234年）一样。[6]
193 因此，我们不必惊讶于岳飞是如何在随后的几个世纪里名声大噪的，他不仅是困顿中宋朝的忠臣，也是被宋朝背叛的例子之一。同时，不论是帝制时期还是现代，他都是最著名的民族英雄之一。

尽管有诸葛亮这样的人，但我们还是可以推测像岳飞这样的战士，其历史先例是多种多样的，不仅生于古代，而且很有认可度。岳飞本人，按照他所处的文化和时代的知识传承，无疑也了解这些先例，这些先例正好成了他的榜样。毕竟，作为帝国，任何一个有幸发展并维持了几个世纪的传统政体都是如此，对行伍之人发起的关乎建立、巩固和保卫国家的号召，一定是无休无止的——即使是不好战的领导人，也会对"武人的大量存在是帝国发展进程中不可或缺部分"这一观念进行合法化的解释。因此，中原王朝的统治者同其他地方的统治者一样，从很久以前就认为战争常常是令人不安且必要的，这是一种令人厌恶但不可完全避免的治国艺术的延伸。[7]因此，战争的必要性使那些最有能力发动战争的人具有不可撼动的地位，这就使他们能够成功完成一些事情，而这些事情基本上就是一些不光彩的行当。因此，即使在像宋代这样以文治著称的时代，武将也依然拥有重要且不可或缺的地位。

然而，尽管作为宋朝杰出军事人物的名声给他提供了保护，岳飞却以一种奇特的方式，在死后继续进行着一场无声的战斗。他与我们后世观点中对他所处时代总体上的军事态势及其要义的抨击进行着抗争。我们这些与岳飞相隔几个世纪的人，通过回首审视他成长、自立以及去世的 12 世纪上半叶，尽管很难消除对宋朝不尚武的偏见，但宋朝在军事实力、指挥能力和活力等方面都比不上它之前和之后的朝代，这一事实是毋庸置疑的。[8]当然，在宋代，残余的军事热情仍然存在，甚至

像是王朝肇建时的那种风气，它的旺盛程度可能不亚于中原历
194 代王朝的初始时期。然而，宋朝在中国历史上是值得被关注的，因为它此后一直奉行重文路线，并提供了一个极端但或许并不完全错误的总体框架——据称是出于维护国家利益的交往层面的谨慎，军事力量的运用越来越让位于一系列谈判解决方案。因此，那个时代最初的尚武精神变得虽不至于完全淡化，但也是越来越贫乏。

事实上，岳飞和其他少数像他一样的人的独特名声，有一个重要但经常被忽视的部分，那就是他们在宋朝妥协性的军事背景之下的武力反抗倾向。最重要的是，他们区别于其他宋人之处在于对待战事坚定不移的信念，也就是说，当被更乐于绥靖或招降的政敌包围时，他们通过屡次的突围来凸显其抵抗敌人的决心（具体地说，是从 11 世纪中叶到 12 世纪中叶）。他们作为“武”的支持者的坚定特质，也许被帝制中国时期最引人注目的“文”赋予了独特性。

然而，与此同时，这也确实促成了岳飞的奇特之处，他在普遍妥协、让步的氛围中战斗，是极少数站出来战斗的人之一，宋朝武人在这一相同特质上的差别导致了对他最为持久与扭曲的评价。其中两个评价是极具伤害性的，但也值得加以概述，我在本章的任务之一就是揭示这些评价的内涵。第一，因为宋人把他描绘成一个果断而毫不含糊的人，有一个不可否认的事实是，现存的官方资料鼓励我们将这个宋代武人视为在战场上能完全与对手甚至可能与他自身所处军队的前任和继任长官平起平坐的存在。不是这样的话，我们如何能至少部分地解释现代中国人强迫自己回溯到 12 世纪（通常被认为是民族屈辱的痛苦时代），寻求一个民族主义的模范来封圣？尽管有文

化自豪感，但历史现实展现了一个更为复杂的图景：这并不是说这位宋朝武将的作战技能变得越来越生疏，而是他的对手确实变得更熟练了。第二，在某种程度上，他所处的实践环境有利于对抵抗的默许，我们可以假设，宋朝的军人与那些被指控 195
不惜一切代价求和之人的数量是不相当的，也就是说，岳飞曾经与人数更多、更为“鸽派”的文官同僚意见相左。但是，尽管这在一定程度上是正确的，但对这类宋朝武将“腹背受敌”的看法——不仅被困在意识形态斗争中并与一群不那么想抵抗的同胞较量，也陷入了与非汉民族敌人真正对战的痛苦挣扎之中——也不利于我们去理解。它使我们更倾向于认为，那个时代的人总是像岳飞那样形象孤立且强硬，即便他们几乎没有什么美德，也没有追求任何传统意义上与文治有关的目标。[9]

因此，本章的研究实际想要达到两个最重要的目的。第一个目的是纠正这一过于简单化的形象，即宋代军人不幸地被孤立、剥削，甚至也不具有文臣的美德、兴趣或智慧。这是一种错误的想象，因为它直接导致且不公平地强化了宋朝崇文抑武的陈词滥调。为了保持这种扭曲的形象，宋代军人被描绘得与汉文化背道而驰。相反，我们如果能追溯宋人文化适应（acculturation）的演变过程，会发现这些宋朝武人的形象变得日益复杂，因为，这一群体所处的文化和历史背景，越来越要求他们在自己的身上表现出一种兼备文武之德。我相信，从传统观点来看，没有将任何既定的文臣才能内化的宋朝武人，即便拥有丰富的武德也是徒劳的。

尽管如此，本章的研究还有第二个目的，即重新审视我们对 1127 年北宋败亡进行的长期历史评价，这比第一个目的更具争议性。除了揭示武人如何追求某种形式的文臣才能外，我

还试图在这里展示宋代文官如何期待和渴望将武德内化，而传
196 记则是我揭示这一事实的首要工具。此外，我旨在揭示文化中的军事和军事中的文化，因此我限定了考察范围（军事与文化的相互渗透），聚焦于那些在历史上因军功以外的成就而被人们铭记的人的生平，或者集中在那些对军事文化的某些方面（如精通某项特定技能）一无所知的人身上。不过，我还是希望能够展现，特别是在人性层面上，宋代文武之间的鸿沟并不是不可逾越的，而是高度弱化和相互渗透的。的确，正如所要求的那样，理想中的宋朝武人应该在某种可定义的尺度上体现出文的一面，而当时流行的文化规定还要求文官应恰当地体现出武的一面。

被礼教束缚的野性：柳开

以下事实也许是无可争议的：尽管时间流逝，中国在历史上却一直保持着一种文化偏好，即培养文人的美德而不是军事上的才干。[10]因此，虽然长期以来宋代享有文人美德及其相关制度（如科举考试）最被用心大力发展之时期的盛名，但宋朝在军事方面并没有什么独特之处。不变的是，关于军事薄弱的持久争论从一开始就非常明显，尤其是在早期西方学术界，[11]可尽管如此，我们还是应该否认宋代文人和这个王朝的特质从一开始就是这样的。事实上，在宋朝建国之初，就像其他任何朝代一样，宋朝在文、武二元关系的运作机制中，几乎可以肯定地说，更侧重于支持后者。但为了保持平衡的暂时目标，武不可能在完全排除文的情况下得到提升。为了通过例证更好地理解这一点，我们将从柳开（947~1000 年）[12]这一典型案例开始探究。

人类早已认识到并不断目睹了任何对外战争或平叛冲突是
怎样驱使参与者犯下暴行的。在进行常规战争或镇压叛乱时，
毫无疑问，因为生命本身正处于非常危险的境地，军人的行为
要么是最英勇的，要么是最卑鄙的。放诸任何一个持久的文 197
明，都是如此，更不用说像中国这样连续不断的文明；在所记
载的编年史中，有大量这两类行为的实例。不过，最有趣的是
两种行为都归于同一个人的情况。

所有现存证据都表明，柳开充分体现了文、武两个概念；然而，他只用最极端的形式表现出来。柳开没有参加宋朝开国的军事部署，可能只是因为他尚且年幼。他出生在北方的大名（今河北最南端），而他出生的时候，仅仅比赵匡胤（927~976 年，后来的宋太祖，960~976 年在位）作为后周（951~960 年）禁军统帅发动政变建立国家早十三年而已。[13]然而，我们很难质疑长大后的柳开在多大程度上体现了残暴的武德，而这种武德是新帝国得以存在的原因，也是帝国中涌现的文官品质中最精妙的元素。

柳开从小就十分欣赏唐代（618~907 年）文学家的学术造诣，尤其推崇并力图复现著名古文大师韩愈（768~824 年）和颇受佛教影响的诗人、散文家、书法家柳宗元（773~819 年）的学术成就。[14]柳开最终成功地模仿了这些早期的文学巨匠——尽管显然是以一种非常独特的方式——以至于后来的宋代学者，如欧阳修（1007~1072 年）和苏轼（1037~1101 年），都将柳开看作一个不可或缺的过渡性文学人物，视之为怀着对唐代的崇敬之情去推动文学变革之实现的联系纽带。[15]文学史十分清楚地记载了后来的宋代文人对柳开作品的赞赏，特别是赞叹于他那令人仰慕的古文造诣。事实上，邵伯温

(1057~1134 年)[16]在其重要的非官方著作《河南邵氏闻见前录》中简明扼要地概括了宋初这一现象的全貌："本朝古文，柳开仲涂、穆修伯长［979~1032 年］首为之唱。"[17]

然而，根据官修史书《宋史》，柳开作为一名战士也是值
198 得一提的（甚至是引人注目的），他早年的一系列受挫经历无疑使他成长为一个自命不凡的军事人物。973 年考取进士后，他立即被派往宋州（治所位于今河南商丘）担任司寇参军，从事刑事案件的审判和上报工作。979 年，柳开被擢升为赞善大夫，此后主要承担一系列地方文职工作。986 年，宋太宗（976~997 年在位）试图收复半个世纪前被辽朝（916~1125 年）军队占领的北方"燕云十六州"，但未获成功，他对此深感恼怒和痛苦，于是发动了第二次进攻。[18]柳开请求皇帝准许自己赴死沙场。据说皇帝很赏识柳开，但没有给他光荣战死的机会，而是任命他为殿中侍御史。[19]

以上是官方对柳开如何度过 979 年至 986 年这段时间的记载，这些内容载于《宋史》，但显然没有提供任何能让我们真正着手评价他在宋代军事文化中地位的信息。然而，庆幸的是，还有大量的其他材料能对《宋史》的记载加以补充。这些《宋史》之外的叙述往往既生动精彩，又提供了丰富的信息；而在描写柳开于 10 世纪末那些决定性年份里的性格、举止、地点和活动的叙述中，我发现下面这段节选自《宋朝事实类苑》[20]的文字最为引人注目和层次分明，其作者是 12 世纪的江少虞（活跃于 1115~1145 年）：[21]

柳开，魏郡人，性凶恶。举进士，至殿中侍御史，后授崇仪使，知全州道，脍人肝，每擒获溪洞蛮人，必召宴

官僚，设盐截，遣从卒自背割取肝，抽佩刀割啖之，坐客 199
悚慄。知荆州，常令伺邻郡，凡有诛杀戮，遣健步求取肝，以充食。[22]

作为现代人，我们非常自然的第一反应，当然是质疑我们是否应该真的接受柳开是一个贪婪食人魔这一可怕的描述。但是，我们也必须质疑，仅仅根据感知到的真实基础来承认或否认柳开的食人行为，是否在某种程度上忽视了其本义。事实上，把整个问题归结为我们是否应该相信这种描述，可能恰恰问错了问题，因为这种简化根本无助于我们协调这里呈现的两个完全不同的柳开形象。

然而，我们如果把真实性问题放在一边，就会发现，即使我们对前文江少虞所描述的柳开做最中立的解读，如此直白的描述最初也可能会让我们只把它解读为对柳开的恶意抨击。但是，我不认为这件逸事的真正意图是人格抹黑。毕竟，江少虞在事后一个半世纪才记录下这样一种形象，说明他对柳开的描写不太可能呈现给任何读者一个新的柳开形象。相反，这里描绘的柳开似乎更有力地支持了与之对立的假设——这才是贴近原本那个柳开的顽强且有弹性的形象。[23]

在最基本的层面上，在柳开生前与死后的一段时间内，关于他的记述多沉浸于这类骇人的排斥性行动的狂欢当中，且此类记述广为流传，江少虞对柳开的描述只不过是助长了这一恐慌气氛。这显然是为了恐吓和打击宋朝外敌抑或内贼的士气。
这样写的目的是展示柳开处理“同类与嗜好”的能耐，因为 200
正如狄宇宙在本书导论中提到的那样，传统中原人经常把周围的外敌及其所展现的野蛮看作最极端形式的“武”。

此外，对柳开的描绘被设计得令人生理不适。作为一种有形的和视觉上的恐吓，这种描述无疑也是针对柳开自己的部队，表明他消灭所有敌人的决心，并暗示在与这样一个人打交道时，胆小者或不忠者可能要付出代价。然而，这种描绘被作为心理战武器的传统功能，与它作为一种文化论争的代表意义相比确实居于次要位置，而这一论争在宋初便出现，主要是关乎武人应具备什么形象以及何种品质，且该论争一直没有定论。江少虞及其他人描写的嗜血、食人的柳开与（正史中）冷静优雅的柳开并存，这有力地表明，至少在10世纪末，当宋朝面临的威胁与建国时期的一样时，以及当宋朝对各种敌人的应对策略大体上还未确定时，武人所体现的特征仍然是十分模糊的。武人形象没有被加以汇总，充其量是混杂在一起，其中也许包含一些不协调的甚至是令人讨厌的因素。

从历史上来看，在中华文化中，同类相食本身不仅与饥荒密切相关，而且与战争关系紧密。[24]然而，与饥饿的威胁不同，战争时期的同类相食通常不是为了维持生计，而是为了进行复仇仪式，有时甚至纯粹是为了追求快感。[25]我们可以假定复仇通常是更普遍的动机，因为吃掉敌方战斗人员这种同类相食的作用几乎与吃肝脏的作用完全相同——在中国的占卜传统中，肝脏被认为是愤怒的身体源泉。[26]因此，肝脏被认为是促成战争冲动的不可或缺的情感构成元素。割取敌人的肝脏，就是在仪式上消灭他们；食用他们的肝脏，正是象征性地提高自己发动战争并战胜他们的能力。

201 然而，对于后来的编纂者，比如那些编纂官方历史的人来说，从他们的著作来看，在对宋代武人的刻画上，礼教最终还是胜过了不羁的野性。这种武人身上文盖过武的转变根本不会发生，除非它能在一定程度上体现在历史现实的演变当中。尤其是当宋廷的外敌步步紧逼时，宋廷如此抉择就会变得更为惯用与老练，也更具防守性，曾经被认为是武人应该具有的道德品质，逐渐在文官身上凸显出来。这种转变几乎不是自然发生的，而是由战场上的实际情况决定的，实际上，正是边地敌人强大而日益增长的实力，迫使宋朝如此。

宋朝军事力量的衰退对这位戎马一生的武人（指柳开）产生了影响。于是，人们就产生了这样的设想：他的冲动应该用耐心来缓和，他的鲁莽应该用谨慎来制止，他的野蛮会被礼教所代替。具有讽刺意味的是，这种倾向在首个案例柳开身上已经很明显了，因为即使他被描绘成一个有奇特雅好的贪得无厌的食人魔，并且他显然喜欢生吃这种不体面的美味，但他在宴会上的形象又冲淡了他的粗野色彩，柳开会加上盐和醋作为调味品；在战场的宴会上，他肯定会坐在凸显尊贵的位置上。为了进一步证明这一文化趋势，让我们转向随后的 11 世纪；为了说明它对行为的影响，让我们来看看范仲淹（989 ~ 1052 年）[27]这个人物。

外智内勇：范仲淹

谨慎在战争中的价值是毋庸置疑的，它在所有文化中都得到了普遍认可。但是，在中国，证实战争永远是最后手段这一观点的文献记载可谓历史久远。既然我们可以把《孙子兵法》这类公元前 4 世纪的著作看作坦言战争即浪费的文献，并且这类著作坦诚地表达了一种倾向，即战争的最终原则——那些涉及实战的原则——从来不需要被应用，那么，我们就可以把中 202
国传统战争的总体惯例，大体解释为一种谨慎的传统。[28]在中国的历史上，有很多人能够在战场上清楚地区分鲁莽与果断、冲动与谨慎，特别是在宋朝时期，也许是因为涉及的利害关系重大，这种能力似乎显得尤为重要。比起范仲淹的文职经历，他的军事追求更是如此。范仲淹被认为是一位讲究审慎的大师，是宋朝最能执行谨慎战争策略的实践者之一，而这种策略主张，当通过其他手段就能取得胜利时，最好避免诉诸武力。

以 11 世纪中叶的宋朝为时限，我们必须把范仲淹的名字列入所有对管理事务最负有责任之人的名单。范仲淹多次声称自己可以跻身宋代官场的上层，但可以肯定的是，他与官僚贵族之间存在某些区别。来自吴越地区苏州（位于今江苏）的范仲淹，因其是第一位南方宰相而闻名于当时，因为那时朝廷的高层仍然以北方人为主，并受到北方人的过度影响。[29]此外，范仲淹在 1043~1044 年主持了庆历新政，他是宋代重大改革计划[30]的首位倡导者和设计师，这场改革早于王安石（1021~1086 年）变法。[31]最后，在中国智性主义的传统中，因为他的行为被定义为有一种为了公共利益的行动主义精神，范仲淹在 1046 年创作的一篇鼓舞人心的散文，远比他在文官生涯中实际取得的任何成就更为人们所铭记，他在文中表达了自己那永久受人敬仰且无私的声明，即个人应该“先天下之忧而忧，后天下之乐而乐”。[32]

范仲淹于 1015 年通过科举考取功名。此后，年轻时的鲁莽和道德上的正派一并驱使着他，使他像唐朝不肯畏缩的韩愈
203 一样，承担起儒家谏官的职责。[33]仁宗（1022~1063 年在位）登基至 1040 年这段时间，范仲淹因批评皇太后刘氏（969~1033 年）[34]和皇帝本人的行为以及当朝宰相吕夷简（978~1044 年）的施政，先后三次被降职并贬谪到外地。[35]然而，范仲淹

在每一次挫折之后回到开封（当时称为汴京）时，都能提高自己在朝廷中的地位；在1043年回朝后，他自己统揽了大政。[36]

遵循传统的和现代的学者对我们熟知的范仲淹执政生涯的整体细节和大致轮廓都进行了研究。然而，他们对范仲淹职业生涯中对他的晋升同样至关重要的一个方面——在军事事务中构筑大量防御工事——的评论却少之又少。[37]在成为朝堂文臣中的重臣之前的几年里，范仲淹早已是一位杰出的帅臣。事实上，对范仲淹军事功绩的忽视，导致一代又一代的学者忽略了这些军功在恢复范仲淹声誉方面极具挽救性的作用，而这又能反过来助推范仲淹获得最高级的职衔。但或许更可悲的是，我们忽视范仲淹的军人形象，肯定会使我们无法观察到：在一个宋代的人物个体身上，武人与文人之间的界限究竟有多么清晰。因此，让我们通过充分探究他的战事活动，来避免这种潜在的诠释盲点。

据著名历史学家和政治家司马光（1019~1086年）[38]《涑水记闻》[39]的记载，范仲淹因冒犯吕夷简，于1036年被贬为饶州（位于今江西省北部）知州。[40]部分基于司马光的叙述以及其他文献的补充，《宋史·范仲淹传》也印证了这一过程，即范仲淹在经历了一年多的消沉后，被调到江南地区，先在润州任职，然后在越州任职。[41]然而，1038年，西夏国王李元昊
(1003~1048年)[42]宣布自己为大夏国的皇帝，并单方面宣布摆 204
脱一直以来宋朝附庸的地位，从而引发了战争。[43]西夏君主李元昊拒绝宋朝对夏的统治，导致双方刀兵相见，这种状况让范仲淹的命运彻底扭转。

在战争爆发后，吕夷简再次紧急地专职处理此事。尽管如

此，他还是能够超越自己与范仲淹之前的分歧，认识到他那位年轻的文人抨击者在战时的完美价值，因为据我们所知，1040年，在吕夷简的举荐下，范仲淹被“召为天章阁待制、知永兴军，改陕西都转运使”。[44]

司马光的《涑水记闻》和《宋史》都告诉我们，范仲淹后来成了陕西经略安抚副使。[45]然而，他在军队中的发展并没有就此结束，特别是从《宋史》中，我们进一步了解到：

> 延州诸砦多失守，仲淹自请行，迁户部郎中兼知延州。先是，诏分边兵：总管领万人，钤辖领五千人，都监领三千人。寇至御之，则官卑者先出。仲淹曰：“将不择人，以官为先后，取败之道也。”[46]

上述信息在官方和非官方史料中均有记载，对于范仲淹军旅生涯的描述有助于我们理解他自己在对抗叛军首领的协同防御中
205 的积极投入是如何令他深深地沉浸在战争环境中，以及他与“武”的接触是如何净化和恢复他早期自我沉沦的文官生涯的。[47]后两句尤其暗示了范仲淹在战场上的经历如何增强了他对发动战争之心理的敏锐性，以及如何强化了他似乎早已拥有的信念，即文官素质只有在得到军事素质的补充，甚至可能与军事素质相互嵌入或交织时，才能达到最佳状态。

但是，如果仅仅局限于一份履历的话，我们对范仲淹的个性特征在宋代军事风气中意义的理解仍然是贫乏的。为了提升认知，我们需要理解范仲淹与武交融的品质，最好将精力再次转向对非官方文件的专门处理。文人魏泰（约 1050～1110年）[48]在《东轩笔录》中提到一则逸事，描述了范仲淹在战场

上可贵的谨慎，这与他的军事同侪韩琦（1008～1075年）的鲁莽冲动有天壤之别：[49]

> 仁宗时，西戎方炽，韩魏公琦为经略招讨副使，欲五路进兵，以袭平夏，时范文正公仲淹守庆州，坚持不可。是时尹洙为秦州通判兼经略判官，一日将魏公命至庆州，约范公以进兵。范公曰："我师新败，士卒气沮，当自谨守，以观其变，岂可轻兵深入耶？以今观之，但见败形，未见胜势也。"
>
> 洙叹曰："公于此乃不及韩公也，韩公尝云：'大凡 206
> 用兵，当先置胜败于度外'，今公乃区区过慎，此所以不及韩公也。"
>
> 范公曰："大军一动，万命所悬，而乃置于度外，仲淹未见其可。"洙议不合，遽还。
>
> 魏公遂举兵入界，既而师次好水川，元昊设覆，全师陷没，大将任福死之。魏公遽还，至半途，而亡卒之父兄妻子号于马首者几千人，皆持故衣纸钱招魂而哭曰："汝昔从招讨出征，今招讨归而汝死矣，汝之魂识亦能从招讨以归乎？"既而哀恸声震天地，魏公不胜悲愤，掩泣驻马，不能前者数刻。
>
> 范公闻而叹曰："当是时，难置胜败于度外也。"[50]

对我们来说，这既具戏剧性又几近伤感，这些令人痛心的细节都由与范仲淹同时期且比范仲淹年轻的魏泰记录了下来，魏泰这样写最大限度地发挥了其说教效果。此外，不管夸张与否，这份记录的基本真实性——关乎西夏在1041年针对宋朝军队

近于灾难性的胜利，以及主要人物在这一结果中所扮演角色的
207 记载——不容置疑。然而，最重要的是，我们要从这则叙述中得到基本经验，它以一种有力而完整的形式呈现于我们面前，正如它对作为读者的时人讲述的那样。经验显然是，在战争中以及在生活的其他大多数方面，谨小慎微总是比反其道而行之更重要。

妥协的典型：童贯

在宋代，随着接连的战败，以及国防利害关系变得日益重大与迫切，宋朝武人理想的无效性被可能会取得更好结果的现实所取代。鉴于文人和武人的典范常常能融合于同一个人身上，那么对一项标准的任何放宽意味着另一项标准可能随之变得不严格。在一种成功压倒了功绩和血统的氛围中，捍卫王朝的任务很可能落到宋代盛行的尚武思潮的代表人物身上，这些人要么远远超出我们在柳开身上看到的武、文的极端，要么远悖于我们在范仲淹身上看到的那样，在武与文的交融中保持完美的平衡。当然，在这后一类人中，也不乏那些在历史文献中被称为宦官的人。让我们来看看童贯（1054～1126年）[51]的所作所为和影响力吧。

童贯给我们展示了一个离奇的例子，在北宋早期，几乎不存在任何有影响力的军人。然而，在王朝后期的社会发展过程中，当然，在随后几个朝代中的最后一个由汉人建立的政权——明朝，宦官的影响越来越大，他们在中国各朝历史上也越来越被妖魔化。[52]与柳开和范仲淹不同的是，在童贯身上，我们看到一个人的职业生涯几乎完全是用军事术语来定义的。童贯职业生涯中军事要素的唯一性部分源于这样一个事实：由

于人们普遍对他被生理阉割抱有偏见，所以他在传统官场中的影响力被视而不见。但我们会发现，尽管是童贯，也没有完 208
全丧失与文有关的素养，尽管他在《宋史》中被贬低，但其中一卷关于宦官的内容就告诉我们，童贯“少出李宪［1092年卒］之门”，而李宪本身就是一个引人注目的宦官军事人物。[53]

《宋史》提供了关于童贯的重要补充资料。然而，至少在一开始，它提供的许多内容都是刻板且令人讨厌的，因为这些内容与传统文献中对宦官的描述一样，总是充斥着蔑视和厌恶。例如，关于童贯的性格和政治关系在他最初的崛起中所起的作用，我们看到：

> 性巧媚，自给事宫掖，即善策人主微指，先事顺承。徽宗立，置明金局于杭，贯以供奉官主之，始与蔡京游。京进，贯力也。京既相，赞策取青唐，因言贯尝十使陕右，审五路事宜与诸将之能否为最悉，力荐之。合兵十万，命王厚［活跃于约 1070～约 1130 年］专阃寄，而贯用李宪故事监其军。[54]

宋军对敌人的这次奇袭发生在 1107 年，并且再一次，就像
七十年前范仲淹所经历的情况一样，是针对西夏的。[55]此外，也 209
许让许多人感到惊讶的是，这一行动相对成功，因为它打破了长期而急剧的失败趋势，促成了与西夏不稳定而短暂的休战，这样的休战态势一直持续到 1114 年。[56]事后看来，宋朝在这一局势下对西夏的“胜利”，只不过导致了一场微妙的僵局。尽管如此，在此前一连串令人沮丧之失败的背景下，童贯的成功使他

迅速得到了一系列的晋升。他担任的主要是一些关乎国防的官职，其中最重要的是襄州（位于今湖北省北部）观察使。[57]

尽管与蔡京的交往为他提供了保障，但在战争和对外交往频繁交织的各种场合中取得的实实在在的成就，是童贯最能仰仗的晋身之阶，而且只有在这些场合才行，因为他的宦官身份阻断了其他晋升渠道。由此，不能低估童贯自身素质对文、武的本质要求，因为在童贯的职业生涯中，这两个概念的灵活运用对他的生存来说至关重要。《宋史》提供了重要的文献，强调了这一事实，阐明了占优势的官僚或文人是多么充满偏见地认为宦官是大奸大恶与构陷他人之辈：

> 政和元年[1111 年]，进检校太尉，使契丹。或言："以宦官为上介，国无人乎?"帝曰："契丹闻贯破羌，故欲见之，因使觇国，策之善者也。"使还，益展奋，庙谟兵柄皆属焉。[58]

210 童贯以出使契丹为幌子从事间谍活动，这给他的仕途带来了丰厚的回报。据我们所知，他返回后，朝廷任命他以太尉的身份出任陕西、河东、河北宣抚使。[59]

尽管声望迅速上升，并在 12 世纪的前二十年，权势越来越大，但直到 1120 年，也就是他去世的六年前，童贯才达到他作为一个武人的权力顶峰。有趣的是，他的成就直接来自他在应对帝国安全的新威胁方面的感知和能力。这种威胁的形式是内部反叛，而不是宋朝与争夺边地的政权间的那种典型而持续的冲突——从小规模冲突到全面战争。另一个非典型的事实是，这种威胁出现在到北宋末年为止比较平静的东方，而不是动荡不安的西方。

童贯面对的重要事件，是历史上以其发起者的化名——方腊[60]来命名的起义。起义开始于1120年冬，在1121年夏正式被朝廷军队镇压，尽管追捕和处决四散的所有起义者又持续了一年的时间。[61]起义主要是由一个大地主操控当地农民的不满情绪引发的，起初集中在现在的浙江省，但很快扩大到现在安徽省南部的一小部分地区，甚至扩大到现在江苏省和江西省的部分地区。尽管可能有些夸大其词，但传统上估计参与打击以农民为主的方腊军队的官军人数为十五万人，而朝廷和平民的伤亡总人数约为一百万人。宋军讨伐部队的领导人，也就是这次起义的主要镇压者童贯，改任江、浙、淮南宣抚使，不久他就以这一新的身份彻底终止了这次起义。[62]

因此，通过结合高超的军事技巧和政治悟性，以及凭借自身的赫赫战功，童贯为维持宋朝安定做出了巨大的贡献，尽管
宋朝迅速进入了其国运最危难的时期。但可以肯定的是，童贯 211
只是孤身一人（而且在许多同时代人看来，还不到这个程度），而且，无论他多么有能力，我们都不能指望他能够单枪匹马地扭转这个国家日益衰弱的命运。仅仅在方腊起义失败的三年后，宋朝就加速衰落了；就像他之前的成功一样，童贯成了北宋衰败的独特牺牲品。

童贯的垮台是由于宋朝新的强大威胁女真的崛起，女真开始不断地从东北地区进行突袭和掠夺，并深入宋朝的腹地，到1125年，他们威胁到了开封。鉴于先前战功卓著，童贯和他的部队被徽宗编入仓促拼凑的首都保卫军，以抵抗粘罕（1080~1137年）率领的女真大军。[63]尽管需要几个月的时间才能显现，但在童贯可能面临压倒性的困难时，从前线撤退——

从开封城内撤军——从而招致毁灭性的围攻，最终导致都城沦陷，北宋政权被女真政权推翻后，他的命运实际上就已经被注定了。[64]

女真对中原一次次的侵扰引发了可怕的恐慌，这可能会让我们认为，对于宋朝而言，一个宦官在战场上的无能行为——不管是出于策略还是怯懦——都不如王朝自身的政治和实际生存重要。然而，事实显然并非如此。在其父徽宗预料到女真会全面进攻而惊慌失措地退位后，钦宗（1125～1127 年在位）登上了皇位，他这样做是为了对那些在危急关头未能保卫王朝的人进行严惩。钦宗最初的惩罚行为之一，就是针对童贯被认为的懦弱，颁布了一道诏书，要求处决这位前宦官将领。[65]当时，童贯已经被剥夺了指挥权，并被流放到南方，暂时居住在南雄州（位于今广东省东北部），表面上是要去英州（位于今广东省中北部），而实际上是去海南岛。[66]张澂（活跃于约1080～约 1130 年）受命追踪童贯并在途中斩杀他。[67]

就像柳开和范仲淹的案例一样，我们非常幸运地至少有一则留存下来的非官方故事重现了童贯生活和事业中这一重要时期的细节。这个故事是由著名的爱国诗人、散文家和旅行家陆游（1125～1210 年）[68]写成的，收录于其《老学庵笔记》中。他写道：

213 童贯既有诏诛之命，御史张达明持诏行。将至南雄州，贯在焉。达明恐其闻而引决，则不及正典刑，乃先遣亲事官一人，驰往见贯，至则通谒拜贺于庭。贯问故，曰："有诏遣中使赐茶药，宣诏大王赴阙，且闻已有河北宣抚之命。"贯问："果否？"对曰："今将帅皆晚进，不

> 可委寄，故主上与大臣熟议，以有威望习边事，无如大王者，故有此命。”贯乃大喜，顾左右曰：“又却是少我不得。”明日达明乃至，诛之。贯既伏诛，其死所忽有物在地，如水银镜，径三四尺，俄而敛缩不见。达明复命，函贯首自随，以生油、水银浸之，而以生牛皮固函。行一二日，或言胜捷兵有死士欲夺贯首，达明恐亡之，乃置首函于竹轿中，坐其上。然所传盖妄也。[69]

因此，历史最终使童贯变成了懦夫。然而，他的死亡是否 214
遵循一种由来已久而普遍适用的模式，这个问题仍然悬而未决。难道他的命运不能代表近乎经典的、做出奉献却得不到回报的忠诚武人吗？童贯很可能确实如被指控般有罪。然而，他也有可能成为战争的另一种牺牲品，即他被他竭力捍卫之国家的背弃所毁灭。[70]在这个重要的方面，顺便一提，童贯之死，比前文里其他两个人中的任何一个都更需要深入考虑，这也预示了伟大的岳飞的命运走向。岳飞之死被涂上殉道色彩，而童贯除了一个致命过失外，对宋朝的生存做出了与岳飞相同的卓越贡献，其成就远超其后来者所能确保的，却只被视为耻辱，进而被置于王朝历史的阴暗边缘。

有勇者与有谋者

通过对三个截然不同的个体——柳开、范仲淹和童贯——的生平的深入研究，我极力去证明，至少在北宋（1127 年之前）的一个半世纪里，士风和武人文化更加亲密而不是离散，而且也许更具有独特的重叠性。这种对每个人所处环境的逐一分析不仅揭示也深刻地强化了这个结论。对照背景评估这三个主要人物，我们发现在那个时代，他们都是传统倾向和非传统倾向的混合体。然而，考虑到目前正在探讨的主题，最明显的是如何产生、界定和阐释他们参与文和武的非常规因素——这证明对他们来说，文、武两个概念之间的隔阂既是人为的，又是非常浅薄的。

在宋朝 10 世纪初红极一时的柳开身上，我们发现了一个复杂的人格，虽然我们现在只能以模糊的事实和传说为切入点
215 来辨别，但他一个人身上便体现了文和武的极端。尽管与他同时代的人和后来的中国人都对他肃然起敬，并倾向于强调他作为文学家所取得的文化成就，然而更令人难以忘怀的是，柳开留给我们的印象既是最嗜血的好战分子之一，也是公认的食人魔。我们可能倾向于这样认为，柳开沿着后一极的发展，比其他任何方面都更能使他永远地被视为宋朝的武人。但真正让他成名的是他在文武两个领域的机智干练，而不仅仅是在一个领域。[71]

范仲淹在 11 世纪中期充分发挥了其强大的政治影响力，我们在选择以武为基准时，惊讶地遇到了一个几乎不能更熟悉的关于文的得力代表。通过对支撑他早期职业生涯潜在的但占主导地位的军事方面的列举陈述，我们第一次意外地了解到范仲淹不仅是非凡的文官，而且是卓有成就、受人尊敬的武人。

在童贯身上，尽管我们对他的遭遇可能带有世代积累下来的偏见，但我们也许见证了宋人最简单的状态，而把他的形象完全看作武人，这可能首先会使我们将他与文的任何联系完全撇开。然而，从他与蔡京（在 1126 年这个重要的年份被赶下台，于流放之地死亡）的互惠关系中我们恰好可以清楚地看出，童贯在利用文的概念方面并没有懈怠。即使他是被惯例所

迫，间接地，甚至偷偷地这样做，童贯也完全不厌其烦地吸收了文——尽管是执意通过蔡京这个人物——并且致力于将这种理想变成他的目的，作为他个人晋升的整体策略中不可或缺的组成部分。所以总的来说，我们绝对无法很自然地把这里被认为是武的倡导者的任何一个人的分类，完全排除在文之外，连童贯也不行。我也不认为这种排他性甚至是一种可能的追求，更不用说它已经成为他们自我认知的一部分。

然而，如果不是完全的文化共生甚至身份认同的话，我提
出宋代文武之间存在文化衔接，并不是说这个论点是毫无争议 216
的。宋代文人与武人的对立是天生的自我区别，他们在完全独立的文化领域运作，肯定有他们后世的支持者。此外，支持文武之间不可弥合的文化“大鸿沟”这一范式的证据，可以从主要的文字材料中提取出来。这两个概念在文化上是不可分割的，这一点可能可以通过一个简短的逸事得到证明，逸事收录于士大夫朱彧（1075？~1119 年后）的《萍洲可谈》。[72]它以对司马光的严厉嘲讽为特色，而当时司马光作为一个文人的名声是无人能及的。朱彧记载：“司马温公闲居西京，一日令老兵卖所乘马，嘱云：‘此马夏月有肺病，若售者，先语之。’老兵窃笑其拙，不知其用心也。”[73]尽管它作为对 11 世纪各阶层之间鸿沟的评论很有价值，但我们别无选择，只能把这个有趣的小插曲看作鼓吹武（或者至少是武的支持者过度抬高美化了武的价值）而牺牲了文。

尽管如此，正如我们看到的那样，比前面的逸事更丰富、更有启发性、更具有教育意义的是那些——通过人文主义强大文化手段的——文武结合的部分。虽然我只讨论了其中一部分，但有宋一代，促进这种融合的个案很多，有的出名，有的

无名。从理论上讲，很可能存在一个武德非常充沛，在践行“武”的观念时完全不受文的影响的宋人。但我不认为武德楷模岳飞是这样一个人。在现实中，更常见、更具代表性、更具说服力的是在紧张状态下体现出各种特质的武人。就像技艺高
217 超的陈尧咨（970 年～?），[74]他是个优秀的弓箭手并身怀武功，但从他身上也体现出了孝的根本美德，因为他选择放弃军旅生涯是出于害怕无法照顾年迈的母亲。[75]这位真正的宋代武人精心平衡了文武之间的关系，无论何时他都不在二者之间犹豫不决。

有趣的是，仅仅通过某些可行的比例来体现武文价值观的融合，宋代军人未必会得到文化上的尊崇；然而，根据他们在中华文化中长期受到的尊崇来判断，这里探讨的三个人中有两个——当然是范仲淹，或许还有柳开——很可能是例外。但事实上，大多数这样的人并没有因为在自己身上体现了一种切实可行的结合而获得任何特殊的荣誉，并且实际上凸显以及在规范中被期望的可能性是，他们应该把集中包含在这两个概念之中的美德加以内化。不管一个人公开自称主要是武人还是文人，在同时代的宋人看来，作为杰出之人，这两套伴随而来的美德合而为一，不需要受到特别的关注，因为这并不新奇。

在本章中，我主要受到狄宇宙在导论中提到的所有关于军事文化的定义的引导，尤其是第三个定义——这个定义来自对一个社会是否倾向于战争的价值观的态度。关于宋朝，后世既定的观点认为当时文人的价值观在社会中更占优势，我的研究几乎没有证据能够从根本上修改或重构这些观点。但这并不是说我们不应该适当地修正它，结论要强调的是，有一个重要的观念需要调整，即无论人们选择如何界定宋代的军事文化，都

不能宣称军事文化不存在或不起作用。尽管我们认为宋代是文
普遍占优势的时代（也许我们有理由这样认为），但我们不应
假定这种优势意味着武曾经完全黯然失色，更不能说是被彻底
抹杀。事实上，虽然武和文的结合确实是一种教养和才能的标
志，但这在宋朝人身上是一种无须特别注意的成就，因为这是
理所想当然的结合，而不是不寻常的成就。它所反映的只不过 218
是那个备受煎熬时代的迫切需要。因此，对于宋朝的无数武人
来说，仅仅有胆量去保护国家显然是不够的。虽然他们可能会
被埋没，但同样重要的是，他们应该适当提升自己，使自己具
备足够和必要的一系列品质——那些在武和文标榜下的品质。
如此一来，不仅增加了国家持续安定的可能性，也有助于确保
宋代军人必要的价值、凝聚力和生命力。毕竟，随着朝代的消
亡和运势的衰弱，大多数人都可意识到，在其他所有资源都耗
尽的情况下，这样一个保卫国家之人的行为，很可能会决定一
切。因此，不管怎样，宋代的无名战士都将证明自己便是最后
的实现救赎的最佳机会。

注　释

2004 年 3 月 30 日，在狄宇宙的主持下，作为普林斯顿高等研究院历史研究学院东亚研讨会的一部分，本章的早期版本以同一标题发表。我感谢所有参加会议并提出个人见解的与会者，特别是韩书瑞（Susan Naquin）、梁其姿（Angela Ki-che Leung）、戴梅可（Michael Nylan）、邵式柏（John Shepherd）和托马斯·库恩（Thomas Kühne）。我也非常感谢艾媞捷（T. J. Hinrichs）和戴英聪后来提供的非常有用的信息，同时感谢克里斯托弗·罗杰斯（Christopher Rodgers）在准备本章地图时的鼎力

相助。

1. 这里提供的时间反映了宋朝总体的时间跨度。然而，历史学家习惯性地将这一时期划分为“北宋”(960~1127 年) 和“南宋”(1127~1279 年)，主要基于都城从开封到杭州（当时称临安）的迁移。关于对这个命名法所涉及复杂性的广泛讨论，参见 Wyatt, 2003a, pp. 220-244。本章仅着重于北宋的时间框架之内。

2. 无论在西方还是在中国，岳飞都是被研究得最多的宋代人物之一。关于其生平和后世影响的易懂的英文自传概要，参见 Wills, 1994, pp. 168-180。本章注释提供的传记信息主要有三个来源，或是单独的，或是任意的组合：Ch'ang p. et al., 1976; Balazs and Hervouet, 1978; Ding, 1981。我也从 Ting, 1989 中受益匪浅，并经常引用该书，这是一本大量收录《宋人轶事汇编》条目的英译本。为了翻译官职和机构，我主要参照了 Hucker, 1985。

3. 秦桧是岳飞的主要政治对手。因此，传统的编年史家盛情赞扬岳飞，无情地诋毁秦桧，以至于秦桧在历史上被贬为叛徒并对 1126 年宋朝的溃败负有不相称的责任。参见 Wills, 1994, pp. 173-180, 235 以及 Ting, 1989, pp. 618-630。

4. 通过迁都杭州，高宗成为南宋的首位皇帝。

5. 关于岳飞之死的综合论述，参见 Wills, 1994, pp. 178-179 以及 Ting, 1989, pp. 602-603。

6. 关于诸葛亮既是军事文化中的英雄又是文学中的忠诚象征的更多信息，参见 Wills, 1994, pp. 100-113。

7. 正如 D. 霍华德·史密斯（D. Howard Smith）在 Smith, 1973, p. 63 中提到的，“古代的中国人并不比其他人更热爱和平”。

8. 近期的研究已经使前提变得更加恰当；但是，学者们通常认为在帝制时期的主要朝代中，相对而言，宋朝是军事力量最薄弱的王朝之一（如果不是最薄弱的话）。

9. 岳飞虽然是他那一类人中最有名的，但在宋朝历史上并非绝无仅有。在他的先辈和同时代人中，我们可以列出像狄青（1008~1057 年）和宗泽（1059~1128 年）这样的人物。关于每个人的更多信息，参见 Ting, 1989, pp. 302-309, 555-560。

10. 如果从中国哲学传统主流的总体基调来判断，混乱一直代表着一种特殊的状态，因此，思想家们认为有必要借助军事手段来平息这种异常的混乱。根据孔子弟子们的说法，孔子将怪、力、乱、神并列在一起并且不愿谈论这四件事。参见《论语·述而第七》，第六节。我们可以凭直觉判断，他之所以回避这些问题，部分是因为他认为这些事件很少发生，也许那些神迹和神灵是不存在的。但至少我们可以假设，秩序与用于培育和维持秩序的文治工具被认为比它们的对立物更为普通，因而更为自然。参见 Rand，1979，pp. 107 - 109。更多关于牟复礼（Frederick Mote）称为“统治军队的文治方面的最高权威”（尤其是在宋朝），参见 Mote，1999，pp. 103-104，114。

11. 早期西方学术界尤其把宋朝描述为从一开始就军事力量薄弱的朝代，这一观点在很大程度上反映了他们对传统时代晚期中国史官评价的挪用。例如，在完全符合中国传统的评价下，H. R. 威廉森（H. R. Williamson）在他开创性的两卷本著作（Williamson，1935，vol. 2; p. 73）中指出：“这种军事上的软弱源于建国初期。”

12. 柳开的原名是柳肩愈，但不知出于何因，他后来改了名。

13. 更多关于宋朝建立的内容，参见 Mote，1999，pp. 92-118。

14. 更多关于韩愈的论述，参见 McMullen，2003a，vol. 1，pp. 247-248。更多关于柳宗元的信息，参见 McMullen，2003b，vol. 1，pp. 390-391。更多关于唐代古文运动的内容，参见 DeBlasi，2002。

15. 更多关于欧阳修的内容，参见 Hon，2003b，vol. 2，pp. 471-472。更多关于苏轼的内容，参见 DeBlasi，2003，vol. 2，p. 586。

16. 邵伯温是哲学家和理学家邵雍的长子。更多关于他的内容，参见 Wyatt，2003b，vol. 2，pp. 538-539。

17. 邵伯温：《河南邵氏闻见前录》卷一五，第 9 页 b。关于更完整的翻译，参见 Wyatt，1996，pp. 40 - 41。更多关于穆修的内容，参见 Wyatt 1996，pp. 20，38-43，46，47，59，226，255，260。

18. 宋太宗是宋太祖的弟弟，他最初在 979 年试图夺回这些州府，也就是在他继承大统的三年之后。在那次尝试中，他侥幸逃脱，宋军损失惨重。更多关于他与契丹战斗的内容，参见 Lorge，2008。

19. 脱脱等：《宋史》卷四四〇，第 13024~13025 页。

20. 这部作品之所以有趣，不仅是因为它的内容，还因为它的组织形式。它的七十八卷独立卷目被细分入一般的描述性标题之下，其中很少是混合的。卷五四是混合的一卷，包括“忠孝节义”的最后一节和“将帅才略”的第一节。也许恰如其分的是，这一卷的开头部分就是关于柳仲涂即柳开的内容。

21. 高宗年间，江少虞任吉州（位于今江西省西部）守。

22. 江少虞：《宋朝事实类苑》卷七四，第 986 页。这件逸事收录在“诈妄谬误”标题下的某卷中。柳开的故里魏郡，即今天的大名县。全州就是现代的桂林，位于广西壮族自治区的北部；荆州位于鄂北，即现在的襄樊。按照中国身体占卜的传统，肝通常被认为主宰愤怒的情绪。

23. 江少虞，或者可能是后来的编修者们，把这个故事的早期版本归于 11 世纪钱塘（位于今浙江杭州附近）的佛教僧侣文莹所写的《湘山野录》。然而，现存《湘山野录》的各版本中没有逐字逐句地记载这一逸事，几乎每一版本都只有三卷和一篇附加的“序”。然而，附于该书作为简介的四库全书提要解释道，这部作品还有另外两篇附加的序（其中一篇可能是逸事的来源），但现已散佚。提要还告诉我们：这本书完成于熙宁年间（1068~1077 年），较为丰富地记载了北宋的各种事务；因书作于荆州金銮寺，故以湘山为书名。参见永瑢等《湘山野录提要》卷一。象山位于全州（今桂林）西部。因此，前文提到的“荆州”实际上一定指的是“荆湖南”，即位于现在广西北部的荆湖南路，而不是湖北荆州地区。尽管现存的版本中没有食人逸事，但我们仍然可以推测，对于柳开嗜好食用人类肝脏的怀疑，已经显然逐步发展成地区传播的民间传说了。此外，只有一部元朝（1279~1368 年）的作品保存了柳开著名的食人行为以及他对居民纠纷的侠义干预，见虞裕《谈撰》卷一，第 6 页 a~b。

24. 可参见 Graff，1995b 等作品以查证一些证据。

25. 虽然比较少，但在中国，吃人肉是有经典先例的。参见 Chong，1990，pp. 53-54。吃人肉这一行为一直持续到南宋时期，参见 Gernet，1970，p. 135。

26. Xie，2000，p. 38.

27. 更多关于范仲淹的内容，参见 Hon，2003a，vol. 1，pp. 204-205。还可参见 Wills，1994，pp. 153，157 以及 Mote，1999，pp. 123，124，136-138，349。

28. 参见 Griffith，1963，p. 39。他在书中写道：“决不能草率或鲁莽地进行战争，在战争之前必须采取旨在使胜利变得容易的措施……只有当敌人不能被这些手段战胜时，才能诉诸武力。”

29. 参见 Wyatt，1996，p. 143。

30. 参见 Wills，1994，pp. 153，157。

31. 更多关于王安石的内容，参见 Wyatt，2003d，vol. 2，pp. 626-628。

32. 范仲淹：《岳阳楼记》，收录于《范文正公文集》卷三，第 4 页 b。

33. 更多关于韩愈作为臣子谏言典范的内容，参见 Dawson，1981，p. 62。

34. 更多关于这个非凡的女人和她长达十年（1022~1032 年）为其子辅政的内容，参见 Chaffee，2001。

35. 范仲淹指责刘太后不允许皇帝依靠自己的力量进行统治。此后，他又指责仁宗将更换自己的皇后作为当上皇帝后的首个举措。他还指责吕夷简在整个官僚体系中助长偏袒和派系主义。

36.《宋史》卷三一四，第 10273 页。参见 Wills，1994，p. 153。

37. 关于西方语境下的研究对范仲淹军旅生涯的习惯性忽视的证据，参见 Liu，1957，p. 108。当然，范仲淹表达的写作兴趣体现在他作为政治改革家的文官生涯中，而刘子健将他的整个军旅生涯简化为一句话："在陕西边地成功执行军事任务后，范仲淹最终于 1043 年被任命为朝廷高官。"

38. 更多关于司马光的内容，参见 Wyatt，2003c，vol. 2，pp. 574-576。

39. 涑水流经司马光故里（今山西夏县）。

40. 司马光：《涑水记闻》卷八，第 9 页 b。

41.《宋史》卷三一四，第 10270 页。

42. 更多关于李元昊的内容，参见 McGrath，2008。

43.《宋史》卷三一四，第 10270 页。

44.《宋史》卷三一四，第 10270 页。

45.《宋史》卷三一四，第 10270 页；司马光：《涑水记闻》卷八，第 9 页 b~第 10 页。

46.《宋史》卷三一四，第 10270 页；司马光：《涑水记闻》卷八，第 9 页 b~第 10 页。

47. 明显的是，李元昊之战所引发的警觉状态，导致了宋人为应对挑战，在选拔程序上进行了系统性重组。司马光《涑水记闻》卷八，第 9 页 b告诉我们，1035 年初："诏文武官应磨勘转官者，皆令审官院以时举行，毋得自投牒。又诏自今间岁一设科场，复置明经科。"

48. 作为王安石改革思想的忠实拥护者，来自襄阳（位于今湖北省北部）的魏泰对范仲淹等人赞誉有加，认为他们是宋代改革运动的早期推动者。

49. 更多关于韩琦和尹洙的内容，参见 Wyatt，1996，pp. 40，142，208，288；39-41，43-47。也可参见 Ting，1989，pp. 322-329。

50. 魏泰：《东轩笔录》卷七，第 7~11 页。西戎是对西部“蛮夷”不太准确的古称，党项也被划入其中。好水川发源于庆州（位于今陕西省西部）；秦州位于好水川以南，今甘肃南部。

51. 童贯是宋代宫廷中几个大权在握的宦官之一，可以说是晚期传统中宦官的原型。可能最值得注意的是，这一群体的职责扩大了，不仅超出了作为后宫守卫和侍从的平常职能，反而成了实际军事权威和权力的行使者。以下是一个简略精要的历史概述，介绍了宋朝以后的几个世纪中宦官掌权的演变过程：Tsai，1996，pp. 11-13。

52. 与在其他朝代的过度影响相比，宋朝时期宦官的统治地位被日益膨胀的士大夫阶层在朝廷上的主导地位大大遏制了。参见 Anderson，1990，pp. 182-212。

53. 《宋史》卷四六八，第 13658 页。更多关于李宪的内容，参见 Ting，1989，pp. 544-545。

54. 《宋史》卷四六八，第 13658 页。人们只记得徽宗是文人的典范，而他作为君主也导致了北宋王朝的灭亡。对于他在政治史上合适位置的长期持续的矛盾态度的研究，参见 Bol，2001。明金局实质上是一个采购机构，杭州地区珍贵的收藏品可通过它运往北方的开封，来满足皇帝的喜好。更多关于蔡京的内容，参见 Ting，1989，pp. 517-526。青唐位于今甘肃的最南端，陕右是对现在陕西西部的通称。王厚是宋初军人王韶（活跃于约 1040~约 1090 年）的儿子，他青年时期随父从军。虽然他们来自德安（今湖北安陆），但这两个人的生活和事业主要是在西部边疆地区，他们在对付西夏敌人的事务上有着深刻的经验。

55. 参见 Twitchett and Tietze，1994，p. 148。

56. Twitchett and Tietze，1994，p. 148.

57. 《宋史》卷四六八，第 13658 页。

58. 《宋史》卷四六八，第 13658 页。

59. 《宋史》卷四六八，第 13658 页。

60. 起义领袖方腊原名方十三，是江南地区的商人，也是漆园的园主。关于方腊及其起义的最终处理方式，载于 Kao，1962-1963。关于对起义实际过程以及方腊起义之动机的揭露性的背景描述，特别是在他声称信奉摩尼教（被徽宗朝廷妖魔化为颠覆性的宗教）的背景下，参见 Lieu，1985，pp. 228－243。另参见 Adshead，1988，p. 112 以及 Lieu，1998，pp. 98，107，126－176。

61. 参见 Kao，1962－1963，p. 27。

62. Kao，1962－1963，p. 28.

63. 关于宋金战争史上这一事件的更多信息，特别是关于粘罕的更多信息，参见 Wyatt，2003a，pp. 232，240。

64.《宋史》卷二二，第 417～418 页。虽然我们不由自主地猜测到底是什么促使他犯了这样的战术性错误（特别是考虑到后果），但童贯撤退背后的真正动机可能仍然是神秘的。一项关于军事指挥官为什么经常在职业生涯的关键时刻失败的有趣研究，参见 Pois and Langer，2004。

65.《宋史》卷二二，第 422 页。钦宗处决童贯的决定，可能也是为了通过绥靖的姿态，防止女真军队稳步推进。在这样的胁迫条件下，如此而为在当时是一种常见的策略。

66.《宋史》卷四六八，第 13661 页。童贯的最终流放地是吉阳军，海南西南海岸的一个军事辖区。

67.《宋史》卷二三，第 429 页。除了他当时担任监察御史外，我们对张澂的其他情况所知甚少。然而，正如 12 世纪文人王明清（1127～约 1214 年）所言，显然，张澂之所以被选中执行这项任务，是因为他对童贯早已有所了解。派张澂是为了避免让童贯注意到自己即将被张澂处死，这样童贯既不能先发制人，也不能逃跑。参见王明清《挥麈后录》卷三，第 14 页 b～第 15 页。

68. 南宋初期最能体现不屈不挠爱国精神的文学家，莫过于山阴（位于今杭州东南）的陆游。见 Lu，1984。

69. 陆游：《老学庵笔记》卷三，第 5 页 b～第 6 页。尽管最后的描述有点滑稽，但无论是作为一名官员，还是作为一个男人，张澂显然因自己的才智赢得了极大的尊敬。紧接着这一段的文字详细描述了对童贯执行死刑的情形，见于陆游《老学庵笔记》卷三，第 6 页。陆游写道："张达明虽早历清显，致位纲辖，然未尝更外任。奉祠居临川，郡守月旦谒之，达明见其驺导，叹曰：'人生五马贵。'"临川位于今赣东地区。

70. 大量证据表明，1127 年北宋灭亡时对宦官的清算更多是对所有宦官的系统性清除，而不是一场有选择性的运动，在这场运动中，某些人因为特定的所谓违法行为而成为目标。换句话说，尽管童贯有他自身的弱点，但他很可能已经付出了最终的代价，因为他采取了错误的策略，而且其他掌权的宦官也采取了注定失败的行动，而不是因为没有采取任何行动。此外，钦宗或许觉得，过多地指责宦官导致王朝濒危，并将他们作为一个集体以进行最为极端的惩罚，这是完全有道理的。他对一些重大的事件感到愤怒，在这些事件中他感到被几个宦官欺骗，这很可能导致他试图消灭整个群体。例如，关于钦宗的两位有影响力的宦官谋士对他进行的灾难性指导，参见 Anderson，1990，pp. 189-190。

71. 文献记载，柳开对自己作为一个有卓越成就的文人是相当自豪的，一些令人信服的资料也支持了这样的说法，即他有意识地运用文学才能来支撑自己的军人形象——在两者之间建立一种连绵不断的纽带。例如，在文莹《湘山野录》卷四，第 12 页的第四部分也是最后一部分，即“续”部分，柳开向一位交谈者夸耀自己的才能：“吾文章可以惊鬼神，胆气可以慑夷夏，何畏哉!”

72. 朱彧原籍乌程（位于今浙江省北部），曾居萍洲（位于今湖北武汉以东）。然而，他这部唯一作品中大部分内容的背景是广东南部沿海的主要港口广州。

73. 朱彧:《萍州可谈》卷三，第 2 页 b。

74. 陈尧咨是三兄弟中最小的一个，大哥和二哥分别是陈尧叟（961~1017 年）和陈尧佐（963~1044 年），他们在自己的文官生涯中表现突出。尧咨的学习成绩也很突出，甚至在科举考试中考取过状元。尽管如此，他被人们记住最多的还是箭术方面的能力。

75. 值得注意的是，在不止一个例子中，陈尧咨的决定被描述为不是自愿的，而是被迫的。例如，这件逸事就收录于文莹《湘山野录》卷二，第 23 页 b~第 24 页，陈尧咨守寡的母亲是燕地人，她生气地拿棍子打她已成年的儿子，因为他请求她允许自己考虑真宗皇帝（997~1022 年在位）的邀请，接受护卫弓箭手的任命，开始军旅生涯。虽然某些版本删去了这件逸事，但同一个故事的更简短变体被收录于王辟之《渑水燕谈录》卷九，第 79 页。王辟之（？~1096 年后）与文莹处于同一时代，于 1067 年考取进士功名。渑水位于今山东省北部，那里是王辟之的家乡。

第九章　晚明时期精英文化实践中的“文”与“武”

赖恺玲（Kathleen Ryor）

21世纪以来，对明代艺术收藏和艺术创作的研究主要集 219
中于财富和社会地位在品味和风格形成中的作用，以及对晚明
社会界限流动性的忧虑如何导致了更多试图区分那些具有
“真正”审美敏感性和文化雅致性的人的呼声。这些讨论大多
围绕着受过教育的精英阶层、地主、有品级的政府官员和商人
展开。[1]虽然在理解参与艺术活动的财富和社会地位不同的群体
的品味机制方面取得了进展，但品味仍然被认为主要由最上层
受过教育、拥有功名的精英阶层所主导，然后才被其他群体模
仿。虽然一些学者已经证明，艺术作品的题材、风格或类型与
社会经济阶层之间往往无法建立直接的联系，但明代社会中富
裕却在社会或文化上处于“弱势”的成员对艺术品生产和收
藏的具体影响方式仍有待探索。[2]

显然，对社会地位及其与艺术关系的这种考察没有对世袭
军人阶层的精英成员进行任何讨论。然而，在16世纪，明朝
经历了几次对国家极为重要的军事行动。事实上，与学术界经 220
常描绘的明朝相反，军队其实很重要。[3]在此期间，许多高级军
官被赋予了前所未有的权力。毫不奇怪的是，这些将军和指挥
官还与文官和其他有功名的文人建立了社会和政治联系。因

此，本章探讨了狄宇宙在本书导论中对军事文化的第四个定义，即存在一种重视军事成就并将那些获得军功的人提升到视觉艺术和文学中英雄水平的美学和文学传统。不可避免地，狄宇宙的第一个定义的某些方面在这样的考察中发挥了作用，因为与军队有关的独特信仰和象征不能从某种程度上尚武的审美追求中分离出来。

在本章中，我要说明的是，军人经常广泛地参与被我称为文人文化的活动，即与知识精英密切相关的学术、诗文、绘画、书法、收藏文玩等活动。此外，我还要说明这种现象不仅仅是受市民社会中决定品味之精英的单方面文化影响的另一个例子。恰恰相反，深入参与军事事务的高品级或有影响的文人，往往积极从事军事文化活动，这里把这些活动定义为与世袭军权的人有关的活动，如射箭、剑术等武艺，学习军事经典，书写军事谋略，以及收集各种刀剑。具体而言，我将围绕16世纪下半叶在浙江和北方边疆活动的军官、文官及其幕僚之间的交往，对这些人制作或收藏的物品给予特别的关注。正如狄宇宙在导论中提出的那样，希望本章不仅能够让人们认识到知识分子、平民和文学发展对军事制度、军事理论和战争文化性质的影响，而且能够为一部以军事为中心的中国古代社会史做出贡献。

16世纪文人与军人的关系

221 16世纪中叶，倭寇在江苏、浙江和福建沿海的袭扰，使许多文人士大夫参与军事事务。[4]后来，在万历朝前半期（1573~1620年），北方边疆的军事行动，尤其是哱拜反叛和朝鲜抗击丰臣秀吉的侵略，在国家政策中占据了突出地位。[5]在这些地区生活或担任官职的人特别关心这些危机的起因和解决办法。在当时的许多观察家看来，造成国防薄弱的主要问题之一是强调文官权威而不是军事权威。官员徐学谟（1550 年考取进士，活跃于 16 世纪）指出：

> 某兵备襄阳，有府佐不愿与卫指挥仝班参谒上司者……某曰：“天道有阴有阳，朝廷有文有武，安得以此凌彼?”……顷，福建总兵以按院论之，即提问矣。而知县七品官，即知府可以提问之，乃其被劾，顾得听勘，文武轩轾，一至于此。[6]

在整个 16 世纪，其他许多文人都表示需要在文官和军事权威之间取得平衡。

另一个深度参与镇压倭寇事件的人物是文人、艺术家徐渭 222
（1521～1593 年）。徐渭不仅是总督胡宗宪（1511～1565 年）的参谋，而且与世袭的高阶军事人物有密切关系，后者成为其诗歌、绘画和书法的赞助人。徐渭说道：

> 古之言将者，儒与将一也。儒与将一，故治气与治心一也。今之言将者，儒与将二也。儒与将二，故治气与治心，鼓且决者以属之将，而不鼓且决者以属之儒也。惜也，以孙子之才，其于心与气也，能知治之矣，而不知一
> 之也。[7]何也？心主气，气从心一也。[8] 223

哀叹于明朝的文武分离，兵部尚书谭纶（1520～1577 年）在对一幅将军肖像的题词中，呼应了徐渭的观点。他说：“有文

无武，是迂儒；有武无文，是匹夫。”[9]黄宗羲在王朝覆灭后写道，只有在明朝，文武官员的角色严格分离，这最终导致王朝垮台。他强调，对军事经典和战略战术的了解对于士大夫担任政府行政官员至关重要，新儒家价值观的培养使军官从武力和暴力的代理人转变为更有效率的政府工作人员。[10]

徐学谟、徐渭、谭纶等人不仅倡导积极参与军事，而且自己也撰写了兵法。当时许多文人也撰写军事经典的评论。正如江忆恩所观察到的，文人书写军事题材作品是十分普遍的。[11]著名文人如唐顺之（1507~1560 年）、茅坤（1512~1601 年）和沈明臣（活跃于 16 世纪）的文集中都有大量关于军事主题的文章。尽管有上述对晚明时期军民分离的批评，但其他作家描述了这一时期文人和军事活动之间非常密切的相互作用。沈德符（1578~1642 年）在《万历野获编》（首编二十卷成书于 1606 年）一书中，以“文士论兵”为标题，描述了这些文人参与军事事务的情况，并赞扬了这一现象：“嘉靖（1522~1566 年）以来，名公如唐荆川［顺之］中丞、赵大洲［贞吉］阁老（1508~1576 年）[12]、赵浚谷［时春］中丞（1509~1567 年）[13]，皆巍科大儒，士林宗仰，然俱究心武事，又皆出词林，足为文人生色。”在文中，沈德符还列举了其他与军事
224 战略和防御问题有密切关系的著名文官或著名作家和艺术家，并进一步谈到了这种兴趣的普遍性：

> 唯二十年来，如顾冲庵（养谦）[14]、叶龙潭（梦熊）[15]、万邱泽（世德）[16]、李霖寰（化龙）[17]、梅衡湘（国桢）[18]，皆因四方多事，各从簪笔吮毫，时伸其弯弓击剑之技，俱正位司马，延世金吾，顿令措大吐气。若穆宗

> 朝杨虞坡［博］[19]、谭二华［纶］[20]、王鉴川［崇古］[21]、刘带川［焘］[22]辈，又未易指数。

沈德符认为，文人士大夫不仅利用他们的教育和文学功底为军队服务，而且自身也具备军事素养。

另外，徐学谟提到的一些对军事官员的俯就和不敬，在《万历野获编》同卷的前一小节（题为“武臣好文”）中有所提及。在这里，沈德符对世袭军事官员的诗歌创作进行了贬抑。他认为，像戚继光（1528～1588年）和萧如薰（活跃于16世纪后期）这样的人，他们的文学雄心给自己造成了经济困难。而当时的两位著名文人，汪道昆（1525～1593年）和王世贞（1526～1590年），对戚继光的诗歌评价很高，沈德符则描述了获得文学声誉只会吸引那些寄生在其写作和赞助之下自称“隐士”的人。沈德符在对萧如薰的批评中更进一步，他暗示说，萧如薰之所以成为当时的天才，不过是时尚潮流的变化而已；结果，这样的名声所带来的社会和经济责任把萧如薰榨干了。在文章的最后，沈德符进一步贬低了将领的文学声誉，并把边疆描绘成一个由最底层的人创造财富的地方。[23]

沈德符认为文人在管理军事事务方面取得了真正的成功，但暗示世袭军事官员的文学成就主要是由于边疆生活领域的不
规范和缺乏真正有洞察力的受众。虽然沈德符只提到了军官努 225
力使自己成为诗人，但他清楚地表明，这些人渴望获得与受过教育的文官相关的成就所带来的社会声望。就像文官练习射箭和剑术一样，沈德符提到，世袭的军官也参加其他类型的文人雅士聚会活动。喝酒、赏景、游园和欣赏音乐的例子也很多。例如，浙江人沈明臣是一位诗人，他曾在总督胡宗宪手下抗击

倭寇，与许多将军有广泛的社会关系。在他的文集中，通过《陈将军园中同黄淳父听郑丽人弹筝》[24]、《与邵伟长将军叶深父文学游武夷》[25]以及《再游小祇园呈按察礼部兄弟》[26]，我们可以看到一幅军官从事典型文人休闲活动的画面。

军人的赞助与书画实践

诗歌似乎是高级军官获得文化资本的主要途径——抗倭战役中的两位大将俞大猷（1503～1579 年）和戚继光，都有诗集留存——但有证据表明，这些人还收集书画，并在绘画和书法作品上题词，甚至自己练习书法和绘画。这些证据广泛且分散，主要保存在与军人有关的文集中。然而，对这些资料的初步考察所揭示的重要的细节，表明军人更广泛地参与了艺术活动。

虽然近期的艺术史研究重点关注江南（主要是苏州）地区文官、地主、下层文士和商人的社会关系网，但很明显，当时也存在其他社交网络，就连江南也是如此。在浙北（绍兴-
226 宁波地区），从沈明臣的诗《题刘炤画鹰寄赠戚都督元敬兼呈谭司马》中，我们可以看到一种由文官、地方士大夫（下层文士）、地方画家和军官组成的相似网络。[27]戚继光拥有一幅当时绍兴画家刘炤的画作，由当地著名诗人沈明臣题词，他想把它作为礼物送给自己的靠山谭纶。大约 1558 年，在他的家乡宁波，沈明臣第一次见到了戚继光和谭纶，当时他们正在浙江沿海共同打击海盗。一方面，这幅画的主题具有军事内涵，因此可能吸引了将军；另一方面，沈明臣的诗不仅强调了鹰的精武气质，而且把鹰与戚继光和谭纶进行了类比。从这个例子可以看出，戚继光拥有那时的绘画，并以文官的方式使用这件艺术品——通过赠送具有象征意义和美学精致性的礼物，以及获得一位著名作家的题词来提高礼物的价值并奉承接受者，来巩固与更有权势之人的社会关系。[28]

不仅像戚继光这样的军事名人收藏绘画并对艺术感兴趣。1576～1577 年，绍兴作家、艺术家徐渭在北疆的宣府短暂停留期间，结交了一位守将许希孟。[29]徐渭为这位守将画了几幅画。许希孟对绘画和诗歌的浓厚兴趣在徐渭与他的许多通信中都有所体现。在这些信件中，徐渭讨论了他关于艺术的本质和功能以及艺术过程的理论。[30]从为这位将军所作的题画诗中可以看出，许希孟在经济上支持徐渭，以换取他的画作。他们亲密的社会关系也让徐渭偶尔为许希孟绘几幅画。[31]徐渭为许希孟和其他宣府武官所绘画作的唯一题材似乎是竹子。竹画的优势可能与竹所象征主旨的灵活性有关。竹子被视为文人画的精髓，因为竹子象征高尚的士大夫。它吸引军方赞助人的部分原因可能就是这个。另外，徐渭在他的诗歌题词中，用竹子来表达更多的世俗情怀，从关于稀有食品的笑话、赞助人和艺术家之间的关系，到儿子的出生。[32]许希孟将军沉浸在文人文化之中，227
可能已经超越了对文人题材的偏爱。他至少有一幅古画，据说是著名的元代文人山水画家王蒙（1308～1385 年）的作品。[33]

对于艺术收藏和欣赏的世界来说，最重要的是书法或绘画题字的实践。被要求题写一件艺术作品，意味着题写者地位很高，至少有被人认可的书法技艺。在俞大猷将军的文集中，有他在书画作品上题词的两个例子。一篇题词是在赵古愚[34]画册的某页上，另一篇则是在老鹰的画像上。后一篇题词的题目是“题鹰图”，这也意味着这幅画可能是俞大猷自己画的。[35]虽然俞大猷的文集中大部分是军事散文和武术散文，以及与参与个别战役的文官的通信，但出现了有关书画欣赏和题写的文字，这至少表明俞大猷参与了这些活动。

戚继光可能是这一时期的军事家中最多产的作家和诗人。李如松（1549~1598 年）将军的艺术消遣鲜为人知，他是 16 世纪末保卫北方边疆的关键人物之一。尽管在官方的历史记载中，这位指挥官被描述为“被派来牵制老虎的狼”①，但他实际上是艺术赞助人、画家和书法家。[36]李如松为李成梁将军的长子，是辽东一个世袭军事家族的后裔，最终继承了“伯”的爵位。李氏家族还得到了张居正和万历皇帝的支持，后者授予李成梁和他的儿子们世袭军官此前从未享有过的权力。[37]不出所料，因为他们在北方边疆受到敬畏和尊重，以及他们对儒家情感的全面蔑视，李氏家族树敌颇多。[38]根据朝廷官员的记载，李如松在朝廷官员面前傲慢无礼，甚至没有穿合宜的朝服。[39]尽管许多对他在战斗中勇猛表现的描述无疑捕捉到了李
228 如松实际行为的一部分，但对这位勇猛将军的刻板印象反映了许多文官对军人的偏见。

李如松参与了各种与艺术有关的实践活动，与其无礼且粗野的形象形成了鲜明的对比。正如戚继光请沈明臣为他的一幅画题字一样，翰林院士陶望龄（1562 年~?，1589 年进士）为李如松的手卷留了墨宝。因为陶望龄只说他题写了李如松的手卷而没有提及手卷的具体题目，所以不清楚这是一幅书法作品还是一幅画。[40]这首诗提到了中原年轻军人的军事技能和战胜匈奴的英勇胜利。这种类型的诗可能涉及李如松在平定哱拜反叛中的胜利，因

① 《明史纪事本末》卷一二九：“时言者谓李氏握重兵，不宜拒虎进狼。”——译者注

此或许与题词的场景而不是李如松手卷的主题有关。

有更多的直接证据表明，李如松可能是自学绘画艺术的。通过1576~1577年一同逗留在北疆的经历，李如松结识了文人艺术家徐渭，并与他成为朋友，年轻的李如松后来成为他最重要的赞助人。徐渭为李如松的两本画集写了一篇序言，这两本画集似乎包含了各种各样的题材。这篇序言论述了绘画艺术对军人的有益影响，以及军人绘画对文人艺术的启迪作用。[41]徐渭还含蓄地将李如松与王诜相提并论。王诜是世袭军人阶层中的一员，曾尚宋朝公主。王诜的清誉源于他是一位伟大的山水画家，也是著名诗人、士大夫苏轼的密友。尽管徐渭肯定是在奉承这位有权势的赞助人，但他的序言反映了军事官员可能更广泛地参与文人文化的程度。[42]此外，徐渭在序言中所表达的情感与他在军事论点“治心治气”中所提倡的提供必要和平衡要素的军事主张是一致的。[43]

徐渭不仅仅为李如松写诗和题词。正如为李如松所写的大量诗歌和信件表明的那样，这位将军是徐渭生命最后十五年中最重要的也是唯一的赞助人，他甚至在徐渭离开北方之后还收集了其画作。[44]在这些作品中，为许希孟所绘画作中普遍存在
的“竹”主题，也经常被徐渭用于为李如松作的画之中。[45]再 229
一次，这个主题可能起到了文人文化象征的作用。这些军事官员参与文人文化，同时表达其他类型的意义。像为其他高级赞助人所作的画一样，徐渭为李如松所作的画及其题词颂扬了这位特殊赞助人的美德和才能。

在长篇七言古体诗《写竹赠李长公歌》中，徐渭对李如松及其父亲的军事才能和高尚品格赞不绝口。[46]在这首诗中，徐渭描述了这两个人的英勇行动和正直的道德品质，把他们描

述为勇猛的将领，说他们从不退却，战胜了无数的非汉民族势力。徐渭接着详细描述了他们对被俘平民的人道待遇，以及他们的胜利所带来的财富和荣誉。这种身体力量和仁慈的平衡，可以被解释为竹子的力量和柔韧性的军事对应物。通过将竹子的主题与传统的军事美德，而不是文人士大夫的美德联系起来，徐渭扩大了竹子的表现范围，同时奉承了他非常有权势的赞助人。就像陶望龄为李如松题词一样，徐渭在诗中主要使用了武学意象，这也可能与特定的情况有关，比如战斗的胜利或军衔的提升。考虑到此时李氏家族的势力，徐渭对传统文人主题的颠覆可能也反映了一种转向，即有影响力的军人更愿意襄助（而且或许更有利可图），因此是更合适的艺术赞助人。[47]

上面的例子描述了高级军官参与文人文化的追求，而世袭军事家族的其他成员中也有画家。这个时期的一个突出例子是陈鹤（活跃于 16 世纪中叶），他是土生土长的绍兴山阴人，也是有点名气的画家和诗人，还是徐渭的绘画老师。他十七岁时袭祖荫得“百户”；因为其祖先的军事成就，“百户”被授予他的家族。他不幸得了一种罕见的病，于是放弃官职，隐居
230 起来。《绍兴府志》以及《越画见闻》中的陈鹤传记都形容他是敬业且多才多艺的学者和艺术家。陈鹤似乎能够完全接受隐退的文人隐士的生活方式，就像文官所做的那样。相比之下，另一位来自山阴的画家童朝仪则在从军的同时，建立了自己作为画家的声誉。他在 1622 年获得武进士，[48]并担任后军都督，监督所有军队的专业军事训练并领导他们参加战役。[49]李如松在任何明代资料中都没有被列为画家，[50]而童朝仪可能是职业军人的典范，他能够保持对艺术的严肃兴趣，并像文官画家一样发展自己的才能。

晚明文人的刀剑收藏与军事英雄崇拜

如果像沈德符所说的那样，许多将领都在写诗（要么是收藏，要么是创作艺术作品），那么可以说当时的许多文人不仅专注于军事实践，同时也关注军事生活的象征意义。翻阅许多著名知识分子、作家和官员的文集，我们可以看到刀剑、刀客/剑客和刀术/剑术占据了文人创作的很大一部分。我在这里用的“刀客/剑客”有点不严谨。正如夏维明（Meir Shahar）在他关于明朝少林僧人武术训练的著作中所展示的那样，一些作者使用了“刀”“剑”这样的术语，尽管他们指的是棍棒。[51] 16 世纪末至 17 世纪初，少林武僧和“剑侠”的传记和刀剑集大量涌现，他们即使不一定是军人，也是武侠人物。俞大猷、沈明臣、徐渭、王世贞等诗人赞美他们的美德和行为，他们拥有对朋友忠诚、漠视个人利益的特点。[52]俞大猷在《诗送少林寺僧宗擎》的序中谈到了少林僧人在武术上的名望。[53]著名诗 231
人、进士王世贞为唐代段成式的《剑侠传》作了序。[54]画家、诗人和收藏家陈继儒（1558～1639 年）为类似的作品《侠林》写了序。创作于 16 世纪的小说和戏剧，如《水浒传》《大明英烈传》《宝剑记》《雌木兰替父从军》等也反映了当时武侠英雄的魅力。[55]在 16 世纪中叶东南沿海的长期防御战役以及 16 世纪下半叶蒙古人沿北方边界持续攻袭的背景下，许多文人都表达了对体魄和道德力量、武术、果敢、勇敢和忠诚的赞赏，这并不奇怪。到了 16、17 世纪之交，很明显的是，特定类型的军事特质或人物成为生活和文学中伦理行为的替代模式。

如果说游侠和刀客/剑客在这一时期成了德行的典范，那么与侠关系最密切的物质徽记就是刀剑。至少从 16 世纪中叶起，许多来自江苏南部和浙江的文人开始收藏刀剑。翻阅本章讨论的作者之文集中的篇章标题，我发现了几十首关于刀剑的诗。在晚明文人的生活中，刀剑无处不在。

收藏刀剑在中国有悠久的历史。现存最早的刀剑文献是陶弘景（456~536 年）的《古今刀剑录》。在这本书中，陶弘景记录了统治者铸造的著名刀剑。这本书的标题使用了两个术语——“刀”和“剑”。英语中的“刀”通常指军刀，它是单刃的且轻微弯曲（见图 9.2 和图 9.3），剑则是直的且有双刃（见图 9.1）。早在东汉时期，剑就已经在武装战斗中被各种类型的刀所取代，正如明代后期百科全书《三才图会》（约刊成于 1610 年）中的武器说明所示。[56]事实上，在明代，剑似乎主要是作为礼器而存在，而不是作为功能性武器。剑被用作授予军衔的象征和道士的装备。

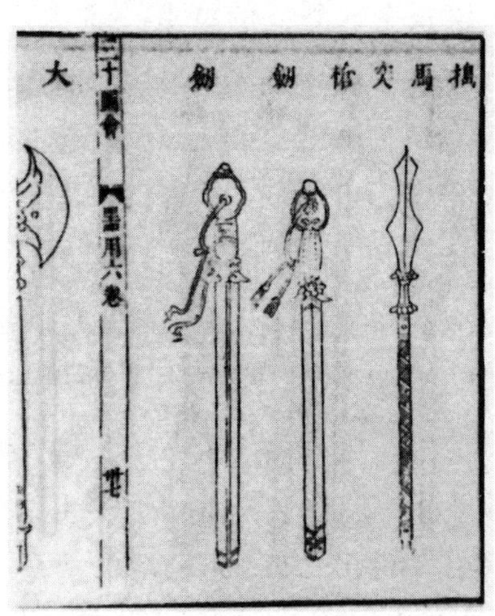

图 9.1　晚明《三才图会》（约刊成于 1610 年）兵器部分中关于剑的插图。再版《三才图会》（台北：崇文书店），第 3 卷，第 1204 页。

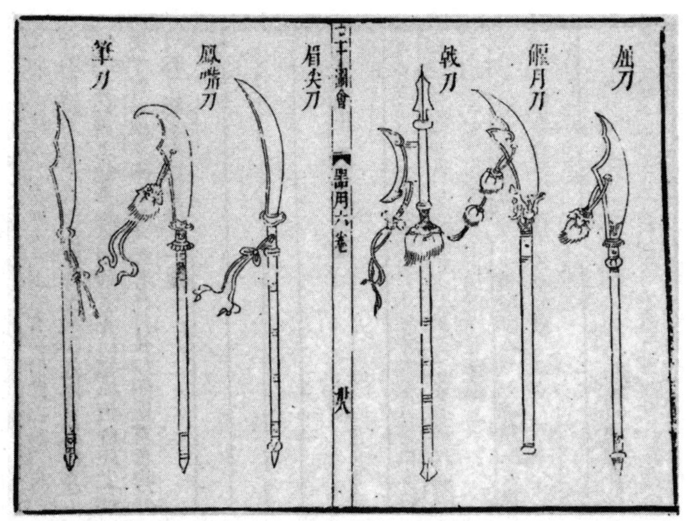

图 9.2　晚明《三才图会》（约刊成于 1610 年）兵器部分中关于刀的插图。再版《三才图会》（台北：崇文书店），第 3 卷，第 1204 页。

这种类型的剑也与古物和知识的流失有关，例如晚明军事 232
百科全书《武备志》（1621 年）就哀叹过剑术的失传。《武备志》的作者茅元仪（1594～1640 年）认为，在战争中使用剑的技艺已经失传了，而这种技艺需要恢复：

> 古之剑，可施于战斗，故唐太宗有剑士千人。今其法不传，断简残编中，有诀歌，不详其说。近有好事者，得之朝鲜，其势法俱备。固知中国失而求之四裔。[57]
>
> 古之言兵者，必言剑。今不用于阵，以失其传也。余博搜海外，始得之。其式更不可缓矣，剑无今古，即武经之二种而图之。[58]

233 茅元仪进一步指出，只有日本人和朝鲜人拥有使用这种武器的一些技术。因此，剑也与中国剑术的深奥知识有关。然而，有一些证据表明，剑可能在明代被使用过。在《三才图会》一书中，作者指出："近边臣乞制厚脊短身剑，军颇便其用。"[59]

军事训练手册，如戚继光的《纪效新书》，只用刀来探讨刀剑训练。戚继光在东南抗倭期间，对军事训练进行了革命性的改革。他对日本人（或受日本人训练的人）高超刀术的观察显然促使他在训练明军时进行了一些创新。茅元仪在《武备志》"刀"一节的序中指出，到了17世纪早期，甚至连戚继光的技法也不再被使用：

> 《武经总要》所载刀凡八种，而小异者犹不列焉，其习法皆不传。今所习惟长刀、腰刀，腰刀非团牌不用，故载于牌中。长刀则倭奴所习，世宗时进犯东南，故始得之。戚少保于辛酉阵上得其习法，又从而演之……此法未传。[60]

234 虽然这种刀在战斗中更加实用，并在16世纪接触日本武器后经历了新的改进，但《武备志》描述了在战斗中使用刀的相当有限的范围：

> 刀见于武经者，惟八种。今所用惟四种，曰偃月刀，以之操习示雄，实不可施于阵也；曰短刀，与手刀略同，可实用于马上；曰长刀，则倭奴之制，甚利于步，古所未备；曰钩镰刀，[61]用阵甚便。[62]

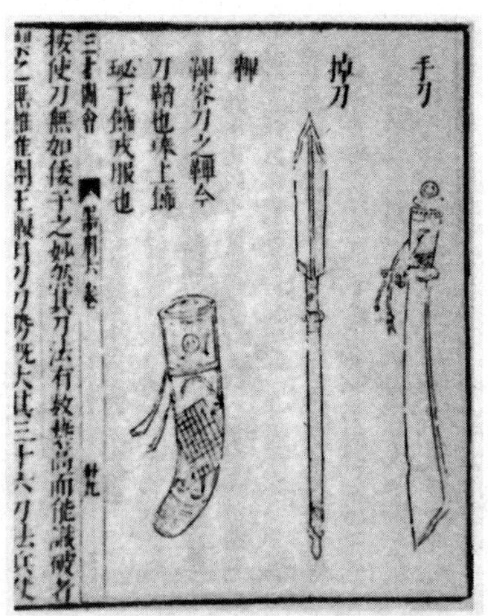

图 9.3　晚明《三才图会》（约刊成于 1610 年）兵器部分中关于刀的插图。再版《三才图会》（台北：崇文书店），第 3 卷，第 1205 页。

从这些文本中可以看出晚明刀的几个显著特征。首先，多种类型的刀在战场上被步兵和骑兵广泛使用。其次，在历史上，刀的分类有许多微妙的变化，但在这个时期，八种刀中只有四种被用于训练和战斗。最后，日式刀和刀术备受推崇和仿效。 235

在军队内外，剑和刀有截然不同的功能，剑在很大程度上具有礼仪或象征意义，而刀具有更多的实际用途。毫不奇怪，当刀剑出现在关于稀有文物收藏的文献中时，人们偏爱拥有更丰富历史谱系的文物。晚明时期的鉴赏手册常常把剑作为优秀学者书房的基本装备的一部分，该手册的内容显然重视剑胜过刀。杭州富商、艺术品收藏家高濂（活跃于约 1580 年）在他的《遵生八笺》中只讨论了剑，或者说是长双刃剑，并将其与乐器琴放在了同一节里。他认为琴对于修炼精神是必要的，而剑有着完全不同的作用；这两样东西都必须被放在士人的书房里。在关于这种剑的讨论中，高濂认为中国古代的铸剑技艺在他那个时代已经消失了。因此，古剑是最适合展示的。如果收藏中国古代的剑超出了能力范围的话，他认为在云南制造的当代剑也是可以接受的。高濂从对这些剑的生产和质量的讨论转移到对它们在书房环境中作用的描述——展示它们主要起到了护身符的功效。优质宝剑潜在的神奇力量得到了强调，它们的作用是保护身体，而琴则是精神的养料。

晚明知识精英世界中剑的流行，在晚明时期创作的剑术知识汇编中显得更为突出。正如郭子章的《蠙衣生剑记》[63]和钱希言的《剑荚》[64]所说，“双刃剑”是唯一的焦点。以其美丽、力量和威力以及杰出的主人而闻名的都是剑。对军事感兴趣的文人可能认为，剑身上的古老气息和它在道教仪式中的地位，是其处于更高地位的原因。如果剑在战场上有实际用途，它们出现在书房中可能反映了其作为具有广泛保护力量的民用领域物品的同等重要性。此外，在同一节中，高濂将琴与剑放在一
236 起，这表明剑可能是一种必要的平衡元素，用于修身和休闲活动。在明末奢侈品文化领域中，军事物品似乎影响了截至其时被解释为典型的文的领域。

剑在文雅高尚之人的生活中起着平衡的作用，这一点可以在《剑荚》的序中更清楚地看到。文人宋懋澄（1569 ~ 约 1620 年）将剑的使用描述为一种被遗忘的艺术，但对于有教养的绅士来说这是一种理想的艺术：

古法不传者三：曰剑术，曰坑法，曰画眉。坑法太惨酷，而画眉都无男子气，皆君子所不道。独惜剑术不传，

> 使万世之抱孤忠、怀阴孝、纫深恩者，无从泄其至情，致阴阳日月，反覆薄蚀而不已，则君子不能无遗憾焉。
>
> 且摩空运锷，而龙树魂销，垂橐藏锋，而凤旌仙去，虽瞿昙柱史家不废也。第术则有道，非浪然挺三尺比，观鲁勾践之嗤荆卿可知矣。[65]

因此，宋懋澄的剑术与儒家文人的核心价值观——忠、孝、义、仁——有非常清晰的联系。此外，他在一开始就暗示剑术代表了一种本质上对平衡的追求，那就是既不残忍、暴力，也不柔弱。

从参与军务之文人的诗歌和书信中也可以看出，剑与其他古代或现代的奢侈品以一样的方式流通。事实上，它们周围的通常是那些与绘画和书法等“绅士”艺术有关的交易。沈明臣创作了大量与宝剑收藏有关的诗。在咏物诗的传统中，有几首单独颂扬宝剑的作品，既描写了其外形之美，又描写了其更多的功能性品质。[66]同样，他也用剑作为表达情感的载体，尤 237
其是那些与边疆或战争有关的情感。[67]沈明臣还为别人所藏宝剑创作了大量的诗句。

沈明臣在《双剑篇赠钱长卿兄弟》一诗的序中，描述了典型的受教育精英群体的状况，他们在一次社交聚会上拿出了一些宝物：

> 不佞夏月过长卿所避暑。其尊人辄为河朔之，饮至欢也。酒酣，欲起舞。长卿兄弟乃出二剑；视之，不佞心善之而愧……非风胡子辄鉴定其某剑某剑云而为千百年奇物可睹矣。于是作双剑篇赠之。[68]

在这里，沈明臣扮演了传统的进行鉴赏的客人角色，他的鉴赏技巧得到了主人的认可。这首诗赞扬了双剑相对于古代名剑的优越性，其他诗歌则明确了剑的贵重。在长诗《何将军卖剑行》中，沈明臣提到将军为这把剑花了“千金”的高价。[69]

在某些情况下，个人珍藏的宝剑就像艺术品一样，可以被理解为表达收藏家内在品质的物品。徐渭在陆先生于栖霞山隐退后写了一首诗，以纪念他在陆先生藏品中看到的一把剑。尽管《宝剑篇送陆山人》的题名对宝剑的品质表示赞赏，但徐渭并没有提到宝剑的审美品质，也没有讲述宝剑的历史和功能。相反，他称赞陆先生转变为道士，认为这把剑是适合仙士的器物。[70]

尽管沈明臣、徐渭等人的作品显然表现出对收藏宝剑的偏爱，但他们和其他文人的作品呈现出的是 16 世纪后半期和 17
238 世纪早期更为复杂的刀剑收藏的图景。在这些作品中，刀似乎与此时的剑一样被广泛收藏。在某些情况下，刀的价值与剑的价值非常相近——与其杰出拥有者相联系，以及赋予地位、身体美和优越功能。例如，李诩（1506~1593 年）[71]在《戒庵老人漫笔》中描写了倭寇袭掠事件，其中有这样一段话，题为《江阴侯赐刀》：

> 江阴侯吴良[72]有赐刀一口，上有金错龙凤文，其铭曰：“百炼金钢，杀气难当，将军佩此，威镇四方。”其后人货于余近里顾山周氏，藏之逾百年矣，近为常熟杨宪副五川公仪得去。[73]

这段文字介绍了明初吴良将军（1324~1381 年）的宝刀收藏

史，表明这把刀现在的主人和吴良一样，也是因为对国家的贡献而得到这把刀的。这段话反映出，如此精致和具有历史重要性的物品曾经是私人和公共收藏的一部分。

在沈明臣的诗《宝刀行送从子肩吾会试》中，刀是珍贵而经常被佩带的物品，它会在重大事件的前夕被授予家人：

> 我有宝刀长尺五，佩之十年共辛苦。
> 蛇皮作鞘玉把头，金环紧系青丝组。
> 光夺秋霜照胆明，刃可吹毛白虹吐。 239
> 鸊鹈膏淬昆吾[74]精，阴山鬼哭并州土。
> 铦能切玉如切泥，水剸鲸鲵陆犀虎。
> 我家阿咸文且武，[75]万言三上[76]干明主。
> 解赠腰间动风雨，一片雄心铁花古。
> 揖别西郊谢诸父，但愿清时用干羽。[77]

这首诗除了描述刀及其作为离别礼物的作用外，也表达了拥有文武知识的重要性，并称赞他的侄子是一个体现这种平衡的人。刀除了被用作单方赠礼，还被用来交换其他珍贵物品，正如沈明臣诗《解佩刀赠朱季则季则酬以玉环》的题目所示。[78]值得注意的是，沈明臣在这两首诗中都表示，这些刀是他亲自佩带的，然后作为礼物送给别人，或作为一种情感的姿态，或作为互致钦佩的物品。

沈明臣佩刀究竟是为了保护自己，还是为了营造一种尚武的形象，这很难说。宋懋澄在其《日本刀记》中描述了自己佩刀的原因：

> 丙申（1596年）秋日，侍师于真州公署，时余年二
> 十八矣，犹有不羁之思，从师乞日本长刀一口。师尤之
> 240 曰："泰宁之朝，安事三尺？"余对曰："锋锷可仪。"佩
> 之几年，真成鸡肋，竟赠之武人。[79]

宋懋澄显然在晚年对佩刀的做法有更好的想法，但随身携带日本刀带来的威望显然让这个年轻人意乱神迷。

前文没有说明所讨论的刀的时代。李诩诗中的刀可能是明初制造的。另外，在16世纪和17世纪早期被收藏的许多刀似乎来自域外，而且可能是晚近时期的。日本刀的优势以及刀术在16世纪中叶开始被广泛认可，在此期间，明朝与日本之间存在非法贸易，明朝又经常与日本海盗或在日本和琉球群岛待了相当长时间的中国海盗进行军事接触。[80]徐渭赞誉洋刀的诗不仅描述了来源不明的洋刀，还描述了日本和琉球群岛制造的刀。[81]唐顺之、沈明臣、徐渭这些文人之所以收藏洋刀，可能是因为他们与这些战役的军事战略密切相关。

外邦人，尤其是日本人，对这些人来说，刀除了是制造精良、功能强大的武器之外，还有另外一层含义。它们往往是战利品，因此可以暗指个人参与战斗或更广泛地纪念对敌人的胜利。当地士大夫家族的成员不仅是战略家，而且更直接地参与实际作战。吕光午是官员吕光洵（未来的兵部尚书）的亲戚，他曾与普通士兵并肩作战，保卫浙北。在《正宾以日本刀见赠，歌以答之》中，徐渭谈到自己的朋友参与了对抗倭寇的战斗，并指出吕光午从自己杀死的一名海盗的尸体那里获得了这把刀；之后，吕光午把刀交给了徐渭以保护后者。

徐渭在其他有关刀的诗歌中，对其来源和功能进行了较为

具体的论述。为被处死官员沈炼的儿子沈襄所作的两首诗，描述了域外的刀。[82]第一首诗讲述沈襄在北上为父报仇时为了保 241
护自己而购买了一把洋刀。[83]出于对徐渭安全的担忧，沈襄后来把这把刀送给了徐渭，以便他从京师回绍兴。在第二首诗中，徐渭表达了他不配接受这样一件珍贵物品的想法，特别是沈襄打算参加北方边疆的战役。携带洋国刀不仅保护了刀主；如上所述，晚明作家、自封大侠的宋懋澄也为了显示自己的武功而佩带了一把日本刀。[84]品味手册可能促使人们拥有剑，但是，文人作品中大量关于收藏宝刀的诗歌表明，最活跃的收藏品主要是当代的、外邦制造的刀。

看来无论是剑还是刀，都被沈明臣、沈襄、吕光午、徐渭等人欣赏，有以下几个原因。制造工艺精良的刀剑是战争中必不可少的武器。旅行的危险经常让人们需要用刀剑来保护自己。此外，佩带刀剑可以帮助自己创造一种力量或尚武的感觉。刀剑也是成功军事战役的纪念品。它们除了是等级的象征之外，还具有美学或历史价值。最后，优质的刀剑不仅是有用的武器，也有潜在的神奇力量，这与道术高手有关。晚明时期，在围剿倭寇战役最集中的地区和北疆一带，文官和其他受过教育的精英中，送刀剑作为礼物和收藏刀剑的现象似乎很普遍。

结语

有证据表明，世袭的军事官员积极写诗，接受、委托和收集艺术品，甚至练习绘画。其他明代资料表明，军人和文人并不总是在职业和社会活动上泾渭分明。许多文官对军人存在偏见，认为他们是没有鉴赏力、没有教养的行动者，这极大地影

242 响了我们对这些人文化活动的看法。然而，各种各样的明代文献描述了这样一种情况，即军人-文人关系的流动性远远超过人们普遍认知的程度，尽管当时的主流观念可能促使社会中军人和文人角色的分离。[85]这一时期收藏刀剑和习武之风的盛行表明，文人对军事的兴趣也影响了他们的休闲活动。高濂《遵生八笺》和宋懋澄《剑荚》序等文献表明，刀剑在君子之道中具有多种功能。虽然军事史的研究表明，军事事件对明朝至关重要，但有权势的军事人物参与绘画、诗歌和书法等艺术活动的方式，以及军事文化对文官文化实践的潜在影响尚未得到考证。本章认为，对文人文化与军事文化——这里定义为休闲活动——的互动关系及其在文人士大夫和世袭军官的物质客体特征中的表现，或通过物质客体特征表现出的内容的初步考察，表明晚明社会文人文化价值的建构并不排除军事性和军事追求的因素。因此，在文人文化中可以看到的隔离武文的界限，并非绝对的或被普遍接受的。

注　释

1. 对明代艺术赞助人的一些研究，参见 DeCoursey Clapp，1991；Cahill，1994；Clunas，1991；Clunas，1996。

2. 一些研究已经开始关注明朝的这些问题，参见 Liscomb，1996；and Ryor，2003。

3. 参见 Swope，2004，pp. 34-81。关于明朝军事史的其他研究，参见 Johnston，1995；Swope，2001；Robinson，2001。

4. 一部关于倭寇袭扰的长篇著作，参见 So，1975。因为这些袭扰威胁到了人口众多、经济繁荣的江南地区的安全，南直隶、浙江、福建等省成立了一个由总督管辖的地区。由于往往特别需要在各省之间协调军事事务，总督这一职位是临时任命的，以处理倭寇袭扰等危机。总督通常是名义上的兵部尚书，并兼任监察御史，其权力可以延伸到五个省，但没有僚属。因此，到了晚明，他们通常会召集被称为幕府的私人幕僚。下面讨论的几位作家，如徐渭、唐顺之、茅坤和沈明臣，都曾以这种身份为总督胡宗宪工作。关于明朝总督职务的制度结构的更全面讨论，参见 Hucker，1985，pp. 75-80。

5. 对这些战役进行的详细分析见 *Swope*，2001。

6. 徐学谟：《世庙识余录》卷三，第 13 页 a～b，被引用和翻译的内容可见 So，1975，pp. 136-137。

7. 孙子是军事经典《孙子兵法》的作者，该书常被翻译为“The Art of War”。

8.《徐渭集》，第 891～896 页。Ryor，2003 也讨论了这段文字。

9. 谭纶：《谭襄敏公遗集》，第 701 页。

10. DeBary，1993，pp. 147-149.

11. Johnston，1995，p. 47.

12. 赵贞吉，1535 年进士，学者兼哲学家，国子监司业。1550 年蒙古进攻明朝期间，他前来保卫都城，但在仕途发展上颇受严嵩掣肘。参见 *DMB*，pp. 120-121。

13. 赵时春，1526 年进士，是一位文士，也是唐顺之的朋友。与唐顺之一样，他在仕宦生涯中也十分关心军事。

14. 顾养谦（1537～1604 年），1565 年进士，在 16 世纪 80 年代任蓟辽总督。

15. 叶梦熊，1565 年进士，万历时期在甘肃升任右都御史。在 1592 年的哱拜叛乱中，他率领五路明军驰援被围困的宁夏卫，以英勇闻名。

16. 万世德，1568 年进士，他研读兵书韬略，善骑射。1598 年，他受命经理朝鲜事宜。

17. 李化龙（1554～1612 年），1574 年进士，他是平定播州土司之叛的将帅，也是军事战略家。从 1594 年到 1597 年，他担任辽东总督。1599 年，在播州苗人首领杨应龙反叛期间，他担任四川、湖广、贵州三省的总督。

18. 梅国桢（1542～1605 年），1583 年进士，浙江御史，曾参与镇压哱拜之乱。正是通过他的推荐，李如松被任命为宁夏提督。梅国桢也喜爱骑射，后来被任命为兵部右侍郎。

19. 杨博（1509~1574 年），1529 年进士，著名的兵部大臣。16 世纪 40 年代，杨博负责保卫北方边地和绥靖安南的战略。参见 *DMB*, pp. 1525-1528。

20. 谭纶（1520~1577 年），1544 年进士，他是戚继光的靠山，是一位行政和军政官员。当他还是台州的军官时，就积极地参与训练当地的军队以抵御海盗的袭击。他亲自参加了打击海盗的战斗。参见 *DMB*, pp. 1243-1246。

21. 王崇古（1515~1589 年），1541 年进士，他是 1571 年与俺答汗签署和平条约的总督。参见 *DMB*, pp. 1368-1373。

22. 刘焘，1550 年进士，历任福建、两广总督。

23. 沈德符：《万历野获编》，第 435 页。关于对这些段落的更多讨论，参见 Ryor，2003。

24. 沈明臣：《丰对楼诗选》卷九，第 6 页 b~第 7 页 a。

25. 沈明臣：《丰对楼诗选》卷五，第 7 页 b~第 8 页 a。

26. 沈明臣：《丰对楼诗选》卷二六，第 19 页 a。

27. 刘炤，字巢云，会稽人，明代画家，擅长描绘动物和植物。戚元敬即戚继光将军，谭司马即谭纶。这首诗可以追溯到 1555 年至 1577 年他去世的某个时间，但可能更接近于 1571 年他被晋升为兵部尚书之后的时期。参见沈明臣《丰对楼诗选》卷七，第 6 页 b~第 7 页 a。

28. 关于研究绘画在促进明朝社会和政治网络发展中作用的一部长篇著作，参见 Clunas, 2004。

29. 关于许希孟，我们知道的不多。他曾担任宣府守将，因此，他是一个军官，而不是文官。

30. 《徐渭集》，第 482 页。

31. 例如《写竹答许口北年礼》（《徐渭集》，第 333 页）和《画笋竹贺许口北得子》（《徐渭集》，第 393 页）。

32. 关于这些诗的翻译和赏析，参见 Ryor, 2003。

33. 在《画与许史》一诗中，徐渭称许希孟经常让他临摹王蒙的一幅画（《徐渭集》，第 383 页）。

34. 从俞大猷文集中的其他名称来看，赵古愚似乎是俞大猷的一位同伴的祖先。参见俞大猷《正气堂集十七卷近稿》，第 527 页。

35. 俞大猷：《正气堂集十七卷近稿》，第 525 页。题目含糊不清，可以理解为俞大猷题了一幅匿名艺术家的或他自己的画。

36. Swope, 2004.

37. Swope, 2001, chap. 1, p. 34; and chap. 3, p. 30.

38. Swope, 2001, chap. 3, p. 29.

39. Swope, 2001, chap. 3, p. 29, footnote 136; and chap. 4, p. 80, footnote 315. 他引用了《明史》(北京：中华书局，1987) 中的记载，第6192~6193页。

40. 陶望龄：《歇安集》卷三三，第45页b~第46页a。

41. 《徐渭集》，第539页。关于这篇序言更加细致的考究和部分译文，参见 Ryor, 2003。

42. 奉承有多少是很难判断的。由于目前没有李如松的画作或文章留存下来，所以我们无法评估其艺术创作的水平和质量。

43. Ryor, 2003. 在题词中，徐渭告诉李如松，绘画有助于培养军人，同时文人也可以借鉴军人的绘画：在这四种现象（鸟、花、人物、山水——绘画的主要题材）中注入你的聪明和机智对军人的帮助更大。如果是这样的话，建一个像金青这样的藏画室，让像我们这样的学者来品评画作的品质，同时等待你的一触即悟，也不失为一件好事。

44. 不幸的是，李如松的文集没能保存下来，因此没有证据表明李如松是如何回应徐渭的。

45. 《徐渭集》，第390页。

46. 《徐渭集》，第134页。这首诗是在1577年之后1583年之前的某个时间完成的，那时李如松的头衔可能发生了改变。可能的时间是1582年，因为徐渭提到了“阮”，李如松当时驻扎在那里。参见 *DMB*, pp. 830-835。不幸的是，附在文末的画并没有被保存下来。这幅画的跋现藏于台北清玩雅集，而且在“中华文物集萃——清玩雅集收藏展”（台北：“国立”历史博物馆，1995），pp. 62-63 中被复制下来。

47. 早些时候颠覆传统文学符号的先例有竹子或梅花等。我的观点是，从徐渭为其军事赞助人所作的竹画题词中可以看出，他似乎完全忽略了文人的联想。

48. 陶望龄：《歇安集》，第2册，第1583页；李亨特等修：《绍兴府志》（1792年），第844页。

49. Hucker, 1985, p. 569.

50. 虽然徐渭明确鼓励李如松绘画，但后者是否能胜任则不得而知。许多人可能涉足艺术领域，却没有获得技艺方面的声誉。

51. 例如，俞大猷的《剑经》实际上是一本棍术格斗手册。夏维明指出，在俞大猷对少林僧侣的武术训练工作中，尚不清楚他为何不用“棍”指称棍棒。

52. 沈明臣在其诗《无题》中谈到了一位姓鲁的侠客，参见《丰对楼诗选》卷二九，第20页a。

53. 俞大猷：《正气堂十七卷近稿》，第525~526页。

54. 王世贞的一生与军队密切相关，因为他的父亲王忬曾在1553~1554年出任提督军务，巡抚浙江等地，并于1556年出任蓟辽总督，负责边防工作。1559年，王忬和几位将军被认为对大败于蒙古人负有责任，因此，王忬在1560年被处死。参见*DMB*, p. 1399。关于文本，参见王世贞《弇州山人四部稿》，第3434~3436页。

55. 小说《水浒传》的作者和确切的创作时间仍然存在广泛的争论。这本书最早的现存版本出版于16世纪20年代。虽然我们无法推测它作为小说第一次出现的时间，但很明显，到了16世纪晚期，它已经在文人中流传。许多16世纪晚期和17世纪早期的作家，比如沈德符，都提到了这部小说。哲学家李贽（1527~1602年）甚至被认为写了一篇关于《水浒传》的评论，但这同样无法确证。《大明英烈传》也有类似的情况。《大明英烈传》的作者有两个人选，即武定侯郭勋（1475~1542年）和上面提到过的徐渭，后者同时是戏剧《木兰从军》的作者。因为两位作家作为《大明英烈传》作者的证据都不充分，所以他们都没有被当时的学者真正接受为这部小说的作者。这些故事的流行可以从文人对16世纪戏剧的改编中看出来，如李开先（1502~1568年）的《宝剑记》和沈璟（1553~1610年）的《义侠记》，这两部戏剧都聚焦于《水浒传》。

56. Graff, 2002a, p. 41.

57. 茅元仪：《武备志》卷八六，第1页a。

58. 茅元仪：《武备志》卷一〇四，第10页b。

59. 王圻：《三才图会》，第3册，第1204页。

60. 茅元仪：《武备志》卷八六，第15页a。

61. 这种刀以越王勾践（前496~前464年在位）的名字命名。勾践以能够战胜敌人、击败吴国而闻名。

62. 茅元仪：《武备志》卷一〇三，第19页a。

63. 郭子章（1542~1618年），字相奎，1571年进士，江西泰和人。

1600 年，在杨应龙领导的四川南部和贵州的苗人反叛中，他与几位军官一起发挥了重要作用。他因军功而受到朝廷的特别嘉奖。参见 *DMB*, pp. 775-777。

64. 钱希言写过几篇关于历史和文学的文章，但我们对他的了解不多。从宋懋澄为《剑荚》所作的序来看，《剑荚》似乎是在 1601 年以前写的。

65. 参见宋懋澄《九籥集》，第 16 册，第 12176 页的《钱氏剑策序》。

66.《咏剑》，《丰对楼诗选》卷一五，第 19 页 a。

67.《孤剑》，《丰对楼诗选》卷一四，第 12 页 a。

68.《丰对楼诗选》卷七，第 24 页 b。

69.《丰对楼诗选》卷七，第 1 页 a。"金"是对"两"更诗意的称呼。参见 Clunas, 1991, p. 133。

70.《徐渭集》，第 148 页。

71. 李诩，字厚德，江苏江阴人。正史中关于他的记载很少。江阴的地方志记载，他是个文人，直到晚年才通过科举考试。他在晚年写了《戒庵老人漫笔》。

72. 吴良是朱元璋建立明朝时其军队中的一员。1371 年，他被封为江阴侯。

73. 李诩:《戒庵老人漫笔》，第 129 页。

74. 昆吾剑是周穆王统治时期昆戎制造的一把名剑的名字。据说"用之切玉，如切泥焉"。

75. "阿咸"是晋代诗人阮籍的侄子。他在文学和武艺方面都颇有才华。

76. "三上"指的是三个被认为最适合思考和创作文学作品的地方，即马背上、床上和厕所里。

77.《丰对楼诗选》卷一五，第 23 页 a。

78.《丰对楼诗选》卷一一，第 13 页 a。

79. 宋懋澄:《九籥集》，第 12167 页。

80. 沈德符:《万历野获编》，第 348 页；以及 So，1975，pp. 15-19。

81.《琉球刀二首》（《徐渭集》，第 167~168 页）和《赞刀诗》（《徐渭集》，第 185 页）。

82.《徐渭集》，第 149 页。

83. 他的父亲沈炼因公开批评严嵩而被这位声名狼藉的首辅处决。

84. 感谢王安（Ann Waltner）提醒我注意白亚仁（Allan Barr）的文章（Barr，1997，p. 112），这篇文章讨论了宋懋澄及其对侠士精神的提倡。

85. Swope，2001，chap. 1，p. 2.

第十章　孟子兵法：康熙皇帝对清朝武举制度的改革

S. R. 吉尔伯特（S. R. Gilbert）

明朝后期的官员王守仁（1472~1529年）——他更为人 243
所知的笔名是王阳明——在讨论摇摇欲坠的明朝的军事需求时，转而求助于《孙子》与《吴子》这些中国最受尊崇的军事著作。[1]而他在谈论良知与圣人时，则转向了《孟子》。[2]王阳明作为一位深有造诣的军事家，他知道孟子反对暴力和战争；鄙视梁惠王“好战”（1. A. 3）；曾斥责齐宣王，怀疑齐宣王“抑王兴甲兵，危士臣，构怨于诸侯，然后快于心与?”（1. A. 7）；发现梁襄王的欠缺，劝他说只有“不嗜杀人者能一之”（1. A. 6）。[3]在16世纪，没有人把孟子奉为战争方面的权威；虽然他给统治者提供了如何向民众灌输军事勇气的建议（1. A. 5），但这方面的思想完全被忽视了。

无论作者是王阳明—（一个监督过几次军事行动的文职官员），还是大将军戚继光—（一位写诗并与各类文人混在一起的军官），军事问题都只能依照古代兵家传统来加以讨论。[4]这种文学传统（最好的例证就是《孙子兵法》）可能是在战
国时期发展起来的，当时的职业竞争日益两极分化，政治谋士 244
强调仪式和美德，军事谋士则强调秘密和欺骗；在王阳明和戚继光的时代，兵家著作长期以来一直是高度竞争的考试体系所

用的课本。[5]

就像那些国家支持的其他正统学说，如朱熹（1130～1200年）对儒家思想的诠释一样，成千上万的学生年复一年地学习《武经七书》，希望通过考试获得晋升；那些学习朱熹的人想要当文官，其他人则要参加武举考试。[6]这两种知识传统有相似的发展轨迹，经常互相借鉴，同时又正式地否定、抵制或忽视对方。要想在任何一个领域取得成功，就必须同时精通这两个领域。理想中的将军深谙哲学，最受赞誉的文官则经常组织民兵来镇压土匪团伙。而且，这些考试在许多方面都有重叠——人员、结构、地点、程序，等等。那些熟谙兵书和骑射技能，且身强体壮，因而有资格参加武举考试的人，有时具有与通过文举考试的人相同的文学技能。

许多文人观察家嘲笑清朝武举考试的文学内容，但那些爬上这一成功阶梯的人所留下的散文、诗歌和学术著述，证明了他们对文学文化广泛而深刻的熟识。让我们来看看1734年刊行的《山西通志》上的一首诗《途次逢寒食》。

何处来春风，
淡荡开晴旭。
不见杏花红，
才逢柳梢绿。[7]

这首抒情诗是马见伯在太原总兵任上所作。和他的表兄、兄弟以及他们的曾祖父一样，马见伯也是武举考试的佼佼者。[8]尽管传记记载马见伯通过了陕西乡试、在北京举行的会试和康熙皇帝（1654～1722年，1661～1722年在位）主持的殿试，

但现存的武举文献都没有提到他。[9]1691 年秋，他通过了会试 245
和殿试，被授予武进士。

1703 年，马见伯任太原总兵官，这是一个武进士常任的职位；太原作为山西省省城，战略位置重要，在 1672 年到 1731 年被置于两个武状元和另外三个武进士的管辖之下。在这段时间里，只有另外九个人担任过这个职位，其中两个人的资格与武进士相当：一个是内务府包衣，另一个则是御前侍卫。[10]在五年并最终延长到十二年的任职时间里，马见伯向康熙皇帝呈递了一份奏折，在奏折中，他揭露了非法猎枪的广泛存在，并提出了没收它们以及控制火药生产的建议；这些建议被及时地接受了。[11]两年后，马见伯上呈了一份更为雄心勃勃的奏折。

> 《武经七书》，注解互异，请选定一部颁行。又祭先师孔子时，文臣自驿丞以上官员，皆得陪祭。武臣惟副将以上，方准陪祭。请将武臣亦照文臣一体行礼。[12]

这是根据《清实录》所记述的奏折内容，但其他文献能告诉我们更多的内容。虽然《清史稿》在大多数细节上（或者缺乏细节，我们之后将会看到）与《清实录》一致，但它确实承认，马见伯要求儒臣来选择正统的军事经典，并明确地
将奏折与前一年所宣布的一项法令联系起来：康熙皇帝对那些 246
参加武举考试的人的素质表示不满，并敦促那些在智力和体格上合格的绿营军人把考试作为晋升的手段。[13]然而，《清史列传》和《国朝耆献类征》（这两部书中的相关段落内容大体相同）讲述了不同的故事。

根据这些文献，马见伯提出了三个而不是两个请求。除了《清实录》中记载的建议之外，据说他还建议奖励那些受过良好教育的军人：那些通过武举乡试并且能解释孔子的《论语》的人，应该被授予职位。[14]

1710 年 11 月 10 日，康熙重新审查了这些之前被兵部否决的提议，他的反应非常积极。长期以来，对武举考试的持续不满，促使他发起并批准了一系列改革，但他从未想过要改变课程设置。相反，他在箭术考试中考虑了距离的问题，把通过殿试的很多人都分配给了禁卫军，并鼓励汉军旗人参加考试，同时还有其他的一些变化。[15]《清实录》记载了康熙皇帝对马见伯的提议不同寻常的个人且深刻的回应：

> 《武经七书》，朕俱阅过，其书甚杂，未必皆合于正。所言火攻水战，皆是虚文。若依其言行之，断无胜理。且有符咒占验风云等说，适足启小人邪心。昔平三逆、取台湾、平定蒙古，朕料理军务甚多，亦曾亲身征讨，深知用兵之道。《七书》之言，岂可全用。孟子云，仁者无敌。
> 247 又云，天时不如地利，地利不如人和。今日若欲另纂一书，而此时又非修武书之时。……孟子有言，可使制梃以挞秦、楚之坚甲利兵矣，若知此意而用兵，方是。[16]总之仁者无敌，此是王道。与其用权谋诈伪无稽之言，不若行王道，则不战而敌兵自败矣。王道二字，即是极妙兵法。从古穷兵黩武，皆非美事。善战者，皆时至事迫不得已，而后用兵也。昔吴三桂反时，江南徽州所属，叛去一县。将军额楚往征之。有人献策于贼云，满洲兵不能步战，若令人诱至稻田中，即可胜之矣。岂知满洲兵强勇争先，未

> 及稻田，已将诱者尽杀之。此献策之人，亦为我兵所杀。用《武经七书》之人，皆是此类，今于《武经七书》内，作何分别出题，及《论语》《孟子》，一并出题之处，著九卿定议具奏。[17]

皇帝只在此处表达了对正统武举考试课程的极度蔑视。在其他任何地方，他都没有提倡将《孟子》作为将领的参考书。皇帝酷爱火器，热爱优秀的弓箭手，看重勇敢的猎手和有成就的将军，但军事理论对他来说是如此陌生，以至于当他想起那些将保护他的宫殿以及成为绿营军精锐军官的人时，他选择赐下一部谴责“好战”之人的文学作品。[18]

没有一位中国哲学家明确表达过自己的反战立场。对军事 248
冒险最直言不讳的批评家墨子（生活于公元前 5 世纪）坚持认为，惩罚性的战争往往是必要的。[19]这与孟子在各种对话中所持的立场相近。[20]正如历史学家李训祥所指出的，这也接近孙膑（生活于公元前 4 世纪）和其他兵家的立场。[21]虽然孟子毫不犹豫地直面不守诺言的统治者——他曾强烈谴责梁惠王——但文本的编者在《孟子》结尾部分，对好战分子进行了最严厉的抨击，这大大削弱了“有人曰：‘我善为陈，我善为战。’大罪也”（7. B. 4）之类话语的影响力。有时候，孟子的言论听起来像是在为战争辩护（例如，参见 1. B. 11），但康熙皇帝在说出了军事开脱的通用方法，最后以“迫不得已，而后用兵”结束时，违背了孟子哲学的精神和文字。尤其令人遗憾的是，他重复了“王道”一词。

在与梁惠王一系列引人注目的交流中，孟子描述了统治者对臣民的责任（1. A. 3～1. A. 5）：“王道”一词只出现在这里

(1. A. 3)，而没有在其他地方出现。[22]孟子在解释需要一套规章制度来保障民生时，巧妙地在其论点中加入了一些关于暴力和战争的类比——这样的类比既能与其对话者的好战冲动产生共鸣，也能揭露好战冲动与不那么明显的好杀政策之间的联系。在谈到有大网眼的网与合适的树木砍伐季节时，孟子提倡一种以社会稳定为前提的保护之道，这是任何一个勇武君王都无法保证的。臣民愿意为保卫由好君王统治的土地而战，但他们不应该被要求为了开疆拓土抛家舍业。孟子对战争的态度显示出一定的矛盾，他甚至似乎相信统治者可以合理地对自己的臣民使用军事力量（见孟子在 7. B. 2 中关于郑国的讨论），但他在这个问题上的主要言论与他的核心信念一致，即统治者必须为其臣民的最大利益行事。

以马见伯的奏折为基础，康熙皇帝关于准备武举考试时使
249 用儒学两大主要文本的谕旨出现在《清实录》的最后：自次年开始执行，直到乾隆皇帝取消这一改革，每位参加武举乡试和会试（仅次于进士的两级）的考生都要写一篇约六百字的文章，对《孟子》或《论语》中的简短篇章做出回应。尽管参与文举考试的人从未被问及兵书，但他们通常会被问及如何处理军事问题；他们被要求对镇压土匪等问题有实际的把握，同时对军事史有学术上的了解——比如，1851 年徐河清在科举会试中所写的策论就是一篇探究军队阵法的文章。[23]

在后来的几年里，康熙皇帝采取了更大胆的措施来改革武举考试制度。他似乎觉得自己培养儒家将领的实验是成功的：四年之后，他打破了文举和武举考试制度之间的传统障碍。在乡试和会试中，通过资格考试的考生可以从一种途径转换到另一种途径。[24]有些人甚至这样做了。

让我们退一步，在 1710 年的这场戏剧中插入一个停顿。当康熙皇帝认真思考马见伯奏折提出的问题，思考如何提高武举考生的受教育水平时，他最信任的官员李光地（1642~1718 年）插了一句："令习武者读《左传》即佳。"[25]皇帝粗暴地拒绝了这个建议，但我们会仔细考虑。

多年来，李光地的日常任务就是审阅被授予武进士之人的试卷。在 1688 年、1706 年、1709 年和 1712 年，他担任武举殿试的读卷官，而在 1691 年，他担任武举会试的知贡举，但从他的序和奏折来看，他对这些考试不怎么感兴趣。[26]他对文举考试的评价则截然不同，他强烈谴责那些官员的不道德和不明智，他们通过贿赂玷污了自己的高位，让无耻的考生获得文进士头衔；而这鼓励了来自福建的那些野心勃勃的历史学家， 250
他们围绕在李光地的身边，以其道德正直，确立起一种崇拜。[27]

虽然李光地的名声在很大程度上取决于他对儒家思想的贡献，但他在制定军事政策方面发挥了重要作用，主导平定了台湾岛上的抵抗运动，甚至还涉猎了军事理论——他的《〈握奇经〉注》完成于 1700 年。[28]陈其芳指出，李光地主张哲学融合和哲学真理的实际应用，并将他看成韩德林（Joanna Handlin）在《晚明思想中的行动》（*Action in Late Ming Thought*）一书中提到的吕坤及其他学者的追随者。[29]

虽然李光地在 1710 年武举考试改革中所扮演的角色可能寥寥几笔就可带过，但他与马见伯职业生涯的交集表明，他可能影响了马见伯对于考试课程的思考，反之亦然。我想，在十九年以前，李光地作为武举会试主考官，一定知道马见伯的名字，因为在那一年，马见伯通过了会试和殿试，获得了武进士头衔。

当然，这两个人是在大约七年后认识的，那时他们的事业使他们再度相遇。下面是李光地对弟子所讲的故事，后者将其记录在李光地的年谱当中：

> 公督学时，过正定与［马见伯］语，器之，至是，
> 拔以自助。公尝阅河出，夜宿舟，次更既阑，披衣启舱，
> 见一人左韔弓矢，右跨刀，闭息坐舱门外，呵之，则见伯
> 也，诘其故，则谨对曰：“公野泊于外，警守不可以懈，
> 251 防遏意表，中军分也。”公笑曰：“际时清平，复何所怵？
> 而君达晓凝座，无乃惫乎！”见伯曰：“凡为将者，日夕
> 警惕，倘床簟偷安，习久益惯，何以备疆场驱策乎！”公
> 深为嘉叹，后累荐之。[30]

在这件回顾性的逸事中，对马见伯的描述表明，他在清军中担任一名忠诚而明智的军官时，并没有摆出一副博学的样子。他严肃地提醒他的文官上司，皇帝所坚持的军事价值观——这位皇帝坚持要文举考试的满人考生在射箭和骑马方面表现出才能。[31]但马见伯 1710 年的奏折表明他有高超的策略手腕。这份奏折提出的第一个建议包括在孔庙祭拜的内容，这可能不会让审阅奏折的高级文官高兴，但皇帝作为奏折的接收者，于二十年前在孔庙观礼的时候，就已经呼吁军事官员与文官一起参与——马见伯的建议可能是刺激皇帝进一步改革欲望的开胃美食。[32]这份奏折提出的第二个建议并没有完全让皇帝满意；但李光地本人尽管在帝师的职位上工作了多年，却没有预见到弟子的思想会发生怎样的转变：《左传》取代或补充军

事经典的建议立刻被否决了。

尽管皇帝根据自己的战争经验形成了介绍书籍的理由，并坚持认为他对几次战役的指挥使他懂得了从《孟子》获得军事建议的重要性，但他还是欣然接受了李光地的观点。李光地的一篇奇怪文章出现在他去世后编订的作品集《榕村语录》中，在这篇简短的文章中，有两点与正在讨论的事件产生了共鸣。第一点，长期以来孟子被认为是一个完全脱离军事问题的思想家，但对战争，特别是战略问题，他有最深刻的理解；第二点，《孙子兵法》中所表达的思想无法被接受。在第一点
中，李光地引用了皇帝提到的一句话，即“可使制梃以挞秦、 252
楚之坚甲利兵矣”。在第二点中，李光地特别挑出“火攻”来批评，就像皇帝所做的那样。他还直言：“若将《左传》《国策》《史》《汉》诸书，选集一部兵法，当胜于今所谓《七书》者。”最后，他提到了马见伯。[33]

据我所知，李光地这篇身后文章没有确切的时间。马见伯死于1720年末，李光地则在皇帝批准马见伯提议的八年后，先于他两年去世。人们想知道的是，这篇文章在皇帝做出决定之前就已经存在了，但马见伯给其保护者的提议所采取的形式，在更多的证据积累起来之前，都只能是假设。

清代每次乡试、会试和殿试的结果，无论是文举还是武举，都会在贡院内（或者紫禁城内的殿试处）被高度程式化的文字记录下来。其中一种记载类型是《题名录》，只概述具体考试的内容，记载参加考试之人和通过考试之人的姓名和职务。另一种内容更为丰富的记载是《试录》，其中包括前言和附言，主考官在附言中提供了考试的许多细节、对军事和民事问题的思考以及一些成功考生所写的范文。在许多情况下，清

代的武举考试记录构成了兵学传统学者的唯一书面遗产，他们继续为国家服务，在民政与军务、帝王与平民、满人和汉人的重要交汇点担任要职。

五十年来，从《孟子》和《论语》中抽取的作文题目是武举考生面临的第一个文学考试。最初，考试里出现了其中最明显的段落。在课程改革后举行的第一次武举乡试中，福建和云南的考官都出了关于《论语》当中著名一段的题目，孔子
253 在这段话中列出了政府应该提供的东西——“足食，足兵，民信之矣”（12.7）。[34]在其他地方，考官让那些新冒出来的考生讨论“仁者必有勇”（《论语》，14.5）。康熙皇帝的改革也影响了其他问题，即出自三部官方兵书（《孙子》《吴子》《司马法》）的问题，以及自1064年以来一直是武举考试标准要素的实际政策问题：与传统不同的是，前者侧重于那些与儒家思想产生共鸣的章节，因为它们涉及礼仪、统治者和被统治者之间的关系，以及军人文学素质的重要性；而后者则包括《孟子》和《论语》中的章节，并请考生对最近的课程改革发表评论。[35]

尽管没有文献提到武举考试考官之间的交流，但一项关于从《孟子》和《论语》中摘录的用于考试的段落的研究表明，存在这种横向交流的趋势。例如，1711年福建和云南使用了《论语》的同一段落；[36]1726年，山东和顺天也使用了《论语》中的同一段落；[37]1741年，湖广湖北（当时的一个行政区域）和江西也使用了《孟子》中的相同段落。[38]在从兵书经典中摘录问题方面，这一现象也很常见：在同一年的考试中，两三位主考官使用了《孙子》《吴子》《司马法》的相同段落。[39]在同一时期，其他省份出了其他题目，这似乎表明没有从政治中心

发出的综合命令来决定考试题目。与此同时，在康熙皇帝于1710年颁布改革科举法令不久后，武举考官和考生都对康熙皇帝的统治予以明显的关注。因此，1711年顺天武举考试的主考官吴廷桢和1711年四川武举考试中以《论语》为主题之范文的作者韩良卿，都强调了“王道”的重要性：无论如何，在一段时间内，官方语言都带有帝王苛责的印记。[40]

报考文举的考生需要对朱熹所注释的儒家经典中的段落进行评论，而往往相当浅显且基础的文章就能让武举考官满意。[41]因此，彭楚才在评论《论语》中“事君能致其身” 254
（1.7）一段时，简单地对比了统治者和父母关于个人身体的主张，认为每个人的身体暂时属于统治者，但在去世后被归还给其父母。[42]然而，也有相当多的证据表明，一些武举考生的学习已经变得跟文举考生类似了。

为了认可朱熹的解释优势，例如，韩良卿在1711年四川武举乡试中使用了与这位宋代思想家相同的提法“帝王之道”来解读经典。[43]同样，施礼在对《论语》中“其养民也惠”（5.16）一段做出解读时，使用了与朱熹一样的方法，描绘了发问者（子产）的政治背景，并引用《左传》中的一段话作为其论述的一部分。[44]如果李光地看到这部古代编年体史书经常被武举考生引用，他可能会感到很满意：除了考题所依据的五本标准经典之外，在考生中最受欢迎的题目被康熙皇帝以不合适为由加以拒绝。

乾隆二十四年（1759年）1月4日，经由兵部议覆，正考官戈涛（1751年进士）起草的两份奏议得到了皇帝的批准。乾隆已经不是第一次拒绝其祖父对武举考试制度的激进改革了。[45]

在描述了于武举考试笔试部分（内场）使用铃声并提出了预防措施之后，戈涛接着谈到了另一个问题。[46]“武乡会试……自当以武经为重。四书［儒家经典《论语》《孟子》《大学》《中庸》］旨义，非武士所能领会。”[47]在呈上这份奏
255 折的时候，戈涛已两次担任乡试考官：1754 年江西文举乡试的辅考官和 1757 年云南乡试的正考官。然而，虽然许多考官在某一年举行的文举考试和武举考试中连续任职，戈涛却并不是这样，他的名字没有出现在任何相关武举考试的记录当中。[48]尽管如此，这位缺乏经验的官员的观点似乎与皇帝的看法是一致的，他们都认为取消关于《论语》和《孟子》的考试题目，将使事情有所好转。戈涛在奏折最后甚至进一步指出：“亦应如所奏，择文理粗通者，即予中式，以示矜全。”[49]

自从康熙皇帝表示要有一种不同类型的武进士以来，已经过去了近五十年，但时代的发展决定了不同的需要。乾隆皇帝开展了积极进取的军事行动，将疆域版图拓展到西藏、新疆和蒙古草原，并对八旗军队以及特别是绿营军提出了要求。康熙皇帝将军事文化理解为儒家文化的一个分支，想让时间之河倒流，使帝王谋士文武兼修，乾隆皇帝则接受了孔子、孟子、墨子、孙子等人对“文”与“武”之领域的区分。

从十一个月之后举行的乡试开始，谋求高级武举功名的考生将被要求讨论《孙子》《吴子》《司马法》中的段落，但他们再也不必讨论王道、霸道或者孝道了。[50]

在本章的开头，我提到了王阳明的著作，他是一位文官，严格区分武事和文事。但有一次，王阳明确实将《孟子》纳入了关于军事问题的讨论：在仕宦生涯早期，他曾试图改革武举考试。王阳明认为边疆地区是脆弱不安的，国家有责任建立

一支在技能上不局限于骑射的部队：如果不了解战略，军队就
无能为力。所以在 1499 年，他提出了一种新的制度，那是一
种与考试挂钩的训练计划，强调军事理论和决策，学生要从精 256
英家庭以及明朝的军事院校中选拔。他坚持训练必须尽快开始。
毕竟，孟子自己就曾说“苟为不畜，终身不得”（4. A. 9）。[51]

这不是李光地和其君主的言语或推论，而是这位年轻官员精心提交的奏折中对孟子作为军事圣人的明确诉求。在后来的奏折中，他再也没有说过这种真心话。五百年后，那些在回避使用暴力的国际限制的情况下大谈道德征伐的人，也把他们的计划与拥有无可置疑的道德凭据的学说联系起来。康熙皇帝朝这个方向的努力，即为中国两位最伟大的哲学家赋予伟大军事意义的尝试，注定无法成功。

注　释

1. 例如，可参见王守仁《陈言边务疏》，收录于《王阳明全集》卷九，第 84 页，这篇文章引用了三次《孙子》的内容；王守仁，《案行广东福建领兵官进剿事宜》，见上书，卷一六，第 1137 页，这篇文章引用了两次《孙子》的内容。这些文书的译文收录于 Chang，1975，pp. 170-184，245-246；另可参见 pp. 217，353。张煜全认为《吴子》是相关内容的来源，见 p. 353。

2. 王阳明在书信、哲学著作以及呈给皇帝的奏疏中，经常引用《孟子》的内容。例如可参见《答王虎谷》，1509 年，收录于《王阳明全集》卷四，第 3 页；《与黄宗贤书》，1513 年，见上书，卷四，第 6 页，书信五；《答陆原静书》，1522 年，见上书，卷五，第 25～26 页，书信二。

3. 《孟子》的篇目信息遵照的是 1970 年版《孟子》（*Mencius*，

1970）所采用的编目体系。我依据的译文来自理雅各（James Legge）的双语版《孟子》以及 1992 年版的《孟子》。

4. 关于戚继光的文学成就，参见 Millinger，1968。

5. 早期文献中的这些段落表明了这种竞争性存在于《孟子》3. B. 9、6. B. 4、6. B. 8、6. B. 9、7. A. 26 中；《六韬》，收录于《中国兵书集成》，第 1 册，第 429~430 页。《吴子》可以被看作对孔子和对立兵家思想的一种新的综合。另可参见孙子反对孔子的评论："爱民可烦……将之过也。"（《孙子》，第 1 册，第 17~18 页。）

6. 关于清代的文举考试体系，参见 Elman，2000；Wang，1984；Ho，1962；Chang，1955。关于武举考试体系，参见 Xu，1997；Shang，1980，pp. 185-186，188-202；Zi，1896。

7. 觉罗石麟、储大文：《山西通志》卷一八二《艺文》第一节，第 25 页（《影印文渊阁四库全书》，549-13）。虽然清代军官的诗歌和散文很少出现在方志中，但《山西通志》中出现了至少四名军官的诗歌。参见铁金城、张文焕、张玉珍和于成龙在 549~614 页的相关诗作。

8. 关于马见伯，参见《清史稿校注》卷二九九，第 10419 页（《清代传记丛刊》，091-121）；李桓《国朝耆献类征》卷二七九《将帅一九》，第 17 页 b~第 19 页 a（《清代传记丛刊》，166-874、166-875、166-876、166-877）；《汉名臣传》卷一六，第 47 页 a~第 49 页 b（《清代传记丛刊》，039-955、039-956、039-957、039-958、039-959、039-960）；《清史列传》卷一一《大臣划一传档正编八》，第 10 页 a~第 11 页 a（《清代传记丛刊》，097-214、097-215、097-216）。

9. 从 1645 年到 1899 年，几乎无一例外，武举考生每三年都要参加乡试、会试和殿试，此外朝廷还经常增加恩科考试。印刷的记录在每次考试的现场被制作出来并被提交给皇帝。我已经收集到 523 份此类记录材料，但很多已经丢失了。也许最令人沮丧的是，在清朝统治的前 22 年里，没有一份武举考试的记录保存下来。由中国第一历史档案馆（以下简称"*BNO*"）出版的《中国第一历史档案馆清代谱牒档案内阁科举考试册》收录了数百份武举乡试和会试试卷。美国学者可以很容易地在耶稣基督末世圣徒教会（Church of Jesus Christ of Latter-Day Saints）经营的家族史图书馆看到这些文献的缩微胶卷，在洛杉矶教堂的圣殿里也有一套完整的收藏。此外，艾尔曼（Benjamin Elman）还将他在中国大陆和台湾地区以及日本收集的文举和武举考试档案的影印本捐赠给了美国加州大学洛杉矶分校的东亚图书馆（以下简称“EAL”）。

10.《山西通志》卷八〇，第 51 页 a~第 52 页 a（《文渊阁四库全书》，544-746）。关于内务府包衣，参见 Spence，1966。关于御前侍卫，参见 Chang and Li，1993。

11. 马见伯的奏折于 1708 年 7 月 28 日抵达御前，引自《清实录》，第六册，《圣祖仁皇帝实录》三，卷二三三，康熙四十七年，第 4 页 a~第 4 页 b（第 328 页 a~b）。

12. 马见伯奏折的主要内容出现在清代及其后编纂的各种标准参考文献中，例如，《大清十朝圣训》卷二〇《圣祖仁皇帝圣训》，第 138 页以及本章注释 8 中引用的文献。《大清历朝实录》，第六册，《圣祖仁皇帝实录》三，卷二四三，康熙四十九年，第 12 页 a（第 417 页 a）。正如我们将看到的，这部分文献并不完整。

13.《清史稿校注》，第 10419 页（第 91 种，第 121 页）。比照《大清历朝实录》，第六册《圣祖仁皇帝实录》三，卷二三九，康熙四十八年，第 7 页 a~第 8 页 a（第 384 页 c~第 385 页 a）。我将在后文中讨论这条法令。

14.《清史列传》卷一一《大臣划一传档正编八》，第 10 页 b（《清代传记丛刊》，097-216）。

15. 关于从弓箭手到靶子的距离，参见《大清十朝圣训》卷二〇《圣祖仁皇帝圣训》，第 137 页（《文渊阁四库全书》，411-280）；《清朝文献通考》卷五三，第 5354 页。关于武进士的新使命，参见《清会典事例》卷五六六，第 12552 页。关于鼓励汉军旗人和其他群体的人，参见《大清历朝实录》，第六册，《圣祖仁皇帝实录》三，卷二四〇，康熙四十八年，第 1 页 a~第 2 页 a（第 388 页 c~第 389 页 a）。

16. 来自《孟子》的段落出现在 1. A. 5，2. B. 1，以及 1. A. 5。

17.《清实录》，第六册，《圣祖仁皇帝实录》三，卷二四三，康熙四十九年，第 12 页 a~第 13 页 a（第 417 页 a~c）。

18. 关于康熙皇帝，尤其是他对军事的热爱，参见 Spence，1974。前面注释中引用的部分段落在第 22 页被翻译，然而史景迁没有解释上下文。

19. 参见《墨子》卷三，第 19 页。

20. “是故天子讨而不伐，诸侯伐而不讨。”《孟子》6. B. 7。另可见《孟子》7. B. 2。

21. Li, 1991, pp. 132-151.

22. 孟子的那句话是:“养生丧死无憾,王道之始也。”

23. 《咸丰二年会试录》,第 71 页 b~第 74 页 b, EAL。

24. 《清会典事例》,第八册,卷七一八,第 918 页 a;《清朝文献通考》卷四八,第 7 页 a;《乾隆元年恩科福建乡试武举录》, *BNO* #1, 357, 536 963/35, “条例”部分,第 9 页 b~第 10 页 a; Fuge, 1959, pp. 20-21。

25. 《大清历朝实录》,第六册,卷二四三,康熙四十九年,第 12 页 a (第 417 页 a),最后一行。

26. 李清植:《李文贞公年谱》卷上,第 48 页 a (第 95 页);卷下,第 33 页 b (第 184 页),第 42 页 a (第 201 页),第 51 页 b (第 220 页);卷上,第 53 页 b (第 106 页)。(请注意,在重印版增加的标题页上,孙清植的名字被错误地印为李清植。)

27. 参见 Yang Guozhen and Li Tianyi, 1993。

28. 关于李光地在台湾战事中所扮演的角色,参见 Nie and Pan, 1993, 尤其是 pp. 120-121。《握奇经》的完成记录于李清植《李文贞公年谱》卷下,第 9 页 b (第 136 页)。

29. Chen Qifang, 1993, 尤其是 pp. 189-190; Handlin, 1983。

30. 李清植:《李文贞公年谱》卷下,第 5 页 a~第 6 页 a (第 127~129 页)。

31. 《清朝文献通考》卷四八《选举二》,“考”五三〇八。该法令颁布于 1689 年。

32. 关于康熙皇帝鼓励军官到孔庙祭拜的谕旨,参见 Suerna, n. d., p. 27。

33. 李光地:《榕村语录》,第 502~508 页,尤其是第 505 页。

34. 《康熙辛卯五十年福建武乡试录》,中国国家图书馆藏稀见书目书志丛刊,第 9 页 a。

35. Xu, 1997, p. 37. 只有明代的武举考试才有两种题型。关于受 1710 年改革影响的武举考试题目,可参见《康熙辛卯五十年福建武乡试录》,中国国家图书馆藏稀见书目书志丛刊,第二道“论”题;《贵州康熙五十年武举乡试录》, *BNO* #1, 357, 537 938/51, 第二道“论”题;《顺天康熙五十年武举乡试录》, *BNO* #1, 357, 537 932/52, “策”;《云南康熙五十年武举乡试录》, *BNO* #1, 357, 536 937/9, 第二道“论”题和“策”；《江南雍正元年武举乡试录》，*BNO* #1，357，536 939/60，第二道“论”题；《云南雍正元年武举乡试录》，*BNO* #1，357，536 940/10，“策”；《顺天雍正二年武举乡试录》，*BNO* #1，357，536 939/60，第二道“论”题。

36. 设问的段落出自《论语》12.7：“足食，足兵，民信之矣。”参见《康熙辛卯五十年福建武乡试录》，中国国家图书馆藏稀见书目书志丛刊，第 9 页 a；《康熙五十年云南武乡试录》，*BNO* #1，357，536 937/9，第 16 页 b。

37. 设问的段落出自《论语》3.19：“臣事君以忠。”参见《雍正四年山东武乡试录》，*BNO* #1，357，537 946/70，第 20 页 a；《雍正四年顺天武乡试录》，*BNO* #1，357，535 932/52，第 1 页 b。

38. 设问的段落出自《孟子》1.A.5：“壮者以暇日修其孝悌忠信。”这是孟子提到的创造能够“制梃，以挞秦楚之坚甲利兵”的民众的条件之一。参见《乾隆六年湖广湖北武乡试录》，EAL，第 9 页 b；《乾隆六年江西武举乡试》，EAL，第 6 页 b。

39. 举一个极端的例子，1756 年，顺天和云南的主考官都选用了《孙子》中的相同段落“以正合，以奇胜”作为考题；在下一轮乡试中，四川的主考官再次使用了同样的段落，而在同一年，广西、河南和顺天的主考官也选取了《孙子》同一节的相同段落“奇正相生”，表达了同样的原则。参见《乾隆二十一年顺天武乡试录》，EAL；《乾隆二十一年云南武乡试录》，EAL；《乾隆二十四年四川武乡试题名录》，EAL；《乾隆二十四年广西乡试武举录》，EAL；《乾隆二十四年河南武举乡试录》，EAL；《乾隆二十四年顺天武乡试录》，EAL。

40. 《康熙五十年辛卯顺天武乡试录》，*BNO* #1，357，535 932/52，序，第 6 页 a；《康熙五十年顺天武举乡试录》，*BNO* #1，357，535 936/11，第 26 页 b~第 27 页 b。

41. 关于清代科举考试中注释的变迁，参见 Elman，2000，pp. 409-442。

42. 《湖广湖北武乡试录，乾隆二十四年》，*BNO* #1，357，538 1012/112，第 14 页 a~第 16 页 a。

43. 《四书大全》，第 2023 页；*BNO* #1，357，535 936/11，第 26 页 b。

44. 朱熹：《四书章句集注》，第 1072 页；《雍正元年癸卯恩科云南武乡试》，EAL，第 20 页 a~第 22 页 a。

45. 1714 年，康熙皇帝批准了一项创新的考试改革：他打破了原先文举考试和武举考试之间的藩篱，允许那些通过乡试的人从一条路径转换到另一条路径。1742 年，乾隆皇帝因其中的诸多失范之举而废止了这项改革。参见《清会典事例》卷七一八，第 917~919 页。

46. 毫无疑问，戈涛的第一份奏折在不知不觉中帮乾隆时代的人向康熙皇帝做出了回击。他认为导致如此之多欺骗行为的评分制度是后者在其统治的第五十二年（1713 年）制定的。对这个制度的简要解释，可参见《清史稿校注》，第 3191 页。

47. 《大清历朝实录》，第十六册，《高宗纯皇帝实录》八，卷六〇一，乾隆二十四年，第 738 页 a，第 1~2 行。

48. 《江南乾隆十八年武乡试录》，*BNO* #1，357，537 999/97；《云南乾隆二十一年武乡试录》，EAL。

49. 《大清历朝实录》，第十六册，卷六〇一，乾隆二十四年，第 738 页 a，第 3~4 行。

50. 1760 年秋天，乡试考官们组织了一场恩科考试，并把话题转向了熟悉的内容，要求考生回答的问题包括："居则有礼，动则有威"，出自《吴子·治兵》（这段文字也被用在福建武举乡试中，见《乾隆二十五年福建武举录》，EAL；以及湖南武举乡试中，*BNO* #1，357，538 1021/113）；"成功出于众者，先知也"，出自《孙子·用间篇》（甘肃：*BNO* #1，357，538 1024/98）；"能因敌变化而取胜者，谓之神"，出自《孙子·虚实篇》（贵州：*BNO* #1，357，537 980/56），值得注意的是，这一内容在 1759 年湖南武举"论"的部分也被作为主题使用，并在 1760 年山东的"论"、1762 年山西的"论"中再次被使用；"以礼为固，以仁为胜"，出自《司马法·天子之义》（江西：*BNO* #1，357，537 1018/99）；"密静多内力"，出自《司马法·定爵》（云南：*BNO* #1，357，536 1026/14）。关于恩科考试，参见 Chang，1955 p. 22。

51. 王守仁：《陈言边务疏》（弘治十二年时进士），收录于王守仁《王阳明全集》卷九，第 83~86 页，尤其是第 83~84 页。

第十一章　亲历者的著述：明清鼎革间江南战乱的个人记录

方秀洁（Grace S. Fong）

在 17 世纪中叶的明清鼎革时期，到处蔓延的暴力不仅是 257
清军在军事征讨中犯下的；在内部起义中，当地的土匪、暴徒、反叛者和逃兵也会四处攻击、抢夺、劫掠和破坏。历史学家司徒琳就曾准确地强调并指出，在这个破坏性的时代，“中国没有一个地方能逃脱某种‘兵祸’”。[1] 虽然本章所考察的作品都来自江南地区（包括今江苏、安徽、浙江北部和江西北部）人物的笔下，但司徒琳的观点是，大起大落的政治事件和军事行动席卷了整个中国，而不仅仅是江南地区，这一观点是正确的。无数男女老少流离失所，不论阶级和地区，他们的生活常常遭到破坏。也就是说，当我们考察征讨的记录，特别是那些个人性质的记录时，会发现正如司徒琳自己所指出的，江南地区的史料要比其他地区的多得多。司徒琳担心，我们对征战时期历史的看法，可能局限于江南经验，或者被江南经验过滤掉了；我们可能会有这样的印象，即这一地区遭受的清军战火最多。[2]

1644 年，南明朝廷在南京建立，随后又向浙江、福建、 258
湖广等地迁徙，南方和东南确实成了决心消灭明朝宗室与镇压平民的清军的目标。此外，明朝保皇派在江南的士绅和学者官员（包括文官和武官）中形成的关系网，在战争中引发了历时最长、最为血腥的围剿。[3] 直到 1659 年郑成功在长江流域溃败后撤退至台湾，武装对峙和冲突仍在持续，尽管只是偶尔发生。一方面，由于长期反对清廷的统治，江南变成了血腥的舞台，上演了一系列最为残酷的战争和屠杀；另一方面，关于当地居民在这一混乱时期经历的大量著述——包括普通市民的目击记录——可以被解读为一个指标，说明在这个已经成为明朝最重要的文化和经济枢纽的地区，文化普及程度越来越高。在这个历史时刻，这种读写能力很好地充当了一种铭记技术。清朝统一战争的个人记录，为研究平民对战争和暴力的看法，以及军事文化的可怕表现，提供了宝贵的资料。

在本章中，在那些得以幸存的大量文献里，我准备集中讨论几个特定的文本，这些文本来自江南地区那些经历过这种创伤性朝代兴替的男男女女。这些文本可分为两种写作体裁——日记和诗歌，它们使那些个人（没有一官半职的平民）的私人和主观的声音得以被铭记。通过讨论几个特别有影响力的典型个案，我将阐明，文学作品是如何作为一种救赎策略，被平民用来应对战争和在艰难乱世中使自己的生存变得合理化的：《甲行日注》，叶绍袁（1589~1648 年）著，是自 1645 年其家乡吴江被清军攻占，一直持续到 1648 年他去世前不久的“忠君派”日记；一位名为魏琴娘的年轻女子关于这一时期乱世中个人遭际的诗歌；此外还有著名散文家归有光（1507~1571 年）的曾孙归庄（1613~1673 年），以及江苏泰兴的女诗人季娴（1614~1683 年）的作品。这些“私人”文本的个人维度进一步将其与“目击”和“传闻”的叙述（见闻录）区分开
259 来，在这些“目击”和“传闻”叙述中，作者记录或再现的

他人经历，往往是事后的，例如谈迁（1594~1657年）的《北游录》、计六奇（活跃于1662~1671年）的《明季南略》，以及用类似形式撰写而成的大量“客观”记载。“主观”记录则突出了那些在破坏中寻求建构意义之路的个人的能力与意志。

从狭义上来看，这些个人作品并非军事文化的一个方面。然而，它们是17世纪侵入人们日常生活的无处不在且十分猖獗的军事存在的副产品。面对战争以及物质、社会和文化世界的破坏，许多人不得不做出生死抉择。这些记录告诉我们，他们的生存策略建立在历史资源和文化资源之上。正如狄宇宙在导论中恰当指出的那样，“军事文化可以是一种战略文化……其中包括决策过程，它超越了军人的具体行为，包括那些在战略选择中进行的知识积累与传播，并在民事和军事层面，基于这些论述验证其所处的位置，检查其既有的状况”。

如上所述，在这一民族和个人危机的动荡时期，这些来自江南地区的原始资料集，印证了明末江南地区经济文化发展的水平。历史研究和文学研究表明，16世纪到明朝灭亡的富裕时期见证了前所未有的经济发展，以及商业印刷文化的繁荣，而且对于本章来说更重要的是，文化跨越了先前严格的性别和阶级限制，向更广泛的受过教育的公众传播。[4] 通过研究那些日常生活被严重打乱、陷入混乱，自我意识和文化认同受到威胁，最为根本的是自身处于危险之中的个人的私人作品，我打算探讨的一些问题是：这些逃亡者和战争受害者有过怎样的经历；在战争的背景下，在个人经历严重危机的时刻，写作的功能、动机或目的是什么；在这种情况下，选择自我记录体裁的 260
原因是什么；当来攻之人是清军时，这些个人作品对自我意识和身份认同有什么意义；它们与更大的历史文化记忆语境有怎样的关系。简而言之，我感兴趣的是在这个剧烈动荡且混乱的历史时刻，从个人和文化层面审视写作的本质和意义。在接下来的小节中，我将首先讨论日记和诗歌更广泛的共性特征，并将典型个案作为“战略文化”的独特例子加以语境化的分析。

日记的权宜性

动荡不安的明清鼎革时期，写日记成为士大夫和文人都会采用的一种个人的记录方式。[5] 然而，作为一种帝制时期的写作体裁，日记至今还没有得到过太多批评性的关注。[6] 从定义上来看，日记是用以日期为标识的条目组织起来的，但日记的内容、风格和功能可以根据记录者的兴趣而有很大的不同。因此，日记构成了一种极具可塑性的日常记录形式，可以在不同场合、出于不同目的而使用。[7] 在中国古代，这些标题为“日记”或“日注”的日记，似乎是士大夫用以记录职业生涯中某个特定时期的一种书写形式。例如，他们可能在赴任途中进行记录，也可能在任职期间进行相关记录。在这种情况下，这种簿记方式似乎已经被当作一种速记手段，用以保持对公务信息的追踪。[8] 它很少包含私人表达或内心情感的流露，也就是说，个人维度的日记或日志通常在西方出现。在帝制中国晚期，记日记的另一个常见场合似乎是在关注某个特定主题期间。这种日记可以融合笔记、批判性反思以及关于进展的提示。[9] 明朝末年，王阳明新儒家学派及其台州分支的追随者也
261 进行了各种形式的道德记录和自我反省。被写入每天日志——常常有不同的名称，如日谱、日记或日录——的强烈的自我反省显示出对个人意识状态和道德状况的细致关注，也使善恶行为被机械地写入“功过格”，在这一过程中，受过教育和没怎

么受过教育的人似乎都在经历一种前所未有的自我文本化。[10]从广义上看，日记通常被用作一种权宜之计或者工具，以记录个人生活中特定时期的信息（根据场合或个人的兴趣而变化）。

在混乱的明清鼎革时期，有些人以个人视角写日记，如叶绍袁。司徒琳在她的文献指南中描述的一些作品可能也属于这类。[11]这些作者记录每天的个人遭遇、情感、想法和经历。他们选择以日记的形式写作，进一步证明了日记写作的权宜性，因为这些文字是在清兵来攻的危机中产生的。王秀楚（活跃于 17 世纪中叶）所撰写的关于扬州屠城的著名日记《扬州十日记》，严格地说，并不是一本日记，因为其内容不是每天写下来的（在当时的情况下是不可能的），而是后来一起记录的。直到他在这场大屠杀中幸存下来（但他失去了三个兄弟，三人都被清兵杀害），不知名的作者王秀楚才逐日回忆起他们经历的难以名状的痛苦，以及他和他的直系亲属在清军攻克史可法（1601~1645 年）英勇组织的城防之后的十天大屠杀中所经历的恐怖景象。逐日叙述为王秀楚的个人叙事提供了一种权宜之计，他认为，这种叙事方式所代表的不仅仅是一个人的经历。然而，正如他最后所强调的，只有作为个人经历的这种叙述，才能成为文化和历史记忆的一部分并作为历史上的一课：“自四月二十五日起，至五月五日止，共十日，其间皆身所亲历，目所亲睹，故漫记之如此，远处风闻者不载也。后之
人幸生太平之世，享无事之乐；不自修省，一味暴殄者，阅此 262
当惊惕焉耳！”[12]尽管这些评论是对未来的展望，但也带有对晚明奢侈生活方式之批评的影子，后来这种生活方式被明确地指责为明朝覆灭的原因。

一位忠君“僧”的日记：叶绍袁的《甲行日注》

与清军征战时期的王秀楚和其他非正式个人记录的作者相比，《甲行日注》的作者叶绍袁是一位更为有名的文人。[13]他是苏州吴江人士，1625 年中进士。在关于明末清初女性历史和文化的研究中，叶绍袁作为予以诗人沈宜修（1590~1635 年）积极支持的丈夫，以及三个才华横溢的女儿——叶纨纨（1610 ~ 1632 年）、叶小纨（1613 ~ 1657 年）和叶小鸾（1616~1632 年）的慈爱父亲而再次获得认可。1632 年，在两个女儿（纨纨和小鸾）相继去世后不久，叶绍袁开始编纂她们的文学作品并准备出版。与此同时，他的两个儿子、他的母亲和他的妻子都死于 1635 年。1636 年，他完成了编纂工作，并将他们的作品结集刊发于《午梦堂集》中。[14]

具有讽刺意味的是，据叶绍袁最著名的儿子、《原诗》的作者叶燮（原名叶世倌，1627~1703 年）说，叶绍袁自己有一本二十卷的诗文集，但在清军入关后散佚了，只留下了一些残篇断章。[15]幸存下来的手稿是叶绍袁在他生命的最后十年里创作的自述集。与明清鼎革时期尤为相关的是他的日记《甲行日注》以及《年谱续纂》（《自撰年谱》续篇）中对 1644 年、1645 年这两年的概述。[16]1638 年，在他五十岁之际，叶绍袁以年谱的形式撰写了自传。[17]这是一部按年整理的自传体记录，记载了叶绍袁一生的前四十九年。1645 年，随着清军攻
263 下他的老家吴江，叶绍袁完成了《年谱续纂》，此年谱始于《自撰年谱》结束的 1638 年，历时八年，截至 1645 秋。

自从妻子和女儿去世后，叶绍袁就经常使用《易经》的占卜方法作为指导。《年谱续纂》1644 年的条目中充满了卦

象，回顾过往，这些卦象预测了明朝的灭亡和崇祯皇帝的死亡。1644 年的下半年，他与一些朋友到杭州旅行，多次被劝说或推荐担任某些官职，但他一再拒绝。除了对崇祯皇帝驾崩的悲痛以及朋友们敦促担任官职，他并没有真正的混乱或紧迫的感觉。在 1645 年条目的最后几页，被他称为“弘光元年”（南明的年号）的这一年，节奏开始加快，而且出现了恐慌和混乱。这一年六月，当清军从北方大举进攻时，叶绍袁开始了几乎是日记式的记录。例如：

> 六月初四，敌至苏州，士民执香以迎，有奸臣在留都主持之，又有在郡为首媚焉。
>
> 六月十七日，顾汉石自钱塘挂冠，盖欲死数矣，士民号泣守之，不得已缒城已出，送归。十九日抵余家，二十一日即往昆山，二十二日敌遣兵求焉，余幸先知之，同子妇俱昏夜徙匿，诘旦兵至，……气焰张皇，不寒而栗。寻遇汉石于途，余家获免，然兵之纵掠多矣。[18]

叶绍袁的《年谱续纂》结束于 1645 年的八月二十五，他指出“以后俱载《甲行日注》中”。[19]在那一天，作为灭亡的明朝的忠实臣民，他拒绝了清政府要求刮掉前额头发并将头发编成辫子的命令。像其他不顾清廷命令却不自杀的文人一样，叶绍袁也剃度出家。他带着自己的四个儿子，离开了祖籍之地，成为逃亡者，在杭州山区的一个又一个寺庙里流离辗转。 264

叶绍袁的第三部自传作品《天寥年谱别记》，也以 1644 年和 1645 年明朝的灭亡结尾。自传以他的晚号“天寥”命名，这是他于1635年所采用的，那时他在妻子去世后梦到自己是“天寥道人”。[20]正如“别记”一词所暗示的那样，这部作品是一种更加非正式的记录，与《自撰年谱》及其续作《年谱续纂》相“区分”。它包含关于朋友和家庭的逸事和细节，关于子女、同僚、熟人的事件与琐事，占卜，以及离奇之事。年度记载始于1598年他10岁的时候，结束于1645年的八月二十一，并附有“以后俱载《甲行日注》中”的说明。[21]他剃度出家的决定，显然标志着明朝的终结。通过结束《年谱》、开启权宜化日记写作的方式，他将朝代更替和个人身份的变化同自述文体的变化联系了起来。[22]

作为亡明的遗老，叶绍袁对日记标题的解释具有重要意义。《甲行日注》源于甲（辰）之日启程为僧，并与《楚辞·哀郢》中的“甲之鼂吾以行”相契合。[23]与这天的干支纪日巧合所不同的是，《哀郢》提到了国家的灾难、楚都的毁灭和诗人兼叙述者的流亡，这是对叶绍袁在明朝灭亡后处境的一个恰当暗示。在他生命的最后三年里，从1645年的八月二十五到1648年的九月二十五，直到离世前不久，叶绍袁都虔诚地记录着过去每一天的情景。

在纪年自传中，叶绍袁的自我认同和能动感似乎与其家庭
265 中的性别关系紧密相连，这对于一个学者来说是不寻常的。失去家人对他影响深远，他在自传中记录了这种痛苦。明朝灭亡后，叶绍袁自我认同的重点，从国家败亡而非个人的损失，转向日记中所建构的忠君派主题。日记以序言开始，概述了1644年和1645年的灾难性事件：北京的沦陷及随之而来的混乱、清军的南下、当地忠君派抵抗力量的失败，以及强制采用满人男性的发型，直到叶绍袁的老家吴江沦陷。在这种紧迫的

情况下，尽管叶绍袁宣称自己作为臣民有赴死的责任，但他还是决定不结束自己的生命，而是走“出家”这条更为容易的道路。叶绍袁早在十五年前就离开了官场，也许他并不觉得有理由为忠于朝廷而自杀。

一方面，叶绍袁一直对玄学很感兴趣：他用《易经》占卜，记录梦境和预兆；他相信女儿小鸾已经长生不老，并试图通过降神与她联系。[24]在其间的几年里，他还给几部佛经做了注解。[25]因此，他做出出家的选择在一定程度上是基于宗教倾向。另一方面，流亡在外的叶绍袁拒绝成为清朝的臣民，他在日记中承担和建构了一系列重叠、模糊的身份。他通过剃度获得僧人的首要身份就是一个很好的例子。虽然他认为这一举动意味着与世界和家庭彻底断绝关系，但他同时带走了自己的四个儿子，并“藏匿”三个孙子，“冀留余脉”，[26]以确保家族不致消亡。换句话说，他在家族等级制度中保持了家长的角色。在“流亡”的三年里，他在江浙交界地带山区的一座又一座寺庙中辗转，通过仆人、朋友和亲戚带来的信件和消息，与家人保持经常的联系。无论他有时多么穷困潦倒，这个世界都不会离他很远。从他对每一样食物、衣服、酒、茶、药品、书籍和亲友所给钱财的数量和类型的细致记录中，其庞大的社交网络也可见一斑。他似乎不仅在盘点物质生活，也在默默地感谢 266
恩人。在一些特殊的场合，比如清明节，他总是思怀家人，尤其是那些已经去世的人。1645 年的除夕夜，他回顾了自己一生中所有特别的新年，从最快乐的到最悲伤的，并指出这是他第三次在这个时候没有回家。伴随着国破家散，他感到欣慰的是，可以和儿子们在一起，让他们暂时受到保护，免受战争之苦。[27]

值得注意的是，叶绍袁所表现出的态度强烈地反映了他的忠君者身份。在1646年十一月二十七的记录中，叶绍袁对他家乡那些向清廷投降的人表现出了极大的蔑视，因为他听说当地有些男女争先恐后地模仿满人的发型和服饰。[28]他以溢美之词记录了许多忠君殉道者，这些殉道者有男有女，有名或者无名，都在抵抗清军时牺牲了。记录中还包括他听到的一个故事：一个忠君者的鬼魂表达了他对明朝的悲痛记忆。叶绍袁的结论是，今天沉溺于享受的人甚至不能和鬼魂相比，因为他们的良心已经死了。[29]

叶绍袁也利用朋友和熟人赠给他的诗歌来构建自己的忠君者身份。通过记录别人赠给他的诗，他得以用别人对他的描述来呈现自己。这样做的效果是通过“客观”的感知和证据——别人如何看待他——来强调自我认同。1646年四月，吴同甫的一首诗记载了叶绍袁对明朝的忠诚，这是叶绍袁对明朝忠诚最为直接的表述之一：

> 十四日，庚寅。晴。吴同甫亦赠诗云：
>
> 正气久失恃，岁寒见一人。
> 举朝无义士，在野有纯臣。
> 267 望阙心难慰，逃禅志未伸。
> 山河极目异，除发岂除嗔。[30]

吴同甫的诗将叶绍袁比喻成一个正直的臣子。叶绍袁的忠诚并没有被其佛教徒的表象掩盖。叶绍袁不能赞颂自己，但如果他将这些来自另一个人的赞美记录在日记里的话，就有了肯定其道德正直和忠贞不贰的效果。

诗歌的这种表现功能，也呈现在1646年十一月叶绍袁五十八岁生日这天的记录里："二十四日，丙寅。晴。余初度也（年五十八）。率意作二诗，以寄无聊。仲日首倡和什，儿辈随续次赓之。"[31]在此基础上，他又记录了外甥和儿子的十首诗，以配合他原本的两首，这些诗采用相同的韵词，普遍再现了叶绍袁诗中明显的隐逸和忠贞主题。叶绍袁没有把自己的任何一首诗写进日记。[32]在1647年的前六个月里，他的家人和远近友人给他寄来了两组非常冗长的相呼应的诗，在收到这两组诗的当天，他一丝不苟地把这些诗都写进了日记。[33]这一记录行为使叶绍袁得以通过亲友的回应和再现，不断更新和重申自己作为忠君派文人-僧人-隐逸者的身份和主体感。

叶绍袁的文人气质也表现在某些最抒情的时刻，他在简短的段落中描述了对风景和天气现象的体验，或对山区艰苦、贫困生活的感受。随着年龄的增长，在生命的最后一年里，他生病的次数越来越多，日记也变得越来越短。随着时间的推移，一个接一个的条目只用单字或短语来记录天气状况，如他去世前几个月连续六天条目的例子所示：

> [1648年] 六月初一日，甲午。晴，大风。 268
>
> 初二日，乙未。晴。
>
> 初三日，丙申，大暑。晴，大风甚凉。
>
> 初四日，丁酉。晴。
>
> 初五日，戊戌。晴，热。
>
> 初六日，己亥。晴。

在过去的一年里，关于忠君派抵抗的报告仍在日记中有所记录。但是，随着其他内容日渐稀少，天气似乎越来越成为主要的参考框架。当然，这个框架从日记的一开始就一直存在，其标志之一是叶绍袁对一年中二十四个节气的记录。当南明弘光政权在1646年崩溃时，政治/王朝框架消失了。[34]在一种由写作行为维持的宇宙循环中，干支循环框架仍然标志着身份和经验的界限。

记录个人：明清鼎革乱世中的诗歌

正如我先前所指出的，在明清鼎革时期，人们倾向于保留某种形式的日记，这比任何已经确立的文学惯例或日记与战争记录之间的联系，更能反映出这一体裁在不同场合、不同目的下的普遍适应性。当把诗歌作为一种记录混乱时代的媒介来考察时，我们会发现它在中国文学史上有悠久的历史渊源。从《诗经》、汉朝的乐府歌谣，到唐代伟大诗人杜甫（712~770年）记述战争暴行的著名诗歌，中国诗歌从一开始就充分表达了战争的悲剧性。[35]到了明清鼎革时期，大量的文献证据表明，作为记录个人经历的流血和暴力事件的有效工具，诗歌被许多有文化的女性所接受，更不用说受过教育的男性。不仅著名作家——如戏剧家李渔（1611~1680年）和女诗人王端淑
269 （1621~约1680年）——留下了漫长而动人的诗歌编年史，记录他们在明朝灭亡时期的悲惨遭遇；[36]一些受过文学熏陶的几乎不知名的女性，也在艰难的环境下写出了充满诗意的作品。

尤其是明清鼎革时期，产生了一大批被称为“题壁诗”的子类别诗歌，即那些从江南或更远的南方被掳或逃亡的妇女“写在墙上的诗”，这证明了这些地区普遍存在的暴力和混乱

以及人们较高的文化水平。[37]这些“题壁诗”往往附有自传体的序言，体现了女性作者自我认同和想被人铭记的强烈愿望。我曾在其他地方指出，这种写作形式逐渐被那些打算自杀的女性所使用，作为对她们自己生活的一种缩略表述。[38]她们的文本创作似乎基于这样的知识，即这些诗歌参与了个人记录的古老传统。由于她们的诗被抄录并流传开来，最终被印刷成书，她们自我铭记的努力没有被辜负，这使她们成为相信能够通过文字而不朽的文学界的一员。大量的题壁诗被收录于清初的选集。卫琴娘的《北固山杨公祠题壁诗》系列绝句就是这一诗歌子类别的鲜明代表，以自传体的序言作为开篇，详细描述了诗歌创作的环境：

> 妾亦赤城弱质也，姓卫，小字琴娘。于归三月，忽遘
> 难端。匝地鼓鼙，拥之北上。悲门外即天涯，恸生离更难
> 死别。历吴渡淮，欲死无所。幸而琵琶击碎，得脱虎口潜
> 逃。破面毁形，蒙垢废迹。昼乞穷途。夜伏青草。吞声悲
> 泣，生恐人知。托流水之飘花，以来京口。[39]偶登北固， 270
> 江山满目，不觉涕泣如狂。忆昔爹妈，空劳魂梦。良人天
> 远，存殁何知？一时顾影自怜，则花容毁于风尘，衣衫全
> 属于泥涂矣！此心此心，如焚如刺。回首雁峰，何年得
> 到？惟思游魂带血，夜化啼鹃。又恐不解南归，家乡信
> 远。因为短吟数绝，泣书壁间。倘得仁慈德士，传其言于
> 妾家，亦足以达孤亲云尔。

> 诗（一）
> 梦里还家拜阿娘，相逢泣诉泪千行。

窗前绿树依然在，那得看来不断肠。

诗（二）

衣片鞋帮半委泥，千辛万苦有谁知?
几回僻处低头看，独自伤心独自啼。

诗（三）

目断天台旅雁长，青山绿水杳茫茫。
不知憔悴中途死，魂梦何时返故乡。[40]

在序言中，卫琴娘首先提供了最重要的个人身份证明。她是赤
271 城（位于著名的浙江天台山脚下）人，是一位新嫁娘。但当她被士兵俘虏并被带回北方时，任何过上夫唱妇随生活的梦想都被清军的征伐无情粉碎了。她讲述了自己是如何逃脱的，以及作为一个逃亡者的生活细节：从为了保护自己的贞操而毁容，到抵达位于长江沿岸的战略要地镇江，再到于神祠创作诗歌的那一刻。这些诗集表达了她强烈的孤独感和对家乡的怀念。这些诗是作为她的自杀诗而被创作的，是在王朝更迭的创伤中她短暂一生的最后证明。

在更北的昆山，著名散文家归有光的曾孙归庄目睹了家乡的满目疮痍和直系亲属被杀。1949 年后，在苏州的一家书肆里，人们发现了一份不完整的手稿，里面收录了归庄 1640～1652 年写的诗作。他的诗是按年代顺序抄录的，其中就有 1644 年和 1645 年的诗。[41]1645 年七月清军进攻昆山时，归庄和著名学者顾炎武（1613～1682 年）等人领导民众保卫昆山。清军在三天内攻破了这座城市，随后又发生了一场大屠杀。根

据他的一首诗，归庄当时在城外，[42]但其他家庭成员被困在城里，他的两个嫂子被清军杀害。

从京城得知崇祯皇帝自杀的悲惨消息后，起初归庄写诗表达了怀疑。然而，到年底，弘光朝廷就已经在南京成立。他于1644年写的最后一首诗《除夕七十韵》是悲叹北京陷落和崇祯皇帝去世的史诗般的诗作，但在最后，归庄也表达了对南京新皇帝的期望：

> 万古痛心事，崇祯之甲申。
> 天地忽崩陷，日月并湮沦。
> ……
> 明日弘光历，圣德日日新。[43] 272

但在弘光帝出逃并消失后不久，南京的官员们就在六月投降了清朝，而后在七月于绍兴建立了监国鲁王政权。[44]因此，归庄把乙酉新年（1645年）的诗集命名为《隆武集》，以监国鲁王政权的年号命名。他进一步指出，诗集始于隆武元年七月，并于同年结束。他的二十一首诗——其中许多是成系列的——都是在当年下半年写成的，其中大约有一半与昆山的沦陷、随之而来的混乱、他的逃亡，以及他嫂子的死亡相关，这些都深深地影响了他。他最早一首诗的题目是“虏围昆山甚急，时两嫂及诸从子女皆在城中”。因为他的兄弟都远在北方，他强烈地感觉到自己对亲人的责任，可在混乱中他无法保护他们。另一首诗的题目提到，在昆山陷落二十一天后，他设法找到了自己的小侄子，并把小侄子带回家。根据另一首诗，在此期间，他在浮佛寺住宿以“避乱”。

归庄写诗悼念两个嫂子，还操办了她们的葬礼。在一首关于埋葬三嫂的长诗的序中，他对她的死和他为埋葬她所做的努力进行了动情的叙述：“是日虏略庵中，二嫂以下或死或被掠，三嫂跳入池中，水浅不死。越三日丁巳，贼索得，欲执以去，拒之，遂遇害。越四日庚申，虏去，始闻凶问。”[45]当回到被占领的城市收殓她的尸体准备埋葬时，他看到了杀戮的余波。在路上，他感到两难，一方面，他没有准备棺材，另一方面，他又不希望她的尸体暴露得太久。他非常沮丧，以至于掉进了沟里，不得不回到城外去换衣服。在回去的路上，他遇到了家里的一个仆人，仆人告诉他，尸体正在腐烂，所以已经被
273 火化了。随后，他去取她的骨灰，但没有时间埋葬她。然而，他说他不能再进入这座城市了，因为他仍然遵循中原的习俗（他没有剃掉前额的头发以迎合清廷的要求，因此会被逮捕）。最后，在八月甲申那天，他派了两个仆人把她的骨灰收集起来，暂时埋在南街的老房子里。最后，他痛苦地说：“哀情莫申，哭之以诗。”在三首诗中，他纪念了她悄无声息的死亡，再次表达了对她留下的失踪孤儿的责任感：

（其二）
迟回难避地，勇决易捐躯。
血渍玉条脱，创存金仆姑。
枯骸泊莽莽，遗种泣呱呱。
城市孤踪绝，衔哀命仆夫。[46]

离别和混乱的经历是如此复杂和痛苦，以至于对那些有能力和技艺的人来说，写作一定是种治疗手段，可以让他们重获

一些控制感、秩序感和个人尊严。诗的形式本身就提供了结构、韵律和节奏的形式规律性，归庄和其他受过教育的战争受害者可以借此疏导悲痛，平复创伤。

正如我们在上面的归庄诗中所看到的，写长篇诗序是一种
散文式的实践，在帝制晚期出现的频率有所增加。这些短文为
阅读诗文缩略和意象的表达提供了语境或叙事框架。它们向读
者讲述的故事激发了抒情的表达。明清鼎革时期，在事件的情
感内核或对事件的回应被诗意的形式本身所获取之前，这些序
也为人们在混乱中记录遭遇细节提供了媒介。一个突出的例子
是女诗人季娴（1614～1683 年）在 1649 年所写的诗《吊张夫
人》。[47]在得知自己的恩人张夫人去世的消息后，她写了这首 274
诗，并作了很长的序，讲述了乙酉年（1645 年）春天，她带
着两个孩子去在广东当差的丈夫李长昂那里旅行时，遇到张夫
人的故事。[48]季娴的旅程被叛军打断。在序中，她仔细地描述
了整个事件以及张夫人的出现和行动，张夫人把她和孩子们从
险境中救了出来，并护送他们安全到达目的地：

> 张夫人，籍陇西［甘肃］。乙酉（1645 年）春，予随夫子任粤东，道邗水，值乱卒猖起，一叶所载书、笈、茶、秤悉为若辈所有。适夫人来，修眉环髻，佩刀乘骑，一似女侠，约舟中人勿惊，予出见，询予氏族，夫人曰："此名门女也！"怜且敬予，遂妹呼予。俄复有乘流争渡者，夫人拔佩刀示曰："有蹦人舟者，斩！"众胥定。盖诸卒皆张营士也。明晨，复次海陵，予乞援于张夫人。夫人以小舟载予逸，舟忽覆，予与夫人相持泣，夫人更为予画计，得入海陵城。斯时，予挟一子一女，非膏白刃，且

> 葬鱼腹，而夫人实生予，且生予子若女。嗣后，夫人亦寓
> 邗上，吾子时见之，成通家好。己丑（1649年）夏，闻
> 夫人亡矣，予为泣失声，今日之身谁之赐与？乃玉姿莫
> 275 觏，玄鹤之唳空闻，珠泪虽零，返魂之香难再。爰拭泪而
> 吊之以诗。[49]

季娴致张夫人的挽诗是为了纪念这位在阶层和教养方面与自己截然不同的女性的巍然屹立，她称她为知音，字面意思是“懂音律的人”，或者是理解她的朋友。尽管她们的相遇是偶然的，但通过讲述相遇的悲惨经历和后来的友谊，季娴的记录表达了她对女性恩人的感激之情，展现了在这个混乱时期，女性之间跨越社会和地域界限的互动。通过在诗歌媒介中对另一个女人无私行为的致敬，季娴也肯定了自己作为记录者和纪念者的地位。

结语

明清鼎革时期，日记和诗歌被用作个人记录的媒介。日记使个人把一段较长的时间标记出来，赋予其统一性和重要性，有些作家显然将日记作为从个人角度记录时代动荡的合适载体。然而，与诗歌的流行相比，日记在中国文学中是一种未被充分利用的媒介。据我所知，这是一种只有男性作家才会使用的体裁，它不像诗歌，在明末和清代被女性作者广泛使用。[50]

我们知道，诗歌在中国传统中有根深蒂固的文化和社会价值。在这一坚实的基础上，明清时期的诗歌实践发展成为一种功能多样的日常技术，包括本章所考察的记录乱世经历的功能。当超越美学和诗学的准则，我们就会发现诗歌的一些迷人

用途。毫不奇怪的是，诗歌被用作一种记忆手段来传播知识，甚至在军事文化中也是如此。例如，为了便于记忆，火药的制作配方被编成了诗。[51]诗歌在道教文本中被用来阐明内丹学。[52]在个人创作的成体系的大量诗歌中，诗歌被用来建造文化记忆 276
的仓库或构建妇女的“历史”。[53]可以肯定的是，诗歌仍然是一种上流社会的精英艺术，统治阶级的成员将学习诗歌和诗歌实践作为他们社会和文化生活的一部分，为此，成就卓越的文人学者撰写批评性的文章并编纂权威的选集。随着教育阶层基础的扩大和读写能力的普及，能够写诗之人的数量也在增加，女性在诗歌创作中越来越引人注目。这是一种可以传授给六七岁孩子的文字技能。到明末和清代，许多男女写诗不是出于纯粹的文学或审美原因。在“诗言志”（诗歌表达意图）的传统中，诗歌是个人经历的一种表达方式；它是自我再现和自我辩护的媒介。诗歌也具有纪念性；通过它，人们记住了他人，并在此过程中将他们铭刻在文化记忆中。“诗言志”同时推动了诗歌的保存，因为诗歌作为人的化身，被认为是读者进接主体性的手段。一个人的诗歌会被后人——知音——所阅读，这是一个公认的假设。

在明清鼎革的背景下，我们发现了诗歌在危机时期作为一种速记和自我记录的方式而被使用的文化假设的证据。通过对这几十年中被士兵或强盗俘虏或绑架的妇女所写自杀诗的研究，我认为，这些诗和它们简短的序可以被激进地解读为简短的自传。[54]当然，这些大多数由不知名女性所写的自杀作品是一种极端形式的自我记录，见证了她们在自杀前的生活，这是出于道德上的正直——即使没能保住身体的贞操，也保有精神上的贞操。我在本章中讨论的诗歌和散文或是在糟糕的环境下写成，或是记录了落难的经历。这些诗歌及其序和日记，从经历朝代更替时期战争恐怖的男女个体的视角和经历，向我们展示了一幅历史现实的画面。它们为我们提供了从审查制度和历史变迁中幸存的关于残酷和苦难的生动描述。虽然这些例子局限于江南地区，但这些文本可被解读
277 为在暴力和混乱的背景下，书写记录者的自我排解和身份的不同话语策略。它们证明了个人即使是，或者特别是在一个民族被另一个民族军事攻伐的逆境中，也要记录和记忆的愿望。在写作文化中，人们发现了一种可以管理、控制或超越战争恐怖的话语性的策略。

注　释

我要感谢加拿大社会科学和人文研究理事会（Social Sciences and Humanities Research Council of Canada）以及魁北克社会文化研究基金会（Fonds de recherche sur la société et la culture）为本章的研究所提供的支持。我还要特别感谢主编狄宇宙，他为本章提供了宝贵的修改建议。

1. Struve, 1993, p. 2. 最著名且最具破坏性的农民起义是由西北地区的李自成和四川的张献忠领导的。

2. Struve, 1993, p. 3. 关于来自江南的文献，参见 Struve, 1998, 尤其是 pp. 220-253。

3. 例如，扬州、江阴、昆山和嘉定经历了那些最著名的围城与屠杀。

4. 关于文化经济与商业经济的内在关联，参见 Brook, 1998；关于晚明印刷业的繁荣及其与性别和女性闺阁文学的发展之间的关系，参见 Ko, 1994, chap. 1；关于教育与文学，参见 Rawski, 1979。明清时期的女性闺阁文学是历史学家和文学学者一段时间内的研究重点。除了高彦颐（Dorothy Ko）的研究，还可参见 Kang-i Sun Chang，Grace S. Fong，Susan

Mann，Maureen Robertson，以及 Ellen Widmer 的作品。

5. 学界重新发现了一部日记的部分内容，这部分日记是由一名清兵在 17 世纪 70~80 年代于贵州和云南这些西南省份的清朝军事行动中记录的。参见 Di Cosmo，2004。

6. Chen，1990 一书对中国日记简史做了概述。

7. 吴百益（Pei-yi Wu）在他对自传写作的研究中，指出了日记与旅行文学的“可塑性”。参见 Wu，1990，p. 133。

8. 参见收录于《丛书集成》中的例子。

9. 我会特别想到那些由词人所写的日记，如李慈铭（1830~1894 年）的《越缦堂日记》、谭献（1832~1901 年）的《复堂日记》，以及夏承焘（1900~1986 年）的《天风阁学词日记》。

10. 关于“功过格”，可参见包筠雅（Cynthia Brokaw）的开创性研究（Brokaw，1991）。关于日记作为新儒家自我修养的实践工具，参见 Wang，1998。在王汎森看来，由于作者在创作过程中经常焚毁日记且很少发表日记，所以时至今日，留存下来的修身日记并不多（第 261 页）。另可参见吴百益对于新儒家文人吴与弼（1391~1469 年）的日记与中国自传写作发展之关系的讨论，Wu，1990，pp. 93-95。

11. 例如，姚文熺的《明季日记》、李清的《甲申日记》以及佚名的《吴城日记》，见 Struve，1998，pp. 228，230，249。我没有接触过这些文本。

12. 参见王秀楚《扬州十日记》。当然，这部作品后来被清朝所禁，只在日本以手稿的形式保存下来。参见司徒琳的翻译，“Horrid beyond Description：The Massacre of Yangzhou”，收录于 Struve，1993，pp. 32-48。

13. 这部分内容的修订版收录于我即将出版的作品中。

14. 参见《午梦堂集》；Li Xuyu，1997；Ko，1994，chap. 5。当然，叶绍袁的夫人和女儿们的文学名望是这本书所产生的直接影响。叶绍袁还将他夫人和女儿们的作品集送给了朋友。参见《午梦堂集》，下册，第 894 页。

15. 参见叶燮《西华阡表》，收录于《午梦堂集》，下册，第 1083 页。叶燮还提到，他的父亲给一些佛经做了注解，但这些作品显然也没有留存下来。

16. 关于在清末其自传著作的出版，参见 *DMB*，p. 1578。

17. 这一章保留了中国传统计算年龄的方法，即人出生的时候就算一岁。

18.《午梦堂集》，下册，第 871~872 页。

19.《午梦堂集》，下册，第 872 页。

20.《自撰年谱》1635 年条，收录于《午梦堂集》，下册，第 850~851 页。

21. 奇怪的是，这看起来像是忠君派名单的一部分，其中包括对他们的行动或命运的简要说明。《午梦堂集》，下册，第 906 页。

22. 这四种文本收录于《午梦堂集》，下册。道光时期（1821~1850 年），《甲行日注》首次在《荆驼逸史》这部合集中面世，而叶绍袁的另外三部自传体著作直到 1907 年才在《国粹丛书》系列中出版。参见《国粹丛书》系列的编者邓实的批注，引自《午梦堂集》，下册，第 916~917 页。

23.《年谱续撰》，收录于《午梦堂集》，下册，第 872 页。《哀郢》的译文见 Hawkes，1985，p. 164。

24. 他提供了 1642 年进行的第三次也是最后一次降神的详细记录；参见《琼花镜》，收录于《午梦堂集》，下册，第 735~738 页。

25.《午梦堂集》，下册，第 861、865 页。

26.《午梦堂集》，下册，第 918 页。

27.《午梦堂集》，下册，第 933~934 页。关于明朝灭亡后文人变为僧人的混合身份和他们经常自相矛盾的行为，参见 Zhao，1999，pp. 289-307。

28.《午梦堂集》，下册，第 966 页。

29.《午梦堂集》，下册，第 960 页。

30.《午梦堂集》，下册，第 944 页。

31.《午梦堂集》，下册，第 964 页。

32. 他自己记录的几行诗都是在梦中听到的；例如，可参见《午梦堂集》，下册，第 1029 页。

33. 虽然叶绍袁并没有将这些诗歌交流归入诗社的活动范围，但是，这种在特定语境下进行的文化实践，具有一定的可比性。值得注意的是，这种实践的功能更适用于个人而非团体的身份建构。

34. 叶绍袁在日记的序言中提到了南明的弘光政权（《午梦堂集》，下册，第 917 页）。

35. 参见 Fong，2008b，pp. 360-361 中我对这一诗歌传统的讨论。

36. 关于李渔《甲申纪乱》和王端淑《苦难行》的完整译文及其解读，参见 Fong，2008b，pp. 361–366。

37. 当代的和传统的批评家都对其中一些女性诗作的“真实性”提出了质疑。换句话说，它们被认为是男性作家所作的赝品。在对题壁诗的深入研究中，蔡九迪（Judith Zeitlin）对这些诗表现出全面质疑的态度，而高彦颐则认为这些诗和它们的序言中包含的特殊之处恰是真正女性作品的证据。参见 Zeitlin，2003，以及 Ko，1992。

38. 参见 Fong，2001b。

39. 京口，即镇江，是长江沿岸保卫南方的战略重镇。

40. 钱仲联编：《清诗纪事》，第 22 册，第 15527～15528 页。

41. 参见“前言”，收录于归庄《归庄手写诗稿》，第 1 册，第 1 页。

42. 《伤家难作》，收录于《归庄集》，第一册，第 39 页。

43. 《归庄集》，第一册，第 35～36 页。

44. 关于弘光帝的出逃和南京的陷落，参见 Wakeman，1985，pp. 569–690。

45. 《归庄集》，第一册，第 43 页。

46. 《归庄集》，第一册，第 43 页。

47. 季娴：《雨泉龛合刻・五言古》，第 3 页 a～第 4 页 a。关于季娴的生平和著述，请参阅 Fong，2001a 一书中我对她的自传体随笔《前因纪》的介绍和翻译。

48. 除此之外，关于这次旅行的情况和她丈夫的差事，我们就不得而知了。李长昂与南京弘光朝廷的忠臣李清有亲戚关系。

49. 季娴：《雨泉龛合刻・五言古》，第 3 页 a～b。

50. 这一时期的一些女性撰写了游记，接近于每日旅行记录。这使我们回到了早先对这两种体裁可塑性的观察。例如，可参见曼素恩（Susan Mann）对张纨英（出生于约 1800 年）《南归纪程》的翻译与讨论，收录于 Mann，2005；以及对王凤娴（活跃于 17 世纪早期）《东归纪事》的翻译与讨论，收录于 Fong，2008a，chap. 3。

51. 来自与叶山的私下交流。

52. 张伯端：《悟真篇》，收录于《藏外道书》。感谢林思果（Sara Neswald）让我注意到这篇文章。

53. 例如，叶昌炽（1847～1917 年）写过 730 多首绝句，每一首都涉及宋代以来的一位藏书家或某个藏书家族。每首诗都有叶昌炽所收集的历史文献作为补充。参见叶昌炽《藏书纪事诗》。一位名叫李淑仪的年轻妾室（生于1817年）写了100首绝句，每一首都与中国历史上的特定女性有关，其中包含了她对女性命运和成就的思考。每首诗都有传记资料作为补充。参见李淑仪《疏影楼名姝百咏》。

54. Fong, 2001b. 在所讨论的自杀著述中，有些来自之后的时期，其中一篇来自太平天国时期。

第十二章　18世纪中国文化的军事化

卫周安（Joanna Waley-Cohen）

有别于其他王朝的统治集团，清朝统治者在鼎盛时期的主 278
要特点是特别注重军务。除了具体的战争行为之外，这种关注
在一场旨在推动军事胜利的大规模战役中得到了最显著的体
现，而作为其基础的军事价值观则被推上了文化生活的中心舞
台。我把这个过程称为“文化的军事化”，这里的文化指的是
政治文化，或者是公共生活的文化背景，我在后文会清晰地阐
述这些概念。随着康熙皇帝（1661~1722年在位）、雍正皇帝
（1722~1735年在位），甚至更著名的乾隆皇帝（1735~1795
年在位）将清朝版图拓展到前所未有的程度，他们孜孜不倦
地弘扬其王朝的伟大以及所仰赖的强大军事力量，旨在打造一
种全新的、独具特色的清文化，以使其多元文化的王朝臣民产
生共同的归属感。以后见之明，我们可以看出，这一过程将为
中国民族主义的后续发展奠定某种重要的前提。因此，在许多
方面，战争以及文化的军事化定义了17~18世纪的大一统王
朝，其结果具有相当深远的意义。

文化军事化的特征表现为许多不同的现象。第一，它将所
有其他方面都遮盖在它包罗万象的大伞下，包括战争的出现， 279
以及作为一种独特文化类别的与战争密不可分的军事力量。第

二，诸位皇帝用军事术语重新定义了一些非军事事件，并明确将其他事件比作军事胜利，以提升其重要性。其中的一个例子就是1771~1772年土尔扈特部的“回归”，这是一个和平的小插曲，它被误导性地加以庆祝，好像它要么是随战争胜利而来的，要么本身就是一场军事胜利。文化军事化的第三个重要特征，是更广泛地将军事主题和参照物注入文化领域，例如绘画、建筑和景观、宗教、仪式生活、历史编纂以及其他文学形式。最后，文化军事化使清朝的文化、统治方式和社会结构产生了深刻的变化。当然，所有这些不同的现象都不是相互独立的，而是紧密相连的。

然而，清朝的军事拓展和文化的军事化并没有完全同步进行。例如，军事拓展既与这种特殊形式的文化变革同时发生，又构成其前提条件。与此同时，文化的军事化对于军事拓展的巩固和归化都是必不可少的。因此，尽管在18世纪关于新疆地区（1760年对新疆的底定标志着清朝国家建设的顶峰）的个人专著中不一定有讨论军事或王朝事务的内容，但它们确实说明了清朝版图的拓展是如何进入文学作品的。因为这些著作本身就暗示了一种观点，即新疆作为清朝领土的新地位是军事力量的结果。[1]

在已有先例的基础上加以阐明，从而打造全新的事物，是清朝的特殊技能之一。清代文化军事化的个别组成部分就是这种倾向的例证。它们建立在一系列先例之上，这些先例来自汉人和非汉人王朝的历史，也来自亚洲腹地的历史，从这个意义上说，其做法不能被认为是纯粹的创新。但最终，总和大于部分，形成了某种全新而独特的东西。我们需要清楚的是，清朝统治者及其谋士在开始他们的文化运动时，并不一定要在头脑

中对他们想要达到的目标有全面或成熟的意象。他们不断尝试思考皇权，创造合适的文化环境来支持它，他们也经常会即兴 280
发挥，因为事情的发展不一定会如他们所愿。[2]

在本章中，我按时间顺序总结了证据（在我早期的著作中详细讨论过），这些证据表明，中原王朝有意将武（军事或军事文化）凌驾于文（指文人文化，有时也指文明本身）之上。我所说的军事文化是指，第一，将军事价值观引入文职机构，包括但不限于给予具备军事经验的人优先担任文职官员的资格；第二，将战争和军事价值的参照物注入美学生产领域，包括各种形式的艺术、建筑和文学，其中一个重要的副产品是重塑军事功绩，以使其成为清朝统治想象的定义特征。因此，我在本章中使用的军事文化术语符合狄宇宙在本书导论中提出的第三种和第四种定义。关于清朝对“武”和“文”的构想，与其他重要的相关组合一样，更多的是从连续统一体的角度，而不是从等级或对立的角度加以考量的，我认为，清朝的文化遗产，从字面上讲是伴着之后的民国所继承的领土而来的，与它通常被认为的情形十分不一样。[3]

承认军事在清朝文化中的中心地位是很重要的，因为这与长期以来公认的关于中原传统国家（被认为是不变的）非军事性质的观点有所不同。在不同时期，观察家引用这一特征来褒贬中原政权对战争的态度。例如，中原人将他们高超的火药知识用于娱乐而不是侵略，这一事实曾一度令人钦佩。但到了 19 世纪中期，西方对清朝军事无能的臆想已成定局，因为到那时，欧洲舆论的总体天平已向清朝的反方向倾斜。毫无疑问，当时清朝遭受的一系列失败至少给这种描述提供了表面上的可信度，但将其追溯到更早时期显然是不准确的，那时清朝的开拓和与之相伴的文化军事化完全与这种描述相悖。[4]

理解清代政治文化中军事所处地位的关键，在于认识武文
281 互动的变迁。这种关系的重要性在研究中国的学者中引起了相当多的关注，这一点至少可以从本书的几位作者那里得到证实。在清朝鼎盛时期，虽然新的“武”化氛围并没有取代以“文”统治王朝的充满活力的传统，但至少有一段时间，“武”将“文”从政治威望的顶峰挤了下来，并在几乎平等的基础上分摊人们的关注。这样的转变，无论是在修辞上，还是在实际当中，都形成了一种更广泛的趋势，包括从严格的等级制度走向一种广泛的对等，就像满人至少最初倾向于一种集体统治方式，以及乾隆皇帝所设想的清朝内部五个语言/民族集团之间的平行关系那样。[5]除了顺应对等的趋势之外，调整武文平衡并使其偏向前者，也符合对连续统一体而不是明显对立双方相互排斥或尖锐分离的偏好，因为新的偏好并不必然导致“文”之价值的贬损。像之前的历朝一样，清朝既要保持对军事的控制，又要充分认识到文人文化对于他们长期追求的王朝目标的重要性。简而言之，他们的希望和期望是武功（军事成就）和文德（学术或文学的美德）并行，并且能够互相促进和繁荣发展，以实现皇权的最终利益。[6]

满汉关系以灵活的方式与这些观念联系在一起。虽然清朝统治者试图将武勇作为满人[7]身份的标志，无论是真实的还是想象的，而且他们无疑希望区分满人和汉人，但他们的目标在不同情况下有所不同。他们想要说服满人，使其相信分离和区别是至关重要的；他们同时向中原臣民传达了这样的信息，即后者存在于一个连续统一体中，其中也可以找到满人；他们并不一定希望其中原臣民感到区隔和不平等。这种做法巧妙地使

武与文之间的平衡更加复杂化。[8]

清朝皇帝也没有简单地将满人与军队、汉人和文官政府等同起来。他们虽然对族群事务有强烈的意识，但也清楚地意识到，将军功伟业全部归于满人似乎有些一厢情愿，且并不是完全基于现实；更确切地说，这是一种或多或少有意识地为王朝 282
目标进行规划的权宜之计。尽管人们很容易将重点放在军事成就上，认为这是为了使官僚机构“更为满洲化”，但这种说法是错误的。“武功”是满人的特点，而不是族群认同，它是王朝文化计划中必不可少的部分；虽然清朝皇帝不希望鼓励其汉人臣民起来反抗他们，但他们希望汉人和满人都能领会这一点。

从事后来看，虽然清朝皇帝自己可能也不明白他们在如此连续或明确划分的过程中，究竟在做些什么，但清朝发展计划的积极实施可以被分为三个逐步升级的阶段。第一阶段从 1636 年大清政权最初建立开始，到 1681 年清朝最终平定了历时八年的三藩之乱为止。第二阶段是从 1681 年到 1760 年，其间清朝军队攻灭准噶尔部，并将西域大片地区纳入版图。从 1749 年开始，至少在回顾历史时，我们可以看到乾隆皇帝开始更为系统地推动国家直接参与的文化生活领域的军事化，并开启了清朝从拓展到巩固的过渡时期。第三阶段是从 1760 年到乾隆皇帝去世的 1799 年。

第一阶段　1636~1681 年

众所周知，17 世纪上半叶，满人在东北地区蚕食了明朝的权威。第一位追求广域国家理想的领导人是皇太极（1592~1643 年），他在 1636 年宣布建立一个新的王朝——清朝，并开始统一中原的征程。1636 年也标志着清朝第一阶段军事拓展和文化强化的开始，虽然皇太极的父亲努尔哈赤（1559~1626 年）将被誉为王朝奠基者，但清朝直到 1644 年才进入北京并宣称入主中原。

283 在第一阶段，建立一个庞大、辽阔的国家，与其说是可能的，不如说是一种奢望。对军事成就的强调，既是统一这一原本事实的自然结果，又是将文化、王朝和军事实力联系起来的自觉计划的一部分。然而，皇太极启动了一系列重大而雄心勃勃的公共计划项目，其唯一目的是增强他本人和这个新生王朝的声望。正如我在其他地方详细讨论过的，宏伟辽阔的宫殿建筑群、藏传佛教寺庙群和盛京的皇家陵墓，以及陪都（今辽宁沈阳，当时被称为奉天）都是这个计划的一部分。[9]

在王朝建设的早期阶段，皇帝经常重申武功对于王朝的成功至关重要，尤其是因为他们认为其金朝祖先的衰落是由于武功的丧失，而清朝（和之前的金朝一样）由于采用了中原法度而削弱了武功。因此，在王朝建立之初，皇太极就说了后来被其继承人奉为准则的一句话："恐后世子孙弃旧制，忘骑射，以同汉俗耳。"[10]基于这一观点，康熙和乾隆赞美军事戒备的美德，认为"不可一日废弛"，这与作为经典的《司马法》相一致，他们明确将其视为维护王朝和平最为有效的手段。[11]在登基的第一年，乾隆皇帝就重申了他祖父康熙经常说的话："自古制治经邦之道，揆文必兼奋武。诚以兵可百年不用，不可一日不备也。国家承平既久，武备、营伍，最宜加意整顿。"[12]

在早期，武功成为清朝强加于中国社会中的新世袭统治精英——旗人的象征。作为入关之前的军事管理形式，八旗制度要求为满人、蒙古人和“汉军”分别设立八个独立的组织，而“汉军”最初是在明朝灭亡之前就为后金和清政权效力的汉人。这就产生了全新且明显的民族差别，并创造了一个与汉 284
人精英不同的新精英阶层。汉人精英阶层要求更高的社会地位，这是基于他们优越的教育和文学成就，而不是他们的武功。[13]

八旗体制的独特性也改变了城市景观。二十四旗的成员，无论是在北京还是其他省份，都居住在有围墙环绕的驻防区内，这些驻防区通常位于城市的中心。这些地方被称为“满城”，只有八旗官兵和他们的家人居住、生活于其中。随着时间的推移，满城逐渐融入日常生活的背景中，成为“景观的一部分”；满城每天都在提醒人们清朝最初的胜利者地位，清朝利用军事组织，有效地将日常的环境军事化了。[14]因此，在第一阶段结束时，尚武精神已经开始在概念和视觉上渗透进更宽广的文化舞台，虽然转变文化的明确规划尚未成形。

第二阶段　1681~1760 年

在清朝发展计划的第二个阶段，开疆拓土的战争成为清朝统治的决定性特征。清朝在 1681 年平定了三藩之乱，这表明早期推翻清朝的可能性仍然存在。两年后，清朝平定了抵抗运动的最后堡垒——台湾，并将注意力转向西北。从 1680 年到 1760 年，在三个皇帝的统治下，清朝进行了一系列的战役，首先针对沙皇俄国，然后是西域，在那里，准噶尔人的野心威胁到了清朝自己的雄心。在同一时期，通过战略联盟和武装干预，清朝先后控制了蒙古草原和西藏。最终，清朝底定新疆，永久地消灭了准噶尔的力量。这一成就标志着清朝开拓阶段的

结束，清朝鼎盛时期的领土不仅包括王朝的东北故土，还包括
285 蒙古草原、西藏和新疆，当然还有台湾岛和中原等地。中央政权统治的领土范围远逾之前所有的中原王朝，可以说是前无古人、后无来者。

回顾历史，我们可以看到政治生活、社会结构、仪式活动，以及公共景观的一系列发展在文化层面支撑了军事拓展。首先，清朝的结构和文化都军事化了，最明显的是 18 世纪 20~30 年代，军机处得以创立并迅速被提升为国家主要机构，它最初是专门出于军事目的而设的。[15]许多军机大臣以军事胜利者而不是考试通过者的身份进入军机处，他们同时还负责开展军事行动或指挥军队。军事成功与政治成功紧密相连，而文职和军职之间的流动性则达到了前所未有的水平。到了 18 世纪中期，当时的人们承认，军事上的成功，不管是通过军事行动、战略部署、后勤保障、历史编纂，还是其他方式，即使不是先决条件，也肯定会对政治生涯的成功起到重要作用。[16]

其次，正如王国斌（R. Bin Wong）所指出的，清朝鼎盛时期（1683~1820 年）的统治风格往往倾向于采取军事行动，例如，在危机时期，倾向于大规模动员民众与资源。在这种观点下，军事化的管理方式支撑了 18 世纪的清朝政权；例如，为处理诸如洪水和饥荒等周期性危机所付出的巨大努力，在组织上类似于军事行动中的做法。[17]此外，清政府维持了一支主要由旗人组成的常备军，这直接违背了一掌权就解散军队的神圣传统。这种背离始终保持着清朝作为军事统治者的地位。

再次，对武力的强调也开始在中国社会被更广泛地感受到，因为在这一时期，它扩大了自身的吸引力基础。清朝推行世袭八旗制度，导致平民的权力之路日渐收窄，再加上明朝政

权崩溃所带来的身份危机，使那些尊崇传统价值的汉人精英倾向于寻求新的途径来证明他们崇高的社会地位。军事文化为新社会秩序的演变塑造了框架，并在这样的背景下提供了相当诱人的选择。这一变化的间接但并不令人意外的结果是，形成了 286
一个与国家关联的新基础，在这种基础上，人们可以从军事胜利的自豪感和随之而来的价值中获得亲和感。这样，新文化就有可能满足至少一部分目标受众和其创立者的利益，这一事实使新文化更具吸引力。[18]

最后，同样重要的是，1681年，康熙皇帝开始了每年在木兰围场举行的秋季狩猎活动，并开创了一系列帝王之旅的第一次，这一系列帝王之旅的高潮就是著名的“南巡”。北方的狩猎和南方的巡游是清朝发展计划第二阶段的象征。

秋狩作为一种军事仪式，源自亚洲腹地和中原的先例。作为中原仪式性历法中居于核心地位的“亲耕”这一“文”的对应物，秋狩具有作为“武”的明确意图，而秋狩与军事准备的特殊联系，有助于强调其在清朝政治中的中心地位。[19]

从1681年到1722年驾崩，除了征战期间，康熙皇帝每年都会在木兰围场进行狩猎活动。雍正皇帝在位期间，狩猎活动沉寂了一段时间，而乾隆皇帝则在登基几年后，重新确立了这一传统，并在漫长的统治时期中，于木兰围场进行了四十多次狩猎活动。可以说，这种狩猎活动十分频繁、富有规律且参与者广泛。参与者中，既包括诸多皇子、经由箭术等军事技能测试而从都城脱颖而出的军人，也有被皇帝邀请（也可以说是要求）轮流来参加狩猎的亚洲腹地的诸多首领。通过这种方式，皇帝既培养了重要的个人关系，又聚拢了所需的观众，以进行一次含蓄且充满威吓的军事实力展示。

除了展示实力之外，狩猎活动还具有军事演习的功能，其中包括模拟战斗、射箭表演以及摔跤比赛等。[20]1681 年，康熙皇帝曾评论说："一年两次行猎，专为讲武，与行兵无异，校猎纪律自当严明。"[21]

每年狩猎活动的最后一个重要用途，是作为皇帝支持的艺术创作的主题，其主要目的是将人们的注意力集中在清朝军事的完备和以此为基础的皇权上面。宫廷艺术家创作的大量画作，都是为了纪念狩猎和清朝军队从京城前往木兰围场的进程。[22]

287 在王朝北部进行的秋季狩猎，其对应物是在王朝南部的巡游。作为后勤方面的主要壮举，这些巡游被设计为对军事勇武的重要暗示。的确，乾隆本人对将皇权及其光环延伸到北方地区的相关需求非常敏感——在北方地区，多个帝都使之体现得非常明显——乾隆将他的南巡之旅与在位期间取得的军事胜利看得同样重要，并将南巡看成和平时期军事成就的对应物。[23]

转型年代　1749~1760 年

18 世纪 50 年代是清朝发展计划从第二阶段到第三阶段、从拓展到巩固的过渡时期。在这十年中，乾隆文化军事化追求的全面性首次显现出来。18 世纪 40 年代，在四川西部和西藏之间的山区地带，爆发了第一次金川战争，清朝发现战争比预期的更难以取胜。直到在皇帝亲自主持的一次审判中，两名将军被撤职并戏剧性地被处决，清军才最终取得胜利。也许是觉得王朝的荣耀已经岌岌可危，在战争结束时，皇帝发起了一系列纪念清朝战争的重大史学纪念活动。后来，他将第一次金川战争追记为其"十全武功"的首胜，下文将加以详细讨论。

同年，方略馆正式成立，负责记录和叙述清朝的战争，或者可以说，负责组织官方掌管（“编撰”）历史记录。

到了 18 世纪 50 年代，通过将战争视作清朝统治的决定性特征，皇帝开始将更多的注意力放在文化的军事化上，如建造许多纪念性庙宇和纪念碑，将军事仪式制度化，以及传播无数关于军事成功的文字资料。乾隆对积累和纪念军事胜利的关注，可以被视为他收藏狂热的另一种表现；在这种情况下，军事胜利成为他的目标所在。[24]

文化运动各个层面的升级，一方面是由于不断积累的动 288
力，另一方面则在于乾隆皇帝对战争、王朝和历史问题的过度关注。乾隆经常受到非议，人们认为他只重表象而非实质，但实际上，他是文化军事化计划的核心角色。

他对过去历史和未来的关注尤其使他受到激励。他完善了精雕细琢的艺术——无论是来自古代汉文或蒙古文文献，还是来自他的祖父康熙和高祖父皇太极这样的直系祖先——使整个王朝与其早期阶段完全不同。换句话说，他想通过其胜利成功地与最近和遥远过去的伟大君王——无论是他杰出的祖父康熙、常常被誉为文武兼备理想化身的唐太宗，还是成吉思汗本人——以及那些伟大帝国未来的统治者竞争。他想在这些跨越时空的巨人之中确立自己至高无上的地位，这既有世俗意义，也有象征意义和物质意义，他认为文化的军事化是实现这一目标的一种手段。

与这种历史感密切相关的第一个因素是他对藏传佛教的信奉。这种信奉既包括个人信仰，又包括他对普遍统治作为王朝拓展不可或缺工具的传统认识。[25]然而，作为王朝的统治者，乾隆同时声称继承了周朝统治者的王道，而周朝统治者的合法性主要取决于他们的道德美誉。通过在一个统治者身上体现出多种传统，清朝皇帝（在乾隆时期达到顶峰）希望能成功地将清朝臣民的多种文化融合在单一的政治文化中。随着王朝的扩展，这个任务变得越来越紧迫，因此，我们不必惊讶于乾隆对这些问题的关注比之前皇帝的更加宏大、系统。

在乾隆推进文化军事化的众多举措中，最突出的一项是大规模的公共工程。在众多项目中，他大力扩建了承德避暑山庄
289 建筑群，山庄始建于康熙朝。承德宫殿群建于1703~1760年，位于中原、蒙古和东北的交会处。承德建筑群以微缩的形式（建筑经过了细微的修改，意在表达清王朝的绝对统治）重现了许多著名的王朝建筑、风景和景点，其中包括西藏拉萨布达拉宫的复制建筑、蒙古草原，以及江苏镇江的金山寺。这样一来，这里的景色不仅表达了清朝的统治权，也吸收了一些它所仿照原型的神圣内涵。正如菲利普·福雷（Philippe Foret）所展示的那样，令人惊讶的是，承德的象征性景观在很大程度上以现代方式被利用，来支持清朝对所据有领土的文化统治，就像欧洲人在几乎同一时间所做的那样。[26]

第三阶段　1760~1799年

在18世纪50年代的过渡时期，乾隆对庆祝战争和军事价值的推广已经达到了新的高度，并在发展计划的第三阶段收获了全面的成果。这一过程的关键是乾隆将自己的军事胜利视为统治期间的主要成就之一。为了强调自己对战争胜利的巨大重视，他称自己为“十全老人”。这些胜利并不包括他统治期间尚未结束的战争，而包括平定新疆的战争，如平

准、平回之战（1755～1759 年）；两次平定四川金川反叛的战争（1747～1749 年，1771～1776 年）；征缅之战（1766～1770 年）、安南（今越南）之战（1788～1789 年）和台湾之战（1787～1788 年）；以及在尼泊尔与廓尔喀人的两次战争（1790～1792 年）。[27]

从 18 世纪 50 年代开始，一系列多层次的纪念活动标志着这些战争的结束，目的是让尽可能广泛的观众记住清朝的辉煌成就。皇帝创作或至少以他的名义写了大约 1500 篇相关的诗歌和散文，这些诗歌和散文被镌刻在北京或其他地方的纪念碑上，或被制作为书法卷轴挂在皇宫的大殿和亭子里。大批军政官员以及来访的显贵参加胜利庆典，成为皇权不可或缺的组成 290
部分。宫廷画家对这些事件进行了细致入微的记录，形成了一套完整的纪实画（在没有摄影的情况下），其中还包括几组参与不同战役的功臣的肖像（功臣像）和一系列战图。成千上万的铜版画战图装饰着全国各地的公共建筑，并被赠予有特权接受清朝慷慨馈赠的个人。皇家绘画目录复制了绘画题词的全文，这些题词通常都是关于战争和胜利的，就像其他文本，如北京历史及其纪念碑一样。这些画连同战败叛军的武器和个人物品等战利品一起陈列在 1760 年特意修复的紫光阁以及位于紫光阁后面的另一处建筑武成殿中。绘画的其他版本被悬挂在皇宫中，供皇帝和他的朝臣日常欣赏。

除了关于战斗、庆祝胜利和战争的绘画（上面有赞美题词），宫廷画院在这个时候还创作了大量与战事和征讨间接相关的艺术作品。这些艺术作品主要分为两大类：对马、狩猎和其他明显暗示战争的题材的描绘，以及大量图文并茂的民族志作品，这些民族的身份是以他们作为军事拓展的结果被纳入帝国为前提的。[28]

此外，战争和王朝渗透进文学作品，不仅体现在战争和胜利庆典的官方记载及碑文中，也呈现在当时主要学者官员的私人著作中，例如日记、从前线寄回家的信件、诗歌，以及更为普遍的对拓边开疆的反思之作，如上面提到的关于新疆的著作。[29]因此，在 18 世纪的清朝，纪念战争成为主要的社会、文化和政治事业，它从纯粹的官方渠道传播到了更为广泛的文化生活领域。[30]

相关的现象——军礼，以其巨大而鲜明的戏剧性，在这个
291 时期的文化转型过程中扮演了不可或缺的角色。从表面上看，最壮观的军事仪式只是庆祝战争的胜利，但它们也给武和文、军事和民事之间重新配置的权力关系带来了戏剧性的视觉表达。与此同时，一系列有关仪式理论和实践的重要新文本，以不同的方式赋予了军事仪式新的突出地位。这些文本要么得到官方的支持，要么由认可国家意识形态的学者编写，例如，通过参与科举考试，他们很难在自己的公共和私人角色之间划清界限。因此，军事仪式有助于使武与文的平衡向前者倾斜：第一，是让文为武服务，而不是让武为文服务（这是一种更为传统的方式）；第二，则是让武和文在一个微妙地强调和提高军事威望的背景下，更为天衣无缝地融合在一起。[31]

对普通人来说，文化的军事化会产生什么不同于精英阶层的影响？显然，平民不太可能看到或欣赏与战争和王朝有关的艺术品和文本，而且除了宫廷仆人和他们的家人之外，普通人不太可能接触到皇宫或其他对发展计划至关重要的公共建筑。但是，似乎很多人都参与了重要的体力劳动，比如建筑的修建，纺织品的生产和维护，对马和其他动物的照料，武器的生

产和维护，祭祀食品的生产和军队的供给，等等。普通民众也会看到和听到庞大且精心组织的，有时吵闹喧天的游行，他们会举行一些公共仪式，如送别军队、欢迎军队归来、庆祝胜利等。此外，穿越清朝版图前去参战的大军以及参加每年秋狩和巡游的庞大队伍，几乎不可能不被他们所经过土地上的普通民众注意到。我们无法确定皇帝宣扬的武力展示如何改变了普通民众对皇权及其文化表现的看法，但在我们考虑 19 世纪地方社会的军事化等现象时，需要看到乾隆时代对军事过于明显的强调。事实上，我们可以将乾隆对文、武的重新塑造视为清朝 292
鼎盛时期意识形态的鲜明特征。

“文”与“武”的重新配置

清朝对武、文的重新概念化，涉及对熟悉的概念进行微妙而独特的、至关重要的重新创造，以促进清朝特定目标的实现。在这方面，它提供了清朝统治者为达到目的而采用先例，然后几乎（但不是完全）以面目全非的方式将其发扬光大并进行完善的精妙方法的又一例证。

清代文化运动的一个显著特点是在广泛领域内对连续统一体概念进行细化，其中最突出的是武/文、满/汉的互补组合。下面我将讨论另外两个相关的领域，其中，同样的概念浮出水面：阴与阳、女和男（及其实际运用），以及至关重要的思想和行动的私人和公共领域。

正如《易经》和《礼记》等经典文献所指出的，阴、阳与文、武尤为相关，这在中国知识界是一个为人所熟知的类比。文学学者雷金庆（Kam Louie）很好地阐明了这种联系。经过严谨细致的讨论，雷金庆将阴阳关系解释为一个连续统一体，在这个统一体中，“阴阳以一种无尽的动力融合在一起”，他进一步指出：“文-武是一个连续统一体，在这个统一体中，阳刚之气与阶级相关联，［这一点］在传统时代从未受到质疑。那些具有更多‘文’雅之气的人属于上流社会，但起码有一点勇‘武’之气总比一点没有要强。要想成为一个真正有权势的人，必须同时拥有‘文’和‘武’。就性别而言，那些没有‘文’或‘武’的女性，［直到 20 世纪］都没有政治权力。”[32]

满人的情况比雷金庆渊博而有启发性的分析所呈现的更为复杂。虽然我同意满/汉和武/文的关系就像阴与阳一样，可以从连续统一体的角度得到最好的理解，但当考虑到性别的时候，它们仍然是自成一体的。因为，就 1644 年之后的汉人而
293 言，满人在任何意义上都占据了统治地位，这与他们自身相对阳刚（尚武）的形象有关，而与汉人臣民软弱（实际上是柔弱）的文质特性形成了对比。从各类评论中也可以明显看出这一点，其中一些已在上文列出；在这些评论中，清朝皇帝一再敦促满人不要通过采用汉人的方式来柔化自己，并希望汉人臣民通过变得更像尚武的满人（尽管这种形象在各个方面可能都不真实），让自己强硬起来。然而，在中国的传统理论中，“武”，即军事原则，对应着黑暗、女性的一面，而“文”，作为文明，对应着光明、男性的一面——换句话说，恰恰相反。

在有时区别对待满人男性和满人女性，还有涉及汉满女性的情况下，事情变得更为复杂。第一，众所周知，汉人男性和满人男性都必须留满式发型，即额头剃光、扎长辫子，而满人女性则被强烈禁止裹脚（至少在清初，这一命令可能使裹脚

成为汉人女性的文化标志）。[33]第二，关于清代寡妇贞节、自杀的规定和做法，在汉人女性与满人女性之中有所不同。[34]第三，在清代文明化的使命中，女性（显然既有汉人，也有满人）尤其重要，她们是将文明行为带到最远前哨的载体；相应地，当地妇女的地位和行为往往被视为清朝拓边努力完成与否的标志。[35]第四，尽管清朝以或多或少的微妙方式，将被统一的地区和民族降到次要地位（就像来自新疆的乾隆“香妃”的异域神话所证明的那样），但这意味着这些民族实际上既与清朝的汉人臣民平等，又在地位上低于他们。[36]第五，到了 19 世纪，西方帝国主义者开始认为汉人（以及满人）基本上是落后、无能、软弱和娘娘腔的。简而言之，整个情况相当模糊，只有人们接受在这种特定的情况下，解释是非常偶然的，有时甚至无法精确地加以分类后，才能卓有成效地进行理解。

在公共和私人领域，有一个相关而重要的领域，其中，连 294
续统一体的概念取代了鲜明的分隔。正如我们在上文所见到的，当国家军事成就渗透到私人著作中，当官方仪式采用半私人编制的仪式文本时，这种区别就变得模糊了。关于同一现象的其他有说服力的例证，学者们已经进行了讨论。例如，曼素恩（Susan Mann）就雄辩而有说服力地指出，在“漫长的 18 世纪”，精英女性的作品使她们进入了男性的文学世界，接着她描述了精英女性所生活的内闱如何形成连续统一体的一端，而另一端则是男性的“外部”政治生活。关于哲学家章学诚承认公共领域的男性对隐身幕后之女性的依赖，曼素恩指出，这也可以是“公”，并总结道，“中国女性的历史记录——她们在其中的位置和她们被记录的观点——显示了对家庭生活和公共政治之间密切关系的普遍认识”。换句话说，尽管“文”是男性化的，并表明了某种"中国性"（Chineseness），但是，精英女性并没有被完全排除在外，就像她们所居住的内闱、私人领域那样，她们生活在公共生活外部领域的阴影当中。[37]

在不同的背景下，艺术史学家乔迅（Jonathan Hay）借鉴了现代性背景下西方关于私人和公共领域的概念，认为学者几乎不可能在个人行为和公共行为之间划清界限。谈到"集体记忆的私有化"和"公众对王朝叙事之诉求的扩展"，乔迅发现了"一种对流动的相互渗透和转换的关注，我们现在认为有私人或公共之分，但在那个时间和地点（17世纪晚期的扬州）的实践中，则相对缺乏明确的公私区分"。[38]

换句话说，清朝在许多不同的领域——民族交往和性别关系，公共和私人领域，军事和民政事务——中运作的与其说是二元对立或等级制度，不如说是互补或连续统一体以及一种同时性（按照柯娇燕的说法），这种同时性提供了无限的灵活性，让人们能够在任何特定的时刻朝不同的方向倾斜。

295 文化的军事化在18世纪的乾隆皇帝时期达到了顶峰。乾隆对军事事务的细枝末节和王朝的整体图景都非常关注，这意味着，在其统治期间，战争和对获得军事成就的投入超越了它们作为清朝开疆拓土主要手段的实际作用，成为清朝的象征。1799年乾隆皇帝的去世，并没有使这个计划突然终止；他的继任者既没有扩大版图，也没有寻求延续早期的文化变革，而是在日益增多的困难面前努力维持现状。然而，清朝在20世纪初还是崩溃了；清朝征战所获得的疆域和军事化的文化（为此，乾隆当然值得称赞），构成了新政权框架的关键组成部分。

注　释

特别感谢美国学术团体理事会（American Council of Learned Societies），感谢它为本章的部分研究提供资金，也要感谢新西兰“古代中国的军事文化”会议的与会者，特别是狄宇宙，感谢他坚定的支持和富有耐心的建议。

1. 关于这些著作，可参见 Newby，1999。

2. 一个在完全不同背景下非常相似情况的启发性例子，参见 Mukerji，1997。

3. 参见 Waley-Cohen，2006。

4. 关于 19 世纪转折期清朝军事能力的论述，可参见 Elliott，2002，尤其是第 6 章。尽管那些不愿放弃有关清朝根深蒂固的军事无望的传统看法的人对这项研究存在不同意见，但其他人恰恰指出，这种对清朝军事无效性的假设是“从 1860 年回溯”的结果，而且是基于技术优先和西方战争模式的观点（Black，2000，p. 40）。确实，也许有人会令人信服地用长期的畸变来刻画清朝 19 世纪末的挫折。

5. Crossley，1999，pp. 157-158.

6. 许多学者指出，有必要停止对“武”和“文”的两极化看法。例如可参见 Zito，1997，pp. 17-24，尤其是 p. 20。司徒安（Angela Zito）的作品深刻地影响了我的思考。一位 20 世纪的历史学家呼吁修正中国历史上文武严格分离的传统，而这位历史学家的总体思路与司徒安的非常不同，参见 van de Ven，2000，p. 9。

7. 这个称呼是在 1636 年才被采用的，部分是为了重申将东北地区不同的群体团结在一起；我在这里使用它，是为了避免烦琐的限定。

8. 参见 Waley-Cohen，2006，pp. 66-88。本章所依据的原始资料可在这本书的参考文献中找到。

9. 参见 Waley-Cohen，2006，pp. 89-107。

10. 参见 Elliott，2001，pp. 9，276，引自《旧满洲档》（或称《满文老档》），第十册，5295（崇德 1/11/13）。欧立德还引用了《实录》，指出乾隆后来（1752 年）下令将皇太极的警告刻在石碑上，并在旗人接受军事训练的地方加以展示（第 11 页）。这让人想起了毛泽东关于继续革命的理论，旨在保持后人的革命精神。

11.《清朝通志》，7013，这是在康熙二十四年（1685年）平定三藩之乱与收复台湾不久后所做的评论。共时性的概念得益于Crossley，1999。

12. Chang，2001，p. 255，引自《高宗纯皇帝圣训》，6月10日，1736年。

13. 关于八旗与“汉军”，一般可参见Crossley，1999；Elliott，2001。

14. 关于南京，参见Hay，1999，p. 12所引文献；关于西北边疆，参见Gaubatz，1996，pp. 174-175。

15. 参见Bartlett，1991。

16. 那个时代官方正史的学术性传记作者指出：“乾隆中年后，多以武功致台鼎。”《清史稿》卷三二〇，第10772页。

17. Wong，1999. 在这里，人们可以看到中华人民共和国早期的群众运动的前身。

18. 参见Greenfeld，1992，精英们需要在其他几个族群的背景下找到新的定义和理由。

19.《五礼通考》卷二四二，第1页a~b；Chia，1993，pp. 62，69。另可参见Waley-Cohen，2003b。

20. 参见Hou and Pirazzoli-t'Serstevens，1982，尤其是pp. 33-37；另可参见Rawski，1998，pp. 20-21。

21. Chang，2001，p. 134，引用《康熙起居注》，第二册，第923页；《圣祖仁皇帝实录》，收录于《大清历朝实录》卷一〇六，KX 21/11/25。

22. 这些画作现藏于巴黎的吉美博物馆，关于对这些画作的详细描述，参见Hou and Pirazzoli-t'Serstevens，1982。

23.《御制南巡记》，收录于萨载等编《钦定南巡盛典》卷首，第1页b。当然，对这些巡幸的军事描述是一种不同的例子，显然是将军事精神融入了完全非军事的活动。张勉治甚至认为南巡和王朝的战争是“一个连续统一体的两极”。参见Chang，2001，p. 240，另可参见pp. 143，189。

24. 从更广泛的意义上说，乾隆的收藏习惯也是清代汉人之间结交的另一个例子。参见本章注释8。

25. 参见Berger，2003。我的书在相关注释中叙述了满洲对蒙古人之先例的遵循，亦可参阅。

26. Foret，2000，pp. 121-122；另可参见Mukerji，1997。关于对盛京宫廷的官方访问，可参见Tie and Wang，1987，尤其是pp. 284-326，436-

438；以及 Tie and Wang，1988。从许多方面来看，乾隆的承德作为一个主题公园，在更广泛的意义上，是一种以多种不同方式对王朝多层次的提及。这使人想起了 20 世纪迪士尼公司的策略——一个人会想象自己是大批量生产的毛绒玩具的统帅——尽管迪士尼的版本显然缺乏深刻的宗教和其他方面的意义。

27. 乾隆：《十全记》，收录于彭元瑞《高宗御制诗全诗文集》，第 671 页。

28. 关于清朝文化工程所有这些方面的细节，参见 Waley-Cohen，2006。关于民族志和相关的图绘活动，参见 Hostetler，2001。

29. 例如，可参见王昶的日记与信件，重印于王昶《春融堂集》。在《半透明之镜》（*Translucent Mirror*）中，柯娇燕（Crossley，1999）注意到了作者作为政府官员在私下写作时，公共写作和私人写作之间的模糊区别。

30. 参见 Waley-Cohen，2006，以及其中引用的注释。

31. 参见 Waley-Cohen，2006，以及其中引用的注释。另可参见 Zito，1997；Corrigan and Sayer，1985，尤其是第 102 页，其内容具有启发性，尽管背景截然不同。

32. Louie，2003，pp. 9，83. 关于“武”和“阴”、“文”和“阳”之间联系的经典追溯与解释，参见 Needham et al.，1994，p. 23。

33. Mann，1997，p. 56，引述 Ko，1997。

34. Elliott，2001，p. 253；Elliott，1999.

35. Mann，1997，pp. 44，219.

36. 参见 Zito，1997，尤其是第 17~26 页，第 211~213 页。

37. Mann，1997，p. 223.

38. Hay，2001，p. 82.

第十三章　盛清时期军事财政概述

戴英聪（Yingcong Dai）

296　正如狄宇宙在导论和濮德培将在第十四章中所讨论的那样，军事文化值得注意的一个方面是某个社会，特别是其统治精英对于军事和战争的态度。除此之外，这种态度往往体现在为其军事和战争提供资金的国家政策中，因为国家的财政支持不仅是军事规模和技术增长的关键，也是军队生存所必需的条件。尽管军事财政的重要性早在孙子时代就已被明确加以强调，但由于环境的压力或意识形态的限制，传统时代的国家并不总是能够将其视为优先事项之一。因此，在传统时期，军队资金不足甚至在经济方面被忽视的情况，并不少见。作为中国历史上的帝制王朝之一，清朝在打造自己的军事文化方面，与前朝有许多不同之处，其军事文化的一个突出组成部分是复杂且颇具创造性的军事财政体系。与清朝的许多其他机构一样，其军事财政体系在清朝上半叶［从开国伊始一直到乾隆（1735~1795年在位）末年］经历了重大变迁。清政府设立、确定和巩固一套军事财政管理规则的漫长过程，在很大程度上
297　受到了以下现实的影响：满人即便在一统中原后，也没能放下手中的剑，他们不得不进行一系列的边疆战争，直到大部分边疆地区得到巩固为止。正如一位研究帝制中国晚期的历史学家所指出的，战时动员有时可以弥补国家体制中的薄弱环节。[1]

以清朝为例，战争期间频繁的动员锻炼了其军事实力，刺激了变化，并允许修改和增补其现有的军事筹资机制。直到 19 世纪末，清政府才制定出一整套军事财政政策。

清朝花了一个多世纪才确定其军事财政政策的具体细节，但这丝毫不能说明清朝没有早早地确立理论基础。相反，在清朝初创之时，坚定的共识就已经达成了，那就是努力维持一支强大的军队。清朝的开国元勋们明确表示，要用一种新的体制来取代不成功的明朝供养军队的体制，这种新体制将使军队得到国家财政资源的全面支持，因为清朝统治者们坚信，军事力量不足是明朝灭亡的主要因素之一。在清朝发展时期，康熙皇帝帮助制定了军事财政方针，他一再重申，自己在军事开支上从来没有吝啬过。[2]总的来说，一直到 18 世纪末，清朝确实遵循了这一原则，无论是在和平时期，还是在军事行动中，都尽力为军队提供资金。

然而，清朝加强其军事力量的努力却产生了矛盾的效果。一方面，与前朝相比，清政府的既定政策一直是从国家财政资源中拨出更多的钱支持军队，无论是八旗军还是绿营军；[3]另一方面，清政府一直为如何建立有效的渠道，将资金从中央输送到官兵手中而困扰。清代军事财政结构存在诸多漏洞，为相关人员滥用这一制度提供了巨大的机会，军队以合法和非法的方式消耗了清政府总收入过大的份额，最终导致国家财政紧张。 298
到了 19 世纪初，清朝的财政实力已不再处于巅峰，既有的军事财政结构已无法很好地发挥作用。

军事人员的收入

清初至清朝鼎盛时期的皇帝认为，军队拥有实力的关键是为军队提供充足的资金。更具体地说，这意味着保证军人个人的适当收入。正如康熙所言："善抚绥者，但将其应得钱粮如数支给，即是养兵之道。"[4]军事支出的主要部分，首先包括以定期津贴和特别奖金的形式支付的军饷；其次是向个别驻军和前哨派送现金津贴的运输成本；最后则是战时补给线的开支。与现代不同的是，清朝的军事财政更多用于供养军事人员，但也用于养马事业，因为马在当时的战争中发挥了重要作用。总的来说，军队在战争时期比和平时期得到了更为优厚的待遇。这一趋势可以从清朝的做法中得到明证：不设置高额的定期津贴，而是用各种各样通常很慷慨的特别奖励和补贴来补充定期津贴，其中大部分是在战争时期发放的。虽然这是八旗系统的常见做法，但也经常适用于绿营军。

清朝实行军官和士兵的双轨支付制度。各级军官与士兵分别领取军饷。普通士兵的收入中有一部分是用口粮支付的，而军官的收入只以货币支付。与文官的俸禄制度相似，清政府也将武官的俸禄设置得比较低，但明显偏袒满人官员。[5]此外，军
299 官，特别是高级军官，应该用他们的部分俸禄来支付一些与其职责有关的费用，如修理其士兵的武器和装备，在各种场合向士兵发放奖励，等等。为了缓解军官，特别是绿营军官，经常面临的财政短缺问题，清政府会给他们一定的余地来赚取额外收入，尽管这从来不是公开的政策。康熙皇帝在统治期间一再重申，他理解军官获取额外收入的非法行为，并对这一问题采取宽容的政策。[6]因此，各种滥用职权和非法的行为在军事系统中变得十分普遍，而且长期存在。对于军官来说，增加他们微薄收入的最常见方法就是榨取空缺职位的津贴（空额、虚额等），并保持这些空缺。这个问题被称为"吃空额"，在康熙

朝后半期，即 17 世纪 90 年代到 18 世纪 20 年代初，情况愈演愈烈，甚至连康熙宠幸的一些将领也热衷于这种做法。尽管康熙尽了最大的努力来纠正这个问题，但他并没有提出一个可以彻底结束这种做法的解决方案。

1703 年，康熙对湖广行省（后来成为湖北省和湖南省）的军官做出了重大让步。他支持了湖广总督的一项提议，允许军官拥有一定数量的所谓“亲丁”或“随丁”（两者都是“仆人”或“侍从兵”的意思），这些人作为军官的私仆而不被计入战斗部队。军官由于可以决定需要多少亲丁而不必填补所有职位，所以可以把这些空缺职位的军饷作为自己的额外收入。换句话说，这意味着使流行的吃空额合法化了。这一政策给武官带来的收入，后来被称为“亲丁名粮”。这种做法从何时开始传播到湖广行省之外，尚无明确官方记载。然而，从雍正时代（1722～1735 年）开始，这显然已经是一种广泛的实践。在很大程度上，这种做法与文官利用“火耗”[7]的做法是一致的，因为薪金不足以抵偿其职务所需的所有开支。

在雍正时代初期，雍正皇帝为了解决军官不能普遍获得 300
“养廉银”的问题，将亲丁名粮的做法推广到整个绿营体系，同时给八旗官员提供足够的养廉银。[8]与他的父亲康熙皇帝不同的是，雍正皇帝更倾向于采用一种制度上的方法，而康熙皇帝倾向于采用一种更加私人化、更加非官僚的统治方式。虽然不允许军官拥有比其实际所有更多的空缺职位，但他们随时分享其分得仆人的薪金则是合法的。在接下来的半个世纪里，亲丁名粮成为军官最重要的额外收入。[9]据阿桂（1717～1797 年）估计，1781 年，军官以亲丁名粮的名义每年侵吞约 200 万两白银。这样一来，清朝在绿营军大量职位空缺导致军事实力被削弱的情况下，满足了军官的要求。

18 世纪 80 年代初，在充裕资金的支持下，乾隆皇帝对军事财政体系进行了重大改革。他做了两个至关重要的决定。第一，在 1781 年，他下令填补了由于亲丁名粮的实践而空缺的 6.6 万个绿营职位。第二，他把养廉银推广到所有军官身上。这项开创性的改革每年耗费国家约 200 万两白银。[10]乾隆的算盘是，军队将通过填补 6.6 万个空缺职位而得到加强，而军官也会满足于这些银子而保持廉洁。然而，就像为文官提供养廉银的改革一样，乾隆把这种奖金扩展到军事体系的尝试只在短期内取得了成功。多年后，军官又回到了挪用士兵津贴的老路，再次伪造“空额”。与此同时，国家还因这次改革而增加了每年 200 万两银子的财政负担。清朝在乾隆统治期间财政充沛，这种额外的花销似乎并不算大。然而，在白莲教起义
301 （1796~1804 年）之后，国家再也无法承受这个负担。19 世纪上半叶，历代皇帝不得不缩减绿营军规模，以逐渐裁撤 18 世纪 80 年代填补的 6.6 万个绿营职位。艰苦的裁撤持续了几十年的时间。由于军官克扣军饷和军力衰弱，1851 年太平天国运动爆发时，绿营军正处于最为贫弱的状态。[11]与此同时，由于旗人的俸禄没有增加，没有战争期间发放的赏金，以及旗人的生活方式不顾后果，八旗制度也陷入了经济困境。[12]

因为清朝拒绝以明朝采用的军事屯垦制度作为军队的主要供养方式，所以清朝必须为八旗和绿营体系的士兵支付全额工资。与军官的工资不同，士兵的工资部分以实物（甲米）支付，部分以现金（饷银）支付。在康熙时期，普通旗人每月的现金收入是四两白银，这大约是他的上级长官骁骑校的工资的十五分之一；普通绿营兵每月的现金津贴有一两到二两银

子，大约是最低级的军官把总工资的十九分之一至十八分之一。[13]然而实际上，现金津贴和粮食配给的比例因情况而异，随地点而变。有时，士兵们只能得到一份粮食配给，而在其他情况下，只能得到一份现金津贴。当需要将士兵的现金收入转换为粮食配给时，主要由负责的官员决定转换类别中的等值额度。

毫无疑问，清政府以口粮和货币津贴的方式支付士兵兵饷，这反映了整个经济变得更加商业化的事实，代表着从传统的仅以口粮支付到现金工资的转变。在宋朝（960~1279年），士兵在市场上出售他们的一部分口粮，以换取现金，这被称为“回易”（现金与口粮的交易）。即使是明朝，在后期也不得不改变其供给军队的方式，从军事屯垦制度转变为向士兵发放军
饷和口粮。在商业经济蓬勃发展的社会中，士兵渴望手中有一 302
些钱以利用市场是很自然的。然而，士兵是否只从清政府的现金支付中获益，这一点值得商榷。大多数士兵不得不用部分现金津贴在市场上购买额外的食物来养活家人，因为食物配给不足以给他们自己和家人提供足够的食物。在整个18世纪，军官不断抱怨士兵收到的现金津贴不足以购买他们应得的粮食，原因是某些地区粮食价格上涨。当部署军队进行军事行动时，这个问题就恶化了，因为战区的物价总是在上涨。当这种情况发生时，军官通常请求以实物发放津贴或增加现金部分。

除了养活自己和家人，旗人和绿营士兵都必须用一部分现金津贴来购买和修理自己的一些装备和武器。士兵主要负责购买和维护传统武器（非火器），如弓、剑、刀，以及大部分装备，如盔甲、箭镞袋和旗帜。如后文所述，国家机器只生产和供应部分军事后勤所需，主要是火器。在和平时期，许多士兵

不在意他们的武器和装备，不会定期为之花费有限的工资，尽管上级会定期检查他们的武器和装备。军队只有在为战争而被动员起来的时候，才会开始把装备布置得井然有序，这种情况并不少见。那时，负责部署的官员往往会向中央政府申请一笔货币贷款，以供士兵备战。通常，这种类型的请求总是会得到积极的答复。此外，皇帝通常会免除军队在战争结束后偿还贷款的义务。有时，这些钱是由当地政府提供的，但由皇帝下令。最初，这种部署补贴只是作为朝廷对被部署军队的优待，
303 而不是作为常规工资发放的。在18世纪，这种做法最终成为一种既定的规则，而这种补贴则被称为"行装银"。在乾隆末年，部署补贴成为士兵的一项法定战时收入。出征前，绿营兵可以得到6两到10两银子，满军旗人可以得到20两银子，相当于他们两个半月的军饷。[14]

除了部署补贴外，还有一项重要的战时补贴，即"盐菜银"，这从清初就开始实行了。这种补贴本应用于购买除粮食以外的食品，如肉、蔬菜、盐，以及军事行动期间的其他必需品，因为清朝的后勤系统从未全盘负责军队在战时的所有需求，而是有意将一些供应需求留给私营部门，即商人来处理。盐和菜的补贴总是用现金支付的，有时相当于士兵一个月的津贴，也就是说，绿营士兵一个月1两至2两银子，普通旗人的补贴则稍高一些。作为对被部署军队的特殊优待，皇帝将根据具体情况增加补贴。主要由于士兵在军事行动中有了额外的收入，军队中经常有大量的商人，他们会跟士兵做任何所需的交易。早在17世纪90年代康熙皇帝率军在蒙古草原抗击准噶尔人的远征中，清朝军队就带着商队长途跋涉，从中原来到草原的中心地带。除了盐、蔬菜和其他必需品，商人们也带来了其

他商品，还常常带来丝绸、缎子、酒和烟草等奢侈品。第二次金川战役期间，金川山区共部署了 10 万以上的兵力，商人们甚至在战区设立了临时“商业街”（买卖街）。一连串的小贩摊位，将人烟稀少的金川地区变成了一个繁华的市场。[15]

士兵战时收入的另一个来源，是圣上在战争期间或战争结
束后给予他们的奖赏。这可能始于 17 世纪后期讨伐吴三桂 304
（1612~1678 年）的战争。在那场战争（1673~1681 年）中，八旗兵的表现令人失望；因此，康熙不得不更多地仰赖绿营军。他慷慨地向部署在前线的绿营军发放巨额赏金，这一做法被认为极大地鼓舞了部队的士气。从那以后，圣赐成为一种惯例，但没有关于圣赐多少以及何时赏赐的规定。除了来自皇帝的金钱奖赏，士兵还会从他们的直接上级那里得到其他战争期间的津贴。这些津贴产生于 19 世纪，通常被军队称为“赏号”，因为总是实物。在大多数情况下，它们是各种各样的丝绸或缎子。目前还不清楚是谁在什么时候创立这种做法的。早期的例子之一出现在 1718~1720 年清朝第一次西藏战事期间，当时的四川总督年羹尧（很快成为川陕总督，1726 年卒）用自己的俸禄购买丝绸来奖赏他的士兵。[16]后来，在第一次金川战役中，傅恒（1721？~1770 年）作为乾隆皇帝派来监督这场战争的特使，也做了同样的事情。[17]然而，在 18 世纪后半叶，战地指挥官转而使用战争预算来支付这些费用，这也是战争日益昂贵的原因之一。与此同时，由于赏号的奖赏，士兵们经常带着大量的丝绸回到自己的驻地。

拜所有这些补贴和奖赏所赐，士兵在战争期间获得了更高的俸禄。因此，虽然有士兵军饷被上级挪用的情况，但由军饷不足而引起的兵变很少发生。相反，在和平时期，很少有部署

补贴、奖赏和津贴，所以士兵的财务状况不容乐观。更具体地说，军官在和平时期挪用士兵津贴的情况更为普遍。魏源（1794~1857 年）首先发现了这一点，他认为清朝的特点是在战争时期比明朝付给士兵的更多，而付给驻军的却比明朝要少。[18]值得注意的是，被部署行动的机会并非对所有军队都是平等的。满人军队主要部署在对抗重大反叛的重要边疆战争和
305 战役中。一些绿营军也比其他部队部署得更频繁，比如陕西、甘肃、四川和云南的驻军，因为他们的位置靠近战区。对于大多数其他绿营军，特别是那些在国家核心地区的部队，由于通货膨胀和缺乏获得大量战争期间奖赏的机会，士兵可能长期遭受收入下降的痛苦。

1800 年以前的清政府似乎很清楚士兵平时和战时的收入差距，并试图提供一些帮助。康熙年间，皇帝会在特殊情况下或为了缓解军队的经济困难，而给予军队全面的奖赏。众所周知，康熙为八旗子弟慷慨解囊，对绿营兵也采取了同样的做法。除了皇上的恩宠，满军旗人和绿营兵在面对他们一生中最昂贵的活动，如婚礼和葬礼，也就是所谓的红白喜事时，也可以期待一笔额外的收入。一段时间以来，这些场合成为士兵申请贷款或补贴的借口。1729 年，雍正皇帝正式启动了一项大胆的改革，向满人驻军和绿营驻军提供资金，并命令他们从事商业活动，以获取士兵婚礼和葬礼所需赏钱。这一政策被称为“营运生息”，即通过投资获取利润，投资所用资金则被称为“生息银两”。[19]雍正于 1729 年和 1730 年分两批给军队拨付了 118 万两银子作为投资资金。这一政策一直延续到乾隆时期，并在绿营军中比在八旗制度中更成功。乾隆确信这一政策不符合儒家思想，并为腐败创造了温床，在经历了一场艰苦的拉锯

战之后，他于1781年终止了这一政策。作为对这一政策的替
代，乾隆下令每年从国库拨出100万两银子当作对绿营士兵婚
礼和葬礼等场合的奖赏。与此同时，如前所述，他将“养廉 306
银”正式推广到军官身上。然而，在白莲教起义后的几十年
里，空虚的国库已经无法承担这额外的负担了。

为后勤体系筹款

清军后勤体系的结构也非常复杂。在整个清朝鼎盛时期，与军队收入体系相比，军队后勤体系经历了更多的变化和改造。直到18世纪晚期，清政府才制定了一套完整的规则来规范战时的后勤费用。此外，清朝直到19世纪早期才制定了关于所有军队的资金筹措和武器装备管理的细致规则。总的来说，清朝在后勤管理上采取了两种方式。一种方式是通过更集中的方法，将枪支和一些更致命的传统武器的生产和使用置于中央政府的严格监督和控制之下。[20]只有八旗军才有权使用和拥有最先进的武器。[21]公众也被禁止制造任何枪支。另一种方式是，清朝将某些后勤责任下放给士兵本人和地方文官机构。如前所述，满人士兵和绿营士兵都必须用一部分薪水来购买、修理和维护他们的一些武器装备。在战争时期，清政府实行“开放”政策，积极动员文官机构和私营部门建立供应线，以支持军队部署。

在和平时期，将士兵的现金津贴分发给全国各地的驻军是一项极其繁重的任务。由于这部分资金一直以白银支付，将银锭从一个地方运到另一个地方，尤其是运到边地，是极其麻烦的。在战争时期，为经常被派往遥远边境或更远地区的庞大军队提供补给，是一项艰巨的任务。清朝善于并成功调动社会资

307 源来支持其军事事业。从 17 世纪的最后十年开始，清朝投身于一系列征讨准噶尔人的长途战役、边疆战役以及一些镇压宗族和族群反叛的小战事，这不时打断了清朝的鼎盛时期。在大多数战争中，作战部队是从远方部署而来的——国家将驻扎在东北地区的八旗军队派往西北或西南的情况并不少见，而且军队被部署的地区远远超出了作战区域。每一次，当军队移动时，清朝还必须精心安排建设临时网络，以供给部署的军队。通常是一位高级文职官员受命负责后勤工作。一般来说，朝廷将任命军事行动所在地区的督抚担任这一职务。在他的协调下，特别网络得以建成，主要由文官组成，文官有些来自当地省份，有些来自其他省份或京师。不难想象，一些期待被任官的人会利用战时的机会来谋求职业晋升。与此同时，大批下级文职官员前往战区为后勤网络服务，导致一些地方政府陷入瘫痪。在两次金川战争期间（见图 13.1），四川部分地区地方政府的职能基本陷于停顿，导致了法律案件的积压和地方秩序的恶化。

308 除了文职官僚系统之外，清朝的军事行动也得到了社会的

图 13.1　清代四川的金川地区

广泛支持。从早期开始，清朝在为国家工程招募人员方面就发生了重大变化，从无偿役工转变为有偿劳役。虽然目前还不清楚有偿劳役政策是何时开始的，但最早的例子之一出现在吴三桂反叛时期。1673 年，反叛刚刚平定，户部尚书米思翰（1633～1675 年）建议用国家财政收入支付所有军事开支，包括军事劳役。[22]其他证据表明，到 17 世纪末，有偿劳役已经成为一项定例。在 17 世纪 90 年代，康熙率军深入蒙古草原时，所有的军事劳工和役畜都是有偿雇用的。有偿军事劳役政策经历了一个渐进的演变过程。到第二次金川战役时，这种做法已经演变为一种非常复杂的制度。[23]这次战役共雇用劳工 36 万名，军事劳工与士兵之比约为 3∶1。由于军事劳役的报酬相当可观，甚至有利可图，所以大量的人——尤其是那些失业的流动人口——被吸引到战区去找工作。因此，清朝鼎盛时期的战争是吸收社会剩余劳动力的巨大机会，暂时缓解了一些地方的人口压力。与此同时，它也刺激了移民——许多人被机会所诱，长途跋涉来到战争地区。第二次金川战役的 36 万名军事劳工中，绝大多数来自外省，他们被称为“客夫”。除了运输劳工，战争期间军队还雇用了其他平民，其中大多数是专业人员，如郎中、兽医、金匠、木匠、泥瓦匠、裁缝和漆工。这些 309
专业人员的报酬和待遇都比运输劳工的高得多。

虽然战争暂时缓解了人口过剩的问题，但清朝从来没能想出一个有效的方法，在战争结束后遣散这批庞大的军事劳动力。通常的情况是，军队只是遣散了成千上万的军事劳工，并在没有任何妥善安置他们的计划的情况下将他们送回社会。据推测，他们中的许多人一直失业，这造成了一些社会问题。在四川，两次金川战役结束后，犯罪率随即上升，一个黑手党类型的组织——啯噜社，不断发展壮大。18 世纪 80 年代末和 90 年代初，清朝与尼泊尔廓尔喀人进行了两次战争。[24]在两次廓尔喀战争之后，又有大量的军事劳工被遣散，清政府没有任何具体的政策来为他们提供生计。四川的地方官员抱怨不断上升的犯罪率和社会秩序的恶化。在这些退伍的军事劳工中，很可能有许多人参与了在与尼泊尔最后之战几年后开始的白莲教起义。

有偿的军事劳役是 19 世纪战争费用急剧增加的主要原因，在大多数战争中，总开销相当大的一部分都被用于雇用军事劳工。在第二次金川战役中，以大米为主的物资运输消耗了 6100 万两白银，占战争总费用的 50%以上。有偿军事劳役制度尚处于形成阶段，加之战争环境提供了交通困难、天气恶劣、形势危险、需求迫切等诸多增加报酬的理由，以致国家无力控制战争支出。虽然军人的待遇普遍较好，但制度上存在的很多漏洞为后勤官员侵吞军费提供了充足的机会。他们中的许多人在这个圈子里谋得一个有利可图的职位后，一夜暴富，这已经不是什么秘密了。尽管朝廷一直在制定规则，但人们总有办法打破规则。更糟糕的是，尽管国库大量投入资金，但有时
310 候临时组建的官僚网络效率低下，显得力不从心。因此，在 18 世纪的几次边疆战事中，清政府求助于私商，通过与一些有名望的商人签订合同，让他们向前线运送给养和其他物资，并向他们提供有吸引力的条件。这种方法被称为“商运”(商人运输),[25]结果形成了一个相当矛盾的情况。一方面，商运确实比官方或一般运输更有效和可靠。在两次金川战役的后期，商人运输机制承担了大部分的运输任务，保证了前线军队的物资供应。然而，另一方面，这又导致了战争成本的

进一步上升，因为商人们得到了政府的慷慨支持，他们可以用更多的现金来润滑整个事业，例如，以高于国家后勤网络的报酬雇用劳动力。

为了限制不可预测的、不断增加的战争费用，清朝建立了“奏销”（审计程序）制度。每次战争结束后，负责后勤事务的官员都必须向中央政府详细汇报战争期间资金的使用情况。通常情况下，中央政府会派几个特别专员来监督这一进程。这几个人必须检查堆积如山的账目和文件，比如合同和收据，并确保所有的钱都是被合法使用的。最后，他们会向户部提交一份详细列出所有费用的报告。由于战争时期开支系统的混乱和存在的许多漏洞，这是一个相当困难的，有时既痛苦又缓慢的工作。第二次金川战役的奏销持续了六年多。在此过程中，几名与军方签订合同，负责运输粮食和其他物资的商人被指控侵吞了军费。这些替罪羊被逮捕、监禁、拷打，他们的财产被没收。但最后，乾隆撤回了追究后勤官员滥用职权的决定，免除了所有欠款，因为进一步调查可能牵涉到过多的高级官员。

由于第二次金川战役中后勤系统的滥用职权和腐败变得如 311
此明显，乾隆感到有必要修改和扩充关于战争期间开支的规定。在第二次金川战役之前，乾隆曾在18世纪50年代倾向于用他在西域与准噶尔及回部作战的后勤保障，作为未来战争后勤保障的范本。但金川战役打破了现行的规定，形成了诸多新的战时开支案例。除了不断增加的军费开支外，乾隆还对其前线将领购买各种礼品（主要是丝绸）作为赏号来奖赏士兵的巨大开支尤为震惊。在乾隆看来，这种做法是滋生腐败最为肥沃的土壤。[26]尽管清朝鼎盛时期的三个皇帝，即康熙、雍正、乾隆，都编订了详细的法规——《大清会典》作为政府的主要操作指南，其中包括军事事务，却没有详细的则例能够涵盖清军在 18 世纪战争期间所遇到的各种情况。1776 年第二次金川战役结束后不久，皇帝下令编纂一部新的法规，旨在控制战争费用。来自军机处、兵部、户部和工部的相当数量的高级官员，组成了编委会。主要成员有臭名昭著的和珅（1750～1799年），他当时是乾隆的心腹；阿桂，乾隆末年第二次金川战役的主将之一，军事和政治上的主要人物；以及傅恒的三个儿子，包括后来以在征战中挥霍无度而闻名的福康安（1796 年卒）。

这部法规历时八年，于 1785 年编写完成，包含三个部分：《户部军需则例》、《兵部军需则例》和《工部军需则例》。户部、兵部和工部通常会参与军事行动的相关流程。[27]《军需则例》是清朝第一部此类制度法规，对研究清代军事财政制度
312 具有重要意义。毫无疑问，法规的编纂凸显了清政府理顺其战时后勤的强烈愿望。除此之外，这一法规废除了赏号的做法。由于在第二次金川战役中丰富多样的案例被积累起来，并在法规中被多次引用（另一个经常被引用的战例是 1765～1770 年的缅甸战役），有偿军事劳役制度变得复杂起来。一个突出的例子是，确保所有的军人在入伍时都得到“安家银”（家庭津贴），这在金川战役中只是一项临时政策。法规还修订并大幅度扩充了一系列关于向伤亡士兵及其家属支付赔偿和养恤金的规则。然而，从法规中可以明显看出，国家在保留了一些旧的、不公正的政策（如保留了旗人相对于绿营兵所受到的优待）的同时，也对在此前的战争中，特别是第二次金川战役中已经出现的许多事实做出了让步，这将为滥用权力打开一扇更大的门。

可以肯定的是，《军需则例》并没有像乾隆预期的那样奏

效。在该法规颁布后的 18 世纪剩下的时间里，发生了更多的战争。两次廓尔喀战役的总费用超过 1000 万两白银。虽然从四川经西藏向尼泊尔运送物资的长途运输，在某种程度上使较高的成本合情合理，但将领们，其中包括福康安，毫无节制地浪费了战争预算。孙士毅（1720～1796 年）负责第二次廓尔喀战役的后勤工作，他开始清算账目时，坚持让福康安和另一位主帅和琳（1796 年卒）留在四川协助自己。[28]然而，在这些问题账目被清理干净之前，他们三人就被派去平定始于 1795 年的苗民起义，不久之后，三人都死了。结果就是，关于第二次廓尔喀战役的账目从来没有弄清楚过。与此同时，国内平定苗民和白莲教起义的两场战争的开销更是高达 2 亿两白银。充裕的国库几乎消耗殆尽。[29]

结语

国家军队力量的关键是资金。在清朝的鼎盛时期，康熙、 313
雍正、乾隆三位皇帝都将资金问题作为首要任务，花了大量的钱来供养军队和支持战争。由于他们的密切监督，直到乾隆末年，军队一直保持着高水准和流动性。更为重要的是，在他们主持下执行的一些政策，代表着向一种与近代专业制度更具可比性的军事制度过渡的开始。在其他方面，至少向士兵支付部分现金，在后勤工作中以有偿劳动取代差役，就像编制《军需则例》一样，都是朝着这个方向迈出的关键步骤，使清政府的军事财政管理与同期欧洲的类似发展保持一致。然而，18 世纪的活力并没有为后世带来进一步改革的动力——19 世纪上半叶是一个见证持久和平以及清朝军事活力被缓慢侵蚀的时代。这种转变的中断对清朝军事制度来说是不利的，清朝军事财政制度的一些弊端普遍存在并日益凸显，成为清朝军事制度衰落的主要因素。

首先，以和平时期和战争时期收入差距为特征的收入制度，造成了官兵和清政府的尴尬局面。国家投入了越来越多的钱来支持战争，因此士兵在战争期间得到了更高的工资，但他们在和平时期的收入不足以维持家庭的生计和装备的完好。在清朝的鼎盛时期，和平时期的困境本可以通过持续的战争动员而有所改善，因为清朝军队中的很大一部分人可以从部署补贴中获得财政上的好处。但随着开拓时代的结束和白莲教起义的平定，和平成为一种常态，士兵开始面临普遍性的长期贫困。
314 这种差距对于八旗兵和绿营军来说都存在，即使旗人士兵通常比绿营军士兵有更高的薪饷，但在和平时期，旗人士兵未必会过得更好。使士兵的情况更糟的是，事实上的军户制是造成普通士兵长期贫困的一个关键因素。大约在 19 世纪中期，许多士兵不得不从事其他职业，比如做小生意，以维持生计。

其次，在清代盛世之后，军事系统中的腐败更加猖獗。由于 1781 年改革和养廉银拓展到军官，军官的生活相对较好，他们不再愿意为贫困士兵呼吁改革。和文官相似，军官的养廉银本是用来支付士兵的一些开支的，但是否将这些额外的收入用作士兵的福利，则完全由军官自己决定。在清朝鼎盛时期，由于营运生息政策的实施，如前所述，士兵有了一个重要的额外收入来源，以弥补他们正常生活津贴的不足。然而，在 1781 年乾隆皇帝最终废除这一政策后，普通士兵失去了在 17 世纪赖以生存的宝贵经济来源。在整个 19 世纪上半叶，为士兵提供财政援助的要求很少能打破军官的惰性和冷漠。与此同时，“冒籍”（造空名吃空饷）的做法变得像以前一样普遍。

此外，清朝积极调动一般公共部门和私营部门以满足其战时后勤需要的方法，被进一步滥用。在19世纪，军队对于从事战争劳役的军事劳工的依赖，不仅给国家带来了巨大的经济负担，也软化了士兵的意志，这些士兵会在被部署的时候让劳工帮忙携带武器。根据曾国藩（1811~1872年）在19世纪中期所做的准确判断，士兵在和平时期处于贫困状态，在战争时期，国家则面临难以承受的财政负担。[30]

最后，由于清朝的后勤系统只是部分集中化，普通士兵被赋予了一定的职责，以保持他们武器装备的完好。在清朝鼎盛时期，所部署军队在每次战役前可以从国家获得“贷款”，以 315
更新和升级其武器与装备。此外，国家可以任命一个由官员、专家和工匠组成的特设小组，根据战事的需要发明和生产特殊武器。一个比较突出的例子是耶稣会士傅作霖（Felix da Rocha），他在第二次金川战役期间被皇帝派往四川，监督西洋大炮的生产工作。[31]然而，由于国家的大部分地区都实现了和平，士兵当然没有任何动力及时更新装备并使之得心应手。与此同时，国家也不再有任何动力去推动新式和专门武器的发明。清朝的后勤保障机制是如此系统化，以至于没有什么空间再做创新。此外，国库比以前更为空虚，无法支持及时更新武器。1816年，嘉庆帝（1796~1820年在位）颁布了《钦定军器则例》，对武器装备做出了细致的规定，这体现了官僚系统对后勤事务的严格控制。[32]根据这部法规，大多数军事装备，包括火器，在使用30年至40年后才会被新装备取代，在使用15年至20年后才会得到修理。事实上，许多武器很可能在30年至40年后也不会被替换，有些火炮和其他火器已经使用了超过100年。

清朝的军事财政体系在很大程度上仍未得到充分研究，尽管在整个朝代的大部分时间里，国家支出的一半以上都用于军事。只有少数的研究致力于这个主题。[33]在这个复杂的机制中，许多重大问题没有得到应有的重视。历史学家的一个常见做法，就是查阅如《大清会典》或《军需则例》这样的政府法规和规章汇编，以了解某些制度或做法。然而，这种方法的危险之处在于，现实并不总是符合法规和条例。虽然这些法规是某些制度长期演变的结晶，但它们并没有反映使制度达到汇编程度的复杂历史动态。此外，即使制定了法规，在实际行动需
316 要违反这些法规时，法规仍然可能被打破。因此，即便编写了详细的《军需则例》和《军器则例》，军队是否真的遵守这些规则，仍然是一个问题。对于历史学家来说，深入挖掘每一次军事行动的丰富档案资料，以拼贴出清朝军事财政的真实面貌和机制，是十分必要的。

注　释

1. 黄仁宇指出，中国人可能率先发现，在王朝建立之初，战争时期的动员可以暂时替代组织逻辑，至少在一段时间内，可以弥补国家体制的薄弱和无效，而军事上的努力使王朝可以做一些额外的事情。参见 Huang，1999，p. 14。

2. 他曾说道："不知朕于军机事务，并不惜钱粮，已动用过数百万两矣。"《圣祖实录》，收录于《清实录》卷二七七，第 14 页 a～b。

3. 绿营军是清朝在定鼎中原的过程中建立的，其目的是解决八旗军队规模不足以统一和保卫中原这一巨大地域的问题。由汉人新兵构成普通士兵和下级军官的绿营军，驻扎在全国各地，担负治安任务，而八旗兵则只驻扎在京师、东北和某些大城市及战略要地。我们尚不清楚其清

初时期的确切规模，但据信绿营军在 18 世纪的鼎盛时期维持在 60 万人或更多。

4.《圣祖实录》，收录于《清实录》卷一八二，第 8 页 b。

5. 康熙朝《大清会典》规定的军官俸禄范围为每月 18 两至 95 两（最高的是提督，最低的是把总）。除了固定俸禄，他们还会获得每年 32 两至 480 两不等的杂费补贴。《大清会典》卷三六。

6. 关于康熙宽容态度更为详尽的讨论，可参见 Dai，2000。

7. "火耗"是朝廷征收的附加费，用来抵消支付常规税时运输和将小块白银重铸成大块所造成的损失。这成了地方官员为自己赚取额外收入的一种便利的公开行为。关于火耗与雍正皇帝改革实践的简要论述，参见 Zelin，2002，vol. 9，pp. 206-213。对这一问题最为详细的研究，依然可参见 Zelin，1984。

8.《世宗实录》，收录于《清实录》卷六八，第 6 页 a~第 7 页 a；卷九七，第 9 页 b~第 10 页 a。

9. 阿桂：《论增兵筹饷疏》，收录于《皇朝经世文编》卷二六，第 10~11 页。

10.《军机档》，无日期，No. 37255，QL 49/06/25。起草者姓和，但其名字未被记载；《高宗实录》，收录于《清实录》卷一一四七，第 4 页 a~第 7 页 a。

11. 关于在 19 世纪对新增的 6.6 万名绿营兵丁进行裁撤的问题，参见 Luo，1984a，pp. 86-94，95-114。到 1852 年，1781 年增补的 6.6 万名士兵中，有 4.8 万名被裁撤（第 87 页）。

12. 由于拥有特权地位以及经常从皇帝那里得到金钱奖赏，这些旗人不必在财务上精打细算。他们会很快把每月的补贴挥霍在喝酒、赌博和其他享乐上，同时不假思索就借债度日。关于旗人经济困境的讨论，参见 Elliott，2001，pp. 313-322。

13.《大清会典》卷六。

14.《户部军需则例》，收录于《钦定户部兵部工部军需则例》卷一（另可参见本章注释 27）。

15. Dai，2001. 第二次金川战役于 1771~1776 年在四川西北部进行，意在镇压当地首领。战争旷日持久，耗资巨大，大约花费了 6100 万两白银。战争结束后，清朝对土司制度进行改革，在金川地区确立了军事统治。

16. 年羹尧的奏折，QL 59/04/16，收录于《年羹尧满汉奏折译编》，第 210~211 页。

17. 第一次金川战役是清朝为了应对金川地区当地首领之间的不和而发动的。从 1747 年至 1749 年，这一战事持续了两年有余。虽然掀起争端的土司投降了清廷，这场战役却并没有了结，使得该地区在接下来的二十年中都处于不稳定状态。

18. 魏源：《圣武记》卷一一。

19. 在 Dai，2005 中，我对这一政策进行了更为全面的讨论。

20. Luo，1984a，pp. 377-388.

21. 清朝初期似乎不允许绿营军拥有火枪，这一政策可能至少一直持续到康熙时期。但在雍正时期，绿营军被赋予了携带火枪的权利。然而，在武器的数量和质量上，八旗军仍然比绿营军具有优势。同时，驻守中原的八旗军拥有更多、更好的大炮。

22. 《清史稿》卷二六八《米思翰传》。

23. 关于金川战役期间的军事劳役问题，参见 Dai，2001。

24. 由于尼泊尔和西藏地区之间严重的贸易争端，1769 年在尼泊尔建立新王朝的廓尔喀人在 1788 年和 1791 年两次入侵西藏地区。在这两次事件中，清朝都派出了远征军前往西藏地区驱逐入侵者。1792 年，在第二次廓尔喀战役期间，由福康安率领的清军从西藏进攻尼泊尔，兵临廓尔喀王朝的都城加德满都。这时，廓尔喀国王求和，被清朝接受，因为清朝远征军在尼泊尔伤亡巨大。

25. 虽然清朝利用商人来支援其军事行动的历史颇为悠久，但清朝只在两次金川战役和第二次廓尔喀战役中，使用了委托商人运送物资的方法。

26. 乾隆皇帝在 1776 年的一份上谕中表达了对赏号做法的愤怒，这出现在《钦定户部兵部工部军需则例》的开头部分，第 1~2 页。

27. 《户部军需则例》规范了士兵的战时补贴，以及物资运输和其他军事劳役的支付，还有对役畜的补贴。《兵部军需则例》主要规定了战时对士兵的奖赏、对战争中伤亡士兵的赔偿，以及官兵在战时享有的军役劳力（他们负责搬运装备、扎营及其他日常杂务等）的数量。《工部军需则例》则规定了购买军火和建设军事行动所需基础设施的开支，例如修建公路和桥梁。

28. Cai，1965，p. 333.

29. 在镇压苗民起义（1795～1797 年）和白莲教起义（1796～1804 年）期间，一种新的权宜之计被广泛使用：几十万平民受雇协助部署的常备部队抗击起义军。这些被雇用的平民被称为“乡勇”，他们由国家支付费用（据说对他们的补偿比正规军的好），并被军队用作主要战斗力量。在战争中，雇用乡勇的费用是最大的开销。

30. 引自 Luo，1984a，p. 362。

31. 关于傅作霖的情况，可参见 Waley-Cohen，1993。

32.《钦定军器则例》由董诰等人纂修。纂修工作始于 1801 年，1811 年完成，但这部著作直到 1816 年才颁布（《钦定军器则例》，1995）。

33. 这一领域最为杰出的作品包括罗尔纲的著作；参见 Luo，1984a，1984b。一部具有里程碑意义的作品，参见 Chen，1992。关于乾隆时期清朝后勤系统唯一的系统研究，则是 Lai，1984。

第十四章　边疆上的胁迫与商贸活动

濮德培（Peter C. Perdue）

317 “军事文化”概念是研究战争和社会比较问题的有用框架。然而，“文化”一词是人类科学当中最具争议的术语之一，因此，详细说明我们如何使用这一词语是非常重要的。旧有的人类学对文化的定义，是相对静态、持久、同质的规范，这些规范由孤立于全球进程的小社会所拥有。现代的人类学家认识到，每一个社会都具有多重和冲突的文化意义，它们的定义随着时间的推移而发生演变，理想不能脱离具体实践。探究军事文化，就像探究其他文化形式一样，要突出“实践逻辑”对于战略思想家的系统性思想所起的作用，并认识到，战争的迷雾使一切战略家的眼光都受到遮蔽。正如蒂姆·布鲁克（Tim Brook）所指出的：“文化是人们所做的，而不是他们认为他们应该做的。”[1]

在本章中，我使用“军事文化”这一术语来表示以下三种含义（对应于狄宇宙在导论中给出的前三种定义）中的一种：（1）战略文化——精英对使用武力所持的态度，或者“从关于冲突和敌人的本质的中心范式假设中获得的宏大战略偏好，并由决策者集体共享”；[2]（2）军事文化——军事机构
318 中人们独特的规范和行为；（3）整个社会对于胁迫所持的态

度。这些含义逐渐变得广泛，从高层精英，到军事力量，再拓展到整个社会。当然，这些层次之间的联系程度各不相同。制定战略的精英可能来自军事机构本身，或者他们也可能是单独的文职官员。他们在做出战争或和平的决定时，可能会考虑公众的意见，也可能完全无视公众的态度。统治阶级可能与他们的臣民截然不同，或者可能与臣民共享价值观。“军事文化”这一术语，将我们的注意力引向了有组织的暴力和社会制度之间的不同关系。

军事文化的这三种含义可以在时间和空间层面发生变化。制定战略的精英们可能会更加关注特定的边疆和地域，而不是其他地区；在社会的某些地区和阶级中，军事机构可能比其他机构更具吸引力；暴力在某些地区可能比在其他地区更为猖獗。当细分到地区时，军事文化的概念再一次指明了研究胁迫和当地社会之间关系的路径。

我们也可以从同样的三个组成部分来考虑“商业文化”的概念：（1）精英（商人和政府）之间的贸易政策；（2）商业行为主体的特定规范和行为；（3）商业价值在社会中传播的程度。这些概念同样可以在时间和空间上发生变化。它们与军事文化的组成部分也有密切的关系。决策精英可能会为了保护商业利益而发动战争，也可能会忽视安全决策的经济后果。在任何社会中，贸易商都必须在军方塑造的环境中谋求营生；一些人从战争资助的工业生产中大发横财，而另一些人则在战争破坏业已建立的商业关系时损失惨重。军队在出征时，依靠的是他们所保卫的社会。农民充当“炮灰”，商人供应食物、牲畜和衣物。当地居民可能会通过服兵役找到工作或获利，也可能会拒绝征兵或干脆一跑了之。

许多理论家都笼统地讨论过战争和金钱的关系，但没有达成共识。维尔纳·桑巴特（Werner Sombart）认为，战争是资本主义诞生的动因。[3]但也有人认为，资本家本质上是反对战争
319 的：只有少数人靠战争牟取暴利，而破坏贸易网络的代价太大，不值得冒这种风险。通常来说，战士看不起暴富的商人，而商人则害怕和嫉妒军事贵族。许多欧洲社会禁止贵族战士参与贸易，日本武士也被禁止从事任何行业。

事实上，这两个阶层不得不和睦相处，而且互相需要：由于需要钱，国家通常会依靠商人作为税农和债主；军人则向商人借款以获得武器和消费品。商人可能会雇用士兵组成具有商业目的的雇佣军［例如中世纪欧洲的十字军，或英国从事特许私掠活动的海盗，如弗朗西斯·德雷克爵士（Sir Francis Drake）］。很明显，在士兵和商人之间，存在许多可能的关系，没有一种理论能完全涵盖它们。[4]

许多学者曾争论中国的文化价值观是支持还是轻视商业或战争的。许多人认为，中国本质上是一个和平主义文明，其统治者试图避免战争：他们可以列举《孙子兵法》中那些难以解释的格言，或者许多朝代吸纳外邦人的意愿来加以佐证。另一些人则指出，中原王朝进行过多次战争，而且大多数朝代对军事装备都大力支持。在这个一般性的层面上，我们可能不会得出任何能被普遍接受的结论。[5]

然而，考察帝制中国时期战争和商业的具体关系，可以揭示金钱和战争的一般联系机制。在这里，我把明清时期的两处边疆地域看作对立案例：一个是军事力量和商业相互支持的西北地区，另一个则是军事力量和商业相互对立的东南地区。这种比较引出了中国社会的两种不同模式，以及胁迫/商业关系

的一般模式。

在本章中，我将首先概述两处边疆的一些相似之处，以便采用比较研究的方法。然后，我将描述每处边疆上的几次军事冲突，并凸显 1550~1570 年的明朝以及 18 世纪和 19 世纪初的清朝对边地贸易所采取政策的异同。

中原王朝的边疆

西北边疆包括蒙古草原、陕甘和新疆的部分地区，东南边 320
疆则主要包括沿海的福建和台湾。我们不应将边疆视为国家或民族固定不变的自然边界，而应将其视为影响和争夺的动态区域，其中包含双向的商品、士兵、平民移民、武器和宗教等多种流动。将边疆视为互动地区，即文化和经济交流的“中间地带”，使我们远离了从 1648 年到 19 世纪作为统治理想的西欧主权观念（这些观念深刻地影响了中国民族主义的疆域建构）；同时使我们更接近由北美模式唤起的，并应用于东欧和奥斯曼帝国等其他地方的更为晚近的边疆概念。[6]

我首先要简单指出的是，西北边疆和东南边疆有足够多的共同点，从而使这种比较富有成果。在这两处边疆上，游牧民族和船民等具有独特文化和军事组织的流动对手挑战着中原王朝的统治。这两个地区的农业定居者都经历了不安、贫穷和频繁的政治动荡。西北地区的农民和东南地区的稻农一样，都可能被诱惑到对面去。这两个地区的商业联系跨越了边界。不断跨越边界的流动，也促进了重要的文化交流，其中包括伊斯兰教和基督教。边疆城市具有其特殊性，特点是划定了包含多个文化社群的区域：蒙古人在西北城市安营扎寨，东南部城市中则分布着商人和他们的仓库。这些城市城墙的形状与内地城市城墙很不一致，要么不规则，要么具有比大多数内地城市更为明显的矩形形状。

总之，这两个地区都在与流动性、被削弱的行政控制、军事不稳定和“异端”文化形式相对抗。当然，这些特征中有许多在内地也存在，尤其是在内地边缘区域。但是，外围边疆地区比内地边缘地区分化更严重，也更为多样化。[7]

16 世纪后期边疆冲突的稳定

321 从 1550 年到 1570 年这二十年，是这两个地区从激烈冲突走向和平的关键过渡期。许多学者分别对西北边疆和东南边疆进行了研究，但很少有人注意到这一时期西北边疆和东南边疆的相似之处。将两者结合起来看待，可以阐明边防话语的共同特征。[8]

从 1550 年到 1570 年，游牧人群加强了他们在西北地区的劫掠，与此同时，走私者和海盗也在东南沿海四处袭扰。到 1570 年时，明朝统一了边疆的军事和商业战略，以“朝贡”的名义，认可受到控制的贸易活动，同时专注于构筑防御设施。地方军事将领不顾朝廷中那些理论家的反对，制定了这个综合政策。嘉靖皇帝（1521～1567 年在位）是蒙古人和东南商人的死敌，他至死都在阻挠和解。在这之后，支持稳定的人胜出了。这一稳定政策融合了商业性和胁迫性动员，以支持跨越西北边地的防御屏障和东南沿海的和谈方案。

东南边疆的商业与国防

明朝在 1523 年禁止沿海贸易，这刺激了越来越多的走私分子进行武装袭扰，而武装袭扰在 16 世纪 50 年代和 60 年代达到顶峰。1554 年朝廷接受葡萄牙居民在澳门的正常贸易，以及 1567 年解除沿海贸易禁令，成为转折点。著名的明朝将领戚继光训练了非常有效的地方民兵部队，但如果不同时满足商人贸易需求的话，就不可能赶走海盗。

苏钧炜（So Kwanwai）已经证明，“倭寇”实际上主要是东南沿海的明朝商人和背井离乡的农民，他们不顾官方的限
制，依然进行贸易。[9]日本南部的贵族大家支持这些武装贸易 322
者，但最大的船只、大部分的战士和武器都来自明朝。海盗实际上是一个国际联盟，其中包括中国人、日本人、葡萄牙人和其他政权的人。被派去镇压袭扰活动的明朝官员意识到，强大的当地商业和官方利益在支持走私者。朱纨（1494～1550 年）于 1547 年被任命为闽浙总督，以加强海防。他发现漳州和泉州有权势的家族造船运送违禁品，并与域外海盗家族通婚。[10]他们利用海盗作为黑手，来强制人们偿还非法商业交易的债务。朱纨在加强海防的同时，沉重打击了走私商人以及跟他们勾结的地方官员。但是，他在 1549 年遭到福建文人的弹劾，因为他威胁到了福建文人的商业利益；他随后被解职，并于 1550 年自杀。[11]

其他人则主张推行更为自由的贸易政策。严嵩（1480～1567 年）在 1542 年成为内阁首辅，他和他的门生赵文华（1557 年卒）提出恢复合法贸易，赦免走私首领，利用他们打击同党，并提升当地居民的福利，以消除他们从事犯罪活动的动机。[12]尽管《明史》和其他文献资料存在偏见，但我们可以看出，赵文华和严嵩对海盗袭扰的潜在原因有深刻的理解，并制定了切实可行的政策来防止海盗的袭扰。赵文华认为，福州和广州的域外商人不像蒙古人，他们感兴趣的不仅仅是掠夺。

如果允许合法贸易的话，他们就可以对当地经济做出贡献，进而增进社会稳定。

1555 年，赵文华将他的想法付诸实践，任命了杰出的军事将领胡宗宪（1511～1565 年）以招募当地民勇抗击海盗，并提出了海盗的投降条件。胡宗宪俘虏了几个最重要的海盗头目，比如徐海（1556 年卒），胡宗宪将他们诱入陷阱，在奸诈的同盟者的帮助下，将之一网打尽。但是，赵文华在朝廷中引起了对手的反感，他们向皇帝告发赵文华的傲慢和腐败。赵文华于 1557 年病逝。尽管批评的声音越来越多，胡宗宪还是继承了赵文华的政策。1558 年，他放宽贸易限制，加强地方民
323 兵力量，承诺给予合作者优待，并说服最危险的头目汪直投降。然而，反对胡宗宪自由政策的朝廷派系还是在 1559 年将汪直处死了。胡宗宪的成功并没有让他逃过 1562 年的弹劾、逮捕和审判。[13]

然而，通过用新的军纪训练当地武装力量，戚继光在接下来的五年里，消灭了福建和广东的残余海盗团伙。戚继光的成功行动仰赖浙江农民，并得到了当地精英的支持。其他的将领意识到常规世袭军队的不足，于是招募了更多的外来力量，包括少林和尚、杂耍艺人和本地部落民，但这些人缺乏纪律性，尽管个人战斗技能突出。在南方取得胜利的关键在于使用了在戚继光亲自监督下严格训练的地方民兵。为了激励军队，戚继光强调了他们对地方税的依赖：

> 你们当兵之日，虽刮风下雨，袖手高坐，也少不得你一日三分。这银分毫都是官府征派你地方百姓办纳来的。你在家哪个不是耕种的百姓？你思量在家种田时办纳的苦

> 楚艰难，即当思量今日食银容易。又不用你耕种担作，养了一年，不过望你一二阵杀胜。你不肯杀贼保障他，养你何用？[14]

他强调胜利和失败的集体责任，组织小规模阵形，并采用农民熟悉的简单战术。与要求配备大型船只、大炮和专业水手及士兵的统帅俞大猷（1503～1579 年）不同，戚继光没有使用精锐部队。他支持“忠诚的”部队，而不是“专业的”军队。

1567 年，随着海外贸易禁令的解除，二十年来的海盗劫掠活动也告一段落。葡萄牙人一旦被允许进行常规贸易，就会与当地官员合作，打击广东的海盗活动。[15]一条鞭法改革通过实行货币化和简化收税，在促进农村市场发展的同时，缓解了农民的困境。在单纯镇压行不通的地方，合法贸易与当地民兵训练和对外接触相结合的方式取得了成功。海盗袭扰的结束， 324
意味着南方商业化、相互依赖的市场和行政利益战胜了北方自给自足的农业军事体制。

跟一条鞭法改革有点类似的是，这种安全政策也是由地方将领在特定区域条件下的经验发展而来的。那些了解当地情况的人，为了避免大规模的军事行动，就必须容忍分歧。他们必须对当地社会生态和个人领导能力有详细的了解，并经由复杂的且常常是欺骗性的交往活动，来达到他们的目的。

在南方安全政策方面，两种观点产生了冲突。一种观点强调集中控制、军事镇压和严格禁止海外移民及贸易；另一种则鼓励当地人参与防御行动，关注当地经济，对贸易持开明态度，而且对投降的罪犯宽大处理，还会利用海盗对付海盗。从缺乏当地知识的外部干预，到微妙的参与以及与当地力量的合作，胁迫和商业文化的范围非常广泛。关于保卫西北边疆的争论，也呈现了同样的两极分化态势。

关于西北防御的争论：理论与实践的逻辑

游牧人群对西北边疆的侵扰也在16世纪中期达到顶峰，但与海盗不同的是，游牧力量被单一的领袖——俺答汗（1507~1582年）统一了起来。从16世纪30年代开始，他主导了越来越大胆和规模更大的劫掠，并提出贸易请求，但一直被明朝拒绝。这种"请求、拒绝、劫掠"的循环持续了四十年，与此同时，关于合适防御策略的辩论在朝堂上激烈展开。[16]所有竞争阵营都排除了与游牧民族进行开放贸易的可能性，但有些阵营允许有限的朝贡贸易，而另一些阵营则拒绝任何商业关系。

1551年，年轻的兵部员外郎杨继盛（1516~1555年）强烈谴责了为满足俺答汗的提议而在边地开设马市的举动。[17]他用谩骂的语言描述了俺答汗的暴行：①

> 窃惟去年胡虏悖逆天道，大肆猖獗，犯我城阙，杀我
> 325 人民，掳我妻子，焚我庐舍，惊我陵寝，其辱我中国极矣！臣在南都，传闻此报，冠发上指，肝肠寸裂，恨不能身生两翼飞至都下，以剿逆贼，以报国仇。

他呼吁立即进行军事远征，"报百万赤子之仇，以雪城下陵辱之耻"。[18]他列举了反对开设马市的十个理由，如开设马市

① 即著名的《请罢马市疏》。——译者注

意味着与掠夺和奴役中原民众的“蛮夷”讲和；这将破坏民众抵抗敌人的献身精神；通过与小部落首领谈判，这破坏了“国威”；开设马市使人们放松警惕，错误地认为可以赢取和平；等等。与此同时，这一政策加强了游牧民族利用贸易来追求自身利益的能力。辩护者则认为，这种“羁縻”政策会通过满足游牧民族的贸易需求来驯服他们，但在杨继盛看来，游牧民族天生就贪得无厌；如果朝廷开放有限的市场，他们更会不知满足。他不认为明朝需要游牧民族的马匹，而且他敏锐地意识到，无论如何，游牧民族需要最好的马匹，他们只会把最劣等的牲畜卖给中原人。他指责调和主义者追求短期利益（事权），而不是及时利用战略优势（时势），即确保胜利之宇宙秩序的“倾向”。[19]他甚至称他们是“叛国”的绥靖派。以复仇洗刷耻辱的古老辞令（报怨雪耻），即以雪白的复仇净化屈辱的污点，唤起了关于战国古典军事家和锐意开拓的汉唐帝王的记忆。[20]

杨继盛公然宣称为许多反对皇帝政策的人说话。皇帝后来拒绝开放马市，但惩罚了杨继盛的花言巧语。杨继盛受到鞭责，并被送进监狱，但后来被释放。之后，他对首辅严嵩提出了更极端的指控，称其为“天下之第一大贼”，并攻讦其腐败、无能和篡夺皇权。[21]在被判死刑后，他在被处决前写了一 326
首感人的诗，来表达对皇权的忠诚无二。后来，杨继盛成为忠诚且被误解的官员的典范，清朝和民国政府都曾旌表过他。

杨继盛使用了来自古典传统的惯用修辞，但他的观点很难用现代的术语来分类。林蔚（Arthur Waldron）将杨继盛描述为中国传统思想中“理想主义者”或“道德家”的代表。另外，江忆恩把杨继盛的奏疏作为“现实政治”或“强势”

（parabellum）思维的例子，因为杨继盛能够认识到使用武力解决冲突的必要性。[22]这两个术语似乎毫不相容：通常，“理想主义者”憎恶使用武力，而“现实政治”思想家则蔑视道德理想。如果杨继盛在奏疏中结合了这两个原则的话，要么是他特别反复无常，要么是对这些术语的分析不太合适。如果杨继盛是一个现实主义政治家的话，为什么他的提议会遭到皇帝本人的谴责？他呼吁使用武力，但没有考虑到生态困境、兵力和物资不足以及驻军管理不善对军事行动造成的限制。如果他是一个理想主义者的话，他为什么会对马市政策的缺陷有如此敏锐的洞察力呢？杨继盛不仅在道德方面进行了论述，而且使用了公认的战略思维术语“权宜之计”和“战略优势”；此外，他还非常了解利用贸易来强化自身的游牧战术，并呼唤有能力的、受到严密监督的军事将领。

我认为，根据对“理论逻辑”和“实践逻辑”[23]的运用，中国的政策思想家可以被更好地分为不同的类型。那些遵循理论逻辑的人从抽象、不变的原则中衍生出人类的行为和政策反馈。因此，杨继盛认为，由于“蛮夷”“天生”就贪得无厌，他们不可能被贸易商品所征服，而只会更加贪得无厌。同样，他们的暴行需要加以报复，任何妥协都是不可接受的。除了彻底胜利之外，这种逻辑不允许有其他目的；只有消灭敌人，才能同时达成道德和安全目标。因此，它的支持者不断引用总体战的意象。他们还支持在军事和战略规划上的强大集权，并尤
327 其怀疑在战场上或朝廷中过于独立行事的臣子。他们呼吁皇帝在战场上采取强有力的行动来进行指挥。

相比之下，那些遵循实践逻辑的人则从日常经验里遇到的直接问题中得出政策。他们对游牧敌人的评价同样很低，但他

们不会从普遍原则中推导出政策。他们主张设立马市，是为了检验“蛮夷”的诚意：如果游牧民族以减少袭击作为回应，他们就建议扩大贸易，同时利用边地资源建立防御。这是一种“以牙还牙”的策略，旨在诱导合作。[24]他们并没有指望游牧民族的暴力会消失，但他们相信，这是可以加以限制的。曾铣（1499~1548年）是理论逻辑的坚定拥护者，他认为游牧民族是一种自然力量，就像洪水一样，只能靠武力才能击退。翁万达（1498~1552年）则是长城防御政策的发起者之一，他认为蒙古人会明白道理，他们能计算其行动的成本和收益，这种观点在明代作者中几乎是独一无二的，同时使得与他们谈判成为可能。[25]

实践逻辑可能导致纯粹的机会主义，并在没有最终目标的特殊基础上做出反应。因此，理论道德家谴责对手贪污腐败、不择手段。但是，理论逻辑的危险性更大：它暗示了不切实际、雄心勃勃的目标，这与明朝军队的实际能力脱节，而且排除了任何为迁就机会做出灵活应对的可能性。

在下一任皇帝（隆庆帝，1566~1572年在位）统治期间，陕西总督王崇古（1515~1589年）在强势的大学士张居正（1525~1582年）的支持下，建立了以通商、修建城墙和归还明朝逃兵为基础的移民政策。王崇古在16世纪50年代就已经有了对付倭寇的经验。1570年，俺答汗的一个与酋长不和的孙子向明朝投降，王崇古建议先接受他的投降，然后用他交换明朝逃兵，并承诺进行和平贸易。王崇古概述了三种可能的情况：其一是俺答汗可能接受明朝的条件，让他的孙子回去；其二是俺答汗可能会展现自己的军事实力，并继续进攻，这样明朝就会杀了他的孙子；其三是俺答汗可能会离开边地，在这种情况 328

下，明朝会慷慨地对待他的孙子，并鼓励后者争取成为俺答汗的继承者，从而在蒙古人之间挑起纠纷。最终首选的是第一种情况的结果，但这三个结果中的任何一个都将改善明朝的地位。王崇古表达了实践逻辑，就像二十年前他的前辈翁万达一样。他虽然没有质疑先前关闭边市的决定，但认为时代已经变了：明朝军队现在变得更弱了，俺答汗已经在当地称雄了近五十年，而无休止的讨论并没有找到解决办法。王崇古没有使用道德词汇，但他引用了相关证据，以证明这一务实和平政策的合理性。[26]

经过朝堂上的激烈讨论，明朝皇帝和张居正压制了弹劾王崇古的呼声，实施了新政策，开放边地马市，撤销了 1551 年的贸易禁令。商人像蜂群般涌向边地，向蒙古人出售丝绸、毛皮、谷物和炊具；官府用商业税的收入从游牧民族手中高价购买马匹。这些调和政策，为明朝的边疆带来了久违的和平。它们还为加固长城提供了资源，这成为明朝统治时期的防御策略，直到王朝终结。

特别是在 1570 年后，明朝对长城投入巨资，在这片大草原上划出了一条固定的分界线。明朝放弃了把游牧民族赶出边地的努力，同时接受了几个世纪以来蒙古人一直要求的常规贸易。要支持西北边防，不仅需要驻扎大量的军队，还需要从核心地区到边地的大量物资流。长城战略需要完整的系统运输网络，将白银、谷物、盐和衣服从内地运送到边防军队那里。明朝每年向西北输送四百多万两白银，从而将边陲的经济与内地更紧密地联系起来。明朝官员需要与商人密切合作，才能使这个系统正常运作。[27]

明代边疆政策的演变

在这两处边疆上，明朝的政策从完全敌视，发展到接纳受
控制的边地贸易。当朝廷的战略家为如何切断联系而争论不休 329
时，务实的边地官员学会了如何利用当地的互动。俺答汗孙子
的叛逃，为俺答汗在朝贡的幌子下进入明朝市场开辟了道路，
同时也使明朝得以加固防御城墙，并促进沿线的商业发展。

在东南地区，16 世纪早期的走私和海盗行为是对明朝拒绝贸易的回应。沿海商人没有单一的领袖，但他们得到了明朝控制之外的日本重要领主的支持。最终，明朝军队打败了海盗，他们诱使许多海盗投降，让一些海盗首领对抗自己的盟友，并训练新的地方力量来攻击剩余的团伙。通过允许葡萄牙人在澳门立足，并在 1567 年解除贸易禁令，明朝接受了其南部沿海地区融入全球经济的事实，全球经济则由来自新大陆的白银流动联系在一起。1571 年马尼拉的开埠，进一步促进了海外贸易和中国人的移居。福建从航运的增长中获益，这导致了周期性市场的兴起，烟草等市场作物的扩散，以及农业生产的集约化。[28]然而，在这片边疆地区，商业往来并不是为了边地防御。南部沿海地区变成了一个开放的贸易区域，那里的大部分港口不再受到朝贡使团、驻军或边地巡逻的限制。明朝在 15 世纪从南部海域“撤回”官方使馆和战船，并不意味着明朝海外贸易的结束，而意味着对其王朝内部胁迫和商业资源的更合理配置，以抵御西北和东北地区最为紧迫的威胁。

因此，两处边疆的地方官员改变了王朝的大战略，从敌对转向了对外贸易和交往。这两个地区的军事力量反映了它们之间的差异：在东南地区的是有当地税收支持的小规模、机动的

本土部队；被派往西北地区的则是大规模、固定驻扎的军队，并高度依赖从内地运来的物资。胁迫对社会的影响也各不相同：在东南地区，弥漫的暴力和袭击与商业开发和合作相结合，而西北地区则面临着统一指挥下有组织的大范围袭击。尽管西北地区的袭击规模更大，也更危险，但是，一旦与其首领
330 俺答汗达成协议，就可以更容易地遏制这些袭击。平定东南地区则需要与从徐海到汪直这些海盗领袖进行一系列的战斗、谈判、休战和商业交易。

将领被频繁地从一处边疆派驻到另一处边疆，这有助于把两处边疆连接起来。正如林蔚所指出的，“海盗问题几乎是北疆最终妥协与和平政策的彩排”。[29]政策、技能，甚至人员，都从一处边疆转移到另一处边疆。相对而言，许多主张在西北采取进攻性行动的人，也积极推动了对东南沿海贸易的压制。戚继光在沿海取得成功后，又花了十五年时间来巩固长城防御。[30]他们中的每一个人，都利用在一处边疆的经验来处理另一处边疆的安全问题，但是，他们改变了自己的政策，以应对非常不同的防御生态。

在西北和东南地区，边疆将领推行了灵活应对当地机会、资源和威胁的共同政策。两种军事文化——一种是道德主义的，另一种是实用主义的——之间的冲突，导致了这种从冲突到贸易的演变。

清朝的战略与文化

清朝统治者在 18 世纪也面临着类似的选择。清朝的政策当然更为广泛，因为八旗制度在军事上非常有效，而且蒙古草原上的盟友为满人提供了优秀的骑手和牧场。到了 17 世纪末，

清政府驱逐了明朝的保皇派，控制了台湾，并向东南地区进一步推进；在 1697 年西蒙古首领噶尔丹去世后，清政府逐步控制了蒙古草原的大部分地区。在取得军事胜利之后，商业渗透进这两个地区，但东南和西北的贸易有所不同，因为清朝军事力量在东南沿海地区和台湾止步不前，却继续向西北推进。

军事商人：清朝向西北的推进

在西北战役中，清朝统治者灵活而创造性地运用了商人的资本和技能。商人运送军用物资，并在主要营地建立市场，补 331
充基本口粮。清朝边地官员操纵贸易流动，为对外交往服务。当满人接受蒙古部落的投降时，他们首先通过划定牧场的边界和限制蒙古部落的活动来确定其位置。然后，他们促进了当地与内地的贸易联系。蒙古人必须提供军事坐骑，但他们也用动物和兽皮交换粮食和其他日常用品。在部落首领向清朝投降不久后，汉商开始进入这片地区。[31]蒙古贵族和僧侣向汉商借款，逐渐依赖来自内地的资本流动。市场参与很快就扩展到了精英阶层之外。臣服于清朝的蒙古人放弃了他们的经济自治和地理上的流动性，以换取和平、物质财富和喜忧参半的（从清朝角度来讲的）“文明”。

18 世纪上半叶，清朝的军事政策由开疆拓土转向因冲突而中断的商业关系。康熙尽管多次进攻噶尔丹，却未能摧毁准噶尔部。在噶尔丹继任者的领导下，随着战略竞争从蒙古转移到青海和西藏，准噶尔人的实力甚至一度增强。清朝军队于 1720 年进入拉萨，册封达赖喇嘛的候选人，并以平叛为由，从蒙古人手中夺取了青海地区寺庙的控制权。然而，清军无法保护西域最东部的绿洲、乌鲁木齐和吐鲁番不受准噶尔部的袭击。1731 年，清军在蒙古高原西部地区的一次冒险战役以灾难告终，准噶尔部军队伏击并几乎歼灭了清军。1734~1755 年的停战，划定了清朝和准噶尔之间的边界，并规定了管制贸易的条件。军事上的失败抵消了胜利，但随着清朝试图操控利润杠杆而非权力，贸易得到了扩展。

1724 年，大将军年羹尧提出了将青海纳入清朝统治的措施，其中包括新的行政机构、汉人移民和贸易。在年羹尧看来，在战胜蒙古人之前，蒙古人随心所欲、不受控制地进行交易，用无用的兽皮换取清朝有用的茶叶和布匹。[32]汉商为牟取暴利而前往这片地区，生出“奸心”。年羹尧呼吁规范贸易。
332 青海的蒙古人被分为三批，每批人可以每三年轮流到京城进行得到许可的贸易。他也允许这些人每年在边地市场进行两次常规贸易。军队将对市场进行巡逻，以确保没有人未经允许越境。[33]

这些措施为其他条约的签订确立了模式。年羹尧的提议预见到了清朝与俄国在 1727 年谈判达成的贸易条例，该条例将贸易限制在恰克图，并只允许得到官方许可的进京朝贡。18 世纪末在广州实行的关于西方商人的贸易制度，也体现了同样的原则。正如傅礼初（Joseph Fletcher）所指出的，1835 年清廷与浩罕汗（Khan of Kokand）谈判达成了“不平等条约”，其中治外法权、商业自治和派驻政治代表的条款在 1842 年被应用于跟英国签订的条约中。年羹尧的提议表明，一个世纪前也是如此：青海的管制贸易安排，为与俄国和英国签订的条约设定了框架。

在大约十五年（1735~1750 年）的时间里，清朝与准噶尔的经济通过贸易紧密地联系在一起。这种“朝贡”贸易允许三种类型的任务：到京城驿馆交易，在甘肃西部的肃州进行边地贸易，以及前往西藏喇嘛处“熬茶”。我在其他地方讨论了这些关系，所以在这里只是稍微提一下。[34]在战略层面上，清朝与准噶尔和俄国的贸易服务于国家竞争的目标。准噶尔朝贡使团不断施压，以拓宽他们进入中原市场的渠道，从而为他们的政权收集资源，而从与俄国商队的官方贸易获得的收入，最初是其政权收入的重要组成部分。当清朝希望将蒙古武士文化“改造”（向化）为对“文明”商品的温顺追求时，准噶尔人和他们精明的中亚商人同盟不断在官方法规中发现漏洞。他们的目标是保持与众多中亚市场的联系，为政权建设积累白银，并保持与西藏地区的联系，这跟清政府只想使之与中原相融合的目标相冲突。但由于双方都将贸易视为“国家公事”，双方只能以创新的妥协方式来维持关系。中原商人接受中亚人的商业订单，清朝官员则借钱给汉商以确保他们的现金流。双方的态度基本上都没有软化。边地贸易是一种实验，旨在测试
准噶尔部能否与锐意开拓的清朝共存。这种贸易在短时间内稳 333
定了双边关系，但当准噶尔部出现分裂迹象时，清朝统治者又回到了军事选项，并在 18 世纪 50 年代击败了准噶尔人。

在清朝所熟悉的环境下，清朝的西北贸易政策与大战略和军事战术相融合。受债务关系的束缚，蒙古精英失去了自主权，也失去了抵制清王朝要求的意愿。1757 年，喀尔喀蒙古人试图摆脱不断上升的马匹、徭役和还贷的压力，但他们作乱的尝试很快被镇压了。到 18 世纪中期，满人的军事文化将欧亚中部地区骑兵的机动性和中原军需官的后勤指挥结合起来，并将商人的逐利愿望和汉人农民对新土地的渴望结合起来。这些共同的压力对当地社会产生了巨大的影响。新疆

和蒙古地区变得更加多样化、更加稳定、更加商业化。清政府的管理在很大程度上依赖军事存在和拥有一定自主权的地方首领的支持。

清朝在这里的统治有如下值得注意之处。多样性和距离要求使用间接的统治技艺；本地居民对自主权的丧失感到不满，却无法一致进行抵抗；移民和商业渗透开始将这些地区与内地联系起来，但这种联系仍然不确定且十分脆弱。不过，清朝并不依赖这些地区以购买必要的原材料或作为目标市场。虽然羊毛和马匹是重要的地方资源，清朝无法在内地生产，而且丝绸锦缎的贸易将商人吸引到边疆，但这些贸易主要是基于战略目的，而不是经济需求，没有这些东西，清朝也不会灭亡。尽管贸易不是绝对重要的，但是，商业和胁迫的共同作用，将这些地区与内地联系在一起。

当西方商人到达南方海岸的时候，清朝官员想到的是明朝的倭寇经验和自身关于欧亚中部边疆的经验。每种贸易关系都不同程度地结合了利益和权力的考虑。他们的动机兼具
334 安全和利润。与俄国的贸易安全系数最高，利润承诺却最低：即使是西伯利亚的毛皮，在质量低劣或价格过高的情况下，清朝贵族中也很少有人购买。毛皮贸易的主要目的是防止俄国与准噶尔结盟。与准噶尔人的贸易也有很强的战略必要性，但准噶尔人在边地市场提供的马匹对商人和士兵都很有用，中原商人渴望用丝绸织锦来交换这些马匹。与哈萨克人的贸易最接近商业交易。哈萨克人提供宝贵的羊和马，以换取丝绸和茶叶。这些都是清代的“朝贡”贸易，但其结构和目标各不相同。

西北对广州贸易的影响

西北边地的贸易关系，与中国南方沿海著名的广州通商有惊人的相似之处。[35]从1760年到1834年，清朝官员利用西北地区的先例约束了英国商人。一些清朝商人获得了与外国人交易的垄断许可证，法规严格控制进出港口、停留时间和待交易的货物。双方甚至还买卖大黄，林则徐很信任大黄的药效。江南丝绸作坊把货物运往新疆，从中赚取的利润直接流入了内务府，就像广州贸易的利润一样。[36]

我们不应该像几乎所有学者那样，在完全脱离西北贸易的情况下讨论广州的贸易制度。这些贸易关系有共同的结构和话语，而且，就像明朝一样，经常有相同的官员在两地服务。在明代，经验通常从东南转移到西北，在清代，则通常是相反的方向。在欧亚中部协调发展与商业一体化的官员，试图在完全不同的环境下，于南方海岸实施类似的政策。

与哈萨克人的贸易在结构上跟广州贸易最为相似。两地的域外商人都提供了清朝紧缺的一种重要产品——哈萨克人提供了马匹，西方人则提供了白银——以换取中国传统的出口商品茶叶和丝绸。与马匹贸易相比，广州贸易与王朝利益的联系更
为紧密，因为它的利润直接流入了内务府。在这方面，它也类 335
似于和田的玉石贸易。清朝官员欢迎哈萨克人和英国人，认为他们以前从未与清朝有过接触；他们可能是贪婪的，在文化上是陌生的，但他们可以被贸易驯服。

当然，广州贸易的规模要大得多，每年出口700万美元的中国商品，每年为皇帝提供了85.5万两白银的资金，这给了他继续这种贸易的强大经济动力。朝廷也有强烈的动机来继续

维持西北贸易，但这主要出于战略原因，而不是利润。来自内务府、粤海关部的一位实权官员负责监管广州贸易，而诸位巡抚、总督和理藩院则负责西北事务。但是，总的来说，这是规模上的差异，而非结构上的差别。

在南方，官方对地方安全与贸易之关系的争论遵循了17世纪和18世纪西北的模式。举个例子，让我们来看一下两广总督庆复（1749年卒）于1742年提交的一份奏折。[37]他于1741年到任。1740年，巴达维亚的荷兰当局和市民洗劫并烧毁了华人聚居区，并驱逐了当地居民。清朝官员听说了这次屠杀，并讨论如何报复荷兰人。署理闽浙总督策楞等人提议关闭与整个南洋地区的贸易。他们的提议援引了以前的政策，即利用贸易来控制海盗和海上的敌对政权。例如，康熙皇帝为了对付台湾的郑成功政权，就曾关闭了所有港口，并疏散了福建沿海地区的人口。

相比之下，庆复则谨慎地主张维持与荷兰的常规贸易，以保护当地人民的福利。他指出，在广东和福建的人口稠密地区，有很大一部分人口以贸易为生。荷兰人仍然热衷于和平贸易，这对他们和广东当地民众都有好处。禁令只会损害当地人的生计，减少海关的税收收入。由于海外进口使粮食价格保持在低水平，贸易禁运还将需要“数千万”两的资金来救助贫困人口。

336 庆复专注于贸易政策的经济后果，而他的批评者则谴责夷商不知满足、邪恶和贪婪。他主张“怀柔”，以赢得他们的支持。庆复因此延续了反对贸易禁令的地方导向，采取务实的政策路线。他本人曾在西北地区任职，所以从不忽视军事需要。他的论点使那些因需要对外贸易而参与海防事务的文人感到振奋。

18 世纪，中国南方沿海地区和 16 世纪相比没有太大的不同。那里仍然有许多从事贸易、走私和劫掠的人，还有出海的农民。清朝 18 世纪的战略并没有集中在海防上，主要军事行动是在西北进行的。魏源（1794～1857 年）是一位年轻的学者，他目睹了广州地区在英国保护下鸦片贸易的兴起，主要关注的是将清朝成功战争所衍生的军事精神移植到南方的新环境中。但是，作为一个正在崛起的全球帝国，英国既不是由海盗和要人组成的松散联盟，也不是游牧联盟。明、清两朝在边地稳定方面取得的成功，并没有使他们为新的对抗做好准备。

关于鸦片贸易的辩论

19 世纪 30 年代，围绕鸦片贸易的辩论，出现了严禁派与弛禁派的分歧。许乃济反对禁止对外贸易，因为这样会损害当地的利益："或欲绝夷人之互市，为拔本塞源之说。……濒海数十万众恃通商为生计者又将何以置之？"[38]相反，他提出了对鸦片加以控制的合法化方案，这样政府就可以对鸦片征税，同时可以通过允许以物易物的方式来阻止白银外流。就像在西北地区一样，他旨在加强易货贸易，以保证白银供应。他的批评者朱嶟则抨击了鸦片贸易的不切实际和不道德：

> 其既已麾之使去，又复招之使来，殊属不成事体。若 337
> 云兑换茶叶，洋银亦一体禁其出洋，臣恐茶叶不足，将复易之以银也。各若能禁洋银之出洋，又岂不能禁鸦片之贩运？若不云收鸦片烟税，其言不顺，其言不美，此其税之不可行者也。[39]

不出所料，皇帝决定禁绝鸦片，并派林则徐到广州禁烟。林则徐用道德言论猛烈抨击鸦片，并拒绝承认鸦片贸易带来的经济利益：“乃有一种奸夷，制为鸦片，夹带贩卖，诱惑愚民，以害其身而谋其利。”[40]林则徐严厉的禁烟措施，疏远了外国商人和依赖他们的清朝商人。赞成鸦片合法化的人提出了管控广阔沿海地区以及入境事务方面的困难，并主张与列强谈判解决问题。这些差异与明朝关于倭寇的讨论中出现的相同困境遥相呼应：在组织民丁、以夷制夷的同时，是要照顾地方利益，还是要维护中央权威，对抗非法商人和地方官员的腐败联盟？然而，在清朝的案例中，朝廷因其对蒙古人的巨大胜利而变得更加大胆，从而支持林则徐，却没有意识到西方列强已经发展出具有优势的军事技术。结果是灾难性的失败，并把中国带入了竞争性的全球帝国主义时代。

结论

军事文化和商业文化的概念，为比较分析明清时期边疆的贸易和胁迫关系提供了框架。我们不能把 19 世纪中国的经历
338 简单地看作与西欧和美国的全球力量的冲突或中国“进入国际大家庭”。清朝一直与外部世界保持联系，并制定了一系列军事和商业政策来保护自己的财富和权力。与欧亚中部地区的关系为管理南方沿海新来的夷商提供了重要的先例，而西北地区的胜利则给清朝带来了信心，使其相信自己可以像对付旧的“蛮夷”一样轻松地抵御新的“蛮夷”。在自由贸易的世界里，清朝的决策者没有固守“朝贡”的僵化观念；他们总是根据当地情况灵活地调整基本政策。但是，18 世纪拓展的前所未有的成功，使他们低估了南方新来者的力量。18 世纪 60 年

代，随着西北拓展的结束，清政府的危险意识逐渐减弱，自满自足的一面逐渐显现。一种无限的力量感催生了自满，这也是一种衰落之前的骄傲。

注 释

1. Brook, 1998, p. 124.

2. Johnston, 1995, p. ix.

3. Sombart, 1975.

4. 对这些议题的研究，参见 McNeill, 1982；以及 Tilly, 1990。

5. 关于儒家合法性浅表价值解释的评论，可参见 Johnston, 1995, pp. 253-254。

6. Perdue, 2005b.

7. 关于边疆特征的理论探讨，参见 Hall, 2000。

8. 关于明朝边防的整体论述，参见 Mote, 1999, pp. 685-722；以及 Brook, 1998, pp. 120-204。

9. So, 1975. 另可参见 Geiss, 1988, pp. 490-505。

10. 他的传记收录于 *DMB*, pp. 372-375；So, 1975, p. 52。

11. So, 1975, p. 67.

12. 严嵩和赵文华的传记收录于 *DMB*, pp. 132-136, 1586-1591。

13. Hucker, 1974, p. 304；Wills, 1979, p. 211.

14. Huang, 1981, p. 166.

15. So, 1975, p. 154.

16. *DMB*, pp. 1516-1519（杨一清）。

17. 参见 Geiss, 1988, pp. 476-477。杨继盛的传记收录于 *DMB*, pp. 1503-1505。奏疏收录于《明臣奏议》卷二五，第 8~15 页。这一议题在 Johnston, 1995, pp. 209-210 中有所论述，时间误写为 1552 年。

18. 《明臣奏议》卷二五，第 8 页 b。

19. 对于“时”的战略性运用，参见 Jullien, 1995。

20. 关于“报怨雪耻”最具权威性的篇章是《战国策》；另可参见

《史记》，Morohashi，1955-1960，no. 42216. 175。

21. 《明臣奏议》卷二五，第 18~32 页。

22. Waldron，1990，p. 179；Johnston，1995.

23. 我从 Bourdieu，1990 一书中借用了这一术语，但这一术语在本章中具有不同的含义。另可参见 Scott，1998 对于“米提斯”（metis）的讨论。（“米提斯”意指蕴藏于实际和经验之中不易习得的能力，与正式的、演绎的和认识论的知识相区别。——译者注）

24. Axelrod，1984.

25. 关于曾铣与翁万达，参见 Perdue，2000；关于王崇古，参见 Johnston，1995，p. 188，note 17。

26. 王崇古：《言宜许俺答贡市疏》，《明臣奏议》卷二八，第 23 页 b~第 24 页 b。

27. 关于明朝战略的逻辑，参见 Elvin，1973，pp. 91-110，尤其是 pp. 102-103 的地图。

28. Rawski，1972，pp. 57-100.

29. Waldron，1990，p. 178.

30. *DMB*，pp. 220-224；Huang，1981，pp. 174-188；So，1975，p. 84.

31. Fletcher，1978a；Sanjdorj，1980.

32. 《年羹尧奏折专辑》，第 2 册，第 518 页［满文］；《宫中档雍正朝奏折》，第 2 册，第 32 页 a。关于进一步的论述，参见 Perdue，2001。

33. Fletcher，1978b，p. 378.

34. Perdue，2005a，chap. 7.

35. 基础性的论述包括 Fairbank，1978；Fairbank，1969；Greenberg，1951；Wakeman，1978；Wakeman，1966。

36. Wang and Lin，1986.

37. Cushman，1978；《庆复折》收录于故宫文献馆编《史料旬刊》，第 803 页 a~第 805 页 a。

38. Cheng et al.，1999，p. 113.（参见《鸦片烟例禁愈严流弊愈大应亟请变通办理折》。——译者注）

39. Cheng et al.，1999，p. 115.

40. Waley，1968，p. 29.

参考文献中的缩略语

BNO　（北京）中国第一历史档案馆

CHOAC　鲁惟一与夏含夷主编，1999，《剑桥中国古代史：从文明的起源到公元前221年》（*The Cambridge History of Ancient China: From the Origins of Civilization to 221 B. C*），剑桥：剑桥大学出版社。

DMB　富路特与房兆楹，1976，《明代名人传》（*Dictionary of Ming Biography*），纽约：哥伦比亚大学出版社。

EAL　加州大学洛杉矶分校东亚图书馆

HHS　范晔，1965，《后汉书》，附司马彪《续汉书》中的著述，北京：中华书局。

HHSJJ　王先谦，1915，《后汉书集解》，长沙：王氏校勘。

HS　班固，1962，《汉书》，北京：中华书局。

HSBZ　王先谦，1955，《汉书补注》，台北：艺文印书馆。（初版于1900年）

JS　房玄龄等，1739，《晋书》，台北：艺文印书馆。（武英殿本）

JTS　刘昫等，1975，《旧唐书》，16册，北京：中华书局。（初版于945年）

KG 《考古》

MCZY 清高宗［乾隆］编，1935，《明臣奏议》，10册，上海：商务印书馆。

QDZC 周骏富编，1985，《清代传记丛刊》，205册，台北：明文书局。

QSL 《大清历朝实录》，1964，94册，台北：华联出版社。

QTW 董诰编，1965，《全唐文》，台北：经纬书局。

SGZ 陈寿（233~297年），1959，《三国志》，附裴松之（372~451年）注，北京：中华书局。

SJ 司马迁，1959，《史记》，10册，北京：中华书局。（百衲本）

SKQS 《影印文渊阁四库全书》，1983~1986，1500册，台北：台湾商务印书馆。

SS 沈约等，1930~1937，《宋书》，100卷，台北：艺文印书馆。（1739年武英殿本）

SSU 魏征，1973，《隋书》，北京：中华书局。

THY 王溥，1991，《唐会要》，4册，台北：台湾商务印书馆。（成书于961年）

WMTJ 冀勤辑，1998，《午梦堂集》，北京：中华书局。

WW 《文物》

WYYH 李昉等，1965，《文苑英华》，台北：华文书局。（成书于987年）

WYYH 李昉等，1966，《文苑英华》，6册，北京：中华书局。（成书于987年）

XTS 欧阳修，1975，《新唐书》，20 册，北京：中华书局。（成书于 1060 年）

YHJX 李吉甫，1983，《元和郡县图志》，2 册，北京：中华书局。（成书于 813 年）

ZZTJ 司马光，1956，《资治通鉴》，10 册，北京：中华书局。（成书于 1084 年）

参考文献

Adshead, S. A. M. 1988. *China in World History* 世界历史中的中国. New York: St. Martin's Press.

Allen, Joseph 周文龙. 1992. *In the Voice of Others: Chinese Music Bureau Poetry* 以他者的声音：中国乐府诗. Ann Arbor: Center for Chinese Studies, University of Michigan.

Allsen, Thomas T. 2006. *The Royal Hunt in Eurasian History* 欧亚皇家狩猎史. Philadelphia: University of Pennsylvania Press.

Ames, Roger T. 安乐哲, trans. 1993. *Sun-tzu: The Art of Warfare: The First English Translation Incorporating the Recently Discovered Yin-ch'üeh-shan Texts* 银雀山汉墓竹简最新发现版《孙子兵法》研究及新译本. New York: Ballantine Books.

Anderson, Mary M. 1990. *Hidden Power: The Palace Eunuchs of Imperial China* 隐藏的权力：中国古代的宦官. Buffalo: Prometheus Books.

Axelrod, Rober. 1984. *The Evolution of Cooperation* 合作的进化. New York: Basic Books.

Balazs, Etienne 白乐日 and Yves Hervouet 吴德明, eds. 1978. *A Sung Bibliography* (*Bibliographie des Sung*) 宋代书录. Hong Kong: Chinese University Press.

Barfield, Thomas. 1989. *The Perilous Frontier: Nomadic Empires and China* 危险的边疆：游牧帝国与中国. Cambridge, MA: Blackwell.

Barr, Allan 白亚仁. 1997. "The Wanli Context of the 'Courtesan's Jewel Box' Story 万历文化背景下的《杜十娘怒沉百宝箱》." *Harvard Journal of Asiatic Studies* 哈佛亚洲研究 57.1: 107-141.

Bartlett, Beatrice 白彬菊. 1991. *Monarchs and Ministers: The Grand Council in Mid-Ch'ing China*, 1723-1820. 君主与大臣：清中期的军机处（1723~1820）. Berkeley: University of California Press.

Beckwith, Christopher 白桂思. 1987. *The Tibetan Empire in Central Asia* 中

亚的吐蕃帝国. Princeton, NJ: Princeton University Press.

Befu, Harumi 别府春海. 1968. "Village Autonomy and Articulation with the State 村庄自治及其与国家的衔接." In John W. Hall and Marius B. Jansen eds., *Studies in the Institutional History of Early Modern Japan* 近代早期日本制度史研究, pp. 301-314. Princeton University Press.

Berger, Patricia 白瑞霞. 2003. *Empire of Emptiness: Buddhist Art and Political Authority in Qing China* 虚静帝国:清代中国的佛教艺术和政治权威. Honolulu: University of Hawaii Press.

Bernstein, Alvin H. 1994. "The Strategy of a Warrior State: Rome and the Wars against Carthage, 256-201 B.C. 勇士国家的战略:罗马与迦太基的战争,公元前256~前201年" In Williamson Murray, MacGregor Knox, and Alvin Bernstein, eds., *The Making of Strategy: Rulers, States and War* 缔造战略:统治者、国家与战争; pp. 56 - 84. Cambridge University Press.

Bernstein, Lewis. 2001. Review of *Warfare in Chinese History*《中国历史上的战争》书评, ed. Hans van de Ven 方德万. *Journal of Military History* 军事史杂志 65.3: 776-777.

Bielenstein, Hans 毕汉思. 1947. "The Census of China during the Period 2-742 AD 2~742年的中国人口普查." *Bulletin of the Museum of Far Eastern Antiquities* 远东古物博物馆馆刊 19: 155.

——. 1954. *The Restoration of the Han Dynasty* 汉代的中兴, vol. 1. *Bulletin of the Museum of Far Eastern Antiquities* 远东古物博物馆馆刊 26.

——. 1959. *The Restoration of the Han Dynasty* 汉代的中兴, vol. 2. *Bulletin of the Museum of Far Eastern Antiquities* 远东古物博物馆馆刊 31.

——. 1967. *The Restoration of the Han Dynasty* 汉代的中兴, vol. 3. *Bulletin of the Museum of Far Eastern Antiquities* 远东古物博物馆馆刊 39.

——. 1978. "Lo-Yang in Later Han Times 东汉的洛阳." *Bulletin of the Museum of Far Eastern Antiquities* 远东古物博物馆馆刊 48: 126.

——. 1979. *The Restoration of the Han Dynasty* 汉代的中兴, vol. 4. *Bulletin of the Museum of Far Eastern Antiquities* 远东古物博物馆馆刊 51.

——. 1980. *The Bureaucracy of Han Times.* 汉代官僚制度. Cambridge: Cambridge University Press.

——. 1986. "Wang Mang, the Restoration of the Han Dynasty, and Later Han 王莽,汉之中兴与后汉." In Denis Twitchett 崔瑞德 and Michael Loewe

鲁惟一, eds., *The Cambridge History of China* 剑桥中国史. Vol. 1, *The Ch'in and Han Empires* 秦汉史, *221 B. C. – A. D. 220*, pp. 223 – 290. Cambridge: Cambridge University Press.

Birrell, Anne. 1988. *Popular Songs and Ballads of Han China*. 汉代民间歌谣. London: Unwin Hyman.

Black, Jeremy. 1998. "Military Organization and Military Change in Historical Perspective 从历史角度看军事组织和军事变革." *Journal of Military History* 军事史杂志 62.4: 871–892.

——. 2000. "Conclusion: Global Military History: The Chinese Dimension 结论：全球军事史：中国方面." In Hans van de Ven 方德万, ed., *Warfare in Chinese History* 中国历史上的战争, pp. 428–442. Cambridge: Cambridge University Press.

Bodde, Derke 卜德. 1975. *Festivals in Classical China: New Year and Other Annual Observances during the Han Dynasty 206 B. C. —A. D. 220* 古代中国的节日：公元前206~公元220年汉朝的新年和其他年节. Princeton, NJ: Princeton University Press.

Bol, Peter 包弼德. 1992. *This Culture of Ours: Intellectual Transitions in T'ang and Sung China* 斯文：唐宋思想的转型. Stanford, CA: Stanford University Press.

——. 2001. "Whither the Emperor? Emperor Huizong, the New Policies, and the Tang-Song Transition 帝王何在？徽宗、新政与唐宋转型." *Journal of Song-Yuan Studies* 宋元研究 31: 103–134.

Boodberg, Peter A 卜弼得. 1930. "The Art of War in Ancient China: A Study Based upon the *Dialogues of Li Duke of Wei* 古代中国的战争艺术：基于魏国公的对话." Ph. D. diss., University of California.

Bourdieu, Pierre. 1990. *The Logic of Practice* 实践逻辑. Stanford, CA: Stanford University Press.

Bourgon, Jérôme 巩涛. 1998. "De quelques tendances récentes de la sinologie juridique américaine 美国汉学界法律研究最新趋势." *T'oung Pao* 通报 84.4–5: 380–414.

Brand, C. E. 1968. *Roman Military Law* 罗马军事法. Austin: University of Texas Press.

Brokaw, Cynthia 包筠雅. 1991. *The Ledgers of Merit and Demerit* 功过格：明清社会的道德秩序. Princeton, NJ: Princeton University Press.

Brook, Timothy 卜正民 . 1998. *The Confusions of Pleasure* 纵乐的困惑：明代的商业与文化 . Berkeley: University of California Press.

Brunt, Peter Astbury. 1971. *Italian Manpower 225 B. C. – A. D. 14* 公元前225～公元14年意大利的人力资源 . London: Oxford University Press.

Cahill, James 高居翰 . 1994. *The Painter's Practice: How Artists Lived and Worked in Traditional China* 画家生涯：传统中国画家的生活与工作 . New York: Columbia University Press.

Cai Guanluo 蔡冠洛 . ed. 1965. *Qing shi lie zhuan* 清代七百名人传（清史列传）. Taibei 台北: Qiming shuju 启明书局 .

Cao Wei 曹玮 . 2003. "Zhouyuan Xinchu Xi Zhou Jiaguwen Yanjiu 周原新出西周甲骨文研究 ." *Kaogu yu Wenwu* 考古与文物 4: 43–49.

Chaffee, John 贾志扬 . 2001. "The Rise and Regency of Empress Liu (969–1033) 刘太后的崛起和摄政（969～1033年）." *Journal of Song-Yuan Studies* 宋元研究 31: 1–25.

Chang, Chung-li 张仲礼 . 1955. *The Chinese Gentry: Studies on Their Role in Nineteenth Century Chinese Society* 中国绅士：关于其在十九世纪中国社会中作用的研究 . Seattle: University of Washington Press.

Chang, Kang-i Sun 孙康宜, and Ellen Widmer 魏爱莲 1997. *Writing Women in Late Imperial China* 明清女作家 . Stanford: Stanford University Press.

Chang, Michael G 张勉治 . 2001. "A Court on Horseback: Constructing Manchu Ethno-Dynastic Rule in China, 1751 – 1784 马背上的朝廷：1751～1784年清朝统治之建构 ." Ph. D. diss., University of California at San Diego.

Chang, Yü-chüan 张煜全 . 1975. *Wang Shou-jen as a Statesman* 作为政治家的王阳明 . Arlington, VA: University Publications of America. (Orig. pub. 1940.)

Chang Jiang 常江 and Li Li 李理 . 1993. *Qing gong shi wei* 清宫侍卫 . Shenyang 沈阳: Liaoning daxue chubanshe 辽宁大学出版社 .

Chang Jung-fang 张荣芳 [Zhang Rongfang] . 1984. *Tang dai de shi guan yu shi guan* 唐代的史馆与史官 . Taibei 台北: Soochow University 东吴大学.

Ch'ang Pi-te 昌彼得 et al., eds. 1976. *Song ren zhuan ji ziliao suoyin* 宋人传记资料索引 . 6 vols. Taibei 台北: Ding-wen shuju 鼎文书局 .

Chavannes, Édouard. 沙畹 . 1907. "Trois généraux chinois de la dynastie des Han orientaux 中国东汉时期的三位将军 ." *T'oung Pao* 通报 8:

210-269.

——. 1969a. *Documents sur les Tou-kiue (Turcs) Occidentauxc, recueillis et commentés suivi de notes additionnelles* 西突厥史料正编补编索引. Taibei 台北: Ch'eng Wen Publishing 成文出版公司. (Orig. pub. 1900.)

——. 1969b. *Les Mémoires historiques de Se-ma Ts'ien*. 司马迁纪传. 6 vols. Paris: Adrien Maisonneuve. (Vols. 1-5 orig. pub. 1895-1905.)

Chen Sanping 陈三平. 1996. "Succession Struggle and the Ethnic Identity of the Tang Imperial House 继统斗争与李唐皇室的族属." *Journal of the Royal Asiatic Society* 皇家亚洲学会会刊. 3rd ser:, 6.3: 379-405.

Chen Feng 陈锋. 1992. *Qing dai jun fei yanjiu* 清代军费研究. Wuchang 武昌: Wuhan daxue chubanshe 武汉大学出版社.

Cheng, Pei-kai 郑培凯, Michael Lestz 李文玺, and Jonathan D. Spence 史景迁. 1999. *The Search for Modern China: A Documentary Collection* 追寻现代中国. New York: W. W. Norton.

Chen Mengjia 陈梦家. 1956. *Yinxu Buci Zongshu* 殷墟卜辞综述. Beijing 北京: Kexue chubanshe 科学出版社.

Chen Qifang 陈其芳. 1993. "Li Guangdi de xueshu jianshu 李光地的学术建树." In Yang Guozhen and Li Tianyi 杨国桢和李天乙, eds., *Li Guangdi yanjiu* 李光地研究, pp. 189-196. Xiamen 厦门: Xiamen daxue chubanshe 厦门大学出版社.

Chen Qun 陈群. 1989. *Zhongguo bingzhi jianshi* 中国兵制简史. Beijing 北京: Junshi kexue chubanshe 军事科学出版社.

Chen Weiwu 陈伟武. 1993. "Jianbo suojian junfa jizheng 简帛所见军法辑证." *Jianbo yanjiu* 简帛研究 1: 89-101.

Chen Xuehui 陈学会, ed. 1995. *Junshi faxue* 军事法学. Beijing 北京: Jiefangjun chubanshe 解放军出版社.

Chen Yinke 陈寅恪. 1997. *Tang dai zhengzhi shi shulun gao* 唐代政治史述论稿. Shanghai 上海: Shanghai guji chubanshe 上海古籍出版社. (Orig. pub. 1943.)

Chen Zuogao 陈左高. 1990. *Zhongguo riji shilue* 中国日记史略. Shanghai 上海: Shanghai fanyi chuban gongsi 上海翻译出版公司.

Chia Ning 贾宁. 1993. "The Lifanyuan and the Inner Asian Rituals 理藩院和亚洲腹地的礼仪." *Late Imperial China* 晚期帝制中国 14.1 (June): 60-92.

Chong, Key Ray 郑麒来 . 1990. *Cannibalism in China* 中国古代的食人 . Wakefield, NH: Longwood Academic.

Clausewitz, Carl von 克劳塞维茨 . 1976. *On War* 战争论 . Trans. M. Howard and P. Paret. Princeton, NJ: Princeton University Press.

Clunas, Craig 柯律格 . 1991. *Superfluous Things: Material Culture and Social Status in Early Modern China* 长物：早期现代中国的物质文化与社会状况 . Champaign-Urbana: University of Illinois Press.

——. 1996. *Fruitful Sites: Garden Culture in Ming Dynasty China* 蕴秀之域：中国明代园林文化 . Durham, NC: Duke University Press.

——. 2004. *Elegant Debts: The Social Arts of Wen Zhengming (1470-1559)* 雅债：文徵明的社交性艺术 . Honolulu: University of Hawaii Press.

Connell, William J. , ed. 2005. *"The Prince" by Niccolo Macbiavelli, with Related Documents* 马基雅维里的《君主论》及其相关文献 . Boston: Bedford/St. Martin's Press.

Cook, Constance A. 柯鹤立 1997. "Wealth and the Western Chou 财富与西周 ." *Bulletin of the School of Oriental and African Studies* 亚非学院院刊 60. 2: 253-294.

Corrigan, Philip, and Derek Sayer. 1985. *The Great Arch: English State Formation as Cultural Revolution* 大拱门：作为文化革命的英国国家形塑 . Oxford: Blackwell.

Creel, Herlee Glessner 顾立雅 . 1935. "Soldier and Scholar in Ancient China 中国古代的军人和学者 ." *Pacific Affairs* 太平洋事务 8. 3: 336-343.

Crossley, Pamela K 柯娇燕 . 1992. "The Rulerships of China 中国皇权的多元性 ." *Americam Historical Review* 美国历史评论 97. 5 (December): 1468-1483.

——. 1999. *A Translucent Mirror: History and Identity in Qing Imperial Ideology* 半透之镜：清王朝意识形态中的历史与认同 . Berkeley: University of California Press.

Cushman, Jennifer. 1978. "Duke Ch'ing-fu Deliberates: A Mid-eighteenth Century Reassessment of Sino-Nanyang Commercial Relations 清福公爵的深思熟虑：18 世纪中期对中国-南洋商业关系的重新评估 ." *Papers on Far Eastern History* 远东历史 17: 137-156.

Dai, Yingcong 戴英聪 . 2000. "To Nourish a Strong Military: Kangxi

Emperor's Preferential Treatment of His Military Officials 养精蓄锐：康熙皇帝对军事官员的优待．" *War and Society* 战争与社会 18.2 (October): 71–91.

——2001. "The Qing State, Merchants, and the Military Labor Force in the Jinchuan Campaigns 金川战役中的清政府、商人和军事劳动力．" *Late Imperial China* 晚期帝制中国 22.2 (December): 35–90.

——. 2005. "Yingyun Shengxi: Military Entrepreneurship in the High Qing Period: 1700–1800 氤氲生息：盛清时期的军事创业（1700–1800）．" *Late Imperial China* 晚期帝制中国 26.2 (December): 1–67.

Da Qing huidian 大清会典．Jiaqing period 嘉庆时期．1991. Taibei 台北: Wenhai chubanshe 文海出版社．

Da Qing huidian 大清会典．Kangxi period 康熙时期．1995a. Taibei 台北: Wenhai chubanshe 文海出版社．

Da Qing huidian 大清会典．Qianlong period 乾隆时期．2006. In *Da Qing wuchao huidian* 大清五朝会典．Beijing 北京: Xianzhuang shuju 线装书局.

Da Qing huidian 大清会典．Yongzheng period 雍正时期．1995b. Taibei 台北: Wenhai chubanshe 文海出版社．

Da Qing huidian shili 大清会典事例．1991. Beijing 北京: Zhonghua shuju 中华书局．

Da Qing li chao shi lu 大清历朝实录．1937–1938. Tokyo 东京: Okura shuppan kabushiki kaisha 大藏出版株式会社．(Cited as *Shengzu shilu*, *Shizong shilu*, *and Gaozong shilu*. 圣祖实录、世宗实录和高宗实录)

Da Qing li chao shi lu 大清历朝实录．1985–1987. 60 vols. Beijing 北京: Zhonghua shuju 中华书局．

Da Qing shi chao sheng xun 大清十朝圣训．1965. 7 vols. Taibei 台北: Wenhai chubanshe 文海出版社．

Dawson, Raymond. 1981. *Confucius* 孔子．Past Masters Series. Oxford: Oxford University Press.

DeBary, William Theodore 狄百瑞．1993. *Waiting for the Dawn: A Plan for the Prince — Huang Tsung-hsi's Ming-i-tai-fang lu* 等待黎明：黄宗羲的《明夷待访录》．New York: Columbia University Press.

DeBlasi, Anthony 邓百安．2002. *Reform in the Balance: The Defense of Literary Culture in Mid-Tang China* 持平之变：中唐文化观研究．SUNY

Series in Chinese Philosophy and Culture 纽约州立大学中国哲学与文化系列. Albany: State University of New York Press.

——. 2003. "Su Shi 苏轼." In Xinzhong Yao 姚新中, ed., *RoutledgeCurzon Encyclopedia of Confucianism* 儒家百科全书. Vol. 2, *O–Z*, p. 586. London: RoutledgeCurzon.

DeCoursey Clapp, Anne 葛兰佩. 1991. *The Painting of T'ang Yin* 唐寅的绘画. Chicago: University of Chicago Press.

De Crespigny, Rafe 张磊夫. 1984. *Northern Frontier: The Policies and Strategy of the Later Han Empire* 北方边地：东汉的政与策. Canberra: Faculty of Asian Studies, Australian National University.

——. 1989. *Emperor Huan and Emperor Ling: Being the Chronicle of Later Han for the Years 157 to 189 AD as Recorded in Chapters 54 to 59 of the* Zizhi tongjian *of Sima Guang* 桓帝与灵帝：司马光《资治通鉴》第54卷至59卷所载157年至189年东汉编年史. Trans. and annotated. 2 vols. Canberra: Faculty of Asian Studies, Australian National University.

——. 1990. *Generals of the South: The Foundation and Early History of the Three Kingdoms State of Wu* 南方的将军：三国吴国的建立及其早期历史. Canberra: Faculty of Asian Studies, Australian National University.

——. 1996. *To Establish Peace: Being the Chronicle of Later Han for the Years 189 to 220 AD as Recorded in Chapters 59 to 69 of the* Zizhi tongjian *of Sima Guang* 建立和平：司马光《资治通鉴》第59卷至69卷所载189年至220年东汉编年史. Trans. and annotated. 2 vols. Canberra: Faculty of Asian Studies, Australian National University.

——. 2006a. "Scholars and Rulers: Imperial Patronage under the Later Han Dynasty 学者与统治者：东汉时期的皇权庇护." In Michael Friedrich 傅敏怡, ed., *Han-Zeit: Festschrift für Hans Stumpfeldt aus Anlaβ seines 65. Geburtstage* 汉代：司徒汉六五年秩祝贺文集, pp. 57–77. Wiesbaden: Harrassowitz.

——. 2006b. "Some Notes on the Western Regions in Later Han 关于东汉西域的几点校注." *Journal of Asian History* 亚洲史杂志 40.1: 1–30.

——. 2007. *A Biographical Dictionary of Later Han to the Three Kingdoms (23–220 AD)* 东汉至三国（23~220年）传记词典. Leiden: Brill.

DeFrancis, John. 1947. "Biography of the Marquis of Huai-yin 史记·淮阴侯列传." *Harvard Journal of Asiatic Studies* 哈佛亚洲研究杂志 10.2

(September): 179-215.

DeWoskin, Kenneth 杜志豪. 1983. *Doctors, Diviners, and Magicians of Ancient China: Biographies of Fang-shih* 中国古代的医生、占卜师和魔术师：方士列传. New York: Columbia University Press.

Diamond, Larry. 1994. "Causes and Effects." 原因和影响 In Larry Diamond, ed., *Political Culture and Democracy in Developing Countries* 发展中国家的政治文化与民主, pp. 229-249. Boulder, CO: Lynne Rienner.

Di Cosmo, Nicola 狄宇宙. 2002. *Ancient China and Its Enemies: The Rise of Nomadic Power in East Asian History* 古代中国与其强邻：东亚历史上游牧力量的兴起. Cambridge: Cambridge University Press.

——. 2004. "The Experience of War in Seventeenth-Century China 17 世纪中国的战争经历." Paper presented at the workshop "Of Trauma, Agency, and Texts: Discourses on Disorder in Sixteenth-and Seventeenth-Century China 创伤、代言和文本：关于16世纪和17世纪中国失序的论述会议上宣读的论文," McGill University, April 23-25.

——. 2005. "Did Guns Matter? Firearms and the Qing Formation 与枪炮何干？火器和清王朝的形成." In Lynn A. Struve 司徒琳, ed., *The Qing Formation in World-Historical Time* 世界历史时间中清的形成, pp. 121-166. Cambridge, MA: Harvard University Asia Center.

Dien, Albert E. 丁爱博 1982. "A Study of Early Chinese Armor 中国早期盔甲研究." *Artibus Asiae* 亚洲艺术 43: 5-66.

Ding Chuanjing 丁传靖, comp. 1981. *Songren yishi huibian* 宋人轶事汇编. 3 vols. Beijing 北京: Zhonghua shuju 中华书局, Xinhua shudian Beijing faxing suo faxing 新华书店北京发行所发行.

Dreyer, Edward L. 戴德 2002. "Continuity and Change 持续与变迁." In David Graff and Robin Hingham, eds., *A Military History of China* 中国军事史, pp. 19-38. Boulder, CO: Westview Press.

Duyvendak, J. J. L. 戴闻达 1938. "An Historical Battle-Account in the History of the Former Han Dynasty 前汉史中的一次战斗记述." *T'oung Pao* 通报 34: 249-264.

Ebrey, Patricia 伊沛霞. 1980. "Later Han Stone Inscriptions 后汉石刻." *Harvard Journal of Asiatic Studies* 哈佛亚洲研究杂志 40: 325-353.

Eisenberg, Andrew. 1997. "Warfare and Political Stability in Medieval North

Asian Regimes 中古北亚政权的战乱与政治稳定." *T'oung Pao* 通报 83: 300-328.

Elkins, David J., and Richard E. B. Simeon. 1979. "A Cause in Search of Its Effect, or What Does Political Culture Explain? 一个寻找其结果的原因，或者说政治文化解释了什么?" *Comparative Politics* 比较政治 11: 127-145.

Elliott, Jane. 2002. *Some Did It for Civilisation, Some Did It for Their Country: A Revised View of the Boxer War* 有些人是为了文明，有些人是为了他们的国家：关于义和团运动的一种修正观点. Hong Kong 香港: Chinese University Press 中文大学出版社.

Elliott, Mark 欧立德. 1999. "Manchu Widows and Ethnicity in Qing China 清代满人寡妇及其民族性." *Comparative Studies in Society and History* 社会与历史比较研究 41.1: 33-71.

——. 2001. *The Manchu Way: The Eight Banners and Ethnic Identity in Late Imperial China* 满洲之道：八旗与晚期帝制中国的族群认同. Stanford, CA: Stanford University Press.

Elman, Benjamin A. 2000. *A Cultural History of Civil Examinations in Late Imperial China* 晚期帝制中国的科举文化史. Berkeley: University of California Press.

Elvin, Mark 伊懋可. 1973. *The Pattern of the Chinese Past* 中国历史之范式. Stanford, CA: Stanford University Press.

Fairbank, John King 费正清. 1969. *Trade and Diplomacy on the China Coast: The Opening of the Treaty Ports 1842-1854* 中国沿海的贸易与外交：通商口岸的开埠（1842~1854年）. Stanford, CA: Stanford University Press.

——. 1978. "The Creation of the Treaty System 条约体系的建立." In John K. Fairbank 费正清, ed., *Cambridge History of China* 剑桥中国史, pp. 213-263. Cambridge: Cambridge University Press.

Falkenhausen, Lothan von 罗泰. 1996. "The Concept of Wen in the Ancient Chinese Ancestral Cult 中国古代祖先祭祀中的文观念." *Chinese Literature: Essays, Articles, Reviews* 中国文学论文集 18: 1-22.

Fang Xuanling 房玄龄 et al. 1739. *Jinshu* 晋书. Taibei 台北: I-wen Yin-shu Kuan reprint of Wuyingdian 艺文印书馆武英殿复制本.

Fan Yüzhou 范毓周. 1991. "Yindai Wu Ding Shiqi de Zhanzheng 殷代武丁

时期的战争．" In Wang Yuxin 王宇信, ed., *Jiaguwen yu Shangshi* 甲骨文与殷商史．Vol. 3, pp. 175-239. Shanghai 上海: Shanghai guji chubanshe 上海古籍出版社．

Fan Zhongyan 范仲淹．1089. "Yueyang lou ji 岳阳楼记．" In Zhang Boxing 张伯行, ed., *Fan Wenzheng gong wenji* 范文正公文集．(*Zhengyi tang quanshu* 正谊堂全书, facsimile of 1089 prefaced ed.)

Fletcher, Joseph 傅礼初．1978a. "Ch'ing Inner Asia c. 1800 1800 年前后的清朝亚洲腹地．" In John K. Fairbank, ed. 费正清等编, *The Cambridge History of China* 剑桥中国史．Vol. 10, *Late Ch'ing* 晚清史, *1800-1911, Part I*, pp. 35-106. Cambridge: Cambridge University Press.

——. 1978b. "The Heyday of the Ch'ing Order in Mongolia, Sinkiang, and Tibet 清朝统治在蒙古、新疆和西藏的全盛时期．" In John K. Fairbank, ed. 费正清等编, *The Cambridge History of China* 剑桥中国史．Vol. 10, *Late Ch'ing* 晚清史, *1800-1911*, *Part I*, pp. 351-408. Cambridge: Cambridge University Press.

——. 1979-1980. "Turco-Mongolian Monarchic Tradition in the Ottoman Empire 奥斯曼帝国的突厥-蒙古君主传统．" *Harvard Ukrainian Studies* 哈佛乌克兰研究 3-4: 236-251.

Fong, Grace S. 方秀洁．2001a. "Record of Past Karma 过去的因果记录．" In Susan Mann 曼素恩 and Yu-ying Cheng 程玉瀛, eds., *Under Confucian Eyes: Writings on Gender in Chinese History* 儒家视野之下：中国历史中的性别书写, pp. 135-146. Berkeley: University of California Press.

——. 2001b. "Signifying Bodies: The Cultural Significance of Suicide Writings by Women in Ming-Qing China 符号化的身体：明清女性自杀书写的文化意义．" *Nan Nü: Men, Women and Gender in Early and Imperial China* 男女：中国先秦与封建时代的男人、女人和社会性别 3. 1. pp. 105-142.

——. 2008a. *Herself an Author: Gender, Agency and Writing, in Late Imperial China* 卿本著者：古代中国晚期的性别、代言和写作．Honolulu: University of Hawaii Press.

——. 2008b. "*Shi* Poetry of the Ming and Qing 明清诗词．" In Zong-qi Cai 蔡宗齐, ed., *How to Read Chinese Poetry: A Guided Anthology* 如何阅读中国诗歌：作品导读, pp. 354-378. New York: Columbia University Press.

——. Forthcoming "Autobiographical Writing in the Ming-Qing Transition: The Case of Ye Shaoyuan (1589–1648) 明清之际的自传写作——以叶绍袁（1589~1648 年）为例." *Ming Studies* 明代研究 60.

Foret, Philippe. 2000. *Mapping Chengde: The Qing Landscape Project* 图解承德：清代的景观营建. Honolulu: University of Hawaii Press.

Franke, Herbert 傅海波. 1969. "The Omnipresent Executioner: A Note on Martial Law in Medieval China 无所不在的刽子手：关于中古中国戒严法的注释." Paper presented at the Conference on China's Legal Tradition 在中国法律传统会议上宣读的论文, Villa Serbelloni, Lago di Como, August 7–14.

——. 1989. "Warfare in Medieval China: Some Research Problems 中国中古战争的若干问题." In *Zhongyang yanjiuyuan di er jie guoji hanxue huiyi lunwenji* "中研院"第二届国际汉学会议论文集. Vol. 5, pp. 805–822. Taibei 台北: Academia Sinica "中研院".

——. 2003. *Krieg und Krieger im chinesischen Mittelalter (12. bis 14. Jahrhundert): Drei Studien* 中古中国（*12* 世纪至 *14* 世纪）的战争与勇士：三项研究. Stuttgart: Franz Steiner.

Fried, Morton H. *1952.* "Military Status in Chinese Society 军事在中国社会中的地位." *American Journal of Sociology* 美国社会学杂志 *57. 4*: *347–357.*

Fuge 福格. *1959. Ting yu cong tan* 听雨丛谈. Qing dai shiliao biji cong kan 清代史料笔记丛刊. Beijing 北京: Zhonghua shuju 中华书局.

Gao Rui 高锐 et al. *1991. Zhongguo junshi shilüe* 中国军事史略. Vol. *1.* Beijng 北京: Junshi kexue chubanshe 军事科学出版社.

Gaubatz, Piper Rae 高贝贝. *1996. Beyond the Great Wall: Urban Form and Transformation on the Chinese Frontiers* 塞外：中国边疆的城市形态与转型. Stanford, CA: Stanford University Press.

Geiss, James 盖杰民. *1988.* "The Chia-ching Reign 嘉庆时期, *1522–1566.*" In Frederick W. Mote and Denis Twitchett, eds., *The Cambridge History of China* 剑桥中国史. Vol. *7*, *The Ming Dynasty* 明朝, *1368–1644*, *Part I*, pp. 440–510. Cambridge: Cambridge University Press.

Gernet, Jacques 谢和耐. 1970. *Daily Life in China on the Eve of the Mongol Invasion, 1250–1276* 蒙元入侵前夜的中国日常生活. Trans. H. M. Wright. Stanford, CA: Stanford University Press.

Golden, Peter B. 2002. "War and Warfare in the Pre-Cinggisid Western Steppes of Eurasia 成吉思汗时代之前欧亚大陆西部大草原的战争和战役." In Nicola Di Cosmo 狄宇宙, ed., *Warfare in Inner Asian History (500–1800)* 亚洲腹地历史上的战争（500~1800年）, pp. 105–172. Leiden: Brill.

Graff, David A. 葛德威 1995a. "Early T'ang Generalship and the Textual Tradition 初唐将才与考据传统." Ph. D. diss., Princeton University.

——. 1995b. "Meritorious Cannibal: Chang Hsün's Defense of Sui-yang and the Exaltation of Loyalty in an Age of Rebellion 有功的食人者：张逊对隋炀帝的维护与叛逆时代的忠诚提升." *Asia Major* 泰东, 3rd ser., 8.1: 1–17.

——. 2000. "The Sword and the Brush: Military Specialisation and Career Patterns in Tang China, 618–907 剑与笔：中国唐代的军事专业化和职业模式，618~907年." *War and Society* 战争与社会 18: 9–21.

——. 2002a. *Medieval Chinese Warfare, 300–900* 中国中古时期的战争（300~900年）. London: Routledge.

——. 2002b. "Strategy and Contingency in the Tang Defeat of the Eastern Turks, 629–30 629~630年唐朝大败东突厥的谋略与权变." In Nicola Di Cosmo 狄宇宙, ed., *Warfare in Inner Asian History (500–1800)* 亚洲腹地历史上的战争（500~1800年）, pp. 33–72. Leiden: Brill.

——. 2005. "Li Jing's Antecedents: Continuity and Change in the Pragmatics of Medieval Chinese Warfare 李靖的经历：中古中国战争语用学的延续与变化." Paper presented at the Annual Meeting of the Association for Asian Studies, Chicago 芝加哥亚洲研究协会年度会议发表论文.

Graff, David A. 葛德威 and Robin Higham. 2002. *A Military History of China* 中国军事史. Boulder, CO: Westview Press.

Greenberg, Michael. 1951. *British Trade and the Opening of China* 英国贸易与中国开埠. Cambridge: Cambridge University Press.

Greenfeld, Liah. 1992. *Nationalism: Five Roads to Modernity* 民族主义：走向现代的五条道路. Cambridge, MA: Harvard University Press.

Griffith, Samuel B., trans. 1963. Introduction to *The Art of War* 孙子兵法, by Sun Tzu 孙子. London: Oxford University Press.

Gugong Wenxianguan 故宫文献馆, ed., 1930–. *Shiliao Xunkan* 史料旬刊. Beijing 北京: Gugong bowuyuan wenxian guan 故宫博物院文献馆.

Guisso, Richard W. L. 桂时雨 1978. *Wu Tse-t'ien and the Politics of Legitimation in T'ang China* 武则天与唐代继统政治. Program in East Asian Studies, Western Washington University—Occasional Papers 11 西华盛顿大学东亚研究项目. Bellingham: Western Washington University Press.

——. 1979. "The Reigns of the Empress Wu, Chung-tsung and Jui-tsung 武后、中宗和睿宗的统治." In Denis Twitchett, ed., *The Cambridge History of China* 剑桥中国史. Vol. 3, *Sui and T'ang China* 隋唐卷, *589-906, Part 1*, pp. 290-332. Cambridge: Cambridge University Press.

Gui Zhuang 归庄. 1959. *Gui Zhuang shouxie shigao* 归庄手写诗稿. Shanghai 上海: Zhonghua shuju 中华书局. (Facsimile reproduction.)

——. 1982. *Gui Zhuang ji* 归庄集. Shanghai 上海: Shanghai guji chubanshe 上海古籍出版社.

Guoli Gugong Bowuyuan "国立"故宫博物院. 1977-1980. *Gongzhongdang Yongzheng chao Zouzhe* 宫中档雍正朝奏折. Taibei 台北: National Palace Museum "国立"故宫博物院.

Guo Maoqian 郭茂倩. 1979. *Yuefu shiji* 乐府诗集. 4 vols. Beijing 北京: Zhonghua shuju 中华书局.

Guo yu 国语. 1978. Shanghai 上海: Shanghai guji chubanshe 上海古籍出版社.

Hall, Thomas D. 2000. "Frontiers, Ethnogenesis, and World-Systems: Rethinking the Theories 边疆、人种起源和世界体系：理论反思." In Thomas D. Hall, ed., *A World-Systems Reader: New Perspectives on Gender, Urbanism, Cultures, Indigenous Peoples, and Ecology* 世界体系读本：性别、城市化、文化、原住民和生态的新视角, pp. 237-270. Oxford: Rowman & Littlefield.

Handlin, Joanna F. 韩德玲 1983. *Action in Late Ming Thought: The Reorientation of Lü K'un and Other Scholar-Officials* 晚明思想中的行动：吕坤及其他士大夫的新方向. Berkeley: University of California Press.

Han ming chen zhuan 汉名臣传 1985. Works dated 1821-1850 1821~1850年的作品, reprinted in *QDZC*.

Hawkes, David 霍克思. 1985. *The Songs of the South* 楚辞. Harmondsworth: Penguin Books.

Hay, Jonathan 乔迅. 1999. "Ming Palace and Tomb in Early Qing Jiangning:

Dynastic Memory and the Openness of History 清初江宁的明朝宫殿与陵墓：王朝记忆与历史的开放性.” *Late Imperial China* 晚期帝制中国 20.1 (June): 1-48.

——. 2001. *Shitao: Painting and Modernity in Early Qing China* 石涛：清初中国的绘画与现代性. Cambridge: Cambridge University Press.

He Yan 何晏, comp. 1989. *Lunyu* 论语集解. *Sibu congkan* ed. 四部丛刊本. Shanghai 上海: Shanghai shudian 上海书店.

Ho, Ping-ti 何炳棣. 1962. *The Ladder of Success in Imperial China: Aspects of Social Mobility, 1368-1911* 明清社会史论. New York: Columbia University Press.

Hon, Tze-ki 韩子奇. 2003a. “Fan Zhongyan 范仲淹.” In Xinzhong Yao 姚新中, ed., *RoutledgeCurzon Encyclopedia of Confucianism* 儒家百科全书. Vol. 1, A-N, pp. 204-205. London: RoutledgeCurzon.

——. 2003b. “Ouyang Xiu 欧阳询.” In Xinzhong Yao 姚新中, ed., *RoutledgeCurzon Encyclopedia of Confucianism* 儒家百科全书. Vol. 2, O-Z, pp. 471-472. London: RoutledgeCurzon.

Hostetler, L. 何罗娜 2001. *Qing Colonial Enterprise: Ethnography and Cartography in Early Modern China* 清代拓边事业：前近代中国的民族志与图像学. Chicago: University of Chicago Press.

Hou Jinlang 侯锦郎 and Michele Pirazzoli-t'Serstevens 毕梅雪. 1989. *Mulan tu yu Qianlong qiuji dalie zhi yanjiu* 木兰图与乾隆秋季大猎之研究. Taibei 台北: Gugong Congkan 故宫丛刊.

Hsü, Cho-yün 许倬云, trans. 1980. *Han Agriculture: The Formation of Early Chinese Agrarian Economy (206 b.c.-a.d. 220)* 汉代农业：早期中国农业经济的形成. Seattle: University of Washington Press.

Huang, Ray 黄仁宇. 1981. *1587: A Year of No Significance* 万历十五年. New Haven, CT: Yale University Press.

——. 1999. *Broadening the Horizons of Chinese History* 放宽历史的视界. Armonk, NY: M. E. Sharpe.

Huangchao jingshi wenbian 皇朝经世文编. 1972. Ed. He Changling 贺长龄. Taibei 台北: Wenhai chubanshe 文海出版社. (Orig. pub. 1826.)

Huan K'uan [Huan Kuan] 桓宽. 1973. *Discourses on Salt and Iron* 盐铁论. Trans. E. M. Gale. Taibei 台北: Ch'eng wen chubanshe 成文出版社.

——. 1992. *Yan tie lun jiaozhu* 盐铁论校注. Wang Liji 王利器, ed. 2nd ed. Beijing 北京: Zhonghua shuju 中华书局.

Hucker, Charles O. 贺凯 1974. "Hu Tsung-hsien's Campaign against Hsu Hai, 1556 胡宗宪平徐海, 1556 年." In Frank A. Kierman Jr. and John K. Fairbank 费正清, eds., *Chinese Ways in Warfare* 古代中国的战争之道, pp. 273-307. Cambridge, MA: Harvard University Press.

——. 1985. *A Dictionary of Official Titles in Imperial China* 中国古代官名辞典. Stanford, CA: Stanford University Press.

Hulsewé, A. F. P. 何四维 1955. *Remnants of Han Law: Volume I Introductory Studies and an Annotated Translation of Chapters 22 and 23 of the History of the Han Dynasty* 汉律零拾:《汉书》第一册第 22、23 卷导论研究及注释译文. Leiden: Brill.

——. 1979a. *China in Central Asia: The Early Stage 125 B. C. -A. D. 23* 中国在中亚:早期阶段,公元前 125~公元 23 年. Leiden: Brill.

——. 1979b. "Watching the Vapours: an Ancient Chinese Technique of Prognostication 望气:中国古代的一种预测技术." *Nachrichten* 新闻 125: 40-49.

——. 1985. *Remnants of Ch'in Law: An Annotated Translation of the Ch'in Legal and Administrative Rules of the 3rd Century B. C. Discovered in Yün-meng Prefecture, Hu-pei Province, in 1975* 秦代法律残简:1975 年湖北省云梦县发现的公元前 3 世纪的秦代法律和行政规定的译注. Leiden: Brill.

Hung, William 洪业. 1969. *Tu Fu: China's Greatest Poet* 杜甫:中国最伟大的诗人. New York: Russell and Russell.

Hu Pingsheng 胡平生 and Zhang Defang 张德芳, eds. 2001. *Dunhuang Xuanquan Han jian shicui* 敦煌悬泉汉简释粹. Shanghai 上海: Shanghai guji chubanshe 上海古籍出版社.

Jagchid, Sechin 札奇斯钦, and Van Jay Symons. 1989. *Peace, War, and Trade along the Great Wall: Nomadic-Chinese Interaction through Two Millennia* 北亚游牧民族与中原农业民族之间两千年来的和平、战争与贸易之关系. Bloomington: Indiana University Press.

Jiang Shaoyu 江少虞. 1981. *Song chao shi shi leiyuan* 宋朝事实类苑. 2 vols. Shanghai 上海: Shanghai guji chubanshe 上海古籍出版社: Xinhua shudian Shanghai faxingsuo faxing 新华书店上海发行所发行.

Jia Ruoyu 贾若瑜, ed. 1997. *Zhongguo junshi jiaoyu tongshi* 中国军事教育

通史．Shenyang 沈阳：Liaoning jiaoyu chubanshe 辽宁教育出版社．

Jia Yi 贾谊．n. d. *Xin shu* 新书．（References are to the *Si bu bei yao* 四部备要 ed.）

Ji Deyuan 季德源．1997. *Zhongguo junshi zhidu shi：Junshi fazhi juan* 中国军事制度史：军事法制卷．Zhengzhou 郑州：Daxiang chuban she 大象出版社．

Ji Xian 季娴．1657. *Yuquankan heke：Shi ji* 雨泉龛合刻：诗集．Copy in Beijing National Library 北京国家图书馆复本．Johnson, Wallace 庄斯得．1997. *The T'ang Code* 唐律．Vol. 2, *Specific Articles*. Princeton, NJ：Princeton University Press.

Johnston, Alastair Iain 江忆恩．1995. *Cultural Realism：Strategic Culture and Grand Strategy in Chinese History* 文化现实主义：中国历史上的战略文化与大战略．Princeton, NJ：Princeton University Press.

Jueluo Shilin 觉罗石麟 and Chu Dawen 储大文．1983–1986. *Shanxi tongzhi* 山西通志．230 *juan*. In *Ying yin Wen yuan ge Si ku quan shu* 影印文渊阁四库全书．Vols. 551–556. Taibei 台北：Taiwan shangwu yinshuguan 台湾商务印书馆．

Jullien, François. 1995. *The Propensity of Things：Toward a History of Efficacy in China* 功效：在中国与西方思维之间．New York：Zone Books.

Junji dang 军机档．N. d. Qianlong period 乾隆时期．Taibei 台北：National Palace Museum "国立" 故宫博物院．

Juyan xin jian 居延新简．1994. Ed. Gansu sheng Wenwu kaogu yanjiusuo et al 甘肃省文物考古研究所．2 vols. Beijing 北京：Zhonghua shuju 中华书局．

Kangxi chao Man wen zhupi zouzhe quanyi 康熙朝满文朱批奏折全译．1996. Ed. and trans. First Historical Archives of China 中国第一历史档案馆．Beijing 北京：Zhongguo shehui kexue chubanshe 中国社会科学出版社．

Kangxi qi ju zhu 康熙起居注．1984. Beijing 北京：Zhonghua shuju 中华书局．

Kao Yu-kung 高友工．1962–1963. "Study of the Fang La Rebellion 方腊起义研究．" *Harvard Journal of Asiatic Studies* 哈佛亚洲研究 24：17–63.

Keegan, John. 1986. *The Face of Battle* 战争的面貌．Repr. New York：Military Heritage Press.

Keightley, David 吉德炜 . 1978. *Sources of Shang History: The Oracle-Bone Inscriptions of Bronze Age China* 商代史料：中国青铜器时代的甲骨文 . Berkeley: University of California Press.

Kierman, Frank A., Jr. 1974. "Phases and Modes of Combat in Early China 先秦战争的模式与诸阶段 ." In Frank A. Kierman Jr. and John K. Fairbank 费正清, eds., *Chinese Ways in Warfare* 古代中国的战争之道, pp. 27–66. Cambridge, MA: Harvard University Press.

Kierman, Frank A., Jr., and John K. Fairbank 费正清, eds. 1974. *Chinese Ways in Warfare* 古代中国的战争之道 . Cambridge, MA: Harvard University Press.

Kikuchi Hideo 菊池英夫 . 1979. "Nihon gunsei hikaku kenkyūjōno jakkan no mondai." 日本军制比较研究的若干问题 In *Zui To teikoku to higashi Ajia sekai* 隋唐帝国与东亚世界, pp. 387–421. Tokyo: Kyu-ko Shoin.

Knoblock, John 王志民 . 1990. *Xunzi: A Translation and Study of the Complete Works* 荀子：一个英文研究全译本 . Vol. 2, Bks. 7–16. Stanford, CA: Stanford University Press.

Ko, Dorothy 高彦颐 . 1992. "The Complicity of Women in the Good Woman Cult 佳人崇拜中女性的共谋 ." In *Family Process and Political in Modern Chinese History* 近代中国史中的家庭进程与政治, pt. I, pp. 453–487. Taibei 台北: Academia Sinica, Institute of Modern History "中研院" 近代史研究所 .

——. 1994. *Teachers of the Inner Chambers: Women and Culture in Seventeenth Century China* 闺塾师：明末清初江南的才女文化 . Stanford, CA: Stanford University Press.

——. 1997. "The Body as Attire: The Shifting Meanings of Footbinding in Seventeenth Century China 身体作为行头：缠足在 17 世纪中国不断转变的意义 ." *Journal of Women's History* 女性历史杂志 8.4: 8–27.

Kolb, Raimund Theodor. 1991. *Die Infanterie im alten China: Ein Beitrag zur Militaergeschichte der Vor-Zhan-Guo-Zeit* 中国古代的步兵：对战国之前军事史的贡献 . Mainz am Rhein: von Zabern.

Kuhn, Philp 孔飞力 . 1970. *Rebellion and Its Enemies in Late Imperial China* 帝制中国晚期的叛乱及其敌人 . Cambridge, MA: Harvard University Press.

Lach, Donald, and Edwin van Kley. 1993. *Asia in the Making of Europe* 欧洲

形成中的亚洲. Vol. 3, bk. 4. Chicago: University of Chicago Press.

Lai Fushun 赖福顺. 1984. *Qianlong zhongyao zhanzheng zhi junxu yanjiu* 乾隆重要战争之军需研究. Taibei 台北: National Palace Museum "国立"故宫博物院.

Lau, Ulrich 劳武力. 1999. *Quellenstudien zur Landvergabe und Bodenübertragung in der westlichen Zhou-Dynastie (1045? -771 v. Chr.)* 西周土地流转的源流研究（前1045~前771年）. Monumenta Serica Monograph Series XLI. Sankt Augustin: *Institut Monumenta Serica*.

Legge, James 理雅各. n. d. *The Four Books* 四书. N. p.: Commercial Press 商务印书馆.

Lewis, Mark Edward 陆威仪. 1990. *Sanctioned Violence in Early China* 早期中国的合法暴力. Albany: State University of New York Press.

——. 1999. "Warring States: Political History 战国政治史." In M. Loewe 鲁唯一 and E. L. Shaughnessy 夏含夷, eds., *The Cambridge History of Ancient China: From the Origins of Civilization to 221 BC*. 剑桥中国上古史：从文明的起源到公元前221年. Cambridge: Cambridge University Press.

——. 2000. "The Han Abolition of Universal Military Service 汉朝废除普遍兵役制." In Hans van de Ven 方德万, ed., *Warfare in Chinese History* 中国历史上的战争, pp. 33-75. Leiden: Brill.

Liang Qinghui et al. 梁清诲等, eds. 1992. *Gu jin gongwen wenzhong huishi* 古今公文文种汇释. Chengdu 成都: Sichuan daxue chubanshe 四川大学出版社.

Li Ciming 李慈铭. 1999. *Yuemantang riji* 越缦堂日记. Beijing 北京: Zhonghua quanguo tushuguan wenxian suowei fuzhi zhongxin 中华全国图书馆文献缩微复制中心.

Lieu, Samuel N. C. 1985. *Manichaeism in the Later Roman Empire and Medieval China: A Historical Survey* 罗马帝国后期和中古中国的摩尼教：一个历史考察. Manchester, UK: Manchester University Press.

——. 1998. *Manichaeism in Central Asia and China*. Nag Hammadi and Manichaean Studies 中亚和中国的摩尼教：纳格哈马迪和摩尼教研究. Vol. 45. Leiden: Brill Academic Publishers.

Li Guangdi 李光地. 1995. *Rong cun yu lu* 榕村语录. Ed. Chen Zuwu 陈祖武. Lixue congshu 理学丛书. Beijing 北京: Zhonghua shuju 中华书局.

Li Hengte et al. 李亨特, comps. n. d. *Shaoxing fu zhi* 绍兴府志 [1792]. In *Zhongguo fangzhi congshu* 中国方志丛书. Vol. 221. Taibei 台北: Chengwen chubanshe 成文出版社.

Li Huan 李桓. 1985. *Guo chao qi xian lei zheng* 国朝耆献类征. Works dated 1884-1890, reprinted in *QDZC*.

Li Jing 李靖. 1988. *Weigong bingfa jiben* 卫公兵法辑本. In *Zhongguo bingshu jicheng* bianweihui 中国兵书集成编委会 ed. *Zhongguo bingshu jicheng* 中国兵书集成, vol. 2, pp. 287-426. Beijing 北京: Jeifangjun chubanshe 解放军出版社, Liao Shen shushe 辽沈书社.

Li Linfu 李林甫 et al. 1992. *Tang liudian* 唐六典. Beijing 北京: Zhonghua shuju 中华书局.

Lindner, Rudi. 1982. "What Was a Nomadic Tribe? 什么是游牧部落?" *Comparative Studies in Society and History* 社会与历史比较研究 24: 689-711.

Li Qingzhi et al 李清植. 1971. *Wenzhen gong nianpu* 文贞公年谱. Jindai Zhongguo shiliao congkan 近代中国史料丛刊 621. N. p.: Wen hai chubanshe 文海出版社.

Li Quan 李筌. 1988. *Shenji zhidi Taibo yin jing* 神机制敌太白阴经. In *Zhongguo bingshu jicheng* 中国兵书集成. Vol. 2, pp. 427-748. Beijing 北京: Jiefangjun chubanshe 解放军出版社.

Liscomb, Kathlyn 李嘉琳. 1996. "Social Status and Art Collecting: The Collections of Shen Zhou and Wang Zhen 社会地位与艺术收藏: 沈周与王镇的藏品." *Art Bulletin* 艺术通报 78. 1 (March): 111-136.

Li Shuyi 李淑仪. 1833. *Shuyinglou mingshu baiyong* 疏影楼名姝百咏. N. p.

Li Tao 李焘. 1964. *Xu Zizhi tongjian changbian* 续资治通鉴长编. Taibei 台北: Shijie shuju 世界书局.

Li Tianhong 李天虹. 2003. *Juyan Han jian buji fenlei yanjiu* 居延汉简簿籍分类研究. Beijing 北京: Kexue chubanshe 科学出版社.

Liu, James T. C. 刘子健 1957. "An Early Sung Reformer: Fan Chung-yen 宋初改革家: 范仲淹." In John K. Fairbank 费正清, ed., *Chinese Thought and Institutions* 中国的思想与制度, pp. 105-131. Chicago: University of Chicago Press.

Liu, Wu-chi 柳无忌, and Irving Yucheng Lo 罗郁正, eds. 1975. *Sunflower*

Splendor: Three Thousand Years of Chinese Poetry 葵晔集：三千年中国诗歌. New York: Anchor Books.

Liu Shaoxiang 刘昭祥, ed. 1997. *Zhongguo junshi zhidu shi: Junshi zuzhi tizhi bianzhi juan* 中国军事制度史：军事组织体制编制卷. Zhengzhou 郑州: Daxiang chubanshe 大象出版社.

Liu Xie 刘勰. 1959. *The Literary Mind and the Carving of Dragons* 文心雕龙. Trans. Vincent Yuchung Shih 施友忠. New York: Columbia University Press.

Liu Yin 刘寅, ed. 1992. *Wujing qishu zhijie* 武经七书直解. Changsha 长沙: Yuelu shushe 岳麓书社.

Li Xu 李诩. 1997. *Jie an laoren man bi* 戒庵老人漫笔. Beijing 北京: Zhonghua shuju 中华书局.

Li Xunxiang 李训祥. 1991. *Xian Qin de bing jia* 先秦的兵家. Wen shi cong kan 文史丛刊 88. Taibei 台北: Guo li Taiwan daxue chuban weiyuanhui "国立"台湾大学出版委员会.

Li Xuyu 李栩钰. 1997. *Wumengtangji nüxing zuopin yanjiu*《午梦堂集》女性作品研究. Taibei 台北: Liren shuju 里仁书局.

Li Yufu 李玉福. 2002. *Qin Han zhidu shilun* 秦汉制度史论. Jinan 济南: Shandong daxue chubanshe 山东大学出版社.

Lo, Winston W. 1997. "The Self-Image of the Chinese Military in Historical Perspective 历史视野中的中国军队自我形象." *Journal of Asian History* 亚洲史杂志 31. 1: 1-24.

Loewe, Michael 鲁惟一. 1964. "Some Military Despatches of the Han Period 汉代军檄." *T'oung Pao* 通报 51. 4-5: 335-354.

——. 1967. *Records of Han Administration* 汉代的行政记录. 2 vols. Richmond 里士满, Surrey: Curzon Press.

——. 1974a. "The Campaigns of Han Wu-ti 汉武帝的征伐." In Frank A. Kierman and John K. Fairbank 费正清, eds., *Chinese Ways in Warfare* 古代中国的战争之道, pp. 67-118. Cambridge, MA: Harvard University Press.

——. 1974b. *Crisis and Conflict in Han China 104 BC to AD 9* 汉代中国的危机与冲突公元前 104~公元 9 年. London: Allen and Unwin.

——. 1977. "Manuscripts Found Recently in China: a Preliminary Survey 最近在中国发现的手稿：初步调查." *T'oung Pao* 通报 63. 2-3: 99-136.

——. 1985. "Attempts at Economic Coordination during the Western Han Dynasty 西汉时期调节经济的尝试." In S. R. Schram, ed., *The Scope of State Power in China* 中国国家权力的范围, pp. 237 - 267. London: School of Oriental and African Studies.

——. 1986. "Han Administrative Documents: Recent Finds from the Northwest 近来在西北发现的汉代行政公文." *T'oung Pao* 通报 72: 291-314.

——. 1994a. "The Authority of the Emperors of Ch'in and Han 秦汉两朝皇帝的权威." In *Divination, Mythology and Monarchy in Han China* 汉代的占卜、神话和君主制, pp. 85 - 111. Cambridge: Cambridge University Press.

——. 1994b. *Divination, Mythology and Monarchy in Han China* 汉代的占卜、神话和君主制. Cambridge: Cambridge University Press.

——. 2000. *A Biographical Dictionary of the Qin, Former Han and Xin Periods (221 BC-AD 24)* 秦、前汉及新朝人名辞典. Leiden: Brill.

——. 2004. *The Men Who Governed Han China* 汉代的统治阶层. Leiden: Brill.

Lorge, Peter 龙沛 2005a. *War, Politics and Society in Early Modern China 900-1795* 早期近代中国的战争、政治与社会. New York: Routledge.

——. 2005b. *Warfare in China to 1600* 公元 1600 年前的中国战争. Burlington, VT: Ashgate.

——. 2008. "The Great Ditch of China and the Song-Liao Border 中原白沟与宋辽边地." In Don J. Wyatt 韦栋, ed., *Battlefronts Real and Imagined: War, Border, and Identity in the Chinese Middle Period* 真实与想象的前线：中古中国的战争、边界与认同, pp. 59 - 74. Series: The New Middle Ages. New York: Palgrave Macmillan.

Louie, Kam 雷金庆. 2003. *Theorising Chinese Masculinity: Society and Gender in China* 男性特质论：中国的社会与性别. Cambridge: Cambridge University Press.

Luo Ergang 罗尔纲. 1984a. *Lüying bingzhi* 绿营兵志. Beijing 北京: Zhonghua shuju 中华书局.

——. 1984b. *Xiangjun bingzhi* 湘军兵志. Beijing 北京: Zhonghua shuju 中华书局.

Luttwak, Edward N. 1976. *The Grand Strategy of the Roman Empire from the*

First Century A. D. to the Third 罗马帝国的大战略：从公元一世纪到三世纪. Baltimore: Johns Hopkins University Press.

Lu Xinyuan 陆心源. 1962. *Tang wen shiyi* 唐文拾遗. Taibei 台北: Wenhai chubanshe 文海出版社.

Lu You 陆游. 1990. *Lao xue an biji* 老学庵笔记. Ed. Zhang Haipeng 张海鹏. In *Xue jin tao yuan* 学津讨原. Vol. 14. Yangzhou 扬州: Guangling shushe 广陵书社.

Lu Yu 陆羽. 1984. *The Wild Old Man: Poems of Lu Yu* 山野老人：陆羽的诗. Trans. David M. Gordon. San Francisco: North Point Press.

MacCormack, Geoffrey 马若斐. 1990. *Traditional Chinese Penal Law* 中国传统刑法. Edinburgh: Edinburgh University Press.

Mann, Susan 曼素恩. 1997. *Precious Records: Women in China's Long Eighteenth Century* 缀珍录：18 世纪及其前后的中国妇女. Stanford, CA: Stanford University Press.

——. 2005. "The Virtue of Travel for Women in Late Imperial China 帝制中国晚期妇女旅行的美德." In Bryna Goodman 顾德曼 and Wendy Larson 文棣, eds., *Gender in Motion: Divisions of Labor and Cultural Change in Late Imperial and Modern China* 运动中的性别：帝制中国晚期和现代中国的劳动分工和文化变迁, pp. 55 - 74. Lanham, MD: Rowman and Littlefield.

Mao Yuanyi 茅元仪. n. d. *Wu bei zhi* [1621] 武备志. Undated Qing copy, Rare Book Room, C. V. Starr Library, Columbia University.

Mather, Richard B. 马瑞志, trans. 1976. *Shih-shuo Hsin-yu (A New Account of Tales of the World)* 世说新语, by Liu I-ch'ing 刘义庆. With commentary by Liu Chun. Minneapolis: University of Minnesota Press.

McGrath, Michael C. 2008. "Frustrated Empires: The Song-Tangut Xia War of 1038-44 失败的帝国：1038~1044 年的宋-夏战争." In Don J. Wyatt 韦栋, ed., *Battlefronts Real and Imagined: War, Border, and Identity in the Chinese Middle Period* 真实与想象的前线：中古中国的战争、边界与认同, pp. 151-190. Series: The New Middle Ages. New York: Palgrave Macmillan.

McKnight, Brian E. 马伯良 1992. *Law and Order in Sung China* 宋代的法律与秩序. Cambridge: Cambridge University Press.

McLeod, Katrina C. D., and Robin D. S. Yates 叶山. 1981. "Forms of

Ch'in Law: An Annotated Translation of the Feng-chen shih." 秦律的形式：封诊式的翻译与注释 *Harvard Journal of Asiatic Studies* 哈佛亚洲研究杂志 41.1: 111-163.

McMullen, David 麦大维. 1988. *State and Scholars in T'ang China* 唐代中国的国家与学者. Cambridge: Cambridge University Press.

——. 1993. "The Real Judge Dee: Ti Jen-chieh and the T'ang Restoration of 705 真实的狄公：狄仁杰与唐之中兴." *Asia Major* 泰东, 3rd ser., 6: 1-81.

——. 2003a. "Han Yu 韩愈." In Xinzhong Yao 姚新中, ed., *RoutledgeCurzon Encyclopedia of Confucianism* 儒家百科全书. Vol. 1, A-N, pp. 247-248. London: RoutledgeCurzon.

——. 2003b. "Liu Zongyuan 柳宗元." In Xinzhong Yao 姚新中, ed., *RoutledgeCurzon Encyclopedia of Confucianism* 儒家百科全书. Vol. 1, A-N, pp. 390-391. London: RoutledgeCurzon.

McNeill, William H. 1982. *The Pursuit of Power: Technology, Armed Force, and Society since A. D. 1000* 竞逐富强：公元1000年以来的技术、军事与社会. Chicago: University of Chicago Press.

Mencius 孟子. 1970. Trans. D. C. Lau 刘殿爵. London: Penguin.

Mengzi yi zhu 孟子译注. 1992. Ed. and commented by Yang Bojun 杨伯峻. 2 vols. Beijing 北京: Zhonghua shuju 中华书局.

Millinger, James Ferguson. 1968. "Ch'i Chi-kuang, Chinese Military Official: A Study of Civil-Military Roles and Relations in the Career of a Sixteenth Century Warrior, Reformer and Hero 中国军事官员戚继光：一位16世纪将领、改革家和英雄职业生涯中军民角色和关系的研究." Ph. D. diss., Yale University.

Ming shi 明史. 1987. Beijing 北京: Zhonghua shuju 中华书局.

Morohashi Tetsuji 诸桥辙次. 1955-1960. *Dai Kan-Wa jiten* 大汉和辞典. 13 vols. Tokyo 东京: Taishu-kan 大修馆. Mote, F. W. 牟复礼 1999. *Imperial China: 900-1800* 帝制中国：900~1800年. Cambridge, MA: Harvard University Press.

Mott, William H., IV, and Jae Chang Kim 金在昌. 2006. *The Philosophy of Chinese Military Culture: Shih vs. Li* 中国军事文化理念：势与利. New York: Palgrave.

Mukerji, Chandra. 1997. *Territorial Ambitions and the Gardens of Versailles* 领

土野心与凡尔赛花园. Cambridge: Cambridge University Press.

Needham, Joseph 李约瑟. 1962. *Science and Civilisation in China* 中国科学技术史. Vol. 2, *History of Scientific Thought* 科学思想史. Cambridge: Cambridge University Press.

Needham, Joseph 李约瑟 et al. 1971. *Science and Civilisation in China* 中国科学技术史. Vol. 4, *Physics and Physical Technology* 物理与物理科技, Part III, *Civil Engineering and Nautics* 土木工程与航海. Cambridge: Cambridge University Press.

Needham, Joseph 李约瑟, and Robin D. S. Yates 叶山. 1994. *Science and Civilisation in China* 中国科学技术史. Vol. 5, *Chemistry and Chemical Technology* 化学及相关技术, Part VI, *Military Technology: Missiles and Sieges* 军事技术: 炸弹和手榴弹. Cambridge: Cambridge University Press.

Newby, L. J. 1999. "The Chinese Literary Conquest of Xinjiang 中国文学征服新疆." *Modern China* 近代中国 25.4 (October): 451-474.

Nian Gengyao 年羹尧. 1971. *Nian Gengyao Zouzhe Zhuanji* 年羹尧奏折专辑. 3 vols. Taibei 台北: Guoli Gugong Bowuyuan "国立"故宫博物院.

——. 1995. *Nian Gengyao Man Han Zouzhe yibian* 年羹尧满汉奏折译编. Trans. and ed. Number One Historical Archives 第一历史档案馆. Tianjin 天津: Tianjin guji chubanshe 天津古籍出版社.

Nie Dening 聂德宁 and Pan Wengui 潘文贵. 1993. "Li Guangdi yu Fujian shuishi 李光地与福建水师." In Yang Guozhen 杨国桢 and Li Tianyi 李天乙, eds., *Li Guangdi yanjiu* 李光地研究, pp. 118-127. Xiamen 厦门: Xiamen daxue chubanshe 厦门大学出版社.

Nienhauser, William H., Jr. 倪豪士, ed. 1994. *The Grand Scribe's Records* 史记. Vol. 1, *The Basic Annals of Pre-Han China*; and Vol. 7, *The Memoirs of Pre-Han China*. Bloomington: Indiana University Press.

Nylan, Michael 戴梅可. 1993. "*Hsin shu* 星宿." In Michael Loewe 鲁惟一, ed., *Early Chinese Texts: A Bibliographical Guide* 中国古代典籍导读, pp. 161-170. Berkeley: Society for the Study of Early China and the Institute of East Asian Studies, University of California.

O'Connell, Robert L. 1990. *Of Arms and Men: A History of War, Weapons, and Aggression* 武器及人员: 战争、武器及侵略的历史. London: Oxford University Press.

Pan Yihong 潘以红 . 1997. *Son of Heaven and Heavenly Qaghan: Sui-Tang China and Its Neighbors* 天子与天可汗：隋唐及其周边国家 . Bellingham: Western Washington University Press.

Parker, Geoffrey. 1993. "Comment on Shin'ichi Kitaoka 北冈伸一, 'Army as Bureaucracy: Japanese Militarism Revisited 以军队为官僚：日本军国主义再认识，兼评北冈神道,' and Arthur Waldron 林霨, 'War and the Rise of Nationalism in Twentieth-Century China 战争与20世纪中国民族主义的兴起.'" *Journal of Military History* 军事史杂志 57.5: 105-109.

Peng Yuanrui 彭元瑞, comp. 1989-1990. *Gaozong yuzhi shi quan shi wen ji* 高宗御制诗全诗文集 . Ed. Xiong Hui. Zhengzhou 郑州: Guji chubanshe 古籍出版社 .

Perdue, Peter C. 濮德培 1996. "Military Mobilization in Seventeenth and Eighteenth Century China, Russia, and Mongolia 17~18世纪中国、俄国和蒙古的军事动员 ." *Modern Asian Studies* 现代亚洲研究 30.4: 757-793.

——. 2000. "Culture, History, and Imperial Chinese Strategy: Legacies of the Qing Conquests 文化、历史和帝制中国战略：清朝征战的遗产 ." In Hans van de Ven 方德万, ed., *Warfare in Chinese History* 中国历史上的战争, pp. 252-287. Leiden: Brill.

——. 2001. "Empire and Nation in Comparative Perspective 比较视野下的帝国与国家 ." *Journal of Early Modern History* 早期现代史学刊 5.4: 282-304.

——. 2005a. *China Marches West: The Qing Conquest of Central Eurasia, 1680-1760* 中国西征：清朝在欧亚中央地带的征战 . Cambridge, MA: Harvard University Press.

——. 2005b. "From Turfan to Taiwan: Trade and War on Two Chinese Frontiers 从吐鲁番到台湾：中国两处边地的贸易与战争 ." In Bradley Parker and Lars Rodseth, eds., *Frontiers through Space and Time* 穿越时空的边疆, pp. 27-51. Tucson: University of Arizona Press.

Peterson, Charles A 毕德森 . 1970-1971. "P'u-ku Huai-en and the T'ang Court: The Limits of Loyalty 仆固怀恩与唐朝：忠诚的限度 ." *Monumenta Serica* 华裔学志 29: 423-455.

Pois, Robert, and Philip Langer. 2004. *Command Failure in War: Psychology and Leadership* 战争中的指挥失败：心理学与领导力 .

Bloomington: Indiana University Press.

Qian Xiyan 钱希言. 1995. *Jian jia* 剑荚. Reprinted in *Xuxiu Si ku quan shu* 续修四库全书. Vol. 1110. Shanghai 上海: Shanghai guji chubanshe 上海古籍出版社.

Qian Zhonglian 钱仲联, comp. 1987 - 1989. *Qing shi jishi* 清诗纪事. Nanjing 南京: Jiangsu guji chubanshe 江苏古籍出版社.

Qinding Hubu, Bingbu, Gongbu junxu zeli 钦定户部、兵部、工部军需则例. 2000 reprint. Haikou 海口: Hainan chubanshe 海南出版社.

Qinding junqi zeli 钦定军器则例. 1995 -. Ed. Dong Gao 董诰 et al. Reprinted in *Xuxiu Si ku quan shu* 续修四库全书. Vol. 857. Shanghai 上海: Shanghai Guji Chubanshe 上海古籍出版社. (Orig. pub. 1811.)

Qing chao tongzhi 清朝通志. 1935-1936. *Shitong* 十通 ed. Shanghai 上海: Shangwu yinshuguan 商务印书馆.

Qing chao wenxian tong kao 清朝文献通考. 1987. 2 vols. Taibei 台北: Taiwan shang wu yinshuguan 台湾商务印书馆.

Qing dai zhuan ji cong kan 清代传记丛刊. 1985. Comp. Zhou Junfu 周骏富. 205 vols. Taibei 台北: Ming wen shuju 明文书局.

Qing hui dian shi li 清会典事例. 1991. 12 vols. Beijing 北京: Zhonghua shuju 中华书局. (Orig. pub. 1899.)

Qing shi gao 清史稿. 1977. Beijing 北京: Zhonghua shuju 中华书局.

Qing shi gao jiao zhu 清史稿校注. 1985. Reprinted in *QDZC*.

Qing shi lie zhuan 清史列传. 1985. Reprinted in *QDZC*.

Rand, Christopher C. 1979. "Li Ch'üan and Chinese Military Thought 李筌与中国军事思想." *Harvard Journal of Asiatic Studies* 哈佛亚洲研究杂志 39. 1 (June): 107-137.

Rawski, Evelyn S. 罗友枝 1972. *Agricultural Change and the Peasant Economy of South China* 中国南方的农业变化与农业经济. Cambridge, MA: Harvard University Press.

——. 1979. *Education and Popular Literacy in Ch'ing China* 清代中国的教育与大众文化. Ann Arbor: University of Michigan Press.

——. 1998. *The Last Emperors: A Social History of Qing Imperial Institutions* 最后的皇族: 清代宫廷社会史. Berkeley: University of California Press.

Reischauer, Edwin O., and John K. Fairbank 费正清. 1958. *East Asia: The Great Tradition* 东亚: 伟大的传统. Boston: Houghton Mifflin.

Robertson, Maureen. 1992. "Voicing the Feminine: Constructions of the Gendered Subject in Lyric Poetry by Women of Medieval and Late Imperial China 女性的声音：中世纪和帝制中国晚期妇女所写情诗中的性别主题之解释." *Late Imperial China* 晚期帝制中国 13.1: 63-110.

Robinson, David 鲁大维. 2001. *Bandits, Eunuchs and the Son of Heaven: Rebellion and the Economy of Violence in Mid-Ming China* 盗贼、宦官、与天子：明代中期反乱与暴力经济. Honolulu: University of Hawaii Press.

Rogers, Michael, trans. 1968. *The Chronicle of Fu Chien: A Case of Exemplar History*. Trans. and annotated with prolegomena 苻坚载记：正史的一个案例. Berkeley: University of California Press.

Rotours, Robert des 戴何都. 1952. "Les Insignes en Deux Parties (*fou*) sous la Dynastie des T'ang (618-907) 唐代的符." *T'oung Pao* 通报 41: 1-148.

Ryor, Kathleen 赖恺玲. 2003. "Regulating the Qi and the Xin: Xu Wei and His Military Patrons 平心静气：徐渭和他的军事赞助人." *Archives of Asian Art* 亚洲艺术档案 54: 23-33.

Sage, Steven F. 1992. *Ancient Sichuan and the Unification of China* 古代巴蜀与中国之统一. Albany: State University of New York Press.

Sanjdorj, M. 1980. *Manchu Chinese Colonial Rule in Northern Mongolia* 清朝对蒙古北部的统治. Trans. Urgunge Onon. New York: St. Martin's Press.

Sawyer, Ralph D. 苏炀悟, trans. 1993. *The Seven Military Classics of Ancient China* 武经七书/古代中国的七部军事经典. Boulder, CO: Westview Press.

——. 1994. *Sun-tzu Art of War* 孙子兵法. Boulder, CO: Westview Press.

——. 1995. *Sun Pin Military Methods* 孙膑兵法. Boulder, CO: Westview Press.

——. 1998. *The Tao of Spycraft* 间谍之道. Boulder, CO: Westview Press.

Sawyer, Ralph D. 苏炀悟, and Mei-chün Lee Sawyer. 1996. *Ling Ch'i Ching* 灵棋经. Boston: Shambhala.

Schafer, Edward H. 薛爱华 1963. *The Golden Peaches of Samarkand* 撒马尔罕的金桃. Berkeley: University of California Press.

Scobell, Andrew 施道安. 2002. *China and Strategic Culture* 中国及其战略文化. Carlisle, PA: Strategic Studies Institute, U.S. Army War College.

Scott, James C. 1998. *Seeing Like a State: How Certain Schemes to Improve the Human Condition Have Failed* 国家的视角：那些试图改善人类状况的项目是如何失败的. New Haven, CT: Yale University Press.

Seidel, Anna 石秀娜. 1982. "Tokens of Immortality in Han Graves 汉墓中的不朽象征." *Numen* 29: 79–114.

Shahar, Meir 夏维明. 2001. "Ming Period Evidence of Shaolin Martial Practice 明代少林武术实践的证据." *Harvard Journal of Asiatic Studies* 哈佛亚洲研究杂志 61.2 (December): 359–413.

Shang Yanliu 商衍鎏. 1980. *Qing dai keju kaoshi shu lu* 清代科举考试述录. Reprinted in *Qing shi yanjiu ziliao cong bian* 清史研究资料丛编. Vol. 2, no. 2. Taibei 台北: Xuehai chubanshe 学海出版社. (Orig. pub. 1958.)

Shao Bowen 邵伯温. 1970. *Henan Shaoshi wenjian qianlu* 河南邵氏闻见前录. Taibei 台北: Guangwen shuju 广文书局. (*Hanfen lou* 1132 prefaced ed.)

Shaughnessy, Edward L. 夏含夷 1991. *Sources of Western Zhou History: Inscribed Bronze Vessels* 西周史料：铜器铭文. Berkeley: University of California Press.

——. 1996. "Micro-periodization and the Calendar of a Shang Military Campaign 商朝军事活动的微观分期和历法." In Philip J. Ivanhoe 艾文荷, ed., *Chinese Language, Thought, and Culture: Nivison and His Critics* 中国语言、思想和文化：尼维森及其评论, pp. 58–93. Chicago: Open Court.

——. 1997a. *Before Confucius: Studies in the Creation of the Chinese Classics* 孔子之前：中国经典诞生的研究. Albany: State University Press of New York.

———, ed. 1997b. *New Sources of Early Chinese History: An Introduction to the Reading of Inscriptions and Manuscripts* 中国古文字学导论. Berkeley: Society for the Study of Early China and the Institute of East Asian Studies, University of California.

Shen Defu 沈德符. 1997. *Wanli ye huo bian* 万历野获编. Beijing 北京: Zhonghua shuju 中华书局.

Shen Mingchen 沈明臣. n. d. *Fengduilou shi xuan* 丰对楼诗选. Rare late Ming ed., Rare Books and Special Collections 珍藏本, Princeton

University.

Shuihudi Qin mu zhujian zhengli xiaozu 睡虎地秦墓竹简整理小组, ed. 1978. *Shuihudi Qin mu zhujian* 睡虎地秦墓竹简. Beijing 北京: Wenwu chuban she 文物出版社.

Sima Guang 司马光. 1877. *Sushui jiwen* 涑水记闻 [Record of rumors from the man of Su river]. Wuchang 武昌: Hubei Chongwen shuju 湖北崇文书局. [*Hubei sanshisan zhong* (Thirty-three varieties of Hubei) ed.]

Sima Qian 司马迁. 1985. *Shi ji* 史记. Beijing 北京: Zhonghua shuju 中华书局. (Orig. pub. 1950).

Si shu da quan 四书大全. 1989. Hu Guang et al., eds. Jinan 济南: Youyi shushe 友谊书社.

Skaff, Jonathan Karam 斯加夫. 1998. "Straddling Steppe and Sown: Tang China's Relations with the Nomads of Inner Asia (640–756) 跨越游牧和农耕: 唐朝与亚洲腹地游牧民族的关系." Ph. D. diss., University of Michigan.

——. 2000. "Barbarians at the Gates? The Tang Frontier Military and the An Lushan Rebellion 门口的野蛮人? 唐代边防与安史之乱." *War & Society* 战争与社会 18. 2: 23–35.

——. 2002. "Western Turk Rule of Turkestan's Oases in the Sixth through Eighth Centuries 6~8 世纪西突厥人对西域绿洲的统治." In H. Inalcik, ed., *The Turks* 突厥人, vol. 1, pp. 364 – 372. Ankara, Turkey: Yeni Türkiye.

——. Forthcoming. "Loyalties Divided: The Question of Ethnicity in the Tang-Türgish Conflict of 708–9 忠诚的分裂: 708~709 年唐–突厥冲突中的族性问题." *Early Medieval China* 中古中国.

Skosey, Laura A. 郭锦 1996. "The Legal System and Legal Tradition of the Western Zhou (ca. 1045 – 771 B. C. E.) 西周的法律制度和法律传统 (前 1045~前 771 年)." Ph. D. diss., University of Chicago.

Smith, D. Howard. 1973. *Confucius* 孔子. London: Temple Smith.

Smith, John Masson. 1978. "Turanian Nomadism and Iranian Politics 图兰游牧与伊朗政治." *Iranian Studies* 伊朗研究 11: 57–81.

So, Kwan-wai 苏钧炜. 1975. *Japanese Piracy in Ming China during the Sixteenth Century* 16 世纪日本在明朝的海盗行为. East Lansing: Michigan State University Press.

Sombart, Werner. 1975. *Krieg und Kapitalismus* 战争与资本主义. New York: Arno Press. (Orig. pub. 1913.)

Song Maocheng 宋懋澄. 2001. *Jiu yue ji* 九籥集. In *Si ku jin shu* 四库禁书. Vol. 16. Beijing 北京: Jinghua chubanshe 京华出版社.

Song Minqiu 宋敏求. 1959. *Tang da zhao ling ji* 唐大诏令集. Beijing 北京: Commercial Press 商务印书馆.

Song shi 宋史, see Tuotuo 脱脱.

Spence, Jonathan D. 史景迁 1966. *Ts'ao Yin and the K'ang-hsi Emperor: Bondservant and Master* 曹寅与康熙：一个皇室宠臣的生涯揭秘. New Haven, CT: Yale University Press.

——. 1974. *Emperor of China: Self-Portrait of K'ang-hsi* 康熙：重构一位中国皇帝的内心世界. New York: Vintage.

Struve, Lynn 司徒琳. 1984. *The Southern Ming* 南明史. New Haven, CT: Yale University Press.

——. 1993. *Voices from the Ming-Qing Cataclysm: China in Tiger's Jaw* 来自明清巨变的声音——虎口下的中国. New Haven, CT: Yale University Press.

——. 1996. "Commemorating War in Eighteenth-Century China 纪念18世纪中国的战争." *Modern Asian Studies* 现代亚洲研究 (October): 869-899.

——. 1998. *The Ming-Qing Conflict, 1619-1683: A Historiography and Source Guide* 明清之争（1619~1683年）：文献指南. Ann Arbor, MI: Association for Asian Studies.

——. 2003. "Military Ritual and Qing Empire 军事仪式和清王朝." In Nicola Di Cosmo 狄宇宙, ed., *Warfare in Inner Asian History* 亚洲腹地历史上的战争, pp. 405-444. Leiden: Brill.

Suerna 素尔讷, comp. n. d. *Qinding xuezheng quan shu* 钦定学政全书. Jindai Zhongguo shiliao congkan 近代中国史料丛刊 30, juan shang. N. p.: Wenhai chubanshe 文海出版社.

Sunzi 孙子. Vol. 1, *Zhongguo bing shu ji cheng* 中国兵书集成. 1987. Ed. Zhongguo bing shu ji cheng bian wei hui 中国兵书集成编委会. Beijing 北京: Jiefangjun chubanshe and Liao Shen shu she chuban faxing 解放军出版社和辽沈书社出版发行.

Supple, James J. 1984. *Arms versus Letters: The Military and Literary Ideals in the "Essais" of Montaigne* 武器与文字：蒙田《随笔》中的军事和文学理想. Oxford: Clarendon Press.

Swope, Kenneth M. 石康 2001. "The Three Great Campaigns of the Wanli Emperor (1592 - 1600): Court, Military and Society in Late Sixteenth Century China 万历三大征（1592~1600年）：16世纪晚期中国的宫廷、军事和社会." Ph. D. diss., University of Michigan.

——. 2004. "A Few Good Men: The Li Family and China's Northern Frontier in the Late Ming 几个好人：李氏家族与晚明的北方边疆." *Ming Studies* 明代研究 49 (Spring): 34-81.

——, ed. 2005. *Warfare in China since 1600* 中国1600年以来的战争. Burlington, VT: Ashgate.

Tan Lun 谭纶. 1998. *Tan Xiangmin gong yi ji* 谭襄敏公遗集. In *Si ku wei shou yi kan* 四库未收书辑刊. 5th ser., vol. 20. Beijing 北京: Beijing chubanshe 北京出版社.

Tao Wangling 陶望龄. n. d. *Xie an ji* 歇庵集. Rare late Ming ed., Rare Books and Special Collections 珍本特藏, Princeton University 普林斯顿大学.

Tao Yuanzao 陶元藻. 1986. *Yue hua jian wen* 越画见闻. In Huang Binhong 黄宾虹 and Deng Shi 邓实, eds., *Meishu cong shu* 美术丛书. Vol. 2, pp. 1573-1600. Nanjing 南京: Jiangsu guji chubanshe 江苏古籍出版社.

Thompson, Michael, 1990. *Cultural Theory* 文化理论. Boulder, CO: Westview Press.

Tie Yuqin 铁玉钦 and Wang Peihuan 王佩环. 1987. *Shengjing Huanggong* 盛京皇宫. Beijing 北京: Zijincheng chubanshe 紫禁城出版社.

——. 1988. "Shilun Kangxi Dongxun de Yiyi 试论康熙东巡的意义." *Gugong Bowuyuan Yuankan* 故宫博物院院刊 4: 3-9.

Tilly, Charles. 1990. *Coercion, Capital and European States, 990-1992* 强制、资本和欧洲国家（990~1992年）. Cambridge, MA: Basil Blackwell.

Ting Ch'uan-ching 丁传靖, comp. 1989. *A Compilation of Anecdotes of Sung Personalities* 宋人轶事汇编. Trans. Chu Djang 章楚 and Jane C. Djang 朱璋. Collegeville, MN: St. John's University Press.

Tong Yubin 佟玉斌. 1997. *Junshi chengyu cidian* 军事成语词典. Beijing 北京: Changcheng chubanshe 长城出版社.

Tsai, Shih-shan Henry 蔡石山. 1996. *The Eunuchs in the Ming Dynasty* 明代宦官. SUNY Series in Chinese Local Studies 纽约州立大学中国地方研究系列. Albany: State University of New York Press.

Tuotuo 脱脱 et al. 1977. *Song shi* 宋史. 40 vols. Beijing 北京: Zhonghua shuju 中华书局. (Punctuated reproduction of 1345 prefaced ed.)

Twitchett, Denis 崔瑞德. 1973. "The Composition of the T'ang Ruling Class: New Evidence from Tunhway 唐代统治阶层的组合：以敦煌文献中的新证据为中心." In A. F. Wright 芮沃寿 and D. Twitchett 崔瑞德, eds., *Perspectives on the T'ang* 唐朝的概观, pp. 47-85. New Haven, CT: Yale University Press.

——. 1979. "Introduction 导言." In Denis Twitchett 崔瑞德, ed., *The Cambridge History of China* 剑桥中国史. Vol. 3, *Sui and T'ang China* 隋唐史, *589-906*, *Part 1*, pp. 1-47. Cambridge: Cambridge University Press.

——. 1992. *The Writing of Official History under the T'ang* 唐代官修史籍考. Cambridge: Cambridge University Press.

——. 2000. "Tibet in Tang's Grand Strategy 唐朝大战略中的吐蕃." In Hans van de Ven 方德万, ed., *Warfare in Chinese History* 中国历史上的战争, pp. 106-179. Leiden: Brill.

Twitchett, Denis 崔瑞德, and Klaus-Peter Tietze 蒂兹. 1994. "The Liao 辽朝." In Herbert Franke 傅海波 and Denis Twitchett 崔瑞德, eds., *The Cambridge History of China* 剑桥中国史. Vol. 6, *Alien Regimes and Border States* 辽西夏金元卷, *907-1368*, pp. 43-153. Cambridge: Cambridge University Press.

van de Ven, Hans 方德万, ed. 2000. *Warfare in Chinese History* 中国历史上的战争. Leiden: Brill.

Wakeman, Frederic, Jr. 魏斐德 1966. *Strangers at the Gate: Social Disorder in South China 1839-61* 大门口的陌生人：1839~1861年间华南的社会动乱. Berkeley: University of California Press.

——. 1978. "The Canton Trade and the Opium War 广东贸易与鸦片战争." In John K. Fairbank 费正清 and Denis Twitchett 崔瑞德, eds., *The Cambridge History of China* 剑桥中国史. Vol. 10, *Late Ch'ing, 1800-1911*, *Part I*, pp. 163-212. Cambridge: Cambridge University Press.

——. 1985. *The Great Enterprise* 洪业：清朝开国史. Berkeley: University of California Press.

Waldron, Arthur 林霨. 1990. *The Great Wall of China: From History to Myth* 中国的长城：从历史到神话. Cambridge: Cambridge University Press.

Waley, Arthur 明恩溥, trans. 1937. *The Book of Songs* 诗经. New York: Grove Press.

——. 1968. *The Opium War through Chinese Eyes* 中国人眼中的鸦片战争. Stanford, CA: Stanford University Press.

Waley-Cohen, Joanna 卫周安. 1993. "China and Western Technology in the Late Eighteenth Century 18 世纪晚期的中国与西方技术." *American Historical Review* 美国历史评论 98.5 (December): 1525-1544.

——. 2003a. "Changing Spaces of Empire in Eighteenth-Century Qing China 18 世纪清朝国家空间的变化." In Nicola Di Cosmo 狄宇宙 and Don J. Wyatt 韦栋, eds., *Political Frontiers, Ethnic Boundaries, and Human Geographies in Chinese History* 中国历史上的政治边疆、民族边界和人文地理, pp. 324-350. London: RoutledgeCurzon.

——. 2003b. "Military Ritual and the Qing Empire 军礼与清王朝." In Nicola Di Cosmo 狄宇宙, ed., *Warfare in Inner Asian History* 亚洲腹地历史上的战争, pp. 405-444. Leiden: Brill.

——. 2006. *The Culture of War in China, Empire and the Military under the Qing Dynasty* 清代战争文化. London: I. B. Tauris.

Wang Chang 王昶. 1892. *Chun Rong Tang Ji* 春融堂集. s. l.: Zhuxi Wenbin Zhai 珠溪文彬斋. (Orig. pub. 1807.)

Wang Dezhao 王德昭. 1984. *Qing dai keju zhidu yanjiu* 清代科举制度研究. Beijing 北京: Zhonghua shuju 中华书局. (Orig. pub. 1982.)

Wang Duanshu 王端淑. Ca. 1655. *Yinhong ji* 吟红集.

Wang Fansen 王汎森. 1998. "Ripu yu Mingmo Qingchu sixiangjia—yi Yan Li xuepai weizhu de taolun 日谱与明末清初思想家——以颜李学派为主的讨论." *Zhongyang yanjiuyuan Lishi yuyan yanjiusuo jikan* 台湾"中研院"历史语言研究所集刊 69.2: 245-293.

Wang Haicheng 王海城. 2002. "Zhongguo mache de qiyuan 中国马车的起源." *Ou Ya xuekan* 欧亚学刊 3: 1-75.

Wang Pizhi 王辟之. 1935. *Shengshui yantan lu* 渑水燕谈录 [Record of banquet conversations along the Sheng river]. Shanghai 上海: Shangwu yinshu guan 商务印书馆 [Commercial Press]. [*Congshu jicheng chubian* 丛书集成初编 (Assembled first editions of collected books) ed.]

Wang Pu 王溥. 1990. *Tang huiyao* 唐会要. Beijing 北京: Zhonghua shu ju 中华书局.

Wang Qi 王圻, comp. 1974. *San cai tu hui* 三才图会 [1610]. Taibei 台北: Chengwen Publishing 成文出版社.

Wang Qingming 王明清. 1990. *Huizhu houlu* 挥麈后录. In Zhang Haipeng 张海鹏, ed. *Xue jin tao yuan* 学津讨原. Vol. 15. Yangzhou 扬州: Guangling shushe 广陵书社.

Wang Shizhen 王世贞. 1976. *Yanzhou shanren si bu gao* 弇州山人四部稿. Taibei 台北: Wei wen tu shu chubanshe 伟文图书出版社.

Wang Shouren 王守仁. 1936. *Wang Yangming quan ji* 王阳明全集. Shanghai 上海: Shijie shuju 世界书局.

Wang Xi 王熹 and Lin Yongkuang 林永匡. 1986. "Hangzhou zhizao yu Qingdai Xinjiang de Sichou maoyi 杭州织造与清代新疆的丝绸贸易." *Hangzhou daxue xuebao* 杭州大学学报 16.2: 108-115.

Wang Xianqian 王先谦. 1955. *Hou Han shu ji jie* 后汉书集解. Taibei 台北: Yiwen yinshuguan 艺文印书馆 (orig. pub. Changsha 1924).

Wang Xiaofu 王小甫. 1992. *Tang, Tubo, Dashi zhengzhi guanxi shi* 唐、吐蕃、大食政治关系史. Beijing 北京: Beijing daxue chubanshe 北京大学出版社.

Wang Xiuchu 王秀楚. 2000. *Yangzhou shi riji* 扬州十日记. In *Si ku jinhui shu congkan* 四库禁毁书丛刊 vol. 72 "Shi bu 史部," pp. 189-197. Beijing 北京: Beijing chubanshe 北京出版社.

Wang Yuxin 王宇信. 1991. "WuDingqi Zhanzheng Buci Fenqi de Changshi 武丁期战争卜辞分期的尝试." In Wang Yuxin 王宇信, ed., *Jiaguwen yu Shangshi* 甲骨文与殷商史. Vol. 3, pp. 142-174. Shanghai 上海: Shanghai guji chubanshe 上海古籍出版社.

War and Society 战争与社会. 2000. Special issue 专刊 18.2 (October).

"War in Modern China 近代中国的战争." 1996. Special issue 专刊, *Modern Asian Studies* 现代亚洲研究 30.4.

Wechsler, Howard J. 魏侯玮 1973. "Factionalism in Early Tang Government 初唐政府中的派系斗争." In A. F. Wright 芮沃寿 and D. Twitchett 崔瑞德, eds., *Perspectives on the T'ang* 唐朝的概观, pp. 87-120. New

Haven, CT: Yale University Press.

——. 1980. "The Confucian Impact on Early T'ang Decision Making 儒家思想对唐朝早期决策的影响." *T'oung Pao* 通报 66: 1-40.

Wei Jian 魏坚, ed. 2005. *Ejina Hanjian* 额济纳汉简. Guilin 桂林, China 中国: Guangxi shifan daxue chubanshe 广西师范大学出版社.

Wei Shou 魏收. 1974. *Wei shu* 魏书. Beijing 北京: Zhonghua shuju 中华书局.

Wei Tai 魏泰. 1923. *Dongxuan bilu* 东轩笔录 [Jottings from the eastern pavilion]. Mianyang Lushi facsimile. (*Hubei xianzheng yishu* 湖北象征艺术 [Bequeathed and correct remnant writings of Hubei] ed.)

Wei Yuan 魏源. 1936. *Shengwu ji* 圣武记 [Chronicle of imperial military campaigns]. Shanghai 上海: Shijie shuju 世界书局.

Weld, Susan R. 罗凤鸣 1997. "The Covenant Texts from Houma and Wenxian 侯马盟书与温县盟书." In Edward L. Shaughnessy 夏含夷, ed., *New Sources of Early Chinese History: An Introduction to the Reading of Inscriptions and Manuscripts* 中国古文字学导论, pp. 125-160. Berkeley: Society for the Study of Early China and the Institute of East Asian Studies, University of California.

Wenying 文莹. 1990. *Xiangshan ye lu* 湘山野录. In Zhang Haipeng 张海鹏 Ed., *Xue jin tao yuan* 学津讨原. Vol. 13. Yangzhou 扬州: Guangling shushe 广陵书社.

Widmer, Ellen. 魏爱莲 1997. "Ming Loyalism and the Women's Voice in Fiction after *Hong lou meng* 明朝的遗民以及《红楼梦》之后小说中妇女的声音." In Ellen Widmer 魏爱莲 and Kang-i Sun Chang 孙康宜, eds., *Writing Women in Late Imperial China* 帝制中国晚期的女作家们, pp. 366-396. Stanford, CA: Stanford University Press.

Williamson, H. R. 1935. *Wang An Shih: A Chinese Statesman and Educationalist of the Sung Dynasty* 王安石：中国宋代政治家、教育家. 2 vols. London: Arthur Probsthain.

Wills, John E. 卫思韩 1979. "Maritime China from Wang Chih to Shih Lang 从王直到施琅的海上中国." In Jonathan D. Spence 史景迁 and John E. Wills 卫思韩, eds., *From Ming to Ch'ing: Conquest, Region, and Continuity in Seventeenth-Century China* 从明至清：17世纪中国的拓展、地区和王朝延续, pp. 201-238. New Haven, CT: Yale University

Press.

——. 1994. *Mountain of Fame: Portraits in Chinese History* 名人录：中国历史中的人物描写. Princeton, NJ: Princeton University Press.

Wilson, Stephen. 1980. "For a Socio-historical Approach to the Study of Western Military Culture 从社会-历史的角度研究西方军事文化." *Armed Forces & Society* 武装力量与社会 6.4: 527-552.

Wong, Dorothy C 王静芬. 2003. "Ethnicity and Identity: Northern Nomads as Buddhist Art Patrons during the Northern and Southern Dynasties 族性与身份：南北朝时期作为佛教艺术庇护者的北方游牧民族." In Nicola Di Cosmo 狄宇宙 and Don J. Wyatt 韦栋, eds., *Political Frontiers, Ethnic Boundaries and Human Geographies in Chinese History* 中国历史上的政治边疆、民族边界和人文地理, pp. 80-118. London: RoutledgeCurzon.

Wong, R. Bin 王国斌. 1999. "A Millennium of Chinese State Transformations 中国的千年国家转型." Paper presented at the Columbia University East Asian Institute 提交给哥伦比亚大学东亚研究所的论文.

Wu, Pei-yi 吴百益. 1990. *The Confucian's Progress: Autobiographical Writings in Traditional China* 儒家的进步：传统中国的自传作品. Princeton, NJ: Princeton University Press.

Wu Jiulong 吴九龙, ed. 1990. *Sunzi jiao shi* 孙子校释. Beijing 北京: Junshi kexue chubanshe 军事科学出版社.

Wuli Tongkao 五礼通考. 1761 edition. Compiled by Qin Huitian 秦蕙田.

Wyatt, Don J. 韦栋 1996. *The Recluse of Loyang: Shao Yung and the Moral Evolution of Early Sung Thought* 洛阳的隐士：邵雍和宋初思想的道德进化. Honolulu: University of Hawaii Press.

——. 2003a. "The Invention of the Northern Song 北宋的发明." In Nicola Di Cosmo 狄宇宙 and Don J. Wyatt 韦栋, eds., *Political Frontiers, Ethnic Boundaries, and Human Geographies in Chinese History* 中国历史上的政治边疆、民族边界和人文地理, pp. 220-244. London: RoutledgeCurzon.

——. 2003b. "Shao Bowen 邵伯温." In Xinzhong Yao 姚新中, ed., *RoutledgeCurzon Encyclopedia of Confucianism* 儒家百科全书. Vol. 2, O-Z, pp. 538-539. London: RoutledgeCurzon.

——. 2003c. "Sima Guang 司马光." In Xinzhong Yao 姚新中, ed., *RoutledgeCurzon Encyclopedia of Confucianism* 儒家百科全书. Vol. 2, O-Z, pp. 574-576. London: RoutledgeCurzon.

——. 2003d. "Wang Anshi 王安石." In Xinzhong Yao 姚新中, ed., *RoutledgeCurzon Encyclopedia of Confucianism* 儒家百科全书. Vol. 2, O-Z, pp. 626-628. London: RoutledgeCurzon.

Xie Zhufan 谢竹藩. 2000. *Practical Traditional Chinese Medicine* 实用中医学. Beijing 北京: Foreign Languages Press 外语出版社.

Xu Dong 许洞. 1988. *Huqian jing* 虎钤经. In *Zhongguo bingshu ji cheng* 中国兵书集成 ed. Vol. 6, pp. 1-432. Beijing 北京: Jiefangjun chubanshe 解放军出版社.

Xue Juzheng 薛居正 et al. 1976. *Jiu Wudai shi* 旧五代史. Beijing 北京: Zhonghua shuju 中华书局.

Xu Wei 徐渭. 1983. *Xu Wei ji* 徐渭集. Beijing 北京: Zhonghua shu ju 中华书局.

Xu Yougen 许友根. 1997. *Wuju zhidu shi lue* 武举制度史略. Suzhou 苏州: Suzhou daxue chubanshe 苏州大学出版社.

Yang Lien-Sheng 杨联陞. 1961. *Studies in Chinese Institutional History* 中国制度史研究. Harvard-Yenching Institute Studies XX 哈佛燕京学社. Cambridge, MA: Harvard University Press.

Yang Guozhen 杨国桢 and Li Tianyi 李天乙, eds. 1993. *Li Guangdi yanjiu* 李光地研究. Xiamen 厦门: Xiamen daxue chubanshe 厦门大学出版社.

Yan tie lun 盐铁论, see Huan Kuan.

Yates, Robin D. S. 叶山 1979. "The Mohists on Warfare: Technology, Technique and Justification 墨家战争论：技术、技巧和理由." *Journal of the American Academy of Religion Thematic Issue* 美国宗教学院院刊 47.3S: 549-603.

——. 1980. "The City under Siege: A Reconstruction and Translation of the Military Chapters of *Mo-tzu* 被围之城：墨子城守篇的重建与翻译." Ph. D. diss., Harvard University.

——. 1987. "Social Status in the Ch'in: Evidence from the Yün-meng Legal Documents. Part One: Commoners 秦朝的社会地位：来自云梦法律文献的证据，第一部分：平民." *Harvard Journal of Asiatic Studies* 哈佛亚洲研究杂志 47.1: 197-237.

——. 1988. "New Light on the Ancient Chinese Military Texts: Notes on the Evolution and the Development of Military Specialization in Warring States China 中国古代军事文献新解：战国时期军事专业化的演变与发展札

记 ." *T'oung Pao* 通报 74: 211-248.

——. 1999. "Early China 早期中国 ." In Kurt Raaflaub and Nathan Rosenstein, eds. , *War and Society in the Ancient and Medieval Worlds: Asia, the Mediterranean, Europe, and Mesoamerica* 古代和中世纪世界的战争和社会：亚洲、地中海、欧洲和中美洲, pp. 9-46. Washington, DC: Center for Hellenic Studies, Trustees for Harvard University and Harvard University Press.

——. 2000. "Texts and Practice: The Case of Military Ritual 文本与实践：军事仪式的案例 ." Paper presented at the Conference on Texts and Ritual in Early China 在中国早期文本与仪式会议上发表的论文, Princeton University, October 20-22.

——. 2001. "The History of Military Divination in China 中国军事占卜史 ." Paper presented at the Conference on Divination in Honour of Professor Ho Peng Yoke 纪念何丙郁教授的占卜研究会议上发表的论文, Needham Research Institute, Cambridge, England, December 7-8.

——. 2002. "Slavery in Early China: A Socio-cultural Perspective 中国早期的奴隶制：一个社会文化的视角 ." *Journal of East Asian Archaeology* 东亚考古 3. 1-2: 283-331.

——. 2003. "The Horse in Early Chinese Military History 早期中国军事史中的马匹 ." In Huang Kewu 黄克武, ed. , *Junshi zuzhi yu zhanzheng* 军事组织与战争, pp. 1-78. Taibei 台北: Institute of Modern History, Academia Sinica 台湾"中研院"近代史研究所 .

——. 2007. "Making War and Making Peace in Early China 中国早期的战争与媾和 ." In Kurt A. Raaflaub, ed. , *War and Peace in the Ancient World* 古代世界的战争与和平, pp. 34-52. New York: Blackwell.

Ye Changzhi 叶昌炽 . 1999. *Cangshu jishi shi* 藏书纪事诗 . Beijing 北京: Beijing yanshan chubanshe 北京燕山出版社 .

Yinwan Han mu jian du 尹湾汉墓简牍 . 1997. Beijing 北京: Zhonghua shuju 中华书局 .

Yong Rong 永瑢 et al . 1990. *Xiangshan ye lu tiyao* 湘山野录提要 . Ed. Zhang Haipeng 张海鹏 . In *Xuejin Taoyuan* 学津讨原 . Vol. 13. Yangzhou 扬州: Guangling shushe 广陵书社 .

Yuan Zhongyi 袁仲一 . 1993. "Cong Qin yongkeng de qibing yong kan Qin qibing de fazhan 从秦俑坑的骑兵俑看秦骑兵的发展 ." In Shi Xingbang

石兴邦，ed.，*Kaogu xue yanjiu* 考古学研究，pp. 530–538. Xi'an 西安：San qin chubanshe 三秦出版社.

Yu Dayou 俞大猷. 1998. *Zheng qi tang shiqi juan jin gao* 正气堂十七卷近稿. In *Si ku wei shou yi kan* 四库未收遗刊，5th series，vol. 20. Beijing 北京：Beijing chubanshe 北京出版社.

Yu Xianhao 郁贤皓. 2000. *Tang cishi kao quan bian* 唐刺史考全编. 5 vols. Hefei 合肥：Anhui daxue chubanshe 安徽大学出版社.

Yü Ying-shih 余英时. 1967. *Trade and Expansion in Han China: A Study in the Structure of Sino-barbarian Economic Relations* 汉代贸易与拓展：汉胡经济关系结构研究. Berkeley：University of California Press.

——. 1986. "Han Foreign Relations 汉朝的对外关系." In Denis Twitchett 崔瑞德 and Michael Loewe 鲁惟一，eds.，*The Cambridge History of China* 剑桥中国史. Vol. 1，*The Ch'in and Han Empires* 秦汉史，*221 B. C. – A. D. 220*，pp. 377–462. Cambridge：Cambridge University Press.

Yu Yu 虞裕. 1646. *Tan zhuan* 谈撰. In Tao Zongyi 陶宗仪，ed.，Tao Ting 陶珽，comp.，*Shuofu* 说郛. Shunzhi 3 顺治三年［1646］.

Yuzhi nan xun ji 御制南巡记. 1981. In *Qinding Nanxun Shengdian* 钦定南巡盛典. Compiled by Sazai 萨载，1784. Taibei 台北：Shangwu yinshuguan 商务印书馆.

Zeitlin，Judith T. 蔡九迪 2003. "Disappearing Verses：Writing on Walls and Anxieties of Loss 消失的诗句：写在墙上和失去的焦虑." In Judith T. Zeitlin 蔡九迪 and Lydia Liu 刘禾，eds.，*Writing and Materiality in China: Essays in Honor of Patrick Hanan* 中国的写作与物质性：帕特里克·哈南纪念文集，pp. 73–132. Cambridge：Harvard University Asia Center.

Zelin，Madeleine 曾小萍. 1984. *The Magistrates' Tael: Rationalizing Fiscal Reform in Eighteenth-Century Ch'ing China* 州县官的银两：18世纪中国的合理化财政改革. Berkeley：University of California Press.

——. 2002. "The Yung-cheng Reign 雍正年间." In Willard J. Peterson，ed.，*The Cambridge History of China* 剑桥中国史. Vol. 9，Part One，*The Ch'ing Dynasty to 1900*，pp. 183–229. London：Cambridge University Press.

Zeng Gongliang 曾公亮 et al.，eds. 1990. *Wujing zongyao* 武经总要. In *Zhongguo bingshu jicheng* bianweihui 中国兵书集成编委会 ed.，*Zhongguo bingshu jicheng* 中国兵书集成. Beijing 北京: Jiefangjun chubanshe 解放军出版社.

Zhang Boduan 张伯端. 1992–1994. *Wuzhen Zhizhi* 悟真直指. In *Zangwai daoshu* 藏外道书. Vol. 8, pp. 327–402. Chengdu 成都: Bashu shushe 巴蜀书社.

Zhang Jiantian 张建田 et al. 1988. *Zhongguo junshi faxue* 中国军事法学. Beijing 北京: Guofang daxue chubanshe 国防大学出版社.

Zhangjiashan ersiqi hao Han mu zhujian zhengli xiaozu 张家山二四七号汉墓竹简整理小组, ed. 2006. *Zhangjiashan Han mu zhujian* 张家山汉墓竹简 *(Ersiqi hao mu)*: *(Shiwen xiudingben)*. Beijing 北京: Wenwu chuban she 文物出版社.

Zhao Yuan 赵园. 1999. *Ming Qing zhi ji shidafu yanjiu* 明清之际士大夫研究. Beijing 北京: Beijing daxue chubanshe 北京大学出版社.

Zhongguo junshi shi bianxie zu 中国军事史编写组 ed. 1987. *Zhongguo junshi shi* 中国军事史. Vol. 3. Beijing 北京: Jiefang jun chubanshe 解放军出版社.

Zhongguo wenhua yu Zhongguode bing 中国文化与中国的兵. 1968. Hong Kong 香港: Longmen shudian 龙门书店. (Orig. pub. 1939.)

Zhongguo wenwu jizui—Qing wan ya ji shoucang zhan 中华文物集粹——清玩雅集收藏展. 1995. Taibei 台北: Guoli lishi bowuguan "国立" 历史博物馆.

Zhongwen da cidian 中文大辞典. 1990. 10 vols. Taibei 台北: Chinese Culture University Press 中国文化大学出版社.

Zhu Xi 朱熹. 1989. *Si shu da quan* 四书大全. In *Si shu zhang ju ji zhu* 四书章句集注. Jinan 济南: Shandong youyi shushe 山东友谊书社.

Zhu Yu 朱彧. 1921. *Pingzhou ketan* 萍洲可谈. Shanghai 上海: Bogu zhai 博古斋. (Mohai jinhu ed.)

Zi, Etienne 徐劢. 1896. *Pratique des examens militaires en Chine* 中华武科试实则. Variétés sinologiques 汉学丛书 9. Shanghai 上海: Imprimerie de la mission catholique à l'orphelinat de T'ou-se we 天主教会印刷所.

Zito, Angela 司徒安. 1997. *Of Body and Brush: Grand Sacrifice as Text/Performance in Eighteenth-Century China* 身体与笔: 18 世纪中国作为文本/表演的大祀. Chicago: University of Chicago Press.

各章作者

狄宇宙（Nicola Di Cosmo），普林斯顿高等研究院

叶山（Robin D. S. Yates），麦吉尔大学

苏炀悟（Ralph D. Sawyer），军事与战略研究中心（卡尔加里）

鲁惟一（Michael Loewe），剑桥大学（荣休）

张磊夫（Rafe de Crespigny），澳大利亚国立大学（荣休）

戴德（Edward L. Dreyer），迈阿密大学（已故）

葛德威（David A. Graff），堪萨斯州立大学

斯加夫（Jonathan Karam Skaff），西盆斯贝格大学

韦栋（Don J. Wyatt），明德学院

赖恺玲（Kathleen Ryor），卡尔顿学院

S. R. 吉尔伯特（S. R. Gilbert），独立学者

方秀洁（Grace S. Fong），麦吉尔大学

卫周安（Joanna Waley-Cohen），纽约大学

戴英聪（Yingcong Dai），威廉帕特森大学

濮德培（Peter C. Perdue），耶鲁大学

索　引

（索引中页码为原书页码，即本书页边码。）

图书在版编目(CIP)数据

古代中国的军事文化 / (美)狄宇宙 (Nicola Di Cosmo)主编;袁剑译. --北京:社会科学文献出版社,2024.8

书名原文:Military Culture in Imperial China

ISBN 978-7-5228-1320-2

Ⅰ.①古… Ⅱ.①狄… ②袁… Ⅲ.①军事-文化研究-中国-古代-文集 Ⅳ.①E291-53

中国版本图书馆 CIP 数据核字(2022)第 254050 号

审图号:GS(2023)826号。书中地图系原文插附地图。

古代中国的军事文化

主　　编 / [美]狄宇宙(Nicola Di Cosmo)
译　　者 / 袁　剑

出 版 人 / 冀祥德
组稿编辑 / 董风云
责任编辑 / 王　敬　李　洋
责任印制 / 王京美

出　　版 / 社会科学文献出版社·甲骨文工作室(分社)(010)59366527
地址:北京市北三环中路甲 29 号院华龙大厦　邮编:100029
网址:www.ssap.com.cn
发　　行 / 社会科学文献出版社(010)59367028
印　　装 / 三河市东方印刷有限公司

规　　格 / 开　本:889mm×1194mm　1/32
印　张:14.125　字　数:329 千字
版　　次 / 2024 年 8 月第 1 版　2024 年 8 月第 1 次印刷
书　　号 / ISBN 978-7-5228-1320-2
著作权合同登记号 / 图字 01-2016-0691 号
定　　价 / 89.00 元

读者服务电话:4008918866